국제계약과
국제적 강행규정

김민경 저

박영사

머리말

저자는 초임판사였던 2010년 서울중앙지방법원 국제거래전담재판부에 부임하여 다양한 종류의 국제거래사건을 접하면서 국제거래법, 국제사법 분야를 체계적으로 공부해야겠다는 다짐을 하게 되었다. 국민의 권리와 의무에 직접적인 영향을 미치는 재판업무를 제대로 수행하기 위해서는 관련분야에 대한 정확하고 체계적인 지식이 필수라고 생각하였기 때문이다. 그러던 중 2011년 대법원 산하 국제거래법연구회와 국제거래법학회의 공동세미나에서 저자가 법원측 발표자로 외국중재판정의 승인·집행에 관하여 발표하게 되었는데, 그 자리에서 서울대학교 법학전문대학원의 석광현 교수님께서 주셨던 적확한 코멘트에 신선한 충격을 받고 대학원에 진학하기로 결심하였다.

저자는 2012년도에 서울대학교 법과대학원에 국제거래법 전공으로 입학하여 석광현 교수님의 지도로 "중재판정의 취소에 관한 연구 – 우리 중재법과 영국 중재법을 중심으로 – "라는 주제로 석사학위논문을 작성하였다. 2014년에 석사과정을 졸업하고 바로 박사과정에 입학하였고, 박사논문 주제는 진작 "국제적 강행규정"으로 정해놓았으나, 박사과정 재학 중이던 2017년 8월에 영국 University of Cambridge로 유학을 떠나게 되는 등의 사정으로 박사학위논문 작성은 2022년 2월에서야 마치게 되었다.

이 책은 저자의 서울대학교 법과대학원 박사학위논문인 "국제계약에서 국제적 강행규정에 관한 연구"를 다소 보완하여 책으로 정리한 것이다. 저자가 "국제적 강행규정"에 관심을 갖게 된 이유는 다음과 같다. 저자는 국제거래사건을 처리하면서 국제사법이 정한 준거법 결정원칙에 따라 각기 다른 나라의 법이 준거법으로 지정되고, 어느 나라의 법이 국제계약의 준거법이 되는지에 따라 당사자의 계약상 권리와 의무가 현격히 달라진다는 것을 알게 되었다. 그런 한편으로, 통상의 준거법 결정원칙과는 달리, 국제계약의 준거법이 우리나라법이 아니더라도 적용이 관철되는 우리나라법의 규정이 있다는 것에 매료되었다. 그리고 국제적 강행규정에 관한 연구가 국내외적으로 부족하다는 점에 일종의 도전의식을 느끼게 되었다. 국제적 강행규정이라는 개념 자체는 국내외적으로 정립되어 있다고 볼 수 있으나, 구체적으로 어떤 법규가 국제적 강행규정에 해당하는지, 그리고 법정지국도 준거법소속국도 아닌 국가의 국제적 강행규정을 어떻게 취급하여야 하는지의 논의는 충분히 이루어지지 않았다. 이 책에서는 그 두 가지 문제에 관하여 나름의 해결방법을 제시하려 노력하였다. 물론 부족한 부분도 많으나, 그것은 향후 연구에서 보완해나가기로 다짐한다. 아무쪼록 이 책이 국제적 강행규정에 관한 연구에 조금이나마 도움이 될 수 있기를 기대한다.

저자가 10년 전 대학원에 입학하였을 때만 하더라도 언젠가 국제사법, 국제거래법 분야의 책을 출간할 수 있을 것이라고는 기대하지 못하였다. 여기까지 올 수 있었던 것은 지도교수이신 석광현 교수님의 크나큰 학은 덕분이다. 그리고 박사학위논문 심사과정에서 유익한 코멘트로 큰 도움을 주신 서울대학교 법학전문대학원의 장승화, 정순섭, 최봉경 교수님, 서울과학기술대학교 천창민 교수님께 깊은 감사의 말씀을 드린다. 이 책이 세상에 태어날 수 있도록 도움을 주신 충북대학교 법학전문대학원 최선웅 교수님과 박영사의 우석진 선생님께도 진심어린 감사의 마음을 전하고 싶다. 늘 따뜻하게 격려해주시는 부모님과 시부모님께도 감사드린다.

저자의 업무와 학업, 집필을 언제나 전폭적으로 지원해주고 갖은 수고와 희생을 마다하지 않는 사랑하는 남편 John Rhie 변호사에게 이 책을 바친다.

2022년 3월
김민경

차 례

제6장

제3국의 국제적 강행규정의 취급에 관한 한국 국제사법의 해석론과 입법론

제 7 장

결 론 ———————————————— 239

제1장

서 론

서 론

제 1 절 연구의 의의와 목적

오늘날 국제화, 세계화로 인하여 국제계약이 빈번하게 체결되고 있다. 이에 대응하여 세계 각국은 자국의 긴요한 정책목적을 관철시키기 위한 수단으로 계약의 준거법에 관계없이 적용되는 법규를 도입하여 왔는데, 이것이 국제적 강행규정이다. 따라서 국제계약의 당사자가 누리는 준거법 선택의 자유가 국제적 강행규정에 의하여 제한된다. 국제계약의 당사자 사이에 분쟁이 발생하여 국제소송이 제기되는 경우 국제적 강행규정은 '법정지', '준거법소속국', '법정지도 아니고 준거법소속국도 아닌 제3국'(이하 '제3국')의 규범이라는 세 가지 맥락에서 국제계약에 영향을 미칠 수 있다. 이 책은 이에 착안하여 첫째, 이 세 가지 맥락에서 공통적으로 제기되는 문제로 '어떤 법규가 국제적 강행규정에 해당하는가'를 먼저 검토한 후, 둘째, 제3국의 국제적 강행규정에 관하여 특유하게 제기되는 문제로, '어떤 요건 하에 제3국의 국제적 강행규정을 적용 또는 고려할 것인가'를 검토한다.

국내외 학설과 판례는 전통적으로 법정지와 준거법소속국의 국제적 강행규

정이 적용된다고 인정하여 왔고, 우리 국제사법도 준거법소속국의 국제적 강행
규정(국제사법 제6조)과 법정지의 국제적 강행규정(국제사법 제7조)에 대한 명문의
적용근거규정을 두고 있다. 그런데 우리 국제사법 제7조는 국제적 강행규정을
전면적으로 정의하지 않고 단지 "입법목적에 비추어 준거법에 관계없이 해당 법
률관계에 적용되어야 하는 대한민국의 강행규정은 이 법에 의하여 외국법이 준
거법으로 지정되는 경우에도 이를 적용한다"라고만 규정하고 있을 뿐이다. 국내
학계에서는 구체적으로 어떤 입법목적을 가진 법규가 국제적 강행규정에 해당
하는지에 관하여 "주로 국가적, 경제정책적인 공익을 보호하는 규정이 국제적
강행규정에 해당하고, 주로 사익을 조정하기 위한 규정은 이에 해당하지 않는
다"[1]는 데 대체로 견해가 일치한다. 그러나 현실에 상당수 존재하는 공익과 사
익을 동시에 보호하는 법규가 국제적 강행규정에 해당하는지 판단하는 기준에
대하여는 국내 학계에 정설이 없다.

그리고 국내의 선행연구는 어떤 법규가 국제적 강행규정인지 판단하는 방
법과 그때 고려해야 할 요소를 체계적·종합적으로 제시하지 못하였다. 이는 판
례에서도 마찬가지이다. 최근 한국 법원에서 외국법이 준거법인 계약과 관련하
여 한국법의 어떤 법규를 국제적 강행규정으로 적용하여야 하는지 쟁점이 되는
사건이 점차 증가하고 있다. 그런데 하급심 판결들이 국제적 강행규정인지 여부
를 판단할 때 고려하는 요소가 일관되거나 통일되지 않아 국제거래의 예측가능
성과 법적 확실성이 저해되고 있다. 이는 문제이다. 법원이 어떤 법규가 국제적
강행규정인지를 일관된 기준 하에 식별할 수 있어야 국제거래의 당사자의 입장
에서도 분쟁의 준거규범에 대한 예측가능성이 보장될 수 있기 때문이다.

따라서 본 책에서는 국제사법 제7조의 "입법목적에 비추어 준거법에 관계
없이 해당 법률관계에 적용되어야 하는 대한민국의 강행규정"이 무엇을 의미하
는지에 관한 해석론을 정립하고, 어떤 법규가 국제적 강행규정에 해당하는지를
판단하는 방법과 판단 시 고려요소를 체계적으로 제안하며, 그에 따라 한국법의
어떤 법규가 국제적 강행규정에 해당하는지 밝히는 것을 첫 번째 목적으로 한

---

1) 석광현 [2013], 141; 신창선/윤남순 [2016], 275; 신창섭 [2018], 134.

다. 검토대상인 법규들은 한국법의 법규들이지만, 앞서 언급한 바와 같이 국제적 강행규정에 해당하는지 판단하는 방법과 고려요소는 법정지법인 우리나라법뿐만 아니라 준거법소속국과 제3국법에 공통된다. 특히 세계 각국이 경쟁 보호나 소비자 보호 등 유사한 목적의 규제를 시행하고 있는 상황에서 한국법의 특정 법규들에 대하여 국제적 강행규정인지 여부를 검토하는 것은 외국법인 준거법이나 제3국법의 특정 법규가 국제적 강행규정에 해당하는지 여부에 유용한 시사점을 제공해줄 수 있다.

한편, 준거법소속국이나 법정지는 '준거법이 속한 국가' 또는 '소송이 계속된 국가'라는 명확한 기준에 따라 결정된다. 그러나 '제3국'에는 개념상 준거법소속국이나 법정지를 제외한 모든 국가가 포함되므로, 그 중 계약이나 당사자와 어떤 측면에서든 관련이 있는 국가와 전혀 관련이 없는 국가가 모두 포함된다. 따라서 법원이 제3국법을 적용 또는 고려해야 하는지, 그렇다면 어떤 범위에서 어떤 요건 하에서 적용 또는 고려되어야 하는지에 관하여 국제적으로 견해가 일치되지 않았다. 그런데 제3국의 국제적 강행규정을 어떻게 취급하여야 하는지에 관하여 나라마다 다른 입장을 취한다면, 법정지가 어디인지에 따라 제3국법이 적용 또는 고려되는지 여부가 달라지므로 국제거래의 예측가능성과 법적 확실성이 저해된다. 그리고 한 국가 내에서도 제3국의 국제적 강행규정에 관한 명확한 적용 또는 고려요건이 확립되어 있지 않다면 구체적인 사안마다 결론이 달라져서 이 역시 국제거래의 예측가능성과 법적 확실성을 저해할 것이다.

우리 국제사법은 제3국의 국제적 강행규정에 관하여 아무런 규정을 두고 있지 않고, 학계에서도 이 문제에 관한 활발한 논의가 이루어지고 있지 않다. 이러한 배경 하에서 이 책에서는 일단 명문규정이 없더라도 한국 법원이 제3국의 국제적 강행규정을 적용 또는 고려할 수 있음을 논증하고, 구체적으로 어떤 범위의 제3국의 국제적 강행규정을 어떤 요건 하에 적용 또는 고려할 수 있는지에 관한 해석론을 정립하며, 이를 명확히 하기 위한 입법을 제안하는 것을 두 번째 목적으로 한다.

제 2 절 연구의 방법

위와 같은 연구목적을 달성하기 위해 다음과 같은 연구방법을 사용한다.

첫째, 국제적 강행규정의 기초이론과 외국의 입법례, 국내외 판례를 체계적이고 종합적으로 정리하여 비판적으로 검토한다. 유럽연합에서는 제1차 세계대전을 계기로 법정지의 국제적 강행규정에 관한 학설과 판례가 발전하여 왔다. 이에 대한 각국의 태도는 상이한데, 특히 독일과 영국의 국제적 강행규정에 대한 태도는 근본적으로 출발점이 다르다. 영국에서는 당사자자치를 최대한 존중하여 왔고 국제적 강행규정의 개념이 알려지지 않았다. 반면 독일에서는 Savigny 때에서부터 국제적 강행규정의 개념의 기초가 존재하였고, 나치독일의 외환법을 외국법원에서 적용하는 것을 정당화하기 위한 이론의 정립에 노력해왔다. 이러한 대립되는 태도로 인하여 계약채무의 준거법에 관한 유럽공동체협약(Convention on the law applicable to contractual obligations, 이하 '로마협약')이 성안될 때에도 제3국의 국제적 강행규정의 적용에 관한 활발한 논의와 투쟁이 이루어졌고, 그 후신인 계약채무의 준거법에 관한 유럽의회 및 이사회 규정(Regulation of the European Parliament and the Council on the law applicable to contractual obligations, 이하 '로마Ⅰ규정')에도 각국의 타협의 산물로서 로마협약 제7조 제1항보다는 범위를 제한한 규정이 마련되었다. 따라서 이 책에서는 비교법적 연구의 대상으로, 영국과 독일을 비롯하여, 로마협약과 로마Ⅰ규정, 그리고 개별국가의 입법례로서 흔치 않게 제3국의 국제적 강행규정에 관한 규정을 국제사법에 명문으로 도입하였고, 우리 국제사법에도 큰 영향을 준[2] 스위스를 선정하였다.

둘째, 국제사법에 대한 연혁적 · 비교법적 검토를 토대로 우리 국제사법상 국제적 강행규정의 판단기준과 그 판단의 방법, 판단에 고려할 요소들을 도출한다. 그리고 그 효용성을 실증적으로 검토하기 위해, 일정한 기준에 따라 선정한

---

2) 석광현 (2020c), 582.

한국법의 법규들이 국제적 강행규정에 해당하는지를 저자가 제시한 판단기준과 판단의 방법, 판단에 고려해야 할 요소들을 적용하여 검토한다.

셋째, 제3국의 국제적 강행규정의 적용 또는 고려에 관한 양대 방법론인 실질법적 해결방법과 저촉법적 해결방법의 대립을 살펴본다. 각 해결방법에 기초한 학설과 입법례를 비판적으로 검토, 분석하여 각 입장의 강점과 약점을 보완한 최적의 해결방안으로서 우리 국제사법의 해석론과 입법론을 제시한다.

제3절 연구의 범위

이 책의 연구범위는 다음과 같다.

첫째, 이 책은 '국제적 강행규정'을 연구대상으로 한다. 국제적 강행규정은 개념상 일단 국내적 강행규정임을 전제로 하지만,[3] 국제적 강행규정과 국내적 강행규정은 구별된다.[4] 국내적 강행규정은 당사자가 다른 국가의 준거법을 선택함으로써 배제될 수 있는 반면, 국제적 강행규정은 당사자가 다른 국가의 법

---

3) 석광현 [2013], 141; 이필복 (2021), 130; Calliess/Renner [2015], 246; Girsberger/Graziano/ Neels [2021], para 1,489. 반면 장준혁 (2007b), 568은 국제적 강행규정을 내국의 국제적 강행규정과 외국의 국제적 강행규정으로 나누어, 내국(법정지)의 국제적 강행규정은 항상 국내적 강행규정이지만, 외국의 국제적 강행규정은 저촉법적 강행성을 요구할 뿐 국내적 강행규정일 필요는 없다는 견해를 소개한다. 이 견해에 의하면 외국의 국제적 강행규정은 내국(법정지)이 허용하는 것을 금지하거나, 내국이 금지하는 것을 허용함으로써 내국법질서에 영향을 미치는데, 내국이 금지하는 것을 허용하는 외국의 국제적 강행규정은 그 외국 내에서는 그 행위를 허용하는 규정일 뿐이지 강행규정이 아니라는 것이다. 그러나 다음과 같은 이유로 이 견해는 타당하지 않다. 국제적 강행규정이 긴요한 공익을 보호하기 위한 규제목적을 가진 규정이라는 점을 고려하면, 국제적 강행규정이 어떤 행위를 허용하는 것보다 금지하는 경우가 더 많을 것이라고 생각된다. 그리고 국제적 강행규정이 일단 국내적 강행규정에 해당하여야 하는지의 문제는 동일한 국가의 법체계에 속함을 전제로 한 것인데, 위 견해에 의하더라도 법정지의 국제적 강행규정은 항상 국내적 강행규정에 해당함을 인정하고 있다. 따라서 국제적 강행규정은 늘 국내적 강행규정에 해당한다고 보는 것이 타당하다.

4) 로마협약과 로마Ⅰ규정, 우리 국제사법은 모두 국제적 강행규정과 국내적 강행규정을 구분한다. 순수한 국내계약, 소비자보호와 근로자보호에 관한 로마협약 제3조 제3항, 제5조, 제6조, 로마Ⅰ규정 제3조 제4항, 제6조, 제8조, 국제사법 제25조 제4항, 국제사법 제27조 제1항과 제28조 제1항의 강행법규는 국내적 강행법규를 의미한다. 석광현 (2006b), 40.

을 준거법으로 선택하였거나, 객관적 준거법이 다른 국가의 법이더라도 배제될 수 없다는 특징을 가진다.[5] 따라서 국제적 강행규정에서 강행성은, 실질법에서 말하는 강행법규인지 임의법규인지를 따지는 맥락에서의 강행성이 아니라 '저촉법적 강행성'[6]을 의미한다. 이 책에서는 해당 법규가 국내적 강행규정에 해당한다는 전제 하에 국제적 강행규정으로 인정하기 위한 '저촉법적 강행성'에 초점을 맞춘다. 어떤 법규가 국내적 강행규정에 해당하는지 여부와 그를 판단하는 기준, 국제적 강행규정이 이른바 단속규정 또는 효력규정[7]에 해당하는지는 실질법의 논점이므로 다루지 않는다.[8] [9]

둘째, 이 책은 '국제계약'에서 국제적 강행규정을 연구대상으로 한다. 국제

---

5) Calliess/Renner [2015], 243; 김인호 (2012), 114 – 115; MünchKomm/Martiny [2006] EGBGB Art 34, Rn 7. (참고로 2009. 12. 17. 로마 I 규정이 시행됨에 따라 로마 I 규정을 국내법에 반영하기 위해 법정지의 국제적 강행규정에 관한 독일 EGBGB 제34조가 삭제되었다. 이 문헌은 이와 같은 내용의 개정이 이루어지기 전의 것이다.)

6) 장준혁 (2007b), 566.

7) 이는 다수설과 판례에 따른 분류이다. 강행규정에는 효력규정과 단속규정이 있는데, 효력규정은 이를 위반하는 행위의 사법적 효과가 부정되는 것이고, 단속규정은 이를 위반하여도 사법적 효과에는 영향이 없고 국가가 그 행위를 금지 또는 제한하는 것을 말한다. 김재형 (2004), 9 이하; 김수정 (2018), 5 이하 참조.

8) 국내적 강행규정인지 여부 및 그 판단기준에 관한 문헌은 우선 김재형 (2004), 9 이하; 최봉경 (2012); 김수정 (2018), 5 이하; 명완 (2019), 47 참조. 저자가 단속규정과 효력규정을 구분하는 기준이 국제적 강행규정과 국내적 강행규정을 구분하는 기준과 중복될 수 있음을 부정하는 것은 아니다. 이를테면 어떤 법규의 입법목적은 국내적 강행규정을 판단하기 위한 기준으로 활용되지만(김재형 (2004), 19 이하), 이 책 제3장에서 보는 바와 같이 국제적 강행규정 판단에도 중요한 역할을 한다. 그러나 전자의 논의는 '어떤 법규를 위반한 법률행위의 사법적 효력이 부정되기 위해서는 어떤 입법목적을 갖고 있어야 하는 것인가'에 대한 것인 반면, 후자의 논의는 '어떤 법규가 준거법에 관계없이 적용되기 위해서는 어떤 입법목적을 갖고 있어야 하는 것인가'에 관한 것이어서 논의의 차원이 다르다.

9) 그 밖에 국제적 강행규정과 구별해야 할 개념으로 외인법이 있다. 외인법(Fremdenrecht, Ausländerrecht)은 광의로는 내국의 외국인에 관한 사항을 규정한 실질법, 협의로는 내국에서의 외국인의 지위, 즉 권리의 향유에 관하여 정한 법률을 말한다. 스스로 적용범위를 규정하고 있는 외인법의 경우 국제적 강행규정과 유사한 측면이 있으나, 외인법은 국적을 기준으로 외국인과 내국인을 달리 대우하는 것을 목적으로 한다는 점에서 국가의 사회적 · 경제적 · 정치적 이익 보호를 목적으로 하는 국제적 강행규정과 구별할 수 있다. 한편, 석광현 (2021c), 679 – 680은 외인법이 국제적 강행규정에 해당하는 경우도 있을 수 있으나, 외인법으로부터 저촉규정을 도출할 수 있는 경우는 국제적 강행규정으로 적용되는 것은 아니라고 설명한다. 이 견해가 설득력이 있다. 외인법 중 구체적으로 어떤 것이 국제적 강행규정에 해당하는지 검토하는 것은 향후의 과제로 한다.

적 강행규정은 국제불법행위법, 국제물권법, 국제가족법, 국제도산법 등 영역에서도 존재할 수 있으나, 국제적 강행규정에 관한 국내외의 논의는 주로 국제계약과 관련하여 이루어져 왔다. 이 책은 계약의 효력 또는 이행 등 계약에 영향을 미치는 국제적 강행규정을 연구대상으로 한다. 따라서 이 책에서는 주로 국제계약과 관련된 법률관계를 규율하는 법규를 검토대상으로 한다. 다만 계약과 관련이 있는 한도 내에서 특수불법행위를 규율하는 법규도 연구대상으로 하였다. 일반불법행위와 국제도산법, 국제가족법, 국제회사법, 국제물권법에서의 국제적 강행규정은 연구범위에서 제외하였다. 본 책에서 국제적 강행규정성을 검토하는 한국법의 규정들은 국제계약과 관련이 있는 법규들 중 종래 학설과 판례에서 문제되었던 법규들을 우선적으로 선정하였다.

셋째, 이 책에서는 국내적 강행규정이지만 국제사법에서 특별한 취급을 받고 있는 소비자보호나 근로자보호를 위한 강행규정이 어떤 경우에 국제적 강행규정으로 인정될 수 있는지는 다루지 않는다. 이는 향후의 과제로 미룬다.

넷째, 이 책에서 다루는 국제적 강행규정의 문제는 국제소송의 맥락을 전제로 하고, 국제중재에서 국제적 강행규정의 문제는 다루지 않는다. 국제거래의 당사자가 선호하는 분쟁해결방법 중 하나인 국제상사중재에서는 소송과 비교하여 당사자자치가 폭넓게 인정되고 중재인이 분쟁의 실체에 적용될 준거법을 정함에 있어 법관과는 달리 법정지의 국제사법에 구속받지 않는다는 점에서 특유한 논점이 제기된다. 그런 논점으로, ① 국제적 강행규정에 관한 분쟁이 중재가능성이 있는지, ② 그러한 분쟁에 대한 중재합의가 유효한지, ③ 분쟁의 실체를 판단함에 있어 중재인이 당사자의 동의가 없더라도 국제적 강행규정을 적용할 수 있는지, ④ 그렇다면 어떤 범위의 국제적 강행규정을 적용 또는 고려할 수 있는지, ⑤ 국제적 강행규정 부적용 또는 오적용이 중재판정 취소 또는 승인집행거부사유가 될 수 있는지가 있다. 이 논점들에 대하여는 별도의 기회에 검토한 바 있으므로10) 이 책에서는 다루지 않는다.

그러나 중재의 맥락에서도 이 연구가 의미가 있다. 국제적 강행규정인지 여

---

10) 김민경 (2021), 361–387 참조.

부를 판단하는 기준은 국제상사중재에서나 국제소송에서나 차이가 없고, 한국법의 법규 중 어떤 것이 국제적 강행규정인지에 대한 검토도 국제상사중재의 맥락에서도 의미가 있다. 또한 국제상사중재에서 분쟁의 실체에 관하여 적용될 준거법과 관련하여, 중재에서 법정지라는 개념을 인정할 수 없으므로 준거법소속국이 아닌 국가의 국제적 강행규정은 제3국의 국제적 강행규정과 마찬가지로 취급된다. 따라서 제3국의 국제적 강행규정의 적용요건에 관한 논의가 중재에서도 의미가 있다.

제 4 절 이 책의 구성

이 책은 총 7장으로 구성된다. 제1장에서는 위에서 본 바와 같이 연구의 목적과 의의, 연구의 방법과 범위를 소개한다.

제2장에서는 국제적 강행규정의 역사적 배경(제1절)과 이를 지칭하는 용어(제2절), 그리고 법정지의 국제적 강행규정, 준거법소속국의 국제적 강행규정, 제3국의 국제적 강행규정별로 특유한 쟁점(제3절)을 소개한다.

제3장에서는 국제적 강행규정인지 여부를 어떻게 판단하여야 하는지 검토한다. 먼저 유럽연합 및 각국의 입법례가 국제적 강행규정을 어떻게 정의하고 있는지 살펴본다(제1절). 그 후 국제사법 제7조의 입법연혁과 국제사법 제7조의 모델이 된 로마협약과 스위스 국제사법의 해석론을 참고하여, 국제적 강행규정의 판단기준으로서 국제사법 제7조의 입법목적이 어떤 것을 의미하는지, 특히 그리고 공익과 사익을 동시에 보호하는 규범이 어떤 경우에 국제적 강행규정에 해당할 수 있는지 기준을 제시한다. 그와 같은 기준에 따라 어떤 법규가 국제적 강행규정인지 여부를 판단하는 구체적인 방법론과 그를 판단할 때 고려해야 요소들을 제시한다(제2절).

제4장에서는 저자가 제시한 판단기준과 판단의 방법, 판단 시 고려요소를 적용하여 한국법에서 국제계약을 규율하는 법규와 국제계약과 관련된 한도 내에서 특수불법행위를 규율하는 법규들이 국제적 강행규정인지 검토한다. 국제적

강행규정에 해당하는 예(제1절)와 국제적 강행규정에 해당하지 않는 예(제2절)의 순서로 살펴보되, 전자는 ① 역외적용규정을 둔 법규, ② 국제적·장소적 적용범위를 명시적으로 규정하는 법규, ③ 강한 공익적 목적을 갖고 그 국제적·장소적 적용범위를 해석으로 확정할 수 있는 법규로 나누어서 살펴본다. 후자는 ① 내지 ③에 해당하지 않으나 종래 학설과 판례에서 국제적 강행규정인지 여부가 문제되었던 법규들을 중심으로 검토한다. 그 후 검토 결과와 시사점을 정리한다(제3절).

　　제5장에서는 제3국의 국제적 강행규정의 취급에 관한 비교법적 연구를 수행한다. 제3국의 국제적 강행규정을 적용 또는 고려하는 이론적 기초를 분석하고 제3국의 국제적 강행규정의 적용 또는 고려와 관련된 이익을 분류한다(제1절). 제3국의 국제적 강행규정의 취급방법을 실질법적 해결방법(제2절)과 저촉법적 해결방법(제3절)의 순서로 검토한다. 실질법적 해결방법이 제3국의 국제적 강행규정의 취급에 관한 적절한 해결방법이 될 수 없는 이유와, 저촉법적 해결방법이 국제거래의 당사자의 예측가능성과 법적 확실성의 측면에서 더 바람직함을 논증한다(제4절).

　　제6장에서는 제5장에서의 비교법적 연구결과를 토대로 우리 국제사법 하에서도 제3국의 국제적 강행규정을 적용 또는 고려할 수 있음을 논증한다(제1절). 우리 국제사법 하에서 제3국의 국제적 강행규정을 적용 또는 고려하는 가능한 방법론을 검토하고, 실질법적 해결방법보다 저촉법적 해결방법이 더 바람직함을 논증한다(제2절). 제5장에서 수행한 주요 입법례에 대한 비판적 평가를 토대로, 제3국의 국제적 강행규정의 적용 또는 고려에 관련된 이익을 모두 조화롭게 형량하기 위한 적용 또는 고려의 요건과 효과를 제시한다(제3절). 그 후 그에 기초한 구체적인 입법안을 제안한다(제4절).

　　제7장에서는 연구결과를 정리, 종합하여 결론을 제시한다.

국제적 강행규정의 기초이론

국제적 강행규정의 기초이론

제1절 국제적 강행규정의 역사적 배경

현대 국제사법의 아버지로 일컬어지는 Savigny는 당사자가 계약의 준거법을 자유롭게 선택할 수 있다고 하였으나, Savigny도 19세기 중반에 이미 준거법을 선택할 수 있는 당사자의 자유는 무제한적이지 않고, 모든 법체계에 '그 성질상 국경을 넘어서도 당사자의 선택에 의해 그 적용을 제외할 수 없는 강행규정(Gesetze von streng positiver zwingender Natur, die eben wegen dieser Natur zu jener freien Behandlung, unabhängig von den Gränzen verschiedender Staaten, nicht geeignet sind)'이 존재한다고 주장하였다.[1] 그는 강행규정을 '전적으로 개인적 이익을 규율하기 위한 목적의 규정'과 '개인적 이익을 넘어선 이익을 규율하는 규정'으로 구분하였고, 후자의 경우 준거법을 지정하는 저촉법규칙을 방해할 수 있다고 보았다. 이와 같이 현대적 국제적 강행규정 개념이 Savigny로부터 형성되었다고 볼 수 있다.[2]

---

1) Savigny [1849], 33–34. Savigny의 국제사법 이론에 대한 개관은 이호정 (1981) 참조.
2) Kunda [2015], para 22.

　　제1차 세계대전 발발 후 유럽에서는 외국의 외환·통화규제법, 몰수법 등을
국제적 법률관계에 어떻게 적용할지, 1917년 러시아 혁명 후 소비에트 연합이
제정한 외국에서의 금전채무변제를 금지하는 법을 어떻게 고려할지 문제되었
다.[3] 1930년대 나치독일의 외환법(Devisenrecht)과 독일의 덴마크, 노르웨이 침
공을 계기로 제정된 미국의 1940. 4. 9.자 자산동결명령에 따라 국제거래가 큰
영향을 받게 되었고, 이를 계기로 학계에서 본격적으로 외국의 이러한 법규를
어떻게 취급해야 할지에 관하여 활발한 논의가 이루어지기 시작했다.[4] 특히 독
일에서는 제2차 세계대전 무렵 독일 외환법의 영토적 적용범위와 관련하여 특
별연결이론(Sonderstatuttheorie 또는 Sonderanknüpunstheorie)이 등장하였다. 그 주
안점은 독일의 외환법이 역외적용되는지, 외국인도 적용대상인지, 독일 외환법
을 적용하는 것이 법정지의 공서에 반하는지에 있었다. 다양한 견해가 주장되었
는데,[5] Wengler는 외국 강행법규가 스스로 그 적용을 의욕하고, '충분히 밀접한
관련(genügend enge Beziehung)'이 있으며, 법정지의 공서가 해당 규정의 적용을
배제하지 않을 때에만 사적인 법률관계와 공법의 '특별한 연결'이라는 요건 하에
서 외국법을 고려해야 한다고 주장하였다.[6] Zweigert는 외국의 경제규제, 특히
수출입제한을 고려할 필요가 있다고 주장하였는데, 그 이유는 계약당사자가 그
에 반하는 이행을 할 수 없고 국제적인 맥락에서 예양의 원칙에 따라야 한다는
것이다.[7]

　　Neumeyer는 제1차 세계대전 후 다수 국가에서 계약의 자유를 제한하기 위

---

3) 독일 전쟁포로들이 시베리아에 주소를 둔 외국인들로부터 독일로 도피하기 위한 자금을 차용
　 한 후, 채권자가 채무자를 상대로 채무의 변제를 구하는 소를 제기하자, 채무자가 위와 같은
　 외환규제로 인하여 채무를 변제할 수 없다고 주장한 사건들이 그 예이다. 구체적인 사건에 관
　 한 소개는 Kunda [2015], para 24 참조. 19세기부터 1940년대까지 국제적 강행규정 개념의 역
　 사적 배경에 관한 상세는 Hellner (2009), 447−450; Kunda [2015], para 23−34; 김용담
　 (1986), 16−19, 최공웅 (1994), 165−166 참조.
4) 관련된 미국 판례의 소개는 Kunda [2015], paras 25−26 참조.
5) 다양한 견해의 소개는, Hellner (2009), 449−450; Kunda [2015], para 30.
6) 최공웅 (1994), 165. Wengler가 주장한 특별연결 개념의 시초는 Savingy의 Sitz(본거)에서 찾
　 을 수 있고, 이는 그 이후 로마협약 제7조 제1항에 반영되었다. Kunda [2015], para 30.
7) Wengler와 Zweigert의 특별연결이론은 세계대전 전시, 전후의 외환관리를 비롯한 통제경제입
　 법을 중심으로 전개되었다. 최공웅 (1994), 163.

한 입법자의 개입이 빈번해지는 상황에서, 그러한 제한이 외국 입법자에 의하여 이루어지는 경우 이를 존중할 것인지 문제를 제기하였다.[8] 그는 강행법규를 두 가지로 분류하였다. 첫 번째는 국내입법의 적용범위 내에서만 적용되는 것으로서 당사자가 국내법을 준거법으로 선택한 경우에 비로소 적용되는 것, 두 번째는 당사자가 선택한 계약의 준거법에 관계 없이 준거법이 외국법인 경우에도 적용되는 것이다. 그는 이 두 번째 유형의 강행법규가 속지적으로 적용되는 것을 의도한 입법자의 의도가 광범위하게 존중되어야 하고, 그러한 강행법규는 당자사자치와 무관하게 적용되어야 한다고 주장하였다.

네덜란드에서는 de Winter가 당사자의 준거법 선택의 자유가 '그 사회적 목적에 비추어 이를 적용해야 하는 것이 매우 중요(so crucial)하여 국제적 사건에서도 적용되어야 하는 규범'에 의하여 제한된다고 주장하였다. 그의 이론은 네덜란드 법원의 *ALNATI* 판결[9]에 반영되었고, 추후 로마협약 제7조 제1항의 기초가 되었다.[10] Franceskasis는 1966년에 국제적 강행규정을 '정치적·사회적·경제적 조직을 보호하기 위하여 이를 준수할 필요가 있는 규정'으로 정의하였다. 이는 국제적 강행규정에 관한 고전적인 정의로 평가되었고, 1999년 유럽사법재판소의 *Arblade* 판결[11]에 반영되었다.[12]

IMF 협정(Articles of Agreement of the International Monetary Fund) 제Ⅷ조 2(b)[13]도 역사적으로 외국의 국제적 강행규정의 취급과 관련하여 의미 있는 논의를 촉발시켰다.[14] 위 조항은 "회원국의 통화에 관련된 환계약으로서 이 협정

---

8) Neumeyer의 이론에 대한 간략한 소개는 김용담 (1986), 17 참조.

9) 1966 5. 13. *Van Nievelt, Goudriaan and Co.'s Stoomvaartmij NV v NV Hollandische Assurantie Societeit and Others.* 이 판결에 관한 소개는 Hartley (1997), 357 참조. 이 판결은 제5장 제3절 Ⅱ.에서 다시 살펴본다.

10) Guilano/Lagarde [1980], Art 7, para 1.

11) 이 판결은 이 책 제3장 제1절 Ⅱ.에서 다시 살펴볼 것이다.

12) Wilderspin (2017), 1331.

13) Ⅷ 2(b)

Exchange contracts which involve the currency of any member and which are contrary to the exchange control regulations of that member maintained or imposed consistently with this Agreement shall be unenforceable in the territories of any member.

14) 이를테면 Dicey/Morris/Collins [2012] vol. 2, para 37R−61 ff; Proctor [2012], para 15.01 ff,

에 합치하여 유지 또는 부과되어 있는 그 회원국의 환관리 규정에 위배되는 환계약은 여하한 회원국의 영토 내에서도 이를 강제실현할 수 없다"고 규정하고 있다. 어떤 국가의 외국환규제법은 전통적으로 국제적 강행규정의 전형적인 예로 여겨졌기 때문에, IMF 협정 제Ⅷ조 2(b)가 적용되는 한, 회원국은 다른 회원국의 국제적 강행규정인 외국환규제법을 적용해야 할 조약상 의무를 부담한다.15) 따라서 IMF 협정 제Ⅷ조 2(b)에 따라 존중해야 하는 외국의 환관리규정의 규율대상의 범위, 즉 '환계약'을 어떻게 볼 것인지, 그리고 그에 해당하지 않는 외국환규제법을 국제사법상 어떻게 취급할 것인지에 관한 논의가 전개되었다.16)

제2절 용 어

국제적 강행규정은 여러 국가에서 대체로 국내적 강행규정과는 구별되는 별개의 용어로 지칭되었다. 국제적 강행규정을 지칭하는 용어는 각 국가별로 상이하나, 영국에서는 로마Ⅰ규정 이후 'overriding mandatory norms' 내지 'overriding statutes'17)가 사용된다. 영국에서는 로마협약이 채택되기 전까지 국제적 강행규정이라는 개념이 잘 알려져 있지 않았다. 그런데 로마협약 영어본이 국제적 강행규정과 국내적 강행규정의 용어를 구분하여 사용하지 않고 'mandatory rules'라고만 규정함에 따라18) 영국 문헌에서는 'mandatory rules'가

16.04 ff.

15) 석광현 (2020a), 363은 이것을 저촉규범인 동시에 실질규범이라고 설명한다.

16) 영국은 환계약의 개념을 '한 국가의 통화를 다른 국가의 통화로 교환하는 계약'이라고 좁게 파악한다. *Wilson, Smithett and Cope Ltd v Terruzzi* [1976] QB 703 (CA). 반면, 독일, 네덜란드, 프랑스 등 대륙법계 국가에서는 환계약을 "한 국가의 외환자원에 어떤 식으로든 영향을 주는 것"이라고 넓게 해석한다. 이와 같이 상반되는 입장에 대한 소개는 Proctor [2012], para 15.27; 석광현 (2020a), 364-365 참조.

17) Cheshire/North/Fawcett [2017], 744. 한편, Kleinheisterkamp (2009), 91은 'internationally mandatory rules'라는 용어를 사용하나, 영국에서 일반적인 용례는 아닌 것으로 보인다.

18) 로마협약의 영어, 독일어, 덴마크어, 포르투갈어본은 국내적 강행규정과 국제적 강행규정의 용어를 구분하지 않았으나, 네덜란드, 프랑스, 이탈리아, 스페인, 스웨덴어본은 용어를 구분하여

국내적 강행규정뿐만 아니라 국제적 강행규정을 의미하는 것으로도 사용된다.[19]

독일에서는 'Eingriffsnormen'이 국제적 강행규정을 의미하는 용어로 사용된다. 이것은 간섭규범이라는 뜻으로, Neumeyer가 국제행정법의 용어를 1950년대에 국제사법에 사용한 것을 계기로 알려진 것이다.[20] 법정지의 국제적 강행규정에 관한 구 독일민법시행법(Einführungsgesetz zum Bürgerlichen Gesetzbuche, 'EGBGB') 제34조와 로마협약 독일어본 제7조에는 강행규정을 의미하는 'zwingende Normen'이 사용되었는데, 이는 당사자의 합의로 배제할 수 없는 규정을 뜻한다. 'international zwingende Normen'은 국내적 강행규정(einfach zwingende Normen)에 대비되는 국제적 강행규정을 의미하는데, 독일에서는 유럽사법재판소의 *Ingmar* 판결[21] 이후 이 용어가 더 많이 사용된다.[22] 이는 영어로는 'internationally mandatory rules'로 번역된다.[23] 스위스에서는 국제적 강행규정이 'Eingriffsnormen'로,[24] 프랑스에서는 'lois de police' 또는 'lois d'application immédiate'[25]로 지칭된다. 로마 I 규정에서는 'overriding mandatory provisions(최우선강행규정[26])'라는 용어가 사용된다. 헤이그 국제사법회의(Hague Conference on Private International Law)가 채택한 헤이그 국제상사계약준거법 원칙(Principles on Choice of Law in International Commercial Contracts, '이하 헤이그 국

사용하였다.

19) 국제적 강행규정을 지칭하기 위해 'mandatory rules'라는 용어가 사용된 예로 Dicey/Morris/Collins [2012], vol. 1, paras 1−053, 1−054; Plender/Wilderspin [2001], para 9−01; Kaye [1993], 240. 미국에서도 'mandatory rules'를 사용한다. Fazilatfar [2019], 9; Waincymer (2009), 6.

20) Hauser [2012], 5−6.

21) Case C−381/98. 이 판결에 관한 상세는 제3장 제2절 II. 참조.

22) Günther [2011], 9.

23) Bonomi (1999), 223.

24) 이는 간섭규범 또는 개입규범으로 번역된다. 석광현 [2001], 8.

25) Dicey/Morris/Collins [2012], vol. 1, para 1−054; Kunda [2015], 11.

26) 석광현 [2013], 149; 석광현 (2015c), 302; 정홍식 (2013), 7은 이를 '최우선강행규정'으로 번역하나, 아직 확립된 번역은 아닌 것으로 보인다. 손경한 (2016), 131, 주 85는 이를 최우선강행규정으로 번역하는 것에 의문을 제기하면서 '우선강행규정'이라고 번역한다. 한승수 (2017), 94도 '우선강행규정'이라는 용어를 사용한다. 그러나 '최우선'이라는 표현이 준거법에 관계없이 적용된다는 의미를 강조하는 데 더 적합하다고 생각되므로, 이 책에서는 최우선강행규정이라는 표현을 사용하기로 한다.

제상사계약준거법원칙'이라 한다)도 'overriding mandatory provision'을 사용한다.

우리나라에서는 저촉법의 일반원칙에 따라 지정된 법이 준거법으로 적용되어야 함에도 국제적 강행규정이 준거법의 적용을 '간섭'하여 결국 그 적용을 제한하는 기능을 한다는 이유로 이를 '간섭규범'으로 지칭하기도 하고,27) '절대적 강행규정'28)이라는 용어도 사용된다. 그러나 '국제적 강행규정(법규)'이라는 용어가 더 일반적으로 사용된다.29) 로마Ⅰ규정과 로마Ⅱ규정에서 overriding 'mandatory' provision이라는 용어를 사용하여 '강행성'을 언급하고 있고, 우리 국제사법 제7조30) 31)는 대한민국 법의 '강행'적 적용이라는 용어를 쓰고 있으므로, 국제적 강행규정이라는 용어가 그 개념을 보다 잘 표현하고 있다고 생각된다. 따라서 이 책에서는 '국제적 강행규정'이라는 용어를 사용하되, 외국법이나 국제규범의 용어를 언급할 때에는 그 국가나 그 규범에 규정된 용어와 혼용하기로 한다.

국제적 강행규정과 관련된 용어로, 국제적 강행규정의 '적용(application, Anwendung)'과 '고려(Berücksichtigung, taking into account)'가 있다. '적용'은 협의로는 준거법소속국이 아닌 국가의 국제적 강행규정을 저촉법적 차원에서 법으로서 적용하는 것을 말한다. 협의의 적용을 '저촉법적 적용'이라고 한다. '적용'이 광의로 사용되는 경우에는 협의의 적용과 실질법적 고려를 포함한다. 그러나 본 책에서는 혼동을 방지하기 위해 '적용'이라는 용어를 협의로만 사용하면서 '저촉법적 적용'과 혼용한다.

---

27) 최공웅 (1994), 153; 김용진 (1998), 707.
28) 안춘수 (2011), 192. 다만 이 문헌에서는 국제적 강행규정이라는 용어도 소개한다.
29) 그 예로, 석광현 (1994), 150; 석광현 (2001b), 8; 석광현 (2009a), 328; 석광현 [2013], 140 이하; 석광현 (2015a), 117; 석광현 (2018), 120; 석광현 (2020a), 353; 장준혁 (2007a), 71; 장준혁 (2007b), 564; 김인호 (2012), 110; 유성재 (2004), 19; 정홍식 (2013), 4.
30) 제7조(대한민국 법의 강행적 적용)
입법목적에 비추어 준거법에 관계없이 해당 법률관계에 적용되어야 하는 대한민국의 강행규정은 이 법에 의하여 외국법이 준거법으로 지정되는 경우에도 이를 적용한다.
31) 국제사법이 2022. 1. 4. 법률 제18670호로 개정된 현행 국제사법 제7조는 개정 국제사법에서는 표제와 본문은 같으나 조문 위치가 제20조로 변경되었다. 개정 법률은 https://likms.assembly.go.kr/bill/billDetail.do?billId=ARC_Y2I0G0H8M0D7N 1J6N2M3Q3Q7Q3M5U7에서 접근할 수 있다(최종방문 2021. 12. 9.). 이 책에서 다루어지는 국제사법 조문에 대한 신구조문대비표는 부록 2. 참조.

‘고려’는 준거법소속국이 아닌 국가의 국제적 강행규정을 준거실질법의 일반조항 하에서 사실로서 평가하는 것을 의미한다. 이를 ‘실질법적 고려(materielle Berücksichtigung)’라고도 한다.[32] 실질법적 고려와 구분되는 개념으로 ‘저촉법적 고려’도 있으나, 이는 후술한다.[33]

제 3 절 국제적 강행규정의 유형별 쟁점

국제적 강행규정은 그 소속국에 따라 법정지의 국제적 강행규정, 준거법소속국의 국제적 강행규정, 준거법소속국도 법정지도 아닌 제3국의 국제적 강행규정으로 분류된다. ‘어떤 법규가 국제적 강행규정에 해당하는가’의 문제는 이 세 가지 모두에 공통되나, 국제적 강행규정이 적용되는 요건과 근거는 그 소속국이 어디인지에 따라 다르다. 즉, 어떤 법규가 법정지의 국제적 강행규정일 때, 준거법소속국의 국제적 강행규정일 때와 제3국의 국제적 강행규정일 때의 취급이 다르다. 법정지와 준거법소속국의 국제적 강행규정의 적용요건과 근거를 살펴보면 제3국의 국제적 강행규정이 왜 준거법소속국이나 법정지의 국제적 강행규정과 다른 취급을 받는지 이해할 수 있다. 이하에서 간략하게 살펴본다.

Ⅰ. 법정지의 국제적 강행규정

이하에서는 법정지의 국제적 강행규정의 적용요건과 효과에 관한 로마협약, 로마Ⅰ규정, 로마Ⅰ규정 시행 전 독일, 영국의 태도 그리고 스위스 국제사법의 태도와 우리 국제사법 제7조를 차례대로 살펴본다.

---

32) MünchKomm/Martiny [2006], EGBGB Art 34, Rn 70; Günther [2011], 27−28; 석광현 (2020a), 375; Fazilatfar [2019], 138−139.
33) 실질법적 고려, 저촉법적 적용, 저촉법적 고려의 차이에 관하여는 제6장 제2절 Ⅰ. [표 3] 참조.

1. 적용요건

가. 비교법의 태도

비교법적으로 대부분의 국가는 명문 규정이 없더라도 당사자의 준거법 선택에 대한 제한으로서 법정지의 국제적 강행규정이 별다른 조건 없이 적용됨을 인정한다.[34] 로마협약 제7조 제2항[35]은 "이 협약은 계약의 준거법에 관계없이 사안을 강행적으로 규정하는 법정지의 규정에 영향을 미치지 아니한다"라고 규정한다. 로마협약 제7조 제2항은 사안과 법정지의 강행규정이 밀접한 관련이 있을 것을 명시적으로 요하지 않으나, 해석상 사안과 법정지를 연결하는 장소적 제한이 있어야 한다고 본다.[36] 이것이 내국관련성의 요건이다.[37]

로마 I 규정 제9조 제2항[38]은 법정지의 국제적 강행규정이 적용됨을 규정

---

34) 석광현 (2001c), 181; 안춘수 (2001), 211; 안춘수 [2017], 149; 최흥섭 [2019], 205. 법정지의 국제적 강행규정 적용에 관한 여러 국가의 입법례에 관한 상세는 Girsberger/Graziano/Neels [2021], para 1.472 참조.

35) **Art. 7**
   2. Nothing in this Convention shall restrict the application of the rules of the law of the forum in a situation where they are mandatory irrespective of the law otherwise applicable to the contract.

36) Kaye [1993], 262. 장준혁 (2007a), 80, 84는 법정지의 국제적 강행규정이 특별연결되기 위해서는 사안의 내국관련성이 충분해야 한다고 설명한다.

37) 내국관련성은 국제적 강행규정에서 규율하고 있는 사항이 해당 국가의 입법관할권 내에 속하는 것임을 의미한다. MünchKomm/Martiny [2021], Rom I −VO Art 9, Rn 124. 입법관할권에 관한 상세는, 석광현 (2011a), 16−25. 입법관할권을 정하는 기준으로 속지주의(어느 국가가 자국 내에서 발생한 사실 및 자국 영역 내에 소재한 물건에 대하여 해당 국가가 관할권을 행사할 수 있다는 원칙), 속인주의(어느 국가가 자국 내에서 발생한 사실 및 자국 영역 내에 소재한 물건에 대하여 해당 국가가 관할권을 행사할 수 있다는 원칙), 수동적 속인주의(어느 국가가 피해자의 국적을 기준으로 관할권을 행사할 수 있다는 원칙), 보호주의(외국인이 외국에서 한 행위이더라도 그로 인하여 국가의 중요한 이익이 침해된 경우 관할권을 행사할 수 있다는 원칙)와 보편주의(국제사회가 공통적으로 지켜야 할 가치와 관련된 일정한 유형의 행위에 대하여 행위자의 국적과 행위지를 불문하고 모든 국가가 관할권을 행사할 수 있다는 원칙)를 들 수 있고, 최근 들어 독점금지법, 증권거래법, 지적재산권법 등의 영역에서는 효과주의(외국에서 행하여진 행위이더라도 자국에 효과 내지 영향을 미치는 경우 관할권을 행사할 수 있다는 원칙)가 인정되고 있다.

38) **Art. 9**
   2. Nothing in this Regulation shall restrict the application of the overriding mandatory provisions of the law of the forum.

하고 있다. 이는 로마협약 제7조 제2항에 상응하는 규정이다. 로마 I 규정 제9조 제2항은 사건과 법정지가 밀접한 관련이 있을 것을 명시적으로 규정하지 않으나,[39] 로마 I 규정 하에서도 로마협약에서와 마찬가지로 법정지의 국제적 강행규정이 적용되기 위해서는 객관적으로 내국관련성이 인정되어야 한다고 본다.[40] [41]

영국법은 로마협약이 채택되기 전까지 전통적으로 강행규정이나 국제적 강행규정이라는 용어와 개념을 알지 못하였으나,[42] 영국법이 준거법에 관계없이 적용될 수 있음을 인정하였고, 그 근거를 공서가 결정화(crystallised)된 것이라고 설명하였다.[43] 그러한 규정은 법정지와 영토적 연결(근무지, 거소, 거래로 인한 효과 등)이 있는 경우에 적용된다고 보았다.[44] 독일에서도 법정지의 강행규정이 적용되는 것이 일반적으로 인정되어 왔다.

로마 I 규정이 시행되기 전 구 독일 민법시행법(EGBGB) 제34조[45][46]는 "이 절의 규정은 계약의 준거법에 관계없이 적용되는 독일법의 강행규정의 적용에 영향을 미치지 않는다"고 규정하고 있었는데 이는 로마협약 제7조 제2항을 입법한 것이었다.

독일에서도 법정지의 국제적 강행규정을 적용하기 위해 내국관련성이 있어야 한다고 보았다.[47]

---

39) MünchKomm/Martiny [2021], Rom I −VO Art 9, Rn 109.

40) MünchKomm/Martiny [2021], Rom I −VO Art 9, Rn 5, 10.

41) Magnus/Mankowski/Bonomi [2017], para 96.

42) Cheshire/North/Facwcett [2017], 743; Hill/Chong [2010], para 14.3.5; Plender/Wilderspin [2001], para 9−12.

43) Dicey/Collins/Morris [2012], vol. 1, para 1−061. 대륙법계의 국제사법은 법령 중심의 접근방법을 취한 반면 보통법계의 방법론은 다소 유연한 공서의 개념에 의존하여 왔다. Hartley (1997), 350−356.

44) Kaye [1993], 245.

45) **Art. 34 Zwingende Vorschriften**
Dieser Unterabschnitt berührt nicht die Anwendung der Bestimmungen des deutschen Rechts, die ohne Rücksicht auf das auf den Vertrag anzuwendende Recht den Sachverhalt zwingend regeln.

46) 이 규정은 2009. 12. 17. 로마 I 규정의 시행으로 폐지되었다.

47) MünchKomm/Martiny [2006], EGBGB Art 34, Rn 134; MünchKomm/Martiny [2021], Rom

스위스 국제사법[48] 제18조[49]도 스위스법의 국제적 강행규정이 적용됨을 명시하고, 해석상 내국관련성을 요구한다.[50] 이와 같이 세계 주요국가의 법과 국제규범은 공통적으로 법정지의 국제적 강행규정이 적용됨을 인정하고, 공통적으로 법정지와 국제적 강행규정 사이에 내국관련성을 요구한다.

나. 우리 국제사법 제7조

우리 국제사법 제7조도 "입법목적에 비추어 준거법에 관계없이 해당 법률관계에 적용되어야 하는 대한민국의 강행규정은 이 법에 의하여 외국법이 준거법으로 지정되는 경우에도 이를 적용한다"라고 규정하여 법정지의 국제적 강행규정이 적용됨을 명시한다. 이는 법정지의 국제적 강행규정이 언제나 적용되어야 한다는 것으로 이해하는 외국의 학설[51] 및 입법례[52]에 부합한다. 우리법상 법정지의 국제적 강행규정이 적용되는 근거를 공법의 속지주의로 설명하는 견해도 있으나, 법정지의 국제적 강행규정 중 공법적 성질을 띠지 않는 것이 있을 수 있고, 공법과 사법의 구분이 어려운 경우도 많으므로, 공법의 속지주의보다

Ⅰ-VO Art 9, Rn 124.

48) 스위스 국제사법은 법률관계별로 국제재판관할, 준거법 및 외국재판의 승인 및 집행뿐만 아니라 국제도산과 국제중재에 관하여 규정하는 세련된 구조를 취하고 있는데, 이는 국제사법에 대한 높은 인식수준을 반영하는 것으로 우리에 대한 시사점이 크다. 스위스 국제사법에 대한 전반적 소개는 Samuel (1988), 681 et seq; 석광현 (2020c), 571 이하 참조. 국문시역은 석광현 (2020c), 571 이하, 석광현 (2019), 42 이하 참조. 이하 이 책에서 스위스 국제사법의 번역은 이를 참고하여 저자가 일부 수정한 것이다. 스위스 국제사법의 최근의 영문번역은 Andreas Bucher 교수의 것(http://www.andreasbucher-law.ch/images/stories/pil_act_1987_as_from _1_2_2021.pdf에서 접근 가능, 2021. 12. 2. 최종방문)과 취리히의 법률사무소인 Umbricht 웹사이트(https://www.umbricht.ch/en/swiss-private-international-law-cpil/, 2020. 12. 15. 최종 방문)에서 볼 수 있다.

49) **Art. 18**
Vorbehalten bleiben Bestimmungen des schweizerischen Rechts, die wegen ihres besonderen Zweckes, unabhängig von dem durch dieses Gesetz bezeichneten Recht, zwingend anzuwenden sind.
그 특별한 목적 때문에 이 법률에 의하여 지시되는 법과는 관계없이 강행적으로 적용되어야 하는 스위스법의 규정들은 유보된다.

50) ZürKomm/Vischer/Lüchinger [2018], Art 18, Rn 8.

51) 독일의 구 EGBGB 하에서의 학설의 소개는 석광현 (1994), 152-153.

52) 위 가. 참조.

는 법정지와 법정지법 사이의 밀접한 관련에 의하여 적용되는 것이라고 보는 견해53)가 더 설득력이 있다. 이때 법정지의 국제적 강행규정을 적용하기 위해 필요한 해당 규정과 법정지와의 밀접한 관련이 내국관련성이다.54) 이는 어떤 법규가 규율하는 사항이 법정지국의 입법관할권에 속하여야 한다는 것을 의미한다.55) 그런데 법정지국의 법규는 대부분 그 입법관할권 내에 속하므로, 법정지의 국제적 강행규정의 적용에 있어서 입법관할권의 유무가 문제되는 예는 많지 않을 것이다.56) 다만 법정지의 어떤 법규가 그 적용범위를 명시적으로 규정하고 있지 않다면 내국관련성의 요건으로 그 적용범위를 한정하여 해석하여야 한다.57)

2. 효과

　법정지의 국제적 강행규정이 적용되는 경우, 문제된 계약 또는 법률행위의 효력을 그 계약 또는 법률행위의 준거법에 따라 판단해야 할지 아니면 법정지법에 따라 판단할지 문제된다.58) 이에 대하여 법정지법의 강행규정을 위반한 행위의 효력은 그 강행법규의 입법취지와 관련이 있고 그 관련 하에서만 결정할 수 있으므로 법정지법에 의하여야 한다는 견해와(1설),59) 해당 법률관계의 준거법

---

53) 석광현 (2015a), 146; 김용진 (1998), 710.

54) 석광현 (2004), 437; 김용진 (1998), 710; MünchKomm/Martiny [2006], EGBGB Art 34, Rn 136.

55) 각주 37 참조. 따라서 법정지와 법정지법 사이의 밀접한 관련과, 제3국의 국제적 강행규정의 적용요건으로서의 밀접한 관련은 온도차가 있다. 상세는 제5장 제3절 II.1. 참조.

56) 손경한 (2016), 132는 국제사법 제7조의 입법론으로 밀접한 관련을 명시하자고 주장한다. 그런데 법정지법과 법정지의 밀접한 관련은 입법관할권이 있어야 한다는 것을 의미하고, 법정지법의 입법관할권이 문제되는 예는 드물 것으로 생각된다. 이 점에서 법정지와 법정지법 사이의 밀접한 관련은 제3국의 국제적 강행규정과 사안 사이의 밀접한 관련과는 다르다. 따라서 법정지와 밀접한 관련을 굳이 입법으로 명시할 필요가 없고, 오히려 명시한다면 혼란이 초래될 수 있을 것이라고 생각된다.

57) 이는 뒤에서 보는 바와 같이 국제적 강행규정인지 여부의 판단에 중요한 역할을 한다. 제3장 제2절 III.2. 참조.

58) 이는 제3국의 국제적 강행규정을 특별연결에 의하여 직접적용할 경우 그 법률행위의 효력의 제3국법에 따라 판단할지, 아니면 계약의 준거법에 따라 판단할지의 문제와 같은 맥락의 논의이다. 제3국법의 적용효과에 대하여는 제5장 제2절 I.에서 살펴본다.

59) 석광현 (1994), 160; 석광현 [2001], 40–41.

에 의하여야 한다는 견해(2설)[60]가 주장된다. 그러나 계약의 유무효 등은 해당 강행법규에 따른 효력을 인정하되 이로부터 파생되는 채권관계의 나머지 점(예를 들면 계약 무효로 인한 원상회복)에 관하여는 계약의 준거법에 따라야 한다는 견해(3설)[61]가 더 설득력이 있다. 공법적 성격을 가진 법률에 그 위반의 사법적 효력이 규정되지 않은 경우가 많은 우리의 현실을 감안할 때, 그 법률을 위반한 행위의 효력을 정확하게 판단하려면 문제된 법정지의 국제적 강행법규의 입법목적과 취지를 살펴볼 필요가 있고 그래야만 입법목적이 관철될 수 있기 때문이다. 법정지의 국제적 강행규정을 적용한 결과 해당 계약이 무효가 될 때 발생하는 원상회복이나 손해배상 등의 문제는 사적 이익을 조정하기 위한 것이므로 당사자자치와 당사자의 예측가능성 보장을 위해 해당 법률관계의 준거법에 따르는 것이 타당하다고 생각된다.

이와 같이 문제된 법률행위의 사법적 효력을 법정지의 국제적 강행규정에 따라 판단한다고 보면, 공법적 성질을 띠는 금지규범이 그 위반에 따른 효력을 명시하지 않은 경우 그 금지규범을 위반한 계약 또는 법률행위의 효력은 문제된 국제적 강행법규가 이른바 단속규정인지 효력규정인지에 따라 결정된다.

II. 준거법소속국의 국제적 강행규정

국제적으로 준거법의 국제적 강행규정이 적용된다는 점은 일반적으로 인정되나, 그 적용근거에 대하여는 견해기 대립된다.[62] 이하에서 준거법설과 특별연결이론, 우리 국제사법 제6조를 차례대로 살펴본다.

---

60) Hauser [2012], 103은 제3국의 국제적 강행규정에 관하여 이러한 입장을 취한다.

61) StauKomm/Magnuns [2002], Rn 82; MünchKomm/Martiny [2006], EGBGB Art 34, Rn 73; 김인호 (2012), 125; 장준혁 (2007a), 87. 제3국의 국제적 강행규정의 맥락에서 이와 같은 견해로 MünchKomm/Martiny [2021], Rom I -VO, Art 9, Rn 123, ZürKomm/Vischer/Lüchinger [2018], Art 19, Rn 49. 다만 이 견해들은 이러한 입장을 지지하는 구체적인 근거를 제시하고 있지 않다.

62) 견해 대립에 관한 상세는 MünchKomm/Martiny [2006], EGBGB Art 34, Rn 39 ff; MünchKomm/Martiny [2021], Rom I -VO Art. 9, Rn 36 ff; Günther [2011], 15; 석광현 (2015a), 142; 장준혁 (2007b), 571 참조.

1. 준거법설과 특별연결이론의 대립

로마협약과 로마Ⅰ규정은 준거법소속국의 국제적 강행규정에 관하여는 따로 연결원칙을 정하지 않아 준거법의 국제적 강행규정이 어떤 근거로 적용되는지 문제된다. 준거법설(Schuldstatutstheorie) 또는 단일연결설(Einheitstheorie)에 의하면, 특정 국가의 법을 준거법으로 하는 합의에는 준거법소속국의 국내적 강행규정뿐만 아니라, 국제적 강행규정도 계약의 효력을 규율하는 것으로 포함되므로 준거법소속국의 국제적 강행규정은 준거법의 일부로서 적용된다.[63] 준거법설이 설득력이 있다. 국제화와 세계화가 고도로 진행된 오늘날, 국제거래의 당사자가 외환거래법, 대외무역법, 경쟁법 등 해당 계약을 규제하는 국제적 강행규정의 제한을 숙지하고 있는 경우가 적지 않을 것이므로, 이러한 규정을 제외하고 준거법을 지정한다고 보는 것이 오히려 부자연스럽다.

주요 국가의 입법례도 준거법설을 따른다. 과거 독일 제국대법원은 준거법소속국의 강행규정의 경우 공법이든 사법이든 가리지 않고 그 강행규정이 준거법의 전체로서 적용된다고 보았다.[64] 영국 법원도 당사자가 준거법 지정을 할 때, 그 준거법을 최우선강행규정을 포함하여 일체로서 선택한 것으로 보고,[65] 준거법소속국의 외환규제법, 수출규제법, 가격규제법, 지불유예(moratorium)를 적용하였다.[66] 과거 스위스 법원도 사법이나 사적 관계에 공적인 수단으로 개입하는 준거법소속국의 법규는 공법적 성질이 있다는 이유만으로 그 적용이 거부되어서는 안 된다고 판시하였다.[67]

---

63) 김용진 (1998), 713. 다만 법정지의 공서에 의하여 적용이 배제될 수 있다.

64) RGZ 12, 34. 이 사안에서는 소비대차계약의 준거법이 프랑스법이었는데, 도박채무가 무효라고 규정한 프랑스 민법의 강행규정이 준거법의 일부로서 적용되었다. 그러나 이 원칙은 독일 연방대법원이 1959년 리딩케이스에서 준거법소속국의 외환규제법은 외국의 공법이어서 적용될 수 없다는 원칙을 선언하면서 폐기되었다. BGHZ 31, 367.

65) *Rex v International Trustee for the Protection of Bondholders Akt* [1937] 2 All ER 164, [1937] AC 500; *St Pierre v South American Stores (Gath & Chavels Ltd)* [1937] 3 ALL ER 407, 422 (CA); *Kahler v Midland Bank Ltd* [1950] AC 24.

66) Mann (1971), 109, 184-185.

67) BGE 80 Ⅱ 31, 367 et seq. 그러나 현행 스위스 국제사법 제19조의 해석론은 이와 다르다.

로마협약 하에서도 준거법설을 취하는 견해가 지배적이다.[68] 이 견해에 의
하면 로마협약이 준거법의 국제적 강행규정이 준거법의 일부로서 당연히 적용
된다는 전제 하에 준거법의 국제적 강행규정에 대한 연결원칙을 따로 두지 않았
다. 로마 I 규정에 하에서도 이와 같은 견해가 주장되고, 이것이 다수설이다.[69]
헤이그 국제상사계약준거법원칙도 명시적 규정을 두지 않았으나, 준거법소속국
의 국제적 강행규정이 준거법의 일부로서 당연히 준거법과 일체로서 적용됨을
전제로 한 것으로 해석된다.[70]

반면, 특별연결이론(Sonderanknüpfung)은 공익을 추구하는 국제적 강행규정
은 사익을 조정하기 위한 국제사법과는 다른 목적을 추구하기 때문에 준거법소
속국의 국제적 강행규정은 준거법과 다른 방법에 따라 연결되어야 한다고 본
다.[71] 독일에서는 특별연결이론이 다수설이고, 로마협약과 로마 I 규정이 준거법
소속국의 국제적 강행규정에 관하여 특별연결이론을 취한 것이라고 보는 견해
도 있다.[72] 현행 스위스법의 해석론은 견해 대립이 있으나, 준거법의 국제적 강
행규정이 특별연결되는 것이라는 견해가 유력하다.[73]

특별연결이론은 기본적으로 법정지법을 제외하면 준거법소속국의 법이나
제3국법은 동등하게 취급되어야 함을 전제로 한다. 그러나 준거법소속국의 법과
제3국의 법은 당사자의 입장에서 예측가능성에 큰 차이가 있다. 따라서 준거법
소속국의 국제적 강행규정을 제3국의 국제적 강행규정보다 완화된 요건 하에서
적용하는 것은 당사자의 예측가능성의 측면에서 정당화될 수 있다. 그리고 준거
법소속국의 국제적 강행규정이 사안과 별다른 관련이 없는데도 적용될 여지는
크지 않다. 사안의 사실관계가 그 준거법소속국과 아무런 관련이 없다면 준거법

---

68) StauKomm/Magnus [2002], Rn. 20. 석광현 (1999), 330; 석광현 (1994), 151, 159; 석광현
   (2015a), 139–140도 로마협약이 준거법소속국의 국제적 강행규정이 준거법의 일부로서 적용
   된다는 입장을 취하고 있다고 평가한다.

69) 안춘수 (2011), 206; Prcotor [2012], paras 15.11, 16.02.

70) Girsberger/Graziano/Neels [2021], para 1.495; HCCH [2015], para 11.14.

71) Vischer (1992), 21, 180.

72) Günther [2011], 16.

73) ZürKomm/Vischer/Lüchinger [2018], Art 19, Rn 6. 반면 BasKomm/Mächler–Erne/Wolf–
   Mettier [2021], Art 19, Rn 16은 준거법설을 취한다.

소속국의 내국관련성에 기초한 입법관할권의 범위에 포함되지 않을 것이어서, 문제된 법규의 적용범위에 포섭되지 않을 것이다.[74] 따라서 준거법의 국제적 강행규정의 적용근거를 준거법설로 설명하는 것이 당사자의 의사에 더 부합하고 이론적으로도 간명하다고 생각한다.

2. 국제사법 제6조

우리 국제사법 제6조는 "이 법에 의하여 준거법으로 지정되는 외국법의 규정은 공법적 성격이 있다는 이유만으로 그 적용이 배제되지 않는다"라고 규정한다.[75] 전통적인 국제사법이론에 따르면 국제사법은 외국관련이 있는 국제적 법률관계에 어떤 국가의 사법을 적용할 것인가를 결정하는 법규를 의미하므로 공법은 국제사법의 영역에서 제외되었다.[76] 따라서 외국의 공법은 내국에서 적용될 여지가 없는 것으로 보았다(이른바 '외국 공법 부적용의 원칙).[77] 국제사법 제6

---

[74] 예를 들어 건설계약에 관한 영국의 국제적 강행규정인 Housing Grants, Construction and Regeneration Act 1996는 공사지가 영국인 경우에 한하여 건설계약의 준거법에 관계 없이 적용된다(같은 법 제104조 제6항, 제7항). 따라서 건설계약의 준거법을 영국법으로 정하였다고 하더라도, 공사지가 영국이 아닌 경우에는 위 법이 적용되지 않는다.

[75] 이는 1975. 8. 11. 독일 Wiesbaden에서 채택된 국제법협회(Institut de Droit international)의 제20회 위원회 결의(resolution)와 동일한 내용이다. 이 결의 A. I 항에 의하면, 저촉법 원칙에 의하여 지정된 외국법의 규정은 근본적 공서에 따라 유보될 수 있으나, 공법적 성격이라는 이유로 적용이 배제되지 않는다. 그 근거는 외국 공법 부적용의 원칙이나 절대적 속지주의 원칙이 설득력 있는 이론적, 실무적 기초가 없다는 것이다. 외국 공법 부적용의 원칙에 대하여는 아래 각주 참조.
(위 결의문은 https://www.idi-iil.org/app/uploads/2017/06/1975_wies_04_en.pdf에서 접근 가능, 최종방문 2021. 12. 18.)

[76] 석광현 (1999), 328. 이 원칙은 준거법의 공법규정 뿐만 아니라 제5장 제2절에서 보는 바와 같이 제3국법의 공법규정에 관하여도 적용되어 왔다.

[77] 외국 공법 부적용의 원칙은 대륙법계인 독일과 스위스의 판례에서 선언되었다.
외국 공법 부적용의 원칙을 선언한 독일 법원의 리딩케이스로, BGHZ 31, 367. 사안에서 피고는 W로부터 금원을 차용하였는데, 피고와 W 모두 당시 동독에 거주하고 있었다. 그런데 그 후 동독이 "채권양도의 양수인이 독일연방 주민인 경우 동독 당국의 허가를 받지 아니하면 채권양도가 무효"라는 내용의 법을 제정하였다. 그 후 피고가 독일연방으로 이주하였고, 이에 W가 독일연방에 거주하는 원고에게 채권을 양도하였다. 원고가 피고를 상대로 차용금의 지급을 구하자, 피고는 채권양도가 동독의 외환규제법을 위반하여 무효라고 주장하였다. 법원은, 사법의 저촉규정과 공법의 저촉규정을 구분해야 하는데, 공법의 경우 속지주의가 적용되기 때문에 외국 공법을 적용할 수 없다고 설시하였다. 다만 예외로, 국제조약이 그 적용을 명하거나(이를

조는 준거법소속국의 국제적 강행규정과 관련하여 외국 공법 부적용의 원칙을
배척한 것이다. 따라서 국제사법 제6조가 도입된 이상, 준거법소속국의 강행법
규가 공법이기 때문에 적용될 수 없다는 견해는 더 이상 주장될 수 없다.78)

　다만, 국제사법에서 외국 공법이 적용될 수 있다는 것은 법정지국에서 외국

———

　테면 IMF 협정), 외국이 그러한 규정을 제정할 권한을 갖고 있는 경우, 그리고 외국 공법의 규
　정이 전적으로 또는 부분적으로 개인의 이익 또는 사인간 이익을 조정하는 목적을 가진 경우
　에는 특정한 요건 하에서 적용될 수도 있다고 보았다. 사안에서 동독의 외환규제는 동독의 경
　제적·정치적 목적을 위한 것이라서 이에 해당하지 않고, 적용될 수 없다고 하였다.
　　스위스에서 외국공법 부적용 이론이나 속지주의, 스위스의 공서를 근거로 제3국법의 적용을
　부정하였던 판례로, BGE 68 Ⅱ 203, BGE 76 Ⅱ 33, BGE 80 Ⅱ 49.
　　보통법계인 영국법에서도 이에 상응하는 원칙이 있다. 영국 법원은 외국법의 형법, 세법 기
　타 공법에 기한 집행을 허용하지 않는다는 것으로, 이것이 이른바 'revenue rule'이다. 상세는
　Dicey/Morris/Collins [2012], vol. 1, para 5R－003; Mann (1971), 166－168 참조. 관련 판례
　로, *Huntington v Attrill*, (1893) AC 150, 155－156, *Government of India v Taylor* (1955)
　AC 491. *Attorney General of New Zealand v Ortiz* [1984] AC 1, 20, *Williams and
　Humbert v W & H Trade Marks (Jersey) Ltd* [1986] AC 386, 394, 401; *Re State of
　Norway's Application* [1987] QB 433, 477－478 (CA), [1990] 1 AC 273.
　　영국법도 외국 공법의 직접적, 간접적 집행과 승인(recognition)을 구분한다. 외국 공법의
　적용이 외국 공법의 직접적·간접적 집행에 해당하는 경우에는 영국 법원이 이를 적용할 수 없
　으나, 사인간 계약에 관한 소에서 문제된 계약의 효력이 외국의 공법 규정에 달려 있는 경우,
　영국 법원은 그 외국 공법에 효력을 부여할 수 있다(외국 공법의 승인). 영국의 태도는 이런
　점에서 사인간 법률관계에도 외국의 공법으로 인한 영향을 고려하지 않은 독일과 스위스 법원
　의 태도와는 다르다. Schäfer [2010], 232.
　　참고로 영국법에서 외국 공법의 직접적 집행은 청구의 직접적 근거가 그 공법규정인 경우를
　말하고, 간접적 집행은 청구의 직접적 근거가 그 공법 규정은 아니나, 그러한 규정을 전제로
　한 것으로서 실제로는 그 규정을 영국에서 적용하는 것과 같은 효과가 있는 경우를 말한다. 구
　체적인 예는 Mann (1971), 177－178 참조. 외국 공법의 직접적 집행에 해당한다는 이유로 적
　용을 거부한 리딩케이스로 *Attorney General of New Zealand v Ortiz* [1984] AC 1. 간접적
　집행에 해당한다는 이유로 적용을 거부한 판례로, *Banco de Vizcaya v Don Alfonso de
　Borbon y Austria* [1935] 1 KB 140; *Rosano v Manufacturers' Life Insurance Co* [1963] 2
　QB 352.

78) 석광현 (2001c), 179. 안춘수 (2001), 210; 안춘수 (2011), 209－213은 사법과 공법적 성격을
　띠는 국제적 강행규정은 다른 연결원칙에 따라 연결되어야 한다는 이유로 국제사법 제6조는
　안 두느니만 못한 규정이라고 비판한다. 이 견해는 국제사법 제6조는 외국 공법이 반드시 적용
　되어야 한다고 규정한 것은 아니라서 제6조가 준거법설의 실정법상 근거가 될 수 없고, 이미
　유럽에서 학설상 해명된 것을 확인하는 것 이상의 의미가 없다고 한다. 그러나 석광현
　(2015a), 148－149는 유럽과 한국의 입법과 국제사법학의 현저한 수준 차이를 고려할 때, 특히
　독일에서와 달리 외국공법 부적용의 원칙에 대한 인식과 문제의식조차 희박한 한국에서는 외
　국공법 부적용의 원칙을 배척한 것만으로도 제6조는 큰 의미가 있다고 반박한다. 저자는 이 반
　박에 동의한다.

의 공법에 기한 규제의 직접적 집행이 허용된다는 의미가 아님을 유의하여야 한다. 국제사법에서 국제적 강행규정으로 다루어지는 외국의 공법 규정이 적용된다는 것은 구체적인 사건에서 외국적 요소를 가진 사법적 법률관계에 미치는 영향(Reflexwirkung, 반사적 효력)을 고려한다는 것을 의미한다.[79] 외국법은 비록 공법적 성격을 갖더라도 해당 법률관계의 사법적 효력에 영향을 미치는 한 국제사법 제6조 하에서 적용될 수 있다.[80]

국제사법 제6조의 문언 하에서도 준거법의 국제적 강행규정의 적용근거를 준거법설[81]과 특별연결이론[82]으로 설명하는 것이 모두 가능하다. 그러나 위 1.에서 살펴본 바와 같이 준거법설이 설득력이 있다. 우리 하급심 판결도 아르헨티나의 외환규제법이 준거법의 일부로서 당연히 적용된다는 전제하에 판단한 바 있다.[83]

준거법소속국의 국제적 강행규정을 적용하는 경우에는 법정지의 국제적 강행규정을 적용하는 경우와는 달리, 준거법소속국의 국제적 강행규정과 계약의 준거법이 동일한 법체계에 속하므로 그 계약에 미치는 효과를 어느 국가의 법에 따라 판단할 것인지의 문제는 생기지 않는다.

III. 제3국의 국제적 강행규정의 특수성

위 I., II.에서 살펴본 바와 같이 법정지의 국제적 강행규정은 법정지의 법집행으로서, 준거법소속국의 국제적 강행규정은 계약의 준거법의 일부로서 적

---

79) 최흥섭 [2019], 208.
80) 석광현 (2001c), 179.
81) 이러한 입장을 취하는 견해로, 송호영 (2004), 254; 정홍식 (2013), 7; 이종혁 (2019), 204-205. 섭외사법 하의 견해로 석광현 (1994), 150-152.
82) 안춘수 (2011), 210.
83) 서울고등법원 2009. 3. 6. 선고 2007나122966 판결. 이 사건에서는 아르헨티나 정부가 달러화에 대한 페소화의 고정환율제를 폐지한 후 페소화의 가치가 달러화 대비 1/3로 급락하자 이에 대응하기 위해 달러화로 이루어진 대출계약에 관하여 아르헨티나 금융기관이 달러화 대 페소화를 1:1로 환산하여 변제받도록 하는 내용의 대통령령을 공포하였는데, 서울고등법원은 별다른 연결요건을 설시하지 않고 이를 준거법인 아르헨티나법의 일부로서 적용하였다. 이에 판결에 대한 소개와 평석은 석광현 (2020a), 386 이하 참조.

용된다고 볼 수 있으므로, 그 적용요건에 별다른 의문이 발생하지 않는다. 따라서 법정지와 준거법소속국의 국제적 강행규정의 적용에 있어서는 그 적용요건보다 어떤 법규가 국제적 강행규정에 해당하는지를 식별하는 것이 더 핵심적인 문제가 된다.[84]

　　반면, 제3국의 국제적 강행규정은 개념상 법정지의 국제적 강행규정이나 준거법소속국의 국제적 강행규정과 같이 법정지 또는 계약과의 강한 관련을 전제로 하지 않는다. 그리고 제3국에는 계약이나 사안과 관련이 있는 국가와 관련이 없는 국가가 모두 포함될 수 있다. 따라서 법정지 법관이 과연 제3국의 국제적 강행규정을 적용 또는 고려해야 하는지, 만약 적용 또는 고려한다면 어떤 요건 하에서 적용 또는 고려해야 하는지의 문제가 생긴다. 이에 관하여는 제5장과 제6장에서 살펴본다.

---

84) 이에 관하여는 제3장과 제4장 참조.

제 3 장

한국 국제사법상 국제적 강행규정의 판단

제 3 장

한국 국제사법상 국제적 강행규정의 판단

우리 국제사법 제7조는 국제적 강행규정을 정면으로 정의하지 않고 있다. 그런데 유럽에서는 앞서 본 역사적 과정을 거쳐서 형성된 국제적 강행규정의 정의를 문언으로 확립하기 위해 노력해왔다. 그리고 우리 국제사법 제7조는 로마협약과 스위스 국제사법을 반영하여 제정된 것이므로, 유럽의 논의가 국제사법 제7조의 해석론에 참고가 된다. 이하에서는 먼저 로마협약과 유럽사법재판소 판례, 로마Ⅰ규정이 국제적 강행규정을 어떻게 정의하고 있는지 살펴본다. 이를 참고하여 국제사법 제7조의 해석론으로 국제적 강행규정의 정의와 판단기준, 국제적 강행규정인지 여부를 판단하는 방법과 그 판단에 고려해야 할 요소를 제시한다.

제1절 국제적 강행규정의 정의에 관한 비교법적 검토

Ⅰ. 로마협약

로마협약은 국제적 강행규정에 관한 직접적 정의규정을 두지 아니하였으나, 간접적으로 국제적 강행규정의 정의를 도출할 수 있었다. 제3국의 국제적 강행규정에 관한 규정인 로마협약 제7조1) 제1항은 "이 협약에 근거하여 특정국가의 법을 적용할 때, 사안과 밀접한 관련을 가지는 다른 국가의 강행규정들에 대하여는, 그 규정들이 해당 국가의 법에 의하여 계약의 준거법에 관계없이 적용되는 것인 한에 있어서는 효력을 부여할 수 있다"라고 규정하였다. 법정지의 국제적 강행규정에 관한 규정인 로마협약 제7조 제2항은 "이 협약은 계약의 준거법에 관계없이 사안을 강행적으로 규정하는 법정지의 규정의 적용에 영향을 미치지 아니한다"라고 규정하였다. 로마협약 제7조 제1항과 제2항을 종합하면, 로마협약상 국제적 강행규정은 '당사자의 합의에 의해 배제할 수 없을 뿐만 아니라, 준거법에 관계없이 적용되어야 하는 강행규정'으로서, 당사자가 선택한 준거법과 로마협약에 의하여 정해진 준거법에 우선하여 적용되는 법을 의미한다.2)

II. 유럽사법재판소 판례

유럽사법재판소의 *Arblade* 판결3)에서는 강행규정인 벨기에의 노동법으로 유럽공동체조약(Treaty establishing the European Community)의 서비스 제공의 자유를 어느 정도로 제한할 수 있는지 쟁점이 되었다. 이 사건에서 유럽사법재판소는 '회원국의 정치적·사회적·경제적 질서를 보호하기 위해 긴요하다고 여겨

---

1) **Art 7 Mandatory rules**
   1. When applying under this Convention the law of a country, effect may be given to the mandatory rules of the law of another country with which the situation has a close connection, if and in so far as, under the law of the latter country, those rules must be applied whatever the law applicable to the contract. In considering whether to give effect to these mandatory rules, regard shall be had to their nature and purpose and to the consequences of their application or non-application.
   2. Nothing in this Convention shall restrict the application of the rules of the law of the forum in a situation where they are mandatory irrespective of the law otherwise applicable to the contract.
2) Plender/Wilderspin [2001], para 9–07; Cheshire/North/Fawcett [2017], 744.
3) Joined cases C-369/96 and C-376/96 [1999] E.C.R. I-8453.

지는 결과 그 회원국 내에 소재한 모든 사람과 모든 법률관계가 이를 준수할 것을 요구할 때(national provisions compliance with which has been deemed to be so crucial for the protection of the political, social of economic order in the Member State concerned as to require compliance therewith by all persons present on the national territory of that Member State and all legal relationships within that State)' 회원국의 '공서 조항(public order legislation)'으로 분류될 수 있다고 하면서, 유럽공동체조약이 명시적으로 공동체의 자유에 대한 예외를 규정하고 있고, 공서 조항이 공익과 관련된 최우선적인 이유를 구성하고 그것이 적절할 때 그러한 회원국의 국내법의 가치(considerations)가 고려될 수 있다고 하였다. '공서 조항'에 관한 유럽사법재판소의 이 설시는 로마Ⅰ규정 제9조 제1항의 정의규정에 큰 영향을 미쳤다.4) 5)

그 후 유럽사법재판소는 *Unamar* 판결6)에서 어떤 법규가 "회원국의 법체계에서 본질적이라고 판단하는 이익(an interest judged to be essential by the Member State concerned)"을 보호하고 있을 때에 그 규정이 국제적 강행규정에 해당할 수 있다고 하면서, 국제적 강행규정은 제한적으로 해석되어야 한다고 판시하였다.

---

4) Wilderspin (2017), 1331.

5) 다만 *Arblade* 판결의 주된 취지는 유럽공동체에서 유럽공동체법이 각 회원국의 국제적 강행규정에 우선한다는 것을 선언하는 것이었고, 국제적 강행규정의 개념을 정의하려던 것은 아니었다. *Arblade* 판결에서 선언한 '공서 조항'의 정의는, 이 사안을 유럽사법재판소에 회부한 벨기에의 법에 따른 것이다. 그리고 벨기에법상 이 정의는 프랑스법, 특히 Francescakis의 "lois d'application immediate"에 기초한 것이다. Magnus/Mankowsi/Bonomi [2016], Art 9, para 55.

6) *United Antwerp Maritime Agencies (Unamar) NV v Navigation Maritime Bulgare (Unamar)*. Case C−184/12 ECLI:EU:C:2013:663. *Unamar* 판결은 *Arblade* 판결과는 달리 국제적 강행규정의 정의를 정면으로 다룬 것이다. *Unamar* 판결에서는, 유럽연합 대리상지침을 이행입법한 벨기에법이 대리상지침에서 예상한 것보다 더 강화된 보호를 제공하고 있더라도 최우선강행규정에 해당할 수 있는지 문제되었다. 유럽사법재판소는 이를 긍정하였다.

III. 로마 I 규정

로마 I 규정 제9조 제1항[7]은 '최우선강행규정(overriding mandatory provisions)'[8]을 "그 정치적·사회적 또는 경제적 구조(organization)와 같은 국가의 공적 이익을 보호하기 위하여 그것을 존중하는 것이 결정적인 것으로 간주되는 결과, 이 규정에 따라 달리 계약에 적용되는 준거법에 관계없이 그 범위에 속하는 모든 상황에 적용되는 규정"[9]으로 정의한다. 이 문언은 유럽사법재판소의 *Arblade* 판결에 기초한 것이나,[10] *Arblade* 판결에는 들어가지 않았던 '공적 이익(public interests)'이라는 문언이 추가되었다. 이 문언을 한정적 열거로 보고, 사익만을 조정하기 위한 규정은 국제적 강행규정에 해당할 수 없고, 최소한 공익과 사익을 동시에 보호해야 하는 것이어야 한다는 견해가 유력하다.[11] [12]

로마 I 규정 제9조 제1항은 '그 국가에 의하여 결정적으로 간주될 것'이라는

---

7) **Article 9 Overriding mandatory provisions**
   1. Overriding mandatory provisions are provisions the respect for which is regarded as crucial by a country for safeguarding its public interests, such as its political, social or economic organisation, to such an extent that they are applicable to any situation falling within their scope, irrespective of the law otherwise applicable to the contract under this Regulation.

8) 로마협약 영어본이 국내적 강행규정과 국제적 강행규정을 포괄하여 '강행규정'이라는 용어를 썼던 것이 혼란을 초래하였기 때문에 로마 I 규정에서는 국내적 강행규정과 국제적 강행규정의 용어를 구분하였다. Calliess/Renner [2015], 243; Cheshire/North/Fawcett [2017], 745; Wilderspin (2017)), 1331; Kunda [2015], 7.

9) 이 번역은 석광현 (2020a), 358을 참조한 것이다.

10) Calliess/Renner [2011], Art 9, para 9; Calliess/Renner [2015], 246; MünchKomm/Martiny [2021], Rom I −VO Art 9, Rn 9; Cheshire/North/Fawcett [2017], 746; Magnus/Mankowski/Bonomi [2016], Art 9, para 55. 이에 대하여 Hauser [2012], 148은 로마 I 규정 제9조 제1항은 유럽사법재판소의 Arblade 판결을 만연히 베낀 것으로 유럽입법자가 새로운 문언을 만들 준비가 되어 있지 않았고, 최우선강행규정의 개념을 정의할 기회를 상실한 것이라고 비판한다.

11) Briggs [2014], para 7.303는 결과적으로 로마협약 제7조 제1항과 로마 I 규정 제9조 제1항은 큰 차이가 없다고 한다. Hellner (2009), 455−457도 로마 I 규정이 로마협약상 국제적 강행규정에 해당되는 법규의 범위를 변경하려던 의도는 아니었다고 한다.

12) Wilderspin (2017), 1333. 반면, 정치적·사회적 또는 경제적 구조는 예시에 불과하다고 해석하면서 사익만을 보호하는 규정도 국제적 강행규정에 해당할 수 있다고 본다는 견해도 있다. 이와 같은 입장에 대한 상세한 소개는 Wilderspin (2017), 1333.

요건을 요구한 결과 규제법의 본질적 핵심규범(essential core norms)이 국제적 강행규정이 될 수 있도록 하는 한편13) 회원국이 함부로 국제적 강행규정으로 인정하는 것을 막고 있다.14) 따라서 어떤 법규가 최우선강행규정인지 판단함에 있어서는 그 법의 구조와 그 법이 제정되었을 때의 상황에 비추어 그 회원국에서 그 이익을 보호하는 것이 필수적인지를 고려해야 한다.15) 16)

제 2 절 국제사법 제7조

국제사법 제7조는 "대한민국법의 강행적 적용"이라는 표제 하에 "입법목적에 비추어 준거법에 관계없이 해당 법률관계에 적용되어야 하는 대한민국의 강행규정은 이 법에 의하여 외국법이 준거법으로 지정되는 경우에도 이를 적용한다"라고 규정하고 있다. 국제사법 제7조는 "국제적 강행규정"이라는 용어를 사용하지 않고 "입법목적에 비추어 준거법에 관계없이 해당 법률관계에 적용되어야 하는 대한민국의 강행규정"이라고만 표현하나, 이는 강학상 국제적 강행규정을 의미하는 것으로 이해된다.17) 따라서 국제적 강행규정인지를 판단하기 위해서는 "입법목적에 비추어 준거법에 관계없이 적용되어야 하는 규정"이 무엇을 의미하는지 해석해야 한다. 이때 그 법규가 국제적 강행법규에 해당하는지는 문제가 된 법규를 개별적으로 판단하여야 하고, 하나의 법을 일률적으로 판단할 것은 아니다.18)

국제사법 제7조의 해석론에서 중요한 쟁점은 다음 두 가지로 정리할 수 있

13) Calliess/Renner [2015], 248.
14) Wilderspin (2017), 1333.
15) Cheshire/North/Fawcett [2017], 746.
16) 로마Ⅰ규정의 정의규정에 대한 평가는 엇갈린다. 로마Ⅰ규정 제9조 제1항이 국제적 강행규정의 범위를 지나치게 넓게 규정하였고, 회원국에 의한 해석의 여지가 너무 크다고 비판하는 견해로 Günther [2011], 146. 반면, 위 정의규정에 따라 국제적 강행규정이 준거법에 개입하는 것을 최소화하였다는 평가로 Briggs [2014], para 7.245. Calliess/Renner [2015], 242.
17) 석광현 (2001a), 18; 석광현 [2013], 140; 석광현 (2020a), 358; 장준혁 (2007a), 74.
18) 석광현 (2011b), 13; 최흥섭 [2019], 208.

다. 첫째, 입법목적에 '비추어'라는 문언을 어떻게 해석할 것인지이다. 이것은 국제적 강행규정의 정의를 어떻게 파악하는지의 문제와 관련이 있다. 국제사법 제7조의 취지가 국제적 강행규정을 "해당 법률관계의 준거법에 관계없이 적용되어야 하는 대한민국의 강행규정"이라고 정의하는 것인지, 아니면 이에 더하여 특별한 입법목적을 요구하는 것인지 문제된다. 이에 대하여 어떤 입장을 취하는지에 따라 국제적 강행규정의 정의가 달라지고, 국제적 강행규정인지를 판단하는 방법도 달라지므로 논의의 실익이 있다. 이와 관련된 용어로, '어떤 법규를 해당 법률관계의 준거법에 관계없이 적용하려는 입법자의 의지'를 강학상 '적용의지(Anwendungswille)[19]'라고 지칭한다. 이하에서는 이 두 표현을 호환적으로 사용한다.

둘째, 국제적 강행규정으로 인정되기 위한 입법목적이 어떤 것이어야 하는지의 문제이다. 이것은 국제적 강행규정의 판단기준과 관련된 것이다. 국내의 선행연구는 대체로 국가적, 경제정책적인 공익을 보호하는 규정이 국제적 강행규정에 해당하고, 사익을 조정하는 규정은 국내적 강행규정에 해당한다는 입장을 취하나,[20] 공익과 사익을 동시에 보호하기 위한 법규가 국제적 강행규정에 해당하는지를 판단하는 기준에 대하여는 견해가 갈린다.

이하에서는 첫 번째 쟁점과 관련하여 국제사법 제7조의 국제적 강행규정의 정의를 어떻게 파악해야 하는지 살펴본다. 두 번째 쟁점과 관련하여 국제적 강행규정의 판단기준으로서 국제사법 제7조의 '입법목적'이 어떤 것인지 분석한다. 국제사법 제7조의 문언과 입법연혁을 토대로 제7조의 바람직한 해석론을 제시하고, 국내의 선행연구를 비판적으로 고찰하며, 공익과 사익을 동시에 보호하기 위한 법규를 국제적 강행규정으로 인정하기 위한 구체적인 기준을 제시한다. 그

---

19) 이를 'interntioanl zwingender Anwendungswille(국제적 강행적 적용의지)', 'Geltungswille(효력의지)', 'Anwendungsinteresse(적용이익)', 'Geltungsanspruch', 'Geltungsinteresse(효력이익)'라고도 한다. 김용담 (1986), 22; BasKomm/Mächler-Erne/Wolf-Mettier [2021], Art 19, Rn 17. 최흥섭 [2019], 209는 '강행규범이 외국적 사안에도 적용된다는 의사를 가지고 있을 것'이라는 요건을 '역외 적용의사'로 표현하는데, 준거법에 관계없이 적용된다는 것과 역외적용은 개념상 구분되므로, 적용의지를 역외 적용의사로 표현하는 것은 정확하다고 볼 수 없다.

20) 석광현 [2013], 141; 신창선/윤남순 [2016], 275; 신창섭 [2018], 134. 이것은 독일에서 지배적인 견해이기도 하다. StauKomm/Magnus [2002], Rn 57.

후 저자가 제시한 기준에 따라 어떤 법규가 국제적 강행규정인지를 판단하는 방법과 그 판단에 고려할 요소를 체계적·종합적으로 제시한다.

I. 국제적 강행규정의 정의

국제사법 제7조의 '입법목적'과 '해당 법률관계의 준거법에 관계없이 적용되어야 하는 대한민국의 강행규정'의 관계를 어떻게 볼 것인지 문제된다. 국제사법 제7조의 문언에 의하면, 어떤 법규가 해당 법률관계의 준거법에 관계없이 적용됨을 명시하고 있지 않은 경우에는 그 입법목적을 근거로 그 법규가 해당 법률관계의 준거법에 관계없이 적용되어야 하는지 해석해야 하고, 만약 그렇다고 해석할 수 있다면 그 법규가 국제적 강행규정에 해당한다는 것은 분명하다.[21]

그러나 어떤 법규가 해당 법률관계의 준거법에 관계없이 적용된다는 것을 명시하고 있는 경우에는 그 자체로 그 법규가 국제사법 제7조의 국제적 강행규정에 해당한다고 볼 수 있는지, 아니면 여전히 국제사법 제7조의 '입법목적'의 요건[22]을 충족하여야 하는지 문제될 수 있다. 이 경우 입법목적을 별도로 살펴볼 필요 없이 그 자체로 국제적 강행규정에 해당한다는 견해가 주장될 수 있다. 이런 입장에 의하면 국제사법 제7조가 국제적 강행규정을 '해당 법률관계의 준거법에 관계없이 적용되어야 하는 대한민국의 강행규정'으로 정의하는 것으로 보게 된다.

국내의 선행연구 중 '어떤 법규가 준거법에 관계없이 적용됨을 명시하고 있다면 그 법률 스스로 적용범위를 정한 것이고 그 자체가 일종의 입법목적이라고 볼 수 있어 국제적 강행규정이라고 볼 수 있다'[23]는 견해가 있다. '국제적 강행규범이란 외국적 요소를 가진 사안에 대해 준거법이 어느 법으로 지정되든 상관없이 이 사안에 적용하겠다는 의사를 가진 일국의 강행규범을 말한다'는 견해[24]

---

21) 장준혁 (2007a), 90; 석광현 [2013], 141.
22) 이에 대하여는 후술 II. 참조.
23) 이헌묵 (2014), 85.

도 있다. 이러한 견해는 어떤 법규가 해당 법률관계의 준거법에 관계없이 적용된다는 것이 분명한 경우에는 입법목적을 따로 살피지 않고 그 자체로 국제적 강행규정에 해당한다고 파악하는 듯하다.

그러나 이와 같은 입장은 다음과 같은 이유로 타당하지 않다. 첫째, 국제사법 제7조의 문언에 반한다. 국제사법 제7조의 '비추어'라는 문언은, '입법목적'이 '해당 법규를 준거법에 관계없이 적용해야 한다'는 근거가 되어야 한다는 것으로 해석된다. 국제사법 제7조가 입법목적이 무엇이든 간에 '해당 법률관계의 준거법에 관계없이 적용되는 강행규정'을 국제적 강행규정으로 규정하려던 의도였다면 굳이 '입법목적에 비추어'라는 문언을 삽입할 필요가 없었을 것이다.

둘째, 국제사법 제7조가 국제적 강행규정의 개념요소로서 그 특별한 입법목적을 강조하는 입법례를 참고하여 제정된 점을 감안하여 보더라도, 특별한 입법목적이 인정되지 않지만 해당 법률관계의 준거법에 관계없이 적용되는 강행규정을 국제적 강행규정으로 보는 것은 타당하지 않다. 국제사법 제7조는 스위스 국제사법 제18조와 로마협약 제7조 제2항을 모델로 한 것이다.[25] 따라서 스위스 국제사법과 로마협약의 해석론이 우리 국제사법 제7조의 해석론에 시사하는 바가 크다.

스위스 국제사법 제18조[26]는 "그 특별한 목적 때문에 이 법률에 의하여 지정되는 법과는 관계없이 강행적으로 적용되어야 하는 스위스법의 규정들은 유보된다"라고 규정하고 있다. 스위스 국제사법 제18조의 문언은 목적에 '비추어'가 아니라 목적 '때문에'라는 문언을 사용한다. 우리 국제사법 제7조가 스위스 국제사법 제18조와 달리 '비추어'라는 용어를 사용하였는지를 알 수 있는 입법과정상의 자료[27]는 발견하기 어렵다. 스위스 국제사법 제18조의 '때문에'는 우

---

24) 최흥섭 [2019]. 205.
25) 석광현 (2020c), 575; 장준혁 (2007a), 71. 장준혁 (2007a), 72는 스위스 국제사법 제18조와 로마협약 제7조 제2항이 우리 국제사법 제7조의 '모법'이라고 표현한다.
26) **Art. 18**
Vorbehalten bleiben Bestimmungen des schweizerischen Rechts, die wegen ihres besonderen Zweckes, unabhängig von dem durch dieses Gesetz bezeichneten Recht, zwingend anzuwenden sind.
27) 국제사법 제7조의 도입배경에 관한 일반적인 설명으로 안춘수 (2001); 석광현 (2001c) 182; 석

리 국제사법 제7조의 '비추어' 보다 입법목적과 적용의지 사이에 더 강한 관련성을 시사하기는 하나, 입법목적을 적용의지의 근거로 명시하고 있다는 점에서 그 규정 형식이 국제사법 제7조와 유사하다. 따라서 스위스 국제사법 제18조의 해석론이 국제사법 제7조의 해석론에 있어 여전히 의미가 있다.

스위스 국제사법 제18조 입법과정에서의 개정안에 대한 주석[28]에 의하면, 스위스 제18조의 국제적 강행규정의 개념을 "공공질서의 유지라고 하는 특별한 목적설정 때문에 명령적으로 적용을 요구하는 규정"이라고 정의하여, 그 특별한 입법목적을 강조한다. 이는 국가와 법공동체에 대하여 근본적으로 중요한 의미가 있는(für den Staat und die Rechtsgemeinschaft von fundamentaler Bedeutung sind) 법규로서, 공공질서를 유지하기 위한 특별한 목적 때문에 강행적 효력이 인정되어야 하는 규정(die wegen ihrer ganz besonderen Zielsetzung zur Aufrechterhaltung der öffentlichen Ordnung gebieterisch Geltung verlangen)을 말한다.[29] 따라서 스위스 제18조의 해석론으로 법정지의 국제적 강행규정이, 특별한 목적을 추구하는 것이어서 준거법에 관계없이 적용되어야 하는 것이라고 이해된다.[30]

로마협약도 국제적 강행규정의 개념요소로 특별한 입법목적을 요구하는 것으로 이해된다. 법정지의 국제적 강행규정에 관한 로마협약 제7조 제2항[31]은 "이 협약은 계약의 준거법에 관계없이 사안을 강행적으로 규정하는 법정지의 규정의 적용에 영향을 미치지 아니한다"라고 규정하고 있다. 로마협약 제7조 제2항의 문언은 '입법목적'을 별도로 언급하지는 않는다. 그러나 로마협약의 해석론으로도 국제적 강행규정이 단순히 적용의지가 인정되는 법규가 아니라 특별한

광현 (2001d); 18, 장준혁 (2001), 325; 한찬식 (2001), 155 참조. 국제사법의 다른 규정들에 대한 2001년 섭외사법 개정 시 논의에 관한 자료로는 국제사법연구 제6권 (2001) 수록된 논문들 참조.

28) Botschaft (1982), 214.53 ff. (https://www.amtsdruckschriften.bar.admin.ch/viewOrigDoc. do?id=10048889에서 접근 가능, 최종방문 2021. 12. 20.)

29) Botschaft (1982), 214.53 ff.

30) 장준혁 (2007a), 93.

31) Art. 7

2. Nothing in this Convention shall restrict the application of the rules of the law of the forum in a situation where they are mandatory irrespective of the law otherwise applicable to the contract.

규제목적을 갖는 규범이라는 점에 견해가 일치한다.[32] 로마협약 제7조의 기초가 된 de Winter의 이론을 상기하면 이런 해석이 자연스럽다. de Winter가 국제적 강행규정을 '그 사회적 목적에 비추어 이를 적용하는 것이 매우 중요하여 국제적 사건에서도 적용되어야 하는 규정'으로 정의함으로써 그 특별한 입법목적을 강조하였음은 앞서 본 바와 같다.[33]

　이 점은 로마Ⅰ규정 제9조 제1항의 국제적 강행규정의 정의에 의해서도 뒷받침된다. 로마Ⅰ규정의 국제적 강행규정에 관한 정의규정은 로마협약 하에서 국제적 강행규정으로 인정되던 범위를 변경하려던 의도가 아니었으므로,[34] 로마협약의 국제적 강행규정에 관한 해석론이 로마Ⅰ규정의 국제적 강행규정의 해석론으로도 여전히 유효하다. 로마Ⅰ규정 제9조 제1항은 국제적 강행규정이 단순히 '준거법에 관계없이 적용되는 규정'이라고 하지 않고, '정치적·사회적 또는 경제적 구조와 같은 국가의 공적 이익을 보호하기 위하여 그를 존중하는 것이 결정적으로 간주되는 결과' 준거법에 관계없이 적용되어야 하는 규정이라고 정의함으로써, 국제적 강행규정의 개념요소로서 특별한 입법목적이 요구된다는 점을 분명히 하였다. 이는 해당 법규가 명시적으로 준거법에 관계없이 적용됨을 규정하고 있더라도 법원이 그 규정이 보호하는 이익을 면밀히 검토하여 입법자가 적정한 이유로 그 법규가 준거법에 관계없이 적용되어야 한다고 한 것인지 심사하여야 한다는 의미이다.[35]

　이러한 점을 종합하면, 로마협약 제7조 제2항과 스위스 국제사법 제18조를 참고하여 도입된 우리 국제사법 제7조의 해석론으로도 국제적 강행규정이 어떤 특별한 입법목적 없이도 준거법에 관계없이 적용되는 규범이 아니라, 그 특별한 입법목적으로 인하여 의하여 준거법에 관계없이 적용되는 규범이라고 보는 것

---

32) Calliess/Renner [2011], Art 9, para 13.

33) 제2장 제1절 참조.

34) Hellner (2009), 455-457.

35) Wilderspin (2017), 1333은 로마Ⅰ규정 제9조 제1항의 문언과 유럽사법재판소의 *Unamar* 판결(Case C-184/12 *United Antwerp Maritime Agencies (Unamar) NV v Navigation Maritime Bulgare* ECLI:EU:C:2013:663)을 종합하여, 로마Ⅰ규정 제9조 제1항의 취지를 이와 같이 해석한다.

이 타당하다. 그 의미는 다음 두 가지 측면에서 설명할 수 있다.

첫째, 어떤 법규가 일응 준거법에 관계없이 적용되어야 하는 것으로 보이더라도 특별한 입법목적이 인정되는지 살펴야 한다는 것이다. 둘째, 어떤 법규가 특별한 입법목적을 갖고 있는 한, 그 법규가 문면상 준거법에 관계없이 적용되는 것으로 보이지 않더라도 입법목적을 기초로 한 해석으로 그 국제적·장소적 적용범위를 확정하고, 그 적용범위에 포섭되는 한 해당 법규가 준거법에 관계없이 적용되어야 한다고 인정할 수 있다. 이 두 가지 경우에 국제적 강행규정인지 여부를 판단할 때 입법목적이 어떤 법규의 적용범위를 확정하기 위한 해석의 도구로 사용되는지 여부가 다르므로, 이와 같이 경우를 나누어 보는 것이 방법론적으로 유용하다고 생각한다. 이에 착안하여 아래 III.에서 구체적인 판단의 방법을 제시한다. 그 전에 먼저 국제적 강행규정의 판단기준으로서 국제사법 제7조의 '입법목적'이 어떤 것이어야 하는지 검토한다.

II. 국제적 강행규정의 판단기준: 입법목적

어떤 법규를 국제적 강행규정으로 인정하기 위해 그 법규가 어떤 입법목적을 갖고 있어야 하는지에 관하여, 외국[36]과 국내[37]의 선행연구 및 국내의 일부 하급심 판례[38]는 입법목적 내지 보호법익을 기준으로, 국가의 긴요한(또는 필수적, 근본적인) 정치적·경제적·사회적 목적의 실현을 위하여 사인 간의 법률관계에 간섭하는 규정이 국제적 강행규정에 해당하고, 사익만을 조정하는 규정이 국

---

36) ZürKomm/Vischer/Lüchinger [2018], Art 18, Rn 3; MünchKomm/Martiny [2006], EGBGB Art 34, Rn 11, 13; MünchKomm/Martiny [2021], Rom I −VO, Art 9 Rn 11, 13; Calliess/Renner [2015], 247; Günther [2011], 33.

37) 석광현 [2013], 141; 최흥섭 [2019], 207.

38) 서울고등법원 2017. 6. 20. 선고 2015나2070479 판결(확정)도 상법 제15조(부분적 포괄대리권을 가진 상업사용인의 권한)이 계약당사자의 이해관계를 조절하기 위한 규정이라는 이유로 국제적 강행규정이 아니라고 판단하였다. 서울고등법원 2014. 8. 22. 선고 2013나35063 판결(확정)은 제조물책임법(수입업자가 제조업자에게 책임을 묻는 경우)의 입법취지와 규정의 내용은 소비자와 기업 간의 정보, 능력 등의 격차와 대량생산, 판매라는 유통구조로 인해 소비자를 보호할 필요성에 기한 것이고, 계약관계와 관련된 당사자들의 이익을 조정하는 국내적 강행법규라는 이유로 국제적 강행규정에 해당하지 않는다고 판단하였다.

내적 강행규정에 해당한다는 점에 대체로 견해가 일치한다. 이렇게 본다면 문제
된 법규가 국가의 정치적·경제적·사회적 이익만을 보호하기 위한 것이라면 국
제적 강행규정인지 여부를 쉽게 판단할 수 있을 것이나, 오로지 공익만을 보호
하는 규범이나 오로지 사익만을 보호하는 법규가 많지 않다는 데 문제가 있다.
예를 들어 임대차보호법은 임대인과 임차인 사이의 불균형을 조정하기 위한 것
이면서 동시에 주거공급의 안정이라는 공익을 추구하는 법규라고 볼 수 있다.[39)]
따라서 이와 같이 사회적·정치적 목적에 기하여 사인 간 법률관계에 개입하는
규정인 이른바 특별사법(Sonderprivatrecht)이 국제적 강행규정에 해당하는지 문
제된다.

　이처럼 사익과 공익을 동시에 보호하는 규정이 국제적 강행규정에 해당될
수 있는지에 관하여는 외국에서 견해가 대립되고,[40)] 국제적 강행규정에 해당할
수 있다고 보는 견해도 '그 규정이 주로 보호하는 이익이 무엇인지',[41)] 또는 '그
규정을 위반하는 경우 사회적 해악이 어느 정도로 예상되는지'[42)]라는 기준을 제
시하고 있다. 그러나 이러한 견해들은 어떤 규정이 공익과 사익 중 어떤 것을
주로 보호하는지 구분하기 어려운 경우에는 도움이 되지 못하고, 어떤 규정을
위반하는 경우 사회적 해악이 어느 정도로 예상되어야 국제적 강행규정으로 인
정될 수 있는지의 기준을 제시하지 못하기 때문에 만족스럽지 않다.

　국내에서는 '주로 당사자의 이익의 조정에 봉사하는 경우에는 국내적 강행
규정에 해당한다'[43)]는 견해가 있으나, 이에 대하여는 외국에서 주장되는 견해에
대한 비판과 같은 내용의 비판이 가능하다. '당사자 자치와 법규정에서 보호하

---

39) Hellner (2009), 458-459.
40) Hauser [2012], 10-11은 공익과 사익을 동시에 보호하는 이른바 특별사법도 국제적 강행규
　　정에 해당할 수 있다고 본다. 반면 Bonomi (2008), 291; Wilderspin (2017)), 1331;
　　MünchKomm/Martiny [2021] Rom Ⅰ-VO, Art 9, Rn 16은 이러한 규정을 국제적 강행규정
　　으로 보면 당사자자치를 지나치게 제한하게 된다고 주장한다.
41) BGH NJW 2006, 230, 233; BGH NJW 2006, 762. 독일 연방대법원은 소비대차법
　　(Verbraucherkreditgesetz)은 개인의 이익을 보호하기 위한 것이고, 공익은 반사적으로만 보호
　　된다는 이유로 간섭규범에 해당하지 않는다고 보았다.
42) MünchKomm/Martiny [2006], EGBGB Art 34, Rn 14-15, 17; Schäfer [2010], 103; Günther
　　[2011], 34.
43) 석광현 [2013], 141.

려고 하는 공서양속을 비교형량하여 후자가 전자보다 우월한 경우에 국제적 강행규정에 해당한다'는 견해[44]도 주장된다. 그러나 이 견해 역시 어떤 경우에 공서양속이 당사자자치보다 우월하다고 보아야 하는지의 기준을 제시해주지 않는다. 그리고 '사회정책적 목적에 의해 약자를 보호하는 규범'[45]이 국제적 강행규정에 해당한다는 견해가 주장되나, 이와 같은 기준에 따르면 약자를 보호하는 규정은 대부분 사회정책적 목적을 지니고 있을 것이므로 국제적 강행규정으로 인정하는 범위가 지나치게 넓어지고, 그에 따라 당사자자치를 지나치게 제한하게 될 것이다.

저자는 이하에서 당사자자치를 지나치게 제한하지 않으면서 사익과 공익을 동시에 보호하는 규정을 국제적 강행규정으로 인정할 수 있는 구체적인 기준을 제시하려 한다. 이와 관련하여 유럽사법재판소의 *Ingmar* 판결[46]이 유의미한 시사점을 준다. 이 사건에서 유럽사법재판소는 대리상의 보상청구권을 인정하고 그 보상청구권이 배제될 수 없다고 규정한 유럽연합 대리상지침[47] 제17조,[48]

---

44) 이헌묵 (2014) 87.

45) 최흥섭 [2019], 207.

46) *Ingmar GB Ltd v Eaton Leonard Technologies Inc*, Case 381/98 (2000. 11. 9.). 이 판결에 대한 소개와 우리 상법상 대리상의 보상청구권에 관한 규정(상법 제92조의2)이 국제적 강행규정에 해당하는지에 관한 논의로, 석광현 (2006b), 48−51, 54 이하 참조.

47) Council Directive 86/653/EEC of 17 December 1986 on the coordination of the Member States related to self−employed commercial agents.

48) **Article 17**
   1. Member States shall take the measures necessary to ensure that the commercial agent is, after termination of the agency contract, indemnified in accordance with paragraph 2 or compensated for damage in accordance with paragraph 3
   2. (a) The commercial agent shall be entitled to an indemnity if and to the extent that:
      — he has brought the principal new customers or has significantly increased the volume of business with existing customers and the principal continues to derive substantial benefits from the business with such customers, and
      — the payment of this indemnity is equitable having regard to all the circumstances and, in particular, the commission lost by the commercial agent on the business transacted with such customers. Member States may provide for such circumstances also to include the application or otherwise of a restraint of trade clause, within the meaning of Article 20;
      (b) The amount of the indemnity may not exceed a figure equivalent to an indemnity for one year calculated from the commercial agent's average annual remuneration

제18조,[49) 제19조[50)가 국제적 강행규정에 해당한다고 판단하였다. 유럽사법재
판소는 대리상지침에 규정된 통일적인 조치는 대리상의 업무수행의 제한을 제
거함으로써 유럽공동체의 경쟁조건을 통일하고 상거래의 안전성을 제고하려는
데 있으므로, 대리상지침 제17조, 제19조가 모든 대리상에게 설립의 자유를 보
장하고 내부시장에서 왜곡되지 않은 경쟁을 보호하는 목적을 갖고 있다는 이유
로, 이러한 규정이 그 목적을 달성하기 위해 공동체 전체에서 준수되어야 한다
고 설시하였다. 따라서 이는 최우선강행규정에 해당하고, 사안이 공동체와 밀접
한 관련이 있다면, 특히 본인이 회원국 외에 소재하고 있더라도 대리상이 회원
국 내에서 업무를 수행한 경우에 대리상지침이 계약의 준거법에 관계없이 적용

---

      over the preceding five years and if the contract goes back less than five years the indemnity shall be calculated on the average for the period in question;
- (c) The grant of such an indemnity shall not prevent the commercial agent from seeking damages.
3. The commercial agent shall be entitled to compensation for the damage he suffers as a result of the termination of his relations with the principal.

    Such damage shall be deemed to occur particularly when the termination takes place in circumstances:
- — depriving the commercial agent of the commission which proper performance of the agency contract would have procured him whilst providing the principal with substantial benefits linked to the commercial agent's activities,
- — and/or which have not enabled the commercial agent to amortize the costs and expenses that he had incurred for the performance of the agency contract on the principal's advice.

49) **Article 18**

The indemnity or compensation referred to in Article 17 shall not be payable:
- (a) where the principal has terminated the agency contract because of default attributable to the commercial agent which would justify immediate termination of the agency contract under national law
- (b) where the commercial agent has terminated the agency contract, unless such termination is justified by circumstances attributable to the principal or on grounds of age, infirmity or illness of the commercial agent in consequence of which he cannot reasonably be required to continue his activities;
- (c) where, with the agreement of the principal, the commercial agent assigns his rights and duties under the agency contract to another person.

50) **Article 19**

The parties may not derogate from Articles 17 and 18 to the detriment of the commercial agent before the agency contract expires.

된다고 판시하였다.[51]

　이 판결을 사익을 조정하는 규정도 최우선강행규정으로 인정될 수 있다는 취지로 해석하는 견해[52]도 있다. 그러나 판결이유에 비추어 보면 유럽사법재판소가 단순히 약자인 대리상을 보호하기 위해 대리상지침을 최우선강행규정으로 인정한 것이 아니라는 견해[53]가 더 설득력이 있다. 유럽사법재판소는 이 판결에서 대리상지침의 목적이 '모든 대리상에게 설립의 자유를 보장하고 내부시장에서 왜곡되지 않은 경쟁이 이루어질 수 있도록 하는 것'이고, 그 목적 달성을 위해 대리상지침이 유럽연합 전역에서 적용되어야 한다고 판단하였다. 이것은 약자 보호나 당사자 지위의 유형적 불균형 시정을 뛰어넘는, 시장의 질서를 유지하기 위한 경제적인 정책목적에 해당한다. 따라서 *Ingmar* 판결은 어떤 법규가 최우선강행규정으로 인정되기 위해서는 사익 보호를 초월하는 공적 목적이 있어야 한다는 취지라고 생각된다.

　이 문제는 자유주의와 후견주의 중 어떤 입장을 취할 것인지의 논의와도 맞닿아 있다. 실질법인 사법(私法)의 영역에서 최근 들어 거래사회의 현실에서 사업자와 사인 사이의 정보와 협상력의 불균형을 시정하기 위하여 계약자유의 원칙을 제한하려는 기조가 나타나고 있다.[54] 국제사법 영역에서도 이에 대응하여 준거법 선택의 자유를 제한하여야 한다는 주장[55]이 제기된다. 공서와 국제적

---

51) 이는 '대리상이 회원국 내에서 업무를 수행한 경우'라는 내국관련성의 요건으로 대리상지침의 장소적 범위를 제한한 것이다.

52) 윤남순 (2006), 113은 *Ingmar* 판결이 저촉법에서 사회경제적 약자를 보호하는 고려를 반영한 것이라고 한다. 이 판결 이후 독일에서 사적 이익의 보호를 목적으로 하는 법은 국제적 강행규정이 아니라는 관점을 재검토해야 한다는 견해가 유력하다. 석광현 (2006b), 52.

53) Calliess/Renner [2015], 251; Günther [2011], 138도 위 판결이 공익과 사익을 동시에 보호하는 규범이 최우선강행규정이 될 수 있음을 인정한 것이라고 평가한다. Kleinheisterkamp (2009), 113도 같은 취지로, 대리상지침을 최우선강행규정으로 인정함으로써 대리상의 경제적 위험이 감소되어 더 많은 대리상이 시장에 활동할 수 있게 되고, 이로써 본인들이 국경의 경계를 넘어서 거래할 수 있게 되므로 내부시장에 발전에 기여한다고 본다. Sheppard (2011), 201; Hellner (2009), 460도 같은 취지.

54) 권영준 (2011), 187−188.

55) 신창선/윤남순 [2016], 278은 당사자자치의 원칙은 실질법상의 계약자유의 원칙이 국제사법에 투영되어 성립된 것이기 때문에 계약자유의 원칙이 수정되면 당사자자치의 원칙도 수정되어야 한다고 주장한다.

강행규정을 제외하고는 실질법적 평가로부터 떨어져있다는 전통적인 의미의 국제사법의 '가치중립성(Wertneutralität)'과 '탈정치화 경향'(Tendenz zur Entpolitisierung)에서 벗어나, 국제사법이 최근 들어 다양한 영역에서 정치적 가치를 실현하는 수단으로 이용되는 현상[56]도 이와 궤를 같이 한다. 이런 입장은 국제사법에서 국제적 강행규정의 범위를 넓게 인정하려는 근거가 될 수 있다.

그러나 어떤 법규를 국제적 강행규정으로 인정할지에 관하여는 다음과 같은 이유로 신중한 태도를 취하여야 한다. 첫째, 실질법에서 계약자유의 원칙은 여전히 사적 자치의 원칙을 실현하는 효율적인 실행수단이고, 국내적 강행규정은 이에 대한 예외로서, 강행규정임을 주장하는 측이 강화된 입증책임을 진다.[57] 국내적 강행규정보다 더 엄격한 요건 하에 인정되는 국제적 강행규정에 있어서는 국내법의 강행규정에서보다 한층 더 높은 허들(hurdle)을 두는 것이 타당하다. 로마 I 규정 전문 제37항[58]이 국제적 강행규정이 국내적 강행규정보다 더 제한적으로 해석되어야 한다고 명시하는 점이나, 유럽사법재판소가 Unamar 판결[59]에서 국제적 강행규정을 제한적으로 해석해야 한다고 판시하였던 것도 같은 취지로 이해할 수 있다.

둘째, 실질법에서 후견주의의 기조가 나타나는 것이 전세계적인 추세[60]라면 오히려 국제사법의 영역에서는 법의 등가성과 대체성에 비추어 국제적 강행규정을 넓게 인정할 필요가 없다. Savigny가 국제적 강행규정이라는 개념을 인

---

56) 석광현 (2021b), 662-663은 그 구체적인 예로 인권소송과 기후변화소송, 회사법 재정(裁定)(Gesellschaftsrechtsarbitrage), 난민의 통합, 현대적 가족형태(동성혼과 대리모 등)와 차별금지(반유대주의)를 열거한다.

57) 최봉경 (2012), 198.

58) (37) Considerations of public interest justify giving the courts of the Member States the possibility, in exceptional circumstances, of applying exceptions based on public policy and overriding mandatory provisions. The concept of 'overriding mandatory provisions' should be distinguished from the expression 'provisions which cannot be derogated from by agreement' and should be construed more restrictively.

59) *United Antwerp Maritime Agencies (Unamar) NV v Navigation Maritime Bulgare (Unamar)*. Case C-184/12 ECLI:EU:C:2013:663

60) 유럽계약법 원칙(Principle of European Law)과 공통참조기준초안(Draft Common Frame of Reference)에도 이러한 특징이 잘 반영되었다. 권영준 (2011), 189-190.

정하였던 이유는 법의 등가성과 대체성을 기초로 하는 통상의 준거법 연결원칙을 적용할 수 없는, 법의 등가성과 대체성이 없는 법규가 존재한다고 보았기 때문이다. 그런데 외국법에 유사한 취지의 규정이 있어서 외국법에 의하더라도 국내법에 상응하는 보호를 받을 수 있다면, 특히 소비자와 근로자보호에 있어 상거소지법의 강행규정을 배제할 수 없다는 연결원칙이 국제적으로 자리 잡은 이상, 굳이 그런 법규를 국제적 강행규정으로 인정하지 않더라도 약한 당사자를 보호할 수 있다.

그렇다면 사익과 공익을 동시에 보호하는 법규는, 그 법규가 사익을 초월하는 긴요한 정치적·사회적·경제적 이익을 보호하고 있는 때에 한하여 국제적 강행규정으로 인정할 수 있다고 생각한다. 어떤 법규가 사익을 조정하기 위한 것처럼 보이더라도, 개개의 법률관계에 개입하여 당사자 사이의 유형적 불균형을 조정하기 위한 것이 아니라 정치적·사회적·경제적 질서와 관련된 불공정과 불균형을 시정하기 위한 것이라면 국제적 강행규정으로 볼 수 있다.[61] 구체적으로, 중요한 헌법적 가치, 이를테면 평등권(헌법 제11조[62])을 실현하기 위한 규정, 근로자의 인간의 존엄성을 보장하기 위한 규정, 차별금지를 위한 규정(헌법 제32조 제3항, 제4항[63]), 시장경제질서를 보호하고 경제정의를 실현하기 위한 규정(헌법 제119조[64])이 이에 해당한다.

이와 관련하여 소비자보호법의 국제적 강행규정성을 인정하기 위한 기준으

---

61) 그 구체적인 예는 제4장 제1절 III.1., 2. 참조.

62) 제11조
   ① 모든 국민은 법 앞에 평등하다. 누구든지 성별·종교 또는 사회적 신분에 의하여 정치적·경제적·사회적·문화적 생활의 모든 영역에 있어서 차별을 받지 아니한다.

63) 제32조
   ③ 근로조건의 기준은 인간의 존엄성을 보장하도록 법률로 정한다.
   ④ 여자의 근로는 특별한 보호를 받으며, 고용·임금 및 근로조건에 있어서 부당한 차별을 받지 아니한다.

64) 제119조
   ① 대한민국의 경제질서는 개인과 기업의 경제상의 자유와 창의를 존중함을 기본으로 한다.
   ② 국가는 균형 있는 국민경제의 성장 및 안정과 적정한 소득의 분배를 유지하고, 시장의 지배와 경제력의 남용을 방지하며, 경제주체간의 조화를 통한 경제의 민주화를 위하여 경제에 관한 규제와 조정을 할 수 있다.

로, '그 법률조항이 적용되지 않으면 소비자에 대한 보호가 실질적으로 박탈되는 등 국내의 소비자 보호라는 공익 실현을 위해 긴요한 법률조항'이어야 한다는 것을 제시하는 견해[65]가 있다. 그러나 소비자보호법의 기본적인 목적이 사회적 약자로서 소비자를 보호하는 것, 즉 사익을 조정하기 위한 데 있으므로 '소비자 보호'라는 목적 그 자체만으로는 긴요한 공익이라고 보기에 부족하고, 위에서 언급한 것에 상응하는 정치적·경제적·사회적 질서와 관련된 공익을 보호하는 것이어야 국제적 강행규정으로 인정될 수 있다고 생각한다.

이상에서 저자가 제시한 기준에 따라 어떤 규정이 국제적 강행규정인지 판단하는 방법에 관하여는 항을 바꾸어서 살펴본다.

Ⅲ. 국제적 강행규정의 판단방법

국제사법 제7조에 의하면, 어떤 법규가 준거법에 관계없이 적용되어야 하는지 여부를 국제사법 제7조의 "그 입법목적에 비추어 준거법에 관계없이 적용된다고 인정할 수 있는지"라는 하나의 일관된 기준으로 판단해야 한다. 그 입법목적이 어떤 것이어야 하는지는 위 Ⅱ.에서 살펴보았다. 다만, 그러한 기준을 적용하여 어떤 법규가 국제적 강행규정에 해당하는지를 판단할 때에는 현실에서 여러 법규가 서로 다른 모습으로 입법되고 있는 점을 감안할 필요가 있다. 어떤 법규가 국제적 강행규정으로서의 요건을 구비하였는지를 살펴 볼 때, 상대적으로 쉽게 식별할 수 있는 국제적 강행규정의 표지가 있다면, 그것부터 검토하는 것이 방법론적으로 수월할 것이다. '법규의 문면상 그 법규가 준거법에 관계없이 적용된다고 보이는지'는 상대적으로 쉽게 식별할 수 있다.

1. 법규의 문면상 해당 법률관계의 준거법에 관계없이 적용되는 것으로 보이는 경우

이 경우에는 준거법에 관계없이 해당 법규가 적용되어야 한다는 입법자의

---

65) 이필복 (2021), 141.

의지를 도출할 수 있는 요소를 먼저 살펴본다. 어떤 법규가 준거법에 관계없이 적용됨을 명시적으로 규정하고 있다면 그 자체로 적용의지가 명확하게 표현되었다고 볼 수 있다. 그러나 현실적으로 어떤 법규가 준거법에 관계없이 적용된다는 명시적인 규정을 두고 있는 경우는 매우 드물다. 어떤 법규가 국제적·장소적 적용범위를 규정하고 있다면, 그 법규가 정한 국제적·장소적 적용범위에 포섭되는 한 해당 법률관계의 준거법에 관계없이 그 규정의 적용을 관철하려는 입법자의 의지가 있었을 가능성이 높다.[66] 예컨대 어떤 법규가 물품의 수입·수출에 적용된다고 규정하거나, 내국인과 외국인 간의 거래, 외국인이 국내 통화로 한 거래, 내국인이 외국에서 한 거래에 적용된다거나, 국제입찰에 적용된다고 규정하거나, 국내에 취업하는 근로자에 대한 공급사업에 적용된다고 규정하는 경우가 그러하다.

역외적용규정도 중요한 의미를 갖는다. 국내법의 역외적용[67](extraterritorial application)을 속지주의에 대비되는 개념으로서 행위주체에 관계없이 행위가 이루어진 장소를 기준으로 외국에서 이루어진 행위에 국내법이 적용된다는 의미로 쓰는 견해[68]가 있다. 반면 외국인이 외국에서 한 행위에 대하여 국내법을 적용하는 것이라는 의미로 사용[69]되기도 한다. 전통적으로 역외적용의 법리가

---

66) MünchKomm/Martiny [2006] EGBGB Art 34, Rn 9, 134; Hauser [2012], 8; ZürKomm/Vischer/Lüchinger [2018], Art 18, Rn 7; 석광현 [2013], 142.

67) 역외적용의 법리는 미국의 경쟁법(Sherman Act)을 중심으로 발전되어 왔다. 국제거래가 빈번하게 이루어지고 세계경제가 통합되어 가는 상황에서 속인주의, 속지주의 원칙만을 고수하여서는 규제의 실효성을 확보할 수 없다는 문제가 생긴다. 이에 따라 미국 연방항소법원은 1945년 *United States v Aluminum Co of America et al*, 148 F. 2d 416 (2nd Cir) 판결에서 효과이론에 따른 역외적용을 인정하였다. 이 사건에서 미국 회사인 Alcoa의 캐나다 자회사인 Aluminium Ltd.가 유럽 회사들과 알루미늄 중간재의 생산량을 제한하는 카르텔을 결성하고, 스위스에 설립한 카르텔관리회사(Alliance Aluminium compagnie)를 통하여 각 회사들에게 생산량을 할당하면서 유럽회사들의 미국수출을 금지함으로써 셔먼법을 위반하였는지가 쟁점이 되었다. 연방항소법원은 이 사건에서 ① 외국인에 의해 외국에서 이루어진 행위가 미국 내 통상에 영향을 미칠 의도가 있었고, ② 실제로 미국 시장에 영향을 미친 경우에는 그에 대하여 미국의 법을 적용할 수 있다는 법리를 선언하였다. 역외적용과 효과이론에 관한 미국 판례의 발전과정에 관한 상세는 전민철 (2017), 209-213; 최지현 (2016), 44-45 참조.

68) 허선 (2003), 207; 전민철 (2017), 197.

69) 석광현 [2012], 161; 권오승 (2011), 149; 이봉의 (2016), 168.

발전해온 미국에서도 전자의 의미로 사용되고,[70] 이 책의 검토대상인 법규들 중 독점규제 및 공정거래에 관한 법률(2020. 12. 29. 법률 제17799호로 전부개정된 것) 제3조[71]와 외국환거래법 제2조 제2호[72]는 전자와 같이 규정하므로,[73] 이 책에서는 전자의 의미로 사용한다. 역외적용을 이렇게 정의하면, 역외적용규정은 어떤 법규의 국제적·장소적 적용범위를 정한 것으로서 그 범위에 포섭되는 한 그 법규를 준거법에 관계없이 적용하려는 입법자의 의지를 일응 인정할 수 있다.

이 세 가지 중 하나에 해당한다면, 그 다음 순서로 특별한 입법목적이 인정되는지 검토한다. 특별한 입법목적이 인정된다면 국제적 강행규정에 해당한다. 이 경우에는 입법목적이 어떤 법규의 국제적·장소적 적용범위를 확정하기 위한 근거로 사용되지 않는다.

2. 법규의 문면상 해당 법률관계의 준거법에 관계없이 적용되는 것으로 보이지 않는 경우

반면, 위 1.의 경우에 해당하지 않는다면 해당 법규의 입법목적을 먼저 살펴보아야 한다. 국제적 강행규정의 개념요소로서 특별한 입법목적이 인정되는지

---

70) Hay/Borchers/Symeonides [2010], 258–284.
71) **제3조(국외에서의 행위에 대한 적용)**
    국외에서 이루어진 행위라도 그 행위가 국내 시장에 영향을 미치는 경우에는 이 법을 적용한다.
72) **제2조(적용 대상)**
    ① 이 법은 다음 각 호의 어느 하나에 해당하는 경우에 적용한다.
      1. 대한민국에서의 외국환과 대한민국에서 하는 외국환거래 및 그 밖에 이와 관련되는 행위
      2. 대한민국과 외국 간의 거래 또는 지급·수령, 그 밖에 이와 관련되는 행위(외국에서 하는 행위로서 대한민국에서 그 효과가 발생하는 것을 포함한다)
73) 역외적용규정이 국제적 강행규정성의 표지가 될 수 있다. 논자에 따라서는 역외적용되는 법규와 국제적 강행규정을 따로 구분하지 않고 역외적용되는 법규를 국제적 강행규정이라고 지칭하기도 한다. 이를테면 Lehmann (2019), 258; Kleinheisterkamp (2009), 92. 그러나 국제적 강행규정이라고 하여 모두 역외적용되는 것은 아니고, 국제적 강행규정과 역외적용되는 법규가 동일한 외연을 갖고 있다고 볼 수 없다. 어떤 법규가 인적, 장소적 적용범위를 내국인과 국내로 한정한 경우에도 그 적용범위에 포섭되는 한 준거법에 관계없이 적용될 것을 예정하는 경우에도 국제적 강행규정에 해당할 수 있기 때문이다. 역외적용과 준거법 결정원칙의 관계에 관하여는 공정거래법에 관한 부분에서 검토한다.

검토한다. 그런데 특별한 입법목적이 인정되는 경우에도 국제적 요소가 있는 모든 사건에 해당 법률관계의 준거법에 관계없이 우리나라법을 적용하는 것은 입법관할권74)의 한계를 벗어나므로, 입법관할권의 범위 내에서 국제적·장소적 적용범위를 한정할 수 있어야 한다.75) 따라서 입법목적을 살폈다면 그 다음 단계로, 내국관련성을 기초로 해당 법규의 국제적·장소적 적용범위를 해석으로 확정할 수 있는지 검토한다. 어떤 법규의 국제적·장소적 적용범위가 명시적으로 규정되어 있지 않더라도 입법목적을 해석함으로써 그 적용범위를 확정할 수 있다면76) 이를 기초로 그 적용범위에 포섭되는 한 해당 법규가 해당 법률관계의 준거법에 관계없이 적용된다고 인정할 수 있다.77) 반면, 입법목적을 실현하기 위해 준거법이 외국법인 경우에도 적용된다고 볼 필요가 있더라도, 해당 법규에서 내국관련성의 요건을 토대로 그 인적, 장소적 적용범위를 확정할 수 있는 단서를 찾을 수 없는 때에는 국제적 강행규정으로 볼 수 없다.78) 이때 해당 법규의 기초가 되는 정책과 가치를 고려하여 그 적용범위에 속하는 어떤 상황에라도 그 규정을 계약의 준거법에 관계없이 적용시키려는 입법의도가 있는지 판단하여야 한다.79) 그 법규 자체80)뿐만 아니라, 그 법의 구조와 법제정 당시 상황,81) 그 규정이 속한 법령의 전반적인 목적을 고려해야 한다.82)

---

74) 입법관할권과 내국관련성에 관하여는 각주 37 참조.

75) MünchKomm/Martiny [2006], EGBGB Art 34, Rn 9; 석광현 (2011b), 13.

76) Wengler도 '강행적채무법(zwingendes obligationsrecht)'의 지역적 적용범위는 해당법규의 목적(aus dem Zweck der betreffenden Vorschrift)로부터 정해져야 한다고 주장하였다. 김용담 (1986), 16 참조.

77) 앞서 본 유럽사법재판소도 *Ingmar* 판결에서 법규의 입법목적에 비추어 그 법규의 장소적 적용범위를 확정하고 적용의지를 인정한 바 있다. 각주 51 참조. 우리 대법원도 안마업을 하려는 사람에게 시·도지사의 자격인정을 받도록 한 의료법 제82조 제1항의 장소적 적용범위를 그 입법목적에 비추어 해석한 바 있다. 대법원 2018. 2. 8. 선고 2014도10051 판결.

78) 그 구체적인 예에 대하여는 제4장 제2절에서 살펴본다. 장준혁 (2007b), 575도 국제적 강행법규라고 하여 반드시 속지적·속인적 접촉 여하를 불문하고 "항상" 적용되고자 하는 것은 아니고, 일정한 속지적 및/또는 속인적 접촉을 요건으로 하여 한정된 섭외적 범위 내에서 독자적으로 적용하고자 하는 경우가 많다고 지적한다.

79) 장준혁 (2007b), 575.

80) 김용진 (1998), 709.

81) Cheshire/North/Fawcett [2017], 746.

82) Calliess/Renner [2015], 247.

이와 관련하여 국제적 강행규정인지 판단하기 위하여 그 규정의 목적을 살필 때, 해당 실질법의 규율목적 자체의 극대화라는 관점에서 접근해서는 안 되고, 입법자가 '실제로' 그 실질법이 법률관계의 준거법에 관계없이 스스로 정한 일정한 섭외적 범위 내에서 적용이 항상 관철되어야 함을 의도했다고 해석할 수 있어야 한다는 견해[83]가 있다. 그러나 입법목적의 극대화와 입법자의 실제 적용의지가 완벽하게 분리될 수 있는지는 의문이 있다. 대부분의 법규가 충분한 국제사법적 고려 없이 제정되는 경우가 적지 않은 우리의 현실을 감안하여 볼 때, 입법자가 준거법에 관계없이 적용됨을 법규에 명시적으로 규정하거나, 그러한 의도가 표시된 자료(이를테면 법률제·개정이유)를 남길 것을 기대하기는 어렵다. 이러한 상황에서는 해석으로써 입법자의 적용의지가 있는지를 밝힐 수밖에 없다. 이때 해당 법규가 중요한 입법목적을 관철하는 데 긴요한 수단이며, 준거법에 관계없이 적용된다고 보지 않는다면 그 입법취지가 형해화될 것이 분명할수록 준거법에 관계없이 이를 적용하려는 입법자의 의지가 추단될 가능성이 더 높을 것이다.[84] 다만 의문이 있는 경우에는 국제사법의 일반연결원칙에 따라야 하므로 국제적 강행규정이 아니라고 추정해야 한다.[85]

어떤 법규의 문면상 해당 법률관계의 준거법에 관계없이 적용되는 것으로 보이는 경우와 그렇게 보이지 않는 경우를 비교하여 본다. 어떤 법규가 '준거법에 관계없이 적용되어야 한다는 명문규정이 있는지', '어떤 법규가 스스로 그 국제적, 장소적 적용범위를 규정하고 있는지', '역외적용규정이 있는지'를 살펴보는 것이 '어떤 법규의 입법목적을 근거로 그 법규의 국제적·장소적 적용범위를 확정할 수 있는지'를 판단하는 것보다 쉽다. 따라서 앞의 세 가지 요소가 있는지를 먼저 살펴보는 것이 방법론적으로 더 합리적이다. 그러나 두 가지 경우에 모두 국제적 강행규정에 해당하는지 판단할 때 입법목적이 핵심적인 역할을 한다는 점은 같다. 이렇게 보는 것이 국제적 강행규정을 "입법목적에 비추어" 준거법에 관계없이 적용되어야 하는 규정으로 정의한 국제사법 제7조의 입법취지에 부합

---

83) 장준혁 (2007a), 575.
84) 유럽사법재판소의 *Arblade* 판결과 로마 I 규정 제9조 제1항도 같은 취지이다.
85) 석광현 [2013], 142.

하는 충실한 해석이다.

그런데 어떤 법규가 준거법에 관계없이 적용됨을 명시하는 규정을 두는 경우를 찾아보기 어려운 우리의 법현실에서 비추어 보면 실무상 두 번째 경우에 해당하는 예가 압도적으로 많을 것이다. 그렇다면 첫 번째 경우를 별도로 언급하는 것이 과연 유의미한가 하는 의문이 제기될 수 있다. 그러나 최근 들어 역외적용규정을 둔 법률들이 늘어나고 있고, 스스로 국제적 강소적 적용범위를 정한 법률들도 상당수 존재한다. 무엇보다 위와 같은 순서로 판단하면, 국내의 일부 선행연구의 입장과 달리 어떤 법규가 해당 법률관계의 준거법에 관계없이 적용되는 것처럼 보이더라도 입법목적을 살펴야 한다는 점을 환기할 수 있고, 국제사법 제7조의 올바른 해석론에 따른 국제적 강행규정의 판단방법을 제시한다는 데 의미가 있다.

Ⅳ. 국제적 강행규정 여부 판단 시 고려요소

그렇다면 Ⅱ.에서 제시한 판단기준과 Ⅲ.에서 제시한 판단의 방법에 따라 어떤 법규가 국제적 강행규정인지 여부를 판단할 때 어떤 요소를 고려하여야 하는지 문제된다. 요컨대 국제사법 제7조의 국제적 강행규정은 국내적 강행규정 중에서도 정치적·사회적·경제적 이익을 보호하기 위한 목적을 갖고 있고, 그 목적에 비추어 준거법에 관계없이 적용되어야 하는 법규를 말한다. 국제사법 제7조의 입법목적은 공익을 보호하거나, 사익을 보호하더라도 동시에 사익을 뛰어넘는 긴요한 공익, 국가의 정치적·사회적·경제적 질서와 관련된 공익, 중요한 헌법적 가치를 보호하는 것을 말한다. 이하에서는 이를 기초로 구체적인 판단에 고려하여야 할 요소를 제시하고, 필요한 한도 내에서 선행연구와 하급심 판례의 태도를 평가한다.

1. 입법자의 적용의지 관련 고려요소

입법자가 해당 법규를 문제된 법률관계의 준거법에 관계없이 적용하려는 의지와 있었는지를 판단할 때 고려할 요소는 아래 ①, ②의 경우로 정리할 수 있다. 아래 ①, ②의 질문에 대한 답이 '예'라면, 이는 적용의지가 문면상 드러나는 경우에 해당하므로, 그에 더하여 위 Ⅱ.에서 제시한 기준에 따른 입법목적이 인정되는지 검토하여야 한다. 아래 ①, ②의 질문에 대한 답이 '아니오'라면, 아래 2.의 요소들을 검토하여야 한다.

① 해당 법규에서 준거법에 관계없이 적용됨을 명시하고 있는지, 또는 국제적·장소적 적용범위를 스스로 규정하고 있는지

서울고등법원 2007. 10. 12. 선고 2007나16900 판결(확정), 서울고등법원 2019. 7. 9. 선고 2018나2052472(본소), 2018나2052489(반소) 판결(2021. 11. 현재 상고심 계속 중),[86] 서울고등법원 2017. 2. 16. 선고 2015나2065729 판결(확정),[87] 서울중앙지방법원 2020. 4. 1. 선고 2018나63343 판결(확정)[88]도 이를 고려하여 판단하였다.

② 역외적용규정이 있는지

서울중앙지방법원 2019. 10. 24. 선고 2018가합576876 판결(확정)[89]과 서울중앙지방법원 2020. 4. 1. 선고 2018나63343 판결(확정)[90]도 이를 고려하여 판단하였다.

---

86) 이 판결은 약관의 명시·설명의무를 규정한 약관규제법이 국제적 강행규정에 해당하지 않는다고 보았다.

87) 이 판결은 정보통신망법 제30조 제2항, 제4항의 국제적 강행규정성을 부정하였다.

88) 이 판결은 가맹사업법 제12조의 국제적 강행규정성을 부정하였다.

89) 이 판결에서는 가맹사업법 제14조가 국제적 강행규정인지 여부가 문제되었는데, 가맹사업법은 공정거래법과 같은 입법목적과 취지를 인정할 수 없으므로 국제적 강행규정에 해당하지 않는다고 판시하면서, 공정거래법의 국제적 강행규정성을 인정하는 근거로 공정거래법이 역외적용규정(제2조)을 두고 있는 점과 이를 위반한 국제계약 체결을 제한하는 것(제32조), 시정조치(제34조)를 두고 있어 국제계약에서도 공정거래법의 입법목적이나 취지가 준수되어야 한다는 해석을 직접 도출할 수 있다고 하였다.

90) 이 판결은 가맹사업법 제12조의 입법목적을 단순히 반복한 후 가맹사업법에 역외적용규정이 없다는 것 외에는 구체적인 판단의 근거를 밝히지 않은 채 국제거래에 개입하려는 입법자의 의도를 인정할 수 없다고 판단하였다.

2. 입법목적91)으로부터 적용의지를 도출할 수 있는지에 관한 고려요소

위 1.의 ①, ②의 요소가 존재하지 않는다면 국제적 강행규정으로 인정되기 위한 특별한 입법목적에 해당하는지를 Ⅱ.에서 제시한 기준에 따라 판단한다. 문제된 법규의 입법목적이 Ⅱ.에서 제시한 기준을 충족한다면, 다음 단계로 그러한 목적에 비추어 해당 법률관계의 준거법에 관계없이 입법자가 이를 적용하려는 의지를 도출할 수 있는지 검토하여야 한다. 이때 아래 ① 내지 ④의 요소를 고려하여 판단한다.

① 해당 법규가 중요한 공익을 실현하기 위한 긴요한 수단에 해당하여 준거법에 관계없이 적용된다고 보지 않으면 입법취지가 형해화되는지

이에 해당하면 적용의지를 도출할 수 있다. 하급심 판례 중에도 이와 유사한 취지를 고려하여 판단한 것이 있다. 서울고등법원 2017. 1. 17. 선고 2016나2015158 판결(확정)과 특허법원 2017. 11. 10. 선고 2017나1919 판결(확정)은 상

---

91) 상당수의 하급심 판례는 국제적 강행규정으로 인정할 수 있는 입법목적에 대한 기준을 제시하지 않은 채 입법목적에 비추어 특정 법규가 국제적 강행규정에 해당하지 않는다고 판시하였다. 대법원 2015. 3. 30. 선고 2012다118846, 118853 판결, 대법원 2010. 8. 26. 선고 2010다28185 판결은 '약관의 규제에 관한 법률의 입법목적을 고려하면' 이를 국제적 강행규정으로 인정할 수 없다고 판시하였다.
　서울고등법원 2015. 2. 5. 선고 2013나2006955 판결은 '공정거래법의 입법목적과 관련규정을 고려하면', 공정거래법 제23조 제1, 2항 위반으로 인한 손해배상의무를 규정한 같은 법 제56조가 국제적 강행규정에 해당한다고 판시하였다. 서울중앙지방법원 2019. 4. 17. 선고 2017가합32348 판결도 이와 같다.
　서울고등법원 2005. 1. 14. 선고 2004나14040 판결은 상법 제92조의2의 대리상의 보상청구권이 국제적 강행규정에 해당하는지 판단하면서 상법 제92조의2가 '공정거래, 소비자보호 등과 같이 입법목적에 비추어' 준거법에 관계없이 해당 법률관계에 적용되어야 할 규정이라고 볼 수 없다고 판시하였다. 이는 공정거래법과 소비자보호법을 국제적 강행규정성을 인정할 수 있는 입법목적으로 예시한 것으로 보인다. 서울중앙지방법원 2013. 3. 29. 선고 2012가합83969 판결(확정)은 보증인보호법의 제정이유가 '우리나라 특유의 인정주의에 따라 특별한 대가를 받지 아니하고 경제적 부담에 대한 합리적 고려 없이 호의로 이루어지는 보증이 만연하고 채무자의 파산이 연쇄적으로 보증인에게 이어져 경제적·정신적 피해와 함께 가정파탄 등에 이르는 등 보증의 폐해가 심각하므로 보증채무의 범위를 특정함으로써 합리적인 금전거래를 확립하려는 것'인 점에 비추어 보증인보호법 제4조, 제11조(보증채무 최고액의 특정, 편면적 강행규정)의 국제적 강행규정성을 부정하였다.

법 제374조 제1항이 국제적 강행규정에 해당하는지 여부를 판단하면서 "해당 법규에 의해 유지·정립하려는 질서가 국가경제 및 사회의 발전을 이끄는 데 긴요한 질서체계이고, 그 질서유지에 필수적인 규정인지"를 고려하여 판단하였다.92)

그 밖에 '그 법규정을 적용하지 않으면 우리 법체계와 사회질서 및 거래안전에 비추어 현저하게 불합리한 결과가 야기될 가능성이 있어 이를 강제적으로 적용하는 것이 필요'한 때를 기준으로 한 하급심 판례도 있다.93) 이것은 저자가 제시하는 고려요소와 같은 맥락인 것으로 보인다. 그러나 '현저하게 불합리한 결과가 야기될 가능성'의 의미가 모호하고 국제적 강행규정은 제한적으로 해석하여야 하므로, 이보다 사회적·경제적 질서를 보호하기 위해 '긴요하고' '준거법에 관계없이 적용된다고 보지 않으면 입법취지가 형해화되는지'의 기준이 타당하다고 생각된다.

② 해당 법규가 외국의 법규와 등가성, 대체성이 있는지

위 ①과 같은 맥락의 고려요소로 법규의 등가성, 대체성을 들 수 있다. 문제된 법규의 입법목적이 유사한 내용의 외국법으로 달성될 수 있다면 해당 법규가 준거법에 관계없이 적용되어야 한다고 보기 어렵다. 반면, 해당 법규와 유사한 취지의 외국법이 없고, 있더라도 그 외국법에 의하여 해당 법규가 보호하려는 이익이 보호될 수 없다면 법규의 등가성·대체성이 없어서 국제적 강행규정

---

92) 이 판결은 상법 제374조 제1항이 주식회사의 소유와 경영을 분리하여 합리적인 경영체계를 갖추도록 하는 한편, 물적 자본의 투자·회수를 촉진·보장함으로써 전체 회사법 질서와 대한민국의 공익을 유지하기 위하여 필수적인 규정이라는 이유로 국제적 강행규정으로 보았다. 다만 석광현 (2018), 140은 상법 제374조 제1항은 사안에서 회사의 속인법으로서 한국법의 상법이 적용되었어야 하고, 이를 국제적 강행규정으로 보아 적용할 것은 아니라고 비판한다. 이는 타당한 비판이다.

93) 서울고등법원 2007. 10. 12. 선고 2007나16900 판결(확정), 서울고등법원 2019. 7. 9. 선고 2018나2052472(본소), 2018나2052489(반소) 판결(2021. 11. 현재 상고심 계속 중)은 약관규제법의 약관의 명시·설명의무에 관한 규정이 국제적 강행규정에 해당하지 않는다고 보았다. 서울고등법원 2017. 2. 16. 선고 2015나2065729 판결은 정보통신망법 제30조 제2항, 제4항의 국제적 강행규정성을 부정하였다. 서울중앙지방법원 2020. 4. 1. 선고 2018나63343 판결(확정)은 가맹사업법 제12조의 국제적 강행규정성을 부정하였다. 서울중앙지방법원 2013. 8. 23. 선고 2012가합10763 판결(확정)은 법인격 부인의 법리의 국제적 강행규정성을 부인하였다.

에 해당할 가능성이 높다.

서울중앙지방법원 2013. 8. 23. 선고 2012가합10763 판결(확정)은 법인격부인의 법리의 국제적 강행규정성을 부정하면서, "법인격 부인론은 세계 각국에서 이론과 판례를 통하여 발전되어 온 법리이고 각국마다 필요에 따라 그 요건 및 효과를 달리하고 있으며, 대한민국에서도 법인격 부인론은 성문법규가 아니라 이론 및 판례로써 인정되는 법리로서 그 요건 및 효과를 브리티시 버진아일랜드법의 법인격 부인론과는 달리하고 있는 것에 지나지 아니한다"고 판시하였다. 이 판시는 국제적 강행규정 해당 여부를 법의 등가성과 대체성을 기준으로 판단한 것으로 볼 여지가 있다.

서울행정법원 2016. 10. 6. 선고 2016구합54565 판결이 근로기준법의 국제적 강행규정 여부를 검토하면서 "근로자 보호 입법은 취업알선 등 고용제도 일반을 포함한 사회보장제도의 구비 정도는 물론 고용유연성 등 노동시장의 특성 등을 고려하여 해당 국가의 실정에 맞는 제도를 설정하는 것이 합리적이므로, 특정 국가의 관련 법률을 곧바로 다른 국가에 적용하는 것은 적절하지 않은 것으로 보는 점"을 근거로 판단한 것도 마찬가지이다.

③ 입법목적을 관철하기 위해 그 위반의 효과로 행정적, 형사적 제재를
   예정하고 있는지

어떤 법규가 그 위반의 효과로 행정적·형사적 제재를 예정하고 있는 경우 강한 공적 목적과 적용의지를 추단할 수 있는 사정이 되나, 그 준수를 오로지 사적 당사자에게 맡기고, 이를 위반하더라도 사법적 효과만 있다면 그렇지 않다.[94] 하급심 판례 중에서도 이를 고려하여 판결한 예가 있다.[95]

---

94) ZürKomm/Vischer/Lüchinger [2018], Art 18, Rn 4; MünchKomm/Martiny [2006], EGBGB Art 34, Rn 22-23; MünchKomm/Martiy[2021], Rom Ⅰ-VO, Art 9, Rn 20, 21; 석광현 [2013], 141; 이헌묵 (2014), 98.

95) 서울고등법원 2010. 2. 11. 선고 2009나31323 판결과 서울고등법원 2013. 7. 4. 선고 2012나73822 판결(확정)은 공정거래법의 국제적 강행규정성을 인정하였다. 서울고등법원 2007. 10. 12. 선고 2007나16900 판결(확정)은 약관규제법 제3조(명시설명의무)가 국제적 강행규정이 아니라고 판단하였다.

④ 해당 법규의 인적, 장소적 적용범위를 해석으로 확정할 수 있는 단서가 있는지

만약 어떤 법규가 관련규정의 해석으로 내국관련성의 요건 하에 특정인, 특정장소를 대상으로 적용된다고 확정할 수 있으면 적용의지를 도출할 수 있다. 예컨대 해당 법규가 어떤 종류의 영업을 규제대상으로 할 때 그 영업지역 내지 장소가 어디인지가 규제에서 중요한 의미를 갖는다면 그 지역에 소재하는 영업에 한하여는 준거법에 관계없이 적용한다는 의지를 도출할 수 있을 것이다.

3. 판례와 선행연구에서 제시된 기타 고려요소에 대한 평가

이하에서는 하급심 판례와 선행연구에 제시된 기타 고려요소 중 저자가 적절하지 않다고 보는 것과 그 이유를 제시한다.

① 국제사법에 별도의 보호규정이 있는지

대법원 2010. 8. 26. 선고 2010다28185 판결과 대법원 2015. 3. 20. 선고 2012다118846, 118853 판결은 약관규제법상 설명의무에 관한 규정을 국제적 강행규정으로 볼 수 없는 근거 중 하나로 "국제사법 제27조[96)가 소비자보호를 위하여 준거법 지정과 관련하여 소비자계약에 관한 강행규정을 별도로 마련하고 있는 점"을 들었다. 서울행정법원 2016. 10. 6. 선고 2016구합54565 판결은 근로기준법의 국제적 강행규정성을 부정하는 근거로, "국제사법 제28조 제1항이 '근로계약의 경우 당사자가 준거법을 선택하더라도 제2항의 규정에 의하여 지정되는 준거법 소속 강행규정에 의하여 근로자에게 부여되는 보호를 박탈할 수 없다'고 규정함으로써, 근로계약에 관하여 근로자를 보호하기 위한 규정을 마련하

---

96) **제27조(소비자계약)**
　① 소비자가 직업 또는 영업활동 외의 목적으로 체결하는 계약이 다음 각호중 어느 하나에 해당하는 경우에는 당사자가 준거법을 선택하더라도 소비자의 상거소가 있는 국가의 강행규정에 의하여 소비자에게 부여되는 보호를 박탈할 수 없다.
　　1. 소비자의 상대방이 계약 체결에 앞서 그 국가에서 광고에 의한 거래의 권유 등 직업 또는 영업활동을 행하거나 그 국가 외의 지역에서 그 국가로 광고에 의한 거래의 권유 등 직업 또는 영업활동을 행하고, 소비자가 그 국가에서 계약 체결에 필요한 행위를 한 경우
　　2. 소비자의 상대방이 그 국가에서 소비자의 주문을 받은 경우
　　3. 소비자의 상대방이 소비자로 하여금 외국에 가서 주문을 하도록 유도한 경우

고 있는 점"을 제시하였다.

그러나 이는 국제적 강행규정성 판단에 유의미한 고려요소라고 할 수 없다. 국제사법 제27조, 제28조에서 소비자보호입법과 근로자보호입법에 대하여 특별저촉규정을 두었다는 사정이 그 각 법규의 국제적 강행규정성을 부정하는 근거가 될 수 없다. 국제사법 제27조, 제28조는 소비자와 근로자를 두텁게 보호하기 위하여 그 요건을 충족하는 국내적 강행규정의 적용이 배제되지 않는다는 취지이다. 이는 한국이 소비자의 상거소지, 근로자의 일상적 노무제공지 또는 사용자의 영업소소재지가 아닌 경우에는 한국의 근로기준법이 적용될 수 없다는 원칙을 선언한 취지가 아니다.[97) 이런 경우라도 소비자보호입법이나 근로자보호입법 중 국제적 강행규정에 해당하는 규정이 법정지의 국제적 강행규정으로 적용될 수 있기 때문이다.

② 각국의 보편적이거나 대표적인 입법형태인지

서울행정법원 2016. 10. 6. 선고 2016구합54565 판결은 근로기준법이 국제적 강행규정이 아니라고 본 근거들 중 하나로, 근로기준법이 근로자에 대한 각국의 보편적이거나 대표적인 입법 형태로는 보기 어렵다는 점을 들었다. 이 판시의 반대해석에 의하면 각국의 보편적이거나 대표적인 입법형태로 볼 수 있다면 국제적 강행규정에 해당할 수 있다는 것인데, 이는 부당하다. 각국에 보편적이거나 대표적인 입법이라면 법규의 등가성과 대체성이 있어 국제적 강행규정으로 볼 필요가 없기 때문이다. 만약 위 판결이 의도한 바가 국제적 강행규정의 요건으로 '세계각국에 보편적인 가치를 보호하기 위한 규정일 것'을 의도한 것이라면 이는 앞서 저자가 제시한 '긴요한 정치적·사회적·경제적 이익을 보호하는 규정'이라는 요소에 포섭될 수 있으므로, 이와 같은 요소를 별도로 고려할 필요가 없다고 생각된다.

---

97) 로마 I 규정의 해석론도 이와 같다. 로마 I 규정의 해석론으로, 근로자보호법의 특별저촉규정인 제8조와 국제적 강행규정에 관한 규정인 제9조의 관계에 관하여, 제9조가 제8조에 의하여 배제되지 않는다는 견해가 지배적이다. 반면 독일 법원은 제8조가 제9조의 특별규정이라는 입장을 취한다. 상세는 Günther [2011], 138-144.

③ 해당 법규가 공법적 성격인지, 사법적 성격인지

서울고등법원 2017. 6. 20. 선고 2015나2070479 판결(확정)은 상법 제15조의, 서울고등법원 2014. 8. 22. 선고 2013나35063 판결(확정)은 제조물책임법의 국제적 강행규정 여부를 검토하면서, 해당 법규가 국가적·경제정책적 이익에 봉사하는 '공적인 성격'인지라는 기준을 적용하여 각 국제적 강행규정에 해당하지 않는다고 판단하였다. 이는 법규의 성질이 공법인지 사법인지에 따라 국제적 강행규정인지 여부가 달라지는 것처럼 읽힐 소지가 있어서 부적절하다. 국제적 강행규정 여부를 판단할 때 그 규정의 성질과 관련하여 문제된 규정이 공법이어야 하는지, 사법이어야 하는지 과거에 논의가 있었다. 그러나 공법과 사법의 구분이 명확하지 않고 그 기준도 법역마다 다르며, 공법인지 사법인지가 국제적 강행규정인지 판단할 때 결정적인 기준이 될 수 없다는 데 대체로 견해가 일치한다.[98] 따라서 위 하급심 판결례가 해당 법규가 국가적·경제정책적 이익을 보호하고 있는지를 기준으로 판단한 것은 적절하나, '공적인 성격'이라는 표현을 사용한 것은 적절하지 않다.

④ 해당 법규를 적용하지 않으면 한국의 선량한 풍속 기타 사회질서에 반하는지: 국제적 강행규정과 공서의 관계

서울고등법원 2012. 11. 15. 선고 2012나14816 판결은 민법 제450조 제2항이 국제적 강행규정에 해당하지 않는다고 판단하면서, 영국법이 준거법인 사건에서 이를 적용하지 않으면 사회질서에 위반한다는 피고들의 주장에 대하여, 채권양도의 대항요건을 민법 제450조 제2항[99]과 달리 해석한다고 하여 대한민국의 선량한 풍속 기타 사회질서에 반한다고 할 수 없다고 하였다. 서울중앙지방법원 2017. 7. 19 선고 2016가합527665 판결은 민법 제449조 제2항[100]의 국제

---

98) 석광현 [2013], 138; 안춘수 (2011), 192; Günther [2011], 31, 131; Calliess/Renner [2015], 247.

99) **제450조(지명채권양도의 대항요건)**
   ② 전항의 통지나 승낙은 확정일자있는 증서에 의하지 아니하면 채무자 이외의 제삼자에게 대항하지 못한다.

100) **제449조(채권의 양도성)**
   ② 채권은 당사자가 반대의 의사를 표시한 경우에는 양도하지 못한다. 그러나 그 의사표시로

적 강행규정성을 판단하면서 이와 동일한 설시를 하였다.

분명하지는 않으나 위 판시가 만약 국제적 강행규정의 판단기준으로 위와 같은 요건을 설시한 것이라면, 국제적 강행규정과 공서의 관계를 잘못 이해한 것이다. 공서와 국제적 강행규정이 어느 정도 관련이 있기는 하고,[101] 법정지의 국제적 강행규정의 내용이 법정지의 본질적인 법체계의 원칙을 보호하는 경우에는 공서와 중복될 수 있다.[102] 그러나 국제사법에서 공서[103]와 국제적 강행규정은 엄연히 구분되는 개념이다. 공서는 외국법 적용의 결과에 초점을 맞추어 그것이 법정지의 공서를 위반하는지를 심사하는 반면, 법정지의 국제적 강행규정은 준거법을 적용한 결과에 관계없이 적용된다.[104] 국제적 강행규정은 준거법을 선택하는 원칙(적극적 기능)인 반면, 공서의 원칙은 준거법을 적용한 결과가 법정지의 공서에 반하는 경우 그 적용을 거부하는 원칙이라는 점에서 예외적·방어적·소극적 기능(negative Funktion)을 한다.[105] 과거에는 법정지의 국제적 강행규정이 적용되는 근거를 공서로 설명하기도 하였으나,[106] 오늘날 공서의 그와 같은 '적극적 기능(positive Funktion)'은 인정되지 않고, 우리 국제사법은 공서 조항(제10조[107])과 별도로 법정지의 국제적 강행규정의 적용근거로서 제7조를 두

써 선의의 제삼자에게 대항하지 못한다.

101) Savigny도 공서를 보호하기 위한 '강한 적극적인 강행적인 성질의 규정'을 인정하였다. Savigny [1849], 36. 로마 I 규정 전문 제37항도 공익의 고려가 법원이 예외적인 상황에서, 공서와 최우선강행규정에 기한 예외를 인정하는 것을 정당화한다고 규정하고 있어 공서와 국제적 강행규정의 관련성을 시사한다.

102) Kaye [1993], 265; Chong (2006), 31.

103) 이는 국내적 공서와 구분되는 국제적 공서를 의미한다. 석광현 [2013], 176-177.

104) Plender/Wilderspin [2001], para 9-23.

105) Plender/Wilderspin [2001], para 9-22; Kaye [1993], 265; Dicey/Morris/Collins [2012], vol. 2, para 32-182; Cheshire/North/Fawcett [2017], 144, 748-749; Vischer (1992), 9, 165; Girsberger/Graziano/Neels [2021], paras 1.444, 1.492; 석광현 (2006b), 47; 김인호 (2012), 139.

106) Hartley (1997), 353-353. 보통법에서는 전통적으로 공서와 강행규정을 명확히 구분하지 않았다. Girsberger/Granziano/Neels [2021], paras 1.451-1.452. 영국은 공서의 원칙의 일종인 공서-예양의 원칙에 따라 제3국의 국제적 강행규정을 고려하였다. 상세는 제5장 제2절 III.1. 참조.

107) 제10조(사회질서에 반하는 외국법의 규정)
외국법에 의하여야 하는 경우에 그 규정의 적용이 대한민국의 선량한 풍속 그 밖의 사회질서

고 있어 이를 공서의 적극적 기능으로 설명할 필요가 없다.[108)]

그리고 공서의 작용은 예외적인 상황, 예를 들면 외국법을 적용한 결과가 법정지의 공서에 명백히 반해서 준거법인 외국법을 적용하는 것이 혐오스러울 (repugnant) 정도의 상황에서 작용한다는 점에서[109)] 국제적 강행규정보다 작용범위가 더 좁다.[110)] 따라서 국제적 강행규정이라고 하여 자동적으로 공서의 성질을 갖는 것은 아니다.[111) 112)] 그러므로 위 판결에서 제시한 '해당 법규를 적용하지 않으면 한국의 선량한 풍속 기타 사회질서에 반하는지'는 국제적 강행규정성 판단에 적절한 고려요소라고 보기 어렵다.

에 명백히 위반되는 때에는 이를 적용하지 아니한다.

108) 석광현 (2006b), 47.

109) Plender/Wilderspin [2001], para 9-24.

110) 석광현 (2014), 50도 같은 취지. 그러나 이헌묵 (2014), 89은 이와 달리 국제적 공서가 국제적 강행규정의 진정한 근거가 되고 동시에 판단기준이 된다고 하여 국제적 강행규정을 국제적 공서와 동일하게 보는 듯하다.
　공서와 국제적 강행규정의 개념을 측량(quantify)하는 것의 어려움을 인정하면서도, 미국 Restatement (Second) of Conflict of Laws의 객관적 준거법 소속국의 '근본적인 공서 (fundamental policy)'는 로마 I 규정의 최우선강행규정보다 더 완화된 개념이지만, 로마 I 규정 제21조의 공서는 최우선강행규정보다 더 역치가 높은 것이라고 보는 견해도 있다. Symeonides (2010), 530, 539.

111) Girsberger/Graziano/Neels [2021], para 1.492. ZürKomm/Vischer /Lüchinger [2018], Art 18, Rn 4.

112) 그리하여 대부분의 국내법은 공서와 국제적 강행규정을 구분하면서 이를 별도로 규정한다. 세계 각국의 공서와 국제적 강행규정의 입법례는 Girsberger/Granziano/Neels [2021], paras 1.445-1.467 참조. 다만 헤이그 국제상사계약준거법원칙은 국제적 강행규정과 공서를 동일한 조문에 규정한 것이 특이하나, 국제적 강행규정과 공서의 기능에 관한 위의 설명이 헤이그 국제상사계약준거법원칙에도 타당하다. HCCH [2015], para 11.11.

한국법의 국제적 강행규정성 검토

제 4 장

한국법의 국제적 강행규정성 검토[1]

제4장에서는 제3장에서 제시한 국제적 강행규정의 판단기준, 판단방법과 판단 시 고려요소를 적용하여 우리 법의 어떠한 법규가 국제적 강행규정에 해당하는지 검토한다. 한국 법원은 해당 법률관계의 준거법이 외국법이더라도 한국법의 국제적 강행규정에 해당하는 법규를 반드시 적용하여야 하기 때문에,[2] 법정지 법원으로서는 법정지법 중 어떤 법규가 국제적 강행규정에 해당하는지 숙지할 필요가 있다.

국제적 강행규정인지 여부를 검토할 대상법규는 국제계약과 관련된 법률관계를 규율하는 법규와 계약과 관련이 있는 한도 내에서 특수불법행위를 규율하는 법규 중, 종래 판례와 학설에서 문제되었던 것 또는 검토의 시의성이 있는 법규를 위주로 선정하였다.

국제계약과 관련된 법률관계를 규율하는 법규로, 대외무역법, 외국환거래법, 직업안정법, 국가를 당사자로 하는 계약에 관한 법률(이하 '국가계약법'), 문화재보호법, 남녀고용 및 일·가정 양립 지원에 관한 법률(이하 '남녀고용평등법'), 약관의 규제에 관한 법률(이하 '약관규제법'), 상법 제799조와 상법 제92조의2의 국제

---

1) 검토 대상인 법조문은 각주에 조문번호와 표제만 기재하였고, 법조문은 부록 1.에 수록하였다.
2) 그 적용요건과 효과는 제2장 제3절 Ⅰ. 참조.

적 강행규정성을 검토한다. 남녀고용평등법은 종래 판례에서 국제적 강행규정인
지 여부가 문제되지는 않았으나, 선행연구에서 이 법률이 국제적 강행규정에 해
당할 수 있다는 언급만 있었고[3] 구체적인 검토가 아직 이루어지지 않았으므로
검토대상으로 선정하였다.

　　계약과 관련이 있는 특수불법행위를 규율하는 법으로, 독점규제 및 공정거
래에 관한 법률(이하 '공정거래법'), 하도급거래 공정화에 관한 법률(이하 '하도급법'),
가맹사업거래 공정화에 관한 법률(이하 '가맹사업법')을 선정하였다. 최근 들어 우
리 법에 "… 공정화에 관한 법률"이라는 명칭의 법률이 늘어나고 있는 상황에
서, 하도급법과 가맹사업법은 전통적으로 국제적 강행규정으로 여겨졌던 공정거
래법의 연장선상에서 이루어진 입법으로 볼 수 있으므로 그 국제적 강행규정성
을 검토할 시의성이 있다고 보았다. 국가계약법은 아직 판례에서 국제적 강행규
정인지 여부가 문제된 바는 없으나, 2021년 현재 전세계적으로 Covid19 전염병
이 대유행하는 가운데 대한민국이 외국 회사와 외국법을 준거법으로 하여 백신
공급계약을 체결할 때[4] 국가계약법이 적용되는지 여부를 검토할 시의성이 있다
고 보았다.

　　검토대상 법규의 분류와 검토순서는 제2장에서 제시한 판단기준과 고려요
소에 상응하여 정하였다. 먼저 국제적 강행규정에 해당하는 예(제1절)와 국제적
강행규정에 해당하지 않는 예(제2절)의 순서로 살펴본다. 전자는 법규의 문면상
일응 해당 법률관계의 준거법에 관계없이 적용된다는 입법자의 의지가 드러나
는지 아닌지를 기준으로 ① 역외적용규정이 있는 경우(공정거래법, 외국환거래
법[5]), ② 역외적용규정은 없으나 법률에서 그 국제적, 장소적 적용범위를 명시
적으로 규정하고 있는 경우(대외무역법, 직업안정법, 국가계약법), ③ 역외적용규정
이 없고 국제적·장소적 적용범위를 명시적으로 규정하고 있지 않으나 강한 공

---

3) 석광현 [2013], 364는 독일에서는 중증장애자법률을 국제적 강행규정의 예로 들고 있다고 하면
　서 "우리 법상으로는 남녀고용평등과 일·가정 양립 지원에 관한 법률을 생각할 수 있다"라고
　언급한다.
4) 유럽연합과 아스트라제네카 사이의 백신공급계약에 대한 간략한 소개는 유정화 (2021) 참조.
5) 외국환거래법 제2조는 역외적용규정뿐만 아니라 국제적·장소적 적용범위도 규정하고 있으나,
　편의상 역외적용되는 법률 하에서 검토한다.

적 목적을 갖고 있고 관련규정의 해석으로 그 국제적·장소적 적용범위를 특정
할 수 있는 경우로 분류하였다. ③은 다시 해당 법규가 보호하는 공익이 경제적
이익인지(하도급법, 가맹사업법), 사회적 이익인지(남녀고용평등법, 문화재보호법[6])에
따라 나누고 그 순서대로 검토하였다. 그 검토결과가 주는 시사점을 소결론에
정리하여 제시한다(제3절).

제1절 국제적 강행규정에 해당하는 예

Ⅰ. 역외적용되는 법규

제3장에서 살펴본 바와 같이, 어떤 법규가 역외적용됨을 규정하고 있는 경
우 이것은 어떤 법규의 국제적, 장소적 적용범위를 규정한 것으로 해당 법률관
계의 준거법에 관계없이 적용된다고 볼 수 있다.[7] 우리 법에서는 2004. 12. 31.

---

6) 문화재보호법의 검토대상 법규 중에는 국제적, 장소적 적용범위를 규정하고 있는 것과 규정하
  고 있지 않은 것이 둘 다 포함되나, 편의상 이 항목 하에서 함께 검토한다.

7) 다만 역외적용규정과 상호주의 규정의 국제사법적 함의는 구분할 필요가 있다. 이를테면 전자
  금융거래법 제4조는 '상호주의'라는 표제 하에 "외국인 또는 외국법인에 대하여도 이 법을 적
  용한다. 다만, 대한민국 국민 또는 대한민국 법인에 대하여 이 법에 준하는 보호를 하지 아니
  하는 국가의 외국인 또는 외국법인에 대하여는 그에 상응하여 이 법 또는 대한민국이 가입하
  거나 체결한 조약에 따른 보호를 제한할 수 있다"라는 규정을 두고 있다. 전자거래기본법, 저
  작권법, 전자문서법, 전자서명법, 국민연금법을 비롯한 여러 사회보장법에도 유사한 취지의 규
  정이 있다. 상호주의 규정은 국제관계에 있어 호혜와 평등의 정신에 입각하여 외국인 또는 외
  국법인에 대하여도 내국인과 동등한 대우를 한다는 취지이다(온주 전자금융거래법/손진화
  [2018], 제4조, §1). 따라서 외국인에 대한 처우를 규정하고 있는 외인법에 해당한다.
  상호주의 규정이 외국인에 대하여 내국법이 적용됨을 규정하고 있다는 점에서 일응 국제적
  요소가 있는 법률관계에 이를 적용하려는 입법자의 의지, 즉 적용의지가 있는 것이 아닌가 생
  각할 수 있다. 그러나 외인법에서 저촉규정을 도출할 수 있는 경우를 제외하면, 외인법은 일반
  적으로 법지정규범이 아니고, 실질규범이므로 준거법이 한국법인 경우에만 적용된다. 석광현
  (2021c), 678. 따라서 상호주의 규정으로부터 일반적으로 이를 해당 법률관계의 준거법에 관계
  없이 적용한다는 입법자의 의지를 도출하기는 어렵다. 전자금융거래법 개정법률안(의안번호
  제5855호)은 제4조의 상호주의 규정을 역외적용규정으로 변경하는 내용의 개정안을 담고 있는
  데, 역외적용규정이 도입되면, 이것은 어떤 법규의 국제적, 장소적 적용범위를 적용하는 것으
  로서 일응 적용의지를 도출할 수 있을 것이다. 명문의 역외적용규정이 있는 경우뿐만 아니라

법률 제7289호로 개정된 공정거래법 제2조의2에 역외적용규정이 도입되었고,[8] 외국환거래법 제2조 제2호에도 역외적용규정이 있다.[9] 이하에서는 역외적용규정을 두고 있는 법규로서 공정거래법과 외국환거래법의 국제적 강행규정 여부를 검토한다. 그리고 관련문제로 하나의 사안에 대하여 여러 국가의 규제가 중첩될 때 어떤 원리로 규제의 중첩을 해결할 것인지에 대한 논의도 간략히 소개한다.

1. 공정거래법[10]

공정거래법 제3조(개정 전 2조의2)는 "이 법은 국외에서 이루어진 행위라도 국내 시장에 영향을 미치는 경우에는 적용한다"라고 규정하고 있다. 대법원은 공정거래법 제3조의 '국내 시장에 영향을 미치는 경우'는 문제된 국외행위로 '국내 시장에 직접적이고 상당하며 합리적으로 예측 가능한 영향을 미치는 경우'로 제한 해석해야 한다고 본다.[11] 공정거래법 제3조는 역외적용의 대상이 되는 규

해석상 역외적용을 인정할 수 있는 법규도 일응 적용의지가 인정된다고 볼 수 있다. 금융소비자보호법에는 역외적용규정이 없으나, 해석상 역외적용이 인정되어야 한다는 논의로, 천창민(2021), 61 이하 참조.

8) 공정거래법에는 과거 역외적용규정이 없었으나, 대법원은 2006. 3. 24. 선고 2004두11275 판결(이른바 '흑연전극봉 사건')에서 미국의 효과이론(effect doctrine)을 받아들여, 외국사업자가 외국에서 한 부당공동행위의 영향이 국내 시장에 미치는 경우 부당공동행위에 관한 공정거래법의 규정이 적용된다고 판시하였다. 대법원은 그 근거로, 공정거래법의 목적이 사업자의 부당한 공동행위 등을 규제하여 공정하고 자유로운 경쟁을 촉진함으로써 창의적인 기업활동을 조장하고 소비자를 보호함과 아울러 국민경제의 균형 있는 발전을 도모한다는 것이고, 부당한 공동행위의 주체인 사업자를 '제조업, 서비스업, 기타 사업을 행하는 자'로 규정하고 있을 뿐 내국사업자로 한정하고 있지 않은 점을 들었다. 그런데 이 사건 소송 계속 중이던 2004. 12. 31. 공정거래법 개정으로 공정거래법 제2조의2에 역외적용에 대한 명문의 근거가 마련되었다.

9) 그 후 자본시장과 금융투자업에 관한 법률(이하 '자본시장법'), 전기통신사업법, 정보통신망 이용촉진 및 정보보호 등에 관한 법률(이하 '정보통신망법')과 최근의 전자상거래 등에서의 소비자보호에 관한 법률(이하 '전자상거래법') 개정안에도 역외적용규정이 도입되었다.

10) 2020. 12. 29. 법률 제17799호로 전부개정된 공정거래법이 2021. 12. 30. 시행되어 종전의 조문의 편제가 변경되었다. 이 책에서 조문번호는 전부개정된 공정거래법을 기준으로 기재하되, 해당 조문을 처음 언급할 때 개정 전 공정거래법의 조문번호를 괄호 안에 병기하도록 한다.

11) 흑연전극봉 사건의 대법원 판결 이후, 위 판결이 역외적용에 대한 제한이나 한계를 설시하지 않았다는 점에 대하여 비판이 제기되었다. 대법원은 26개 항공사간의 화물운임 담합행위 사건과 관련하여 선고된 일련의 판결들에서, '국내 시장에 직접적이고 상당하며 합리적으로 예측 가능한 영향을 미치는 경우'의 해당 여부는 문제된 행위의 내용·의도, 행위의 대상인 재화 또

정을 특정하고 있지 않다. 그러나 위법성 판단에 국제적인 기준이 형성되어 있는 부당공동행위나 기업결합, 시장지배적 지위남용행위 외에도 불공정거래행위 금지와 같이 우리나라에 독특한 조항도 역외적용되는지에 관하여 논란이 있다.[12]

공정거래법의 규제는 시장지배적지위의 남용금지(제5조, 개정 전 제3조의 2[13]), 경쟁제한적 기업결합의 제한(제9조, 개정 전 제7조[14]), 부당공동행위(제40조, 개정 전 제19조[15]) 및 불공정거래행위(제45조, 개정 전 제23조[16]) 금지가 주축을 이룬다. 시장지배적지위 남용을 금지하고, 경쟁제한적 기업결합을 제한하며, 부당공동행위를 금지하는 내용의 규제는 비교법적 관점에서 볼 때 전통적으로 경쟁제한행위(restriction of competition)에 대한 규제로서 경쟁법의 규율대상이 되었고,[17] 모두 역외적용의 대상이 된다.[18]

그러나 불공정거래행위는 '불공정한' 행위를 규제한다는 점에서 경쟁제한성

는 용역의 특성, 거래 구조 및 그로 인하여 국내 시장에 미치는 영향의 내용과 정도 등을 종합적으로 고려하여 구체적·개별적으로 판단해야 한다고 설시하였다. 한국발 항로에 관한 대법원 2014. 5. 16. 선고 2012두5466 판결, 대법원 2014. 12. 24. 선고 2012두13412 판결, 대법원 2014. 5. 16. 선고 2012두5237 판결, 유럽발 항로에 관한 대법원 2014. 12. 24. 선고 2012두 6216 판결, 홍콩발 항로에 관한 대법원 2014. 5. 16. 선고 2012두14545 판결, 일본발 항로에 관한 대법원 2014. 5. 16. 선고 2012두13665 판결, 대법원 2014. 5. 16. 선고 2012두13269 판결 등.

12) 온주 공정거래법/조성국 [2015], 제2조의2, § 4는 독점규제법의 큰 흐름을 주도하고 있는 미국이나 유럽연합에서는 불공정거래행위 금지는 사실상 집행이 되지 않기 때문에 설령 공정거래법이 역외적용의 적용범위에 대해 제한을 두고 있지 않더라도 역외적용의 한계가 있을 수밖에 없다고 설명한다.

13) 제5조(시장지배적지위의 남용금지)

14) 제9조(기업결합의 제한)

15) 제40조(부당한 공동행위의 금지)

16) 제45조(불공정거래행위의 금지)

17) 홍대식 (2008), 214.

18) 서헌제 (1998), 27; 고영한 (2000), 850. 인텔의 시장지배적지위 남용에 관하여 TFEU의 역외적용을 인정한 유럽사법재판소 판례로, *Intel v Commission* Case C-413/14 P, ECLI:EU:C: 2017:632. 경쟁제한적 기업결합에 대하여 이봉의 (2016), 165; 권오승 (2011), 159; Case T-102/96 *Gencor Ltd v Commission*(1999) ECR Ⅱ-753; 4CMLR 971, [90, 92]. 제12조에 대하여 석광현 (2018), 147. 부당공동행위에 대하여 앞서 본 대법원의 흑연전극봉 판결과 항공사 담합 판결 참조.

의 측면에서 다른 행위유형과 이질적이다.[19] 불공정거래를 규제하는 것은 '사적
자치와의 관련성이라는 스펙트럼의 한 쪽 끝과 경쟁과의 관련성이라는 스펙트
럼의 다른 한 쪽 끝 사이 중간 지점에 위치'[20]한다고 볼 수 있다. 불공정거래행
위 금지는 당사자의 유형적 지위의 불균형에서 발생하는 사적 이익을 조정하는
규정과 맞닿아 있어서,[21] 민법의 불공정한 법률행위(민법 제104조), 선량한 풍속
에 반하는 행위(민법 제103조), 권리남용금지(제2조)와의 경계 획정이 문제된다.
따라서 불공정거래행위를 금지하는 공정거래법 제45조가 국제적 강행규정에 해
당하는지는 다른 행위유형과 별도로 검토할 필요가 있다.

　한편, 공정거래법의 규제는 공법적 규제를 내용으로 하는 행정규제와 그 위
반으로 인한 민사책임과 형사처벌로 구성된다. 그런데 역외적용이 종래 주로 행
정규제의 맥락에서 논의되어 왔으므로, 민사책임과 관련하여서는 역외적용규정
이 준거법 연결원칙과는 어떤 관계인지, 손해배상책임규정(제109조, 개정 전 제56
조[22])을 국제적 강행규정으로 인정할 수 있을지 문제된다.[23] 이하에서 차례대로
살펴본다.

가. 공정거래법 제5조, 제9조, 제11조, 제40조

　공정거래법 제3조에 따라 공정거래법 제5조, 제9조, 40조는 역외적용되므
로, 당해 조문의 적용이 문제된 사실관계에서 계약 또는 불법행위의 준거법[24]이

---

19) 온주 공정거래법/조성국 [2015], 제2조의2, § 4.
20) 홍대식 (2008), 215; 홍대식 (2018), 189는 불공정거래행위 규정에 대하여, 경쟁법적 성격과 다
　른 관점이 섞여있는 '혼합물(hybrid)'라고 표현한다.
21) 특히 공정거래법 제45조 제1항 제6호의 거래상 지위남용이 그러하다.
22) 제109조(손해배상책임)
23) 이 책의 주안점은 우리 법의 어떤 규정이 국제적 강행규정에 해당하는지, 그것이 국제사법적인
　관점과 사법적인 권리관계에 어떤 함의가 있는지를 밝히는 것이므로, 공정거래법 위반으로 인
　한 형사제재에 관하여는 따로 검토하지 않는다. 다만 공정거래법 제3조가 형사처벌규정과 관련
　하여 죄형법정주의에 반할 소지가 있다는 점만 언급한다. 공정거래법 제2조의2는 형사처벌규
　정에 관하여 형법의 적용범위를 규정한 형법총칙의 규정들에 대한 특칙으로 기능하는데, 공정
　거래법 제3조의 문언이 명확하지 않기 때문이다. 석광현 [2012], 163, 186; 최지현 (2016), 56.
24) 공정거래법 위반행위의 성질결정은 문제된 법규와 문제된 법률관계에 따라 다를 수 있다. 예를
　들어 경쟁제한적 기업결합과 같이 계약을 전제로 하는 법률관계라면 계약당사자 사이에서는
　계약으로 성질결정될 것이나, 위반행위자와 경쟁제한적 기업결합행위로 손해를 입은 자와의

외국법이더라도 일응 그 적용범위에 포섭되는 한 이 각 규정을 적용한다는 입법자의 의지를 읽을 수 있다. 그렇다면 공정거래법의 위 각 규정이 국제사법 제7조의 특별한 입법목적을 갖고 있는지 살펴본다.

공정거래법 제1조는 "이 법은 사업자의 시장지배적지위의 남용과 과도한 경제력의 집중을 방지하고, 부당한 공동행위 및 불공정거래행위를 규제하여 공정하고 자유로운 경쟁을 촉진함으로써 창의적인 기업활동을 조장하고 소비자를 보호함과 아울러 국민경제의 균형 있는 발전을 도모함을 목적으로 한다"라고 규정하고 있다. 공정거래법이 시장지배적지위 남용, 경쟁제한적 기업결합, 부당공동행위를 규제하는 것은 경쟁의 보호를 기본적인 목적으로 하는 것인데,[25] 이는 국가의 경제적 질서라는 긴요한 공익을 보호하기 위한 것이고, 각 규정은 위와 같은 강한 공익을 보호하기 위한 긴요한 수단에 해당한다.

공정거래법은 위 세 가지 유형의 행위금지를 위반한 경우 모두 행정규제와 형사처벌, 민사상 손해배상책임(제109조)을 규정하고 있다. 시장지배적지위 남용금지를 위반하는 경우 시정조치(제7조)와 과징금(제8조)이 부과될 수 있고, 형사처벌대상이 된다(제124조 제1항 제1호). 경쟁제한적 기업결합금지를 위반하는 경우 시정조치(제14조)가 부과될 수 있고, 시정조치를 이행하지 않은 경우 이행강제금(제16조)이 부과될 수 있으며, 형사처벌대상이 된다(제125조 제1호). 기업결합 신고를 하지 아니하거나 거짓으로 신고하는 경우 과태료 부과대상이 된다(제130조 제1호). 부당공동행위금지를 위반하는 경우 시정조치(제42조), 과징금(제43조)이 부과될 수 있고 형사처벌대상이 된다(제124조 제1항 제10호). 이 역시 강한 공적 목적을 추단할 수 있는 사정이다.

이상을 종합하면, 공정거래법 제5조, 제9조, 제11조, 제40조는 국제적 강행규정에 해당한다.

나. 공정거래법 제45조

공정거래법 제45조가 역외적용되는지에 관하여는 앞서 살펴 본 바와 같이

법률관계는 불법행위로 성질결정될 것이다.
25) 홍대식 (2018), 188.

논란이 있다. 그러나 구 공정거래법(2016. 3. 29. 법률 제14137호로 개정되기 전의 것) 제32조,[26] 제34조[27]가 삭제된 연혁에 비추어 보면, 입법자가 공정거래법 제45조를 역외적용하려는 의지가 없었다고 하더라도, 최소한 이를 국제적 요소가 있는 법률관계에 적용됨을 예정하였다고 봄이 타당하다. 구 공정거래법 제32조는 '부당한 국제계약의 체결제한'에 관하여 "사업자 또는 사업자단체는 부당한 공동행위, 불공정거래행위 및 재판매가격유지행위에 해당하는 사항을 내용으로 하는 것으로서 대통령령이 정하는 국제적 협정이나 계약을 체결하여서는 아니 된다. 다만, 해당 국제계약의 내용이 일정한 거래분야에 있어서 경쟁에 미치는 영향이 경미하거나 기타 부득이한 사유가 있다고 공정거래위원회가 인정하는 경우에는 그러하지 아니하다"라고 규정하면서 그 위반 시 시정조치를 부과하도록 하였다(제34조). 이를 기초로 공정거래법의 입법목적이나 취지가 국제계약에서도 준수되어야 한다는 입법자의 의도를 도출할 수 있다. 구 공정거래법 제32조, 제34조가 삭제된 것은 국제적 법률관계에 공정거래법이 적용되지 않아야 한다는 입법적 결단이 있었던 것이 아니라, 해당 조항에 근거한 시정조치 사례가 없고 이미 역외적용규정이 있어 별도로 국제계약의 체결제한 조항을 둘 실익이 없다고 보았기 때문이다.[28] 따라서 입법자가 계약 또는 불법행위의 준거법이 한국법이 아닌 경우에도 공정거래법 제45조를 적용하려던 의지가 있었다고 인정할 수 있다. 그렇다면 공정거래법 제45조가 국제사법 제7조의 특별한 입법목적을 갖고 있는지 살펴본다.

'경쟁제한'에 초점을 두는 앞서 본 규정들과 달리, 불공정거래행위 금지는 경쟁제한과 관련이 있지만 '공정한 거래'를 저해하는지에 초점을 두고 있다. 공정거래법 시행령 [별표 2][29]는 불공정거래행위를 다시 거래 거절(제1호), 차별적

---

26) 제32조(부당한 국제계약의 체결제한)

27) 제34조(시정조치)

28) 제19대 국회 제340회 국회(임시회), 국회 정무위원장 2016. 3. 2. 제안, 의안번호 18638, 독점규제 및 공정거래에 관한 법률 일부개정법률안(의안원문) 참조.
    https://opinion.lawmaking.go.kr/gcom/nsmLmSts/out/1918638/detailRP에서 접근 가능(최종방문 2021. 10. 31.).

29) [별표 2] 불공정거래행위의 유형 및 기준

취급(제2호), 경쟁사업자 배제(제3호), 부당한 고객유인(제4호), 거래강제(제5호), 거래상 지위남용(제6호), 구속조건부 거래(제7호), 사업활동 방해(제8호), 부당한 지원행위(제9호) 등 세부적으로 유형화하고 있다. 위 별표는 거래상 지위남용행위를 다시 구입강제, 이익제공강요, 판매목표강제, 불이익제공, 경영간섭으로 유형화하는데, 거래상 지위남용에 해당하는 행위유형은 경쟁을 제한하는 행위들과 확연히 다르다. 따라서 이러한 유형의 행위를 규제하는 목적을 민법 제103조나 제104조가 목표로 하고 있는 사인간 이익 조정과 구별할 수 있는지, 즉 사익 조정을 뛰어넘는 긴요한 공익을 보호하기 위한 것으로 인정할 수 있는지 문제된다.

공정거래법 제45조가 금지하는 불공정거래행위 유형 중 거래상 지위남용 규제를 제외한 나머지 유형의 행위에 대한 규제는, 시장지배적지위 남용금지, 경쟁제한적 기업결합 금지, 부당공동행위 금지와 비교하면 경쟁법의 성격이 상대적으로 약하다고 할 수 있다. 그러나 이는 여전히 경쟁질서와 관계있는 가치를 보호하기 위한 것이지 다른 사업자를 보호하기 위한 것은 아니다.[30] 경쟁을 보호하는 것은 시장의 관점에서 개인이 시장 참여자로서 '경쟁과정에 참여할 자유'를 실질적으로 보장 받는 것을 전제로 하는데, 그렇다면 이러한 자유를 보장하는 것도 경쟁질서와 관련성이 있고, 불공정거래행위를 규제하는 것을 '경쟁에 참여할 자유'를 보장하기 위한 것으로서 경쟁질서와 관련이 있다고 볼 수 있다.[31]

공정거래법 시행령 [별표 2]에서 규정하는 세부적인 유형에 따라 달라질 여지는 있으나, 거래상 지위남용행위금지에 관하여도 유사한 설명이 가능하다. 대법원은, "불공정거래행위에 관한 법령의 규정 내용에 따르면, 그 문언에서 행위의 상대방을 사업자 또는 경쟁자로 규정하고 있거나 그 문언의 해석상 거래질서 또는 경쟁질서와의 관련성을 요구하고 있으므로, 이러한 규정의 체계를 고려할 때 구 공정거래법 제23조 제1항 제4호[32]가 '자기의 거래상의 지위를 부당하게 이용하여 상대방과 거래하는 행위'라고 규정하여 행위의 상대방을 사업자 또는 경쟁자로 한정하고 있지는 않지만, 그 거래상 지위의 남용행위에서는 적어도 거

---

30) 홍대식 (2018), 210.
31) 홍대식 (2018), 211.
32) 현행 공정거래법 제45조 제1항 제6호.

래질서와의 관련성은 필요하다"라고 판시하였다.[33]

거래상 지위 남용행위에 거래질서와의 관련성을 요구한 대법원의 이와 같은 판시에 비추어 보면, 공정거래법이 불공정거래행위를 금지하는 것은 사법에 따라 당사자의 지위의 불균형을 시정하기 위한 것과는 구분되는, 공정한 거래질서 또는 경쟁질서의 확립을 위하여 경제에 관한 규제와 조정이라는 목적을 갖고 있다고 볼 수 있다.[34] 대법원이 불공정거래행위에서 '거래'란 통상의 매매와 같은 개별적인 계약 자체를 가리키는 것이 아니라 그보다 넓은 의미로서 사업활동을 위한 수단 일반 또는 거래질서를 뜻하는 것으로 보아야 한다[35]고 판시한 것도 이를 뒷받침한다. 대법원은 이와 같은 관점에 기초하여, 거래상 지위 남용행위의 상대방이 경쟁자 또는 사업자가 아니라 일반 소비자인 경우에는 단순히 거래관계에서 문제될 수 있는 행태 그 자체가 아니라, 널리 거래질서에 미칠 수 있는 파급효과라는 측면에서 거래상 지위를 가지는 사업자의 불이익 제공행위 등으로 인하여 불특정 다수의 소비자에게 피해를 입힐 우려가 있거나, 유사한 위반행위 유형이 계속적·반복적으로 발생할 수 있는 등 거래질서와의 관련성이 인정되는 경우에 한하여 공정한 거래를 저해할 우려가 있는 것으로 해석하고 있다.[36] 학설도 대체로 거래상 지위남용행위로 인정하기 위해서 불공정성 외에 거래질서와의 관련성이 요구된다고 보고,[37] 그 위법성 판단기준도 계약내용의 불공정성을 심사하는 기준과 달리 거래질서 또는 경쟁질서와의 관련성을 기준으로 정립하여야 한다고 본다.[38]

요컨대 경쟁법은 경쟁을 보호하기 위한 것이지 경쟁자를 보호하기 위한 것이 아니다.[39] 그렇다면 거래상 지위남용 규제를 포함한 공정거래법 제45조가 불공정거래행위를 금지하는 것은 구체적인 행위유형이 거래질서와 갖는 관련성의

---

33) 대법원 2015. 9. 10. 선고 2012두18325 판결.
34) 대법원 2015. 9. 10. 선고 2012두18325 판결; 홍대식(2007), 115; 홍대식 (2018), 211도 같은 취지.
35) 대법원 2010. 1. 14. 선고 2008두14739 판결.
36) 대법원 2015. 9. 10. 선고 2012두18325 판결.
37) 홍대식 (2018), 210; 홍명수 (2015), 68.
38) 홍대식 (2018), 190.
39) 홍대식 (2018), 205.

정도에 따라 차이가 있을 수 있으나 거래질서와 관련성이 높다는 전제 하에, 대체로 약자 보호나 당사자 사이의 지위의 불균형을 조정하기 위한 것을 뛰어넘는, 경쟁질서 또는 거래질서를 보호하기 위한 긴요한 공적 목적을 갖고 있다고 볼 수 있다. 이것은 경제정의 실현이라는 헌법적 가치를 실현하기 위한 것이기도 하다. 그리고 불공정거래행위를 금지하는 것은 이와 같은 강한 공익을 보호하기 위한 긴요한 수단에 해당한다. 불공정거래행위금지를 위반하는 경우 시정조치(제49조) 과징금(제50조)이 부과될 수 있으며, 형사처벌 대상이 된다(제124조 제1항 제10호, 제125조 제4호)는 점도 강한 공익을 뒷받침한다.

그렇다면 공정거래법 제45조는 불공정거래행위의 거래질서와 관련성이 높은 행위를 대상으로 한다는 전제 하에, 국제적 강행규정에 해당한다고 볼 수 있다.

다. 공정거래법 제109조

공정거래법 제109조는 공정거래법 위반으로 인한 손해배상책임을 규정하고 있다. 이는 공정거래법 위반행위에 대한 법억지력을 강화하고 피해자의 실질적 구제에 기여하기 위한 것이다.[40] 과거 공정거래법에 공적 제재만 인정되었을 당시에는 기업이 경쟁제한행위를 통하여 얻을 초과수입이 공적 제재로서 금전적 제재보다 더 클 경우, 제재를 감내하면서 공정거래법 위반행위를 할 유인이 있었다.[41] 한편, 경제법의 집행이 공법적으로 조직된 감독기관에 의하여 실행되어 온 대륙법계 국가에서와는 달리, 미국에서는 독점금지법 위반절차의 대다수가 사적 차원에서 주도되어 법 위반행위의 억지력을 발휘하여 왔다.[42] 공정거래법 제109조도 이러한 견지에서 공적 집행을 사적 집행과 연계함으로써 법억지력을 강화하기 위해 사적 집행제도를 도입한 것이다.[43]

---

40) 정병덕 (2019), 374, 377.
41) 김용진 (2014). 176.
42) 김용진 (2014), 160.
43) 김용진 (2014), 176. 이에 따라 공정거래법에 3배 배상제도도 도입되었는데, 배액배상제도는 미국의 징벌적 손해배상제도와는 구분하여야 한다. 징벌적 손해배상이 가해자의 악의적인 행위에 대한 처벌을 목적으로 한다면, 3배 배상은 위반행위의 억지와 보상을 목적으로 하고 있다는 점에서 결정적으로 차이가 있다. 정병덕 (2019), 394; 신영수 (2017), 48.

공정거래법 제109조가 국제적 강행규정인지 여부를 검토하기에 앞서, 공정
거래법 제3조의 역외적용규정과 불법행위의 준거법 연결원칙인 국제사법 제32
조[44]의 관계를 어떻게 볼 것인지 살펴볼 필요가 있다. 공정거래법 제3조를 국제
사법 제32조의 특칙이라고 보면 공정거래법 제109조가 이 특칙에 따라 적용될
것이나, 특칙이 아니라고 보면 일반원칙으로 돌아가서 국제적 강행규정인지 여
부를 따져야 할 것이다. 이는 이를테면 외국에서 외국 사업자 간 부당공동행위
가 국내 시장에 영향을 미쳤고, 국내소비자가 우리 법원에 외국사업자를 상대로
부당공동행위로 인한 손해배상을 청구하는 경우 그 손해배상책임의 준거법을
어떻게 정할지의 문제이다.

공정거래법 제3조의 역외적용규정이 국제사법 제32조의 특칙이라고 보는
견해는 공법적 규제의 연결원칙과 민사책임의 연결원칙을 통일적으로 구성한다
(1설).[45] 1설을 취하면 역외적용규정에 따라 공정거래법의 공법적 제재가 부과
되는 경우 그로 인한 손해배상책임에 당연히 공정거래법 제109조가 적용된다. 1
설에 의하면 공정거래법의 공법적 규제와 민사규제가 일체를 이루어 규제의 실
효성을 극대화할 수 있다. 1설이 설득력이 있다.

반면, 2설은 민사책임의 연결원칙과 공법적 규제의 연결원칙을 별개로 파
악하여 민사책임에 관하여는 종래 국제사법상 불법행위의 준거법 연결원칙에
따라야 한다고 주장한다. 공정거래법의 역외적용이 주로 공법적 규제 측면에서

---

44) 제32조(불법행위)
  ① 불법행위는 그 행위가 행하여진 곳의 법에 의한다.
  ② 불법행위가 행하여진 당시 동일한 국가안에 가해자와 피해자의 상거소가 있는 경우에는 제
     1항의 규정에 불구하고 그 국가의 법에 의한다.
  ③ 가해자와 피해자간에 존재하는 법률관계가 불법행위에 의하여 침해되는 경우에는 제1항 및
     제2항의 규정에 불구하고 그 법률관계의 준거법에 의한다.
  ④ 제1항 내지 제3항의 규정에 의하여 외국법이 적용되는 경우에 불법행위로 인한 손해배상청
     구권은 그 성질이 명백히 피해자의 적절한 배상을 위한 것이 아니거나 또는 그 범위가 본
     질적으로 피해자의 적절한 배상을 위하여 필요한 정도를 넘는 때에는 이를 인정하지 아니
     한다.
45) 김용진 (2014), 802, 810. 석광현 [2013], 414는 이 견해와 아래 2설을 가능한 견해로 상정하면
    서 공정거래법의 역외적용과 관련하여서 1설과 2설 중 어느 입장을 지지하는지 밝히지 아니하
    였다.

논의되었던 것이지 민사책임의 준거법을 정하는 원칙으로서 고려되지는 않았다거나,[46] 1설을 취하는 경우 국제사법의 정치한 연결원칙에 부합하지 않는다는 점[47]을 근거로 한다.

그러나 2설이 주장하는 근거에 대하여 1설의 입장에서 다음과 같은 반박이 가능하고,[48] 이 반박이 타당하다. 공정거래법의 역외적용이 주로 공법적 규제에 초점을 맞춰 논의되었다고 하더라도, 공정거래법 제109조의 민사책임의 발생원인은 "이 법의 규정을 위반"한 경우이다. 즉, 손해배상책임의 전제가 되는 공정거래법 위반행위가 공정거래법의 공법적 규제의 대상이 되는 행위이고, 그 공법적 규제에 관한 규정이 공정거래법 제3조에 따라 역외적용된다는 점에는 의문이 없다. 외국인이 외국에서 한 부당공동행위가 국내에 영향을 미치는 경우 공정거래법상 부당공동행위에 해당하고, 이로 인하여 국내에서 손해를 입은 자는 공정거래법 제109조에 따라 손해배상을 청구할 수 있다. 따라서 공정거래법 제3조의 역외적용규정과 제109조의 민사책임을 따로 떼어놓기 어렵다.

저자는 이에 덧붙여 2설에 대하여 다음과 같은 반박논거를 제시한다. 공정거래법 제3조가 국외에서 이루어진 행위라도 국내 시장에 영향을 미치는 경우에 이 법의 규정이 적용된다고 규정한 것을 효과이론에 따라 시장지를 연결점으로 하여 경쟁제한행위로 인한 특수불법행위의 준거법 결정원칙을 규정한 것으로 해석할 수 있다. 경쟁제한행위에 대하여 시장지를 연결점으로 하여 준거법을 결정하는 것은 국제적으로도 널리 인정된다. 계약외 채무의 준거법에 관한 2007. 7. 11. 유럽의회 및 이사회 규정(Regulation (EC) No 864/2007 of the European Parliament and of the council of 11 July 2007 on the law applicable to non- contractual obligations, 이하 '로마Ⅱ규정') 제6조 제3항(a)[49]는 경쟁제한으로

---

46) 석광현 [2012], 184는 2설의 근거로 이를 제시한다.

47) 이종혁 (2019), 63−66은 자본시장 및 투자자보호에 관한 법률의 역외적용의 맥락에서 2설을 지지하면서 그 근거로 역외적용이 민사책임과 행정제재, 형사책임에 작용하는 양상이 다르고, 1설을 취하는 경우 국제사법의 정치한 연결원칙에 부합하지 않음을 제시한다.

48) 석광현 [2012], 185.

49) **Article 6 Unfair competition and acts restricting free competition**
   3. (a) The law applicable to a non−contractual obligation arising out of a restriction of competition shall be the law of the country where the market is, or is likely to be,

인하여 발생하는 계약외채무의 준거법은 그 시장이 영향을 받거나 받을 가능성
이 있는 국가의 법이 됨을 명시한다. 스위스 국제사법 제137조 제1항도 "경쟁방
해에 기한 청구권은 그 국가의 시장에서 피해자가 방해에 의하여 직접 영향을
입은 국가의 법에 의한다"라고 하여 시장지를 연결점으로 하여 경쟁제한행위로
인한 민사책임의 준거법을 결정한다. 미국에서도 효과이론에 따라 셔먼법을 역
외적용하는데, 미국 법원은 외국에서 이루어진 경쟁제한행위로 인한 민사책임에
관하여 자국에서 발생한 손해에 대해서만 심판하면서 그 준거법으로 외국의 독
점금지법을 적용하지 않고 미국법만을 적용한다.[50] 이 역시 시장지를 연결점으
로 하여 준거법 연결원칙을 정한 것이라고 볼 수 있다.

다만 2설이 1설에 대하여 한 비판 중 공정거래법 제3조가 "정치한" 연결원
칙이 아니라는 부분은 일부 경청할 필요가 있다. 유럽연합과 미국 등 세계 주요
국가가 자국의 독점금지법을 역외적용하고 있는 상황에서, 제3조의 규정만으로
는 중첩되는 각국의 독점금지법 중 어떤 것을 적용해야 하는지 알 수 없다는 문
제가 발생한다. 즉, 외국에서 행해진 부당공동행위로 인하여 우리나라 시장과
외국 시장이 영향을 받은 경우, 우리나라 사람이 우리나라 법원에 부당공동행위
로 인한 손해배상을 청구하는 경우 우리 공정거래법을 적용하여 판단할지 외국
의 독점금지법을 적용하여 판단할지 문제될 수 있다(법의 적극적 저촉).[51]

그러나 공법적 규제의 중첩과는 달리 민사책임에서는 '민사책임 자체의 중
첩'이 그리 큰 문제가 아닐 수도 있다. 국제카르텔과 관련된 공법적 규제에서는
동일한 행위에 대하여 각 법역별로 이루어지는 중첩적인 규제가 중요한 문제로
인식된다.[52] 그러나 민사책임에 관한 분쟁에서 외국의 독점금지법 적용 문제가
등장하는 일은 드물고, 실무례도 찾아보기 어렵다.[53] 유럽연합과 미국은 기본적
으로 경쟁제한행위에 대하여 자국 시장에 미치는 영향을 근거로 자국의 국제재
판관할을 인정하고, 경쟁제한행위로 인한 손해배상청구에 관하여 자국 내에서

---

affected.

50) 김용진 (2013), 803.
51) 석광현 [2012], 183.
52) 아래 라. 참조.
53) 김용진 (2013), 803.

발생한 손해에 관하여만 심판하는 이른바 모자이크 이론을 채택하고 있다.[54] 그렇다면 한 국가의 법원이 다른 국가에서 발생한 손해에 관하여 다른 국가의 민사책임조항을 적용하여 판단하거나, 자국에서 발생한 손해에 관하여 다른 국가의 민사책임조항을 적용하여 판단하는 예는 많지 않을 것이다.

한편, 민사책임의 전제가 되는 행정규제의 중첩에 관하여는, 아래 라.에서 보는 바와 같이, 국내외의 학설과 판례에서 역외적용규정을 제한해석하거나 국제사법적 방법론을 적용하여 규제의 중첩을 해결하려는 시도가 이루어지고 있다. 따라서 민사책임의 전제로서 행정적 규제에 관한 법의 적극적 저촉이 문제되는 경우라고 하더라도 이러한 방법을 통하여 공정거래법 제3조를, 공정거래법 위반으로 인한 민사책임의 준거법 연결원칙으로서 정치하게 운용하는 것이 가능하다. 그러므로 1설이 타당하고, 공정거래법 제3조는 국제사법 제32조의 특칙에 해당한다. 우리 공정거래법을 위반한 행위에 대한 손해배상책임에 관하여 국제사법 제32조에 따라 결정된 불법행위의 준거법이 어느 나라 법인지에 관계없이 공정거래법 제109조가 적용된다. 이렇게 보면 공정거래법 제109조가 국제적 강행규정인지 여부를 검토할 실익은 크지 않다.

그러나 저자의 견해와 달리 공정거래법 제3조를 국제사법의 불법행위에 대한 준거법 연결원칙의 특칙으로 보지 않더라도, 공정거래법 제109조를 국제적 강행규정으로 본다면 1설과 유사한 결론에 이르게 된다. 저자는 1설을 지지하나, 저자가 제3장에서 제시한 판단방법과 고려요소를 실증적으로 검토하는 차원에서 2설의 입장에서 공정거래법 제109조의 국제적 강행규정성을 검토하여 본다.

2설의 입장에 의하더라도 공정거래법 제3조가 여전히 공정거래법의 인적, 장소적 적용범위를 규정한 것으로 볼 수 있다. 따라서 공정거래법 제109조가 국제적 요소가 있는 불법행위에 대하여 적용됨을 예정한 것으로 볼 수 있고, 그 적용범위에 포섭되는 한 불법행위의 준거법이 외국법이더라도 공정거래법 제

---

54) 김용진 (2013), 803-817. 모자이크 이론은 피고의 행위로 인하여 여러 국가에서 원고의 명예가 훼손된 경우에 관한 유럽사법재판소의 *Shevill v Pressee Alliance* Case C-68/93에서 인정된 법리이다. 다만 로마Ⅱ규정 제6조 제3항(b)는 피고의 영업소재지 국가의 시장에 영향을 받은 경우라면 그 국가의 법원은 그 국가 밖에서 발생한 손해에 대하여도 그 시장지국법에 따라 판단할 수 있다는 예외를 인정한다.

109조가 적용된다는 입법자의 의지를 읽을 수 있다. 그렇다면 다음 단계로 공정거래법 제109조가 국제사법 제7조의 특별한 입법목적을 갖고 있는지 살펴야 한다.

공정거래법 제109조의 손해배상책임은 피해자에 대한 손해 전보도 목적으로 하지만, 이에 그치지 않고 공정거래법 위반행위를 억제하고 예방하는 사적 집행으로 이해된다.[55] 이는 시장의 경쟁질서를 보호한다는 국가의 경제적 이익을 보호하기 위한 긴요한 수단에 해당하고, 국제사법 제7조의 특별한 입법목적에 해당한다. 따라서 공정거래법 제109조는 국제적 강행규정에 해당한다.[56]

라. 역외적용으로 인한 중첩적 규제의 해결

자국법을 제한 없이 역외적용하면 다른 국가와 관할권의 충돌, 규제의 중첩 등의 문제가 발생하므로, 경쟁법의 역외적용을 인정하는 법역에서도 이를 제한하는 법리를 발전시켜왔다.[57]

미국에서는 *Timberlane Lumber Co. v. Bank of America National Trust & Savings Association*[58] 사건에서 이른바 '이익형량이론(interest balancing theory)' 또는 '관할권의 합리성 법리(jurisdictional rule of reason)'를 채택하였다. 그 요지는 국제적 예양과 공평에 따른 요청으로서, 외국에서의 경쟁제한행위로 인하여 국내의 경쟁질서가 침해되는 정도와 국내법을 역외적용하는 경우 외국의 주권이 제한되는 정도를 비교형량하여 전자가 큰 경우에만 국내법을 역외적용해야 한다는 것이다. 그 후 미국 연방대법원은 *Hartford Fire Insurance Co. v. California*[59] 판결에서 행동지인 외국법이 미국법을 위반할 것을 요구하거나 외국법과 미국법을 모두 준수하는 것이 불가능한 경우에만 진정저촉이 있다고 보고, 이러한 진정저촉의 경우에 한하여 외국법과 미국법간 여러 요소를 비교형량

---

55) 온주 공정거래법/노경필 [2015], 제56조, §1.

56) 손경한 (2016), 129도 같은 취지.

57) 이는 비단 경쟁법에 국한된 문제는 아니고 역외적용되는 법률 전반에서 발생하는 문제이나, 우리 대법원 판례가 공정거래법의 역외적용규정에 대한 제한법리를 선언하였으므로 편의상 공정거래법 부분에서 검토하기로 한다.

58) 549 F.2d 597 (9th Cir. 1976).

59) 509 U.S. 764(1993).

할 필요가 있다고 하였다. 또한 미국 연방대법원이 증권법에 관한 *Morrison* 판결[60]과 *Nabisco* 판결[61]에서 역외적용배제 추정을 선언하였다는 점을 주목할 필요가 있다.

우리 대법원은 2014. 12. 24. 선고 2012두6216 판결에서 역외적용 제한원칙으로 '직접적이고 상당하며 합리적으로 예측 가능한 영향'을 선언하였고, 2014. 5. 16. 선고 2012두13689 판결에서 공정거래법이 역외적용되는 행위에 대하여 외국법 또는 외국 정부의 정책이 국내 법률과 상이하여 외국 법률 등에 따라 허용되는 행위인 경우, "동일한 행위에 대하여 국내 법률과 외국의 법률 등이 충돌되어 사업자에게 적법한 행위를 선택할 수 없게 하는 정도에 이른다면 그러한 경우에도 국내 법률의 적용만을 강제할 수는 없으므로, 해당 행위에 대하여 공정거래법 적용에 의한 규제의 요청에 비하여 외국 법률 등을 존중해야 할 요청이 현저히 우월한 경우에는 공정거래법의 적용이 제한될 수 있다고 보아야 할 것이고, 그러한 경우에 해당하는지는 해당 행위가 국내 시장에 미치는 영향, 해당 행위에 대한 외국 정부의 관여 정도, 국내 법률과 외국 법률 등이 상충되는 정도, 이로 인하여 해당 행위에 대하여 국내 법률을 적용할 경우 외국 사업자에게 미치는 불이익 및 외국 정부가 가지는 정당한 이익을 저해하는 정도 등을 종합적으로 고려하여 판단하여야 한다"고 판시하였다. 이는 미국 연방대법원의 *Hartford Fire* 판결의 진정저촉의 법리를 연상시킨다.

전통적인 역외적용 제한법리 외에 최근 들어 역외적용을 인한 공법적 규제의 중첩을 국제사법의 연결원칙을 응용하여 해결해야 한다는 여러 견해가 주장되고 있다는 점이 흥미롭다. 첫째, 관할권과 준거법의 분리, 성질결정, 준거법의 분열, 적응, 반정과 공서, 규제법의 적용에 있어서 행위지와 결과발생지를 연결소로 하는 불법행위의 준거법결정원칙 등 국제사법의 원칙을 규제의 중첩을 해결하는 데 응용하자는 견해[62]가 있다. 그러나 이 견해는 스스로도 인정하는 바

---

60) *Morrison v National Australia Bank Ltd* 547 F.3d 167 (2d Cir. 2008).
61) *RJR Nabisco v. European Community* 136 S. Ct. 2090 (2016). 이에 대한 평석으로 박선욱 (2020).
62) Michaels (2016), 175 et seq.

와 같이 구체적인 적용원칙은 더 발전시킬 필요가 있다고 하므로,[63] 실무에 당장 적용하기는 어렵다.

규제의 중첩을 막기 위해 각국이 규제를 자제할 필요가 있다고 강조하면서, 국제사법의 개념인 '대용(substitution)'의 법리를 활용하자는 견해[64]도 주장된다. 특정 국가의 실질법이 요구하는 바가 다른 국가의 실질법과 충돌할 수 있음을 인정하면서, 이를테면 금융규제에 있어서 A국의 규제를 준수하였다면 B국의 규제를 준수한 것과 동등한 것으로 간주하자는 것이다. 따라서 A국의 규제를 준수하였다면 B국의 규제는 생략된다. 이러한 방법은 현재 금융규제 실무에서 이미 활용되고 있다.[65]

공법적 규제의 중첩에 있어 국제사법적 방법론을 취하자는 움직임은 Savigny가 예상하였던 바에 부합한다. Savigny는 강행규정 또는 간섭규범이 추구하는 목적이 국제적으로 인정되는 경우 그 강행규정 또는 간섭규범에 기초한 연결방법이 무의미해져서, 일방적 저촉규정이 법의 발전에 따라 쌍방적 저촉규정으로 변할 것이라고 기대하였다.[66] [67] 각국이 앞다투어 유사한 규제목적을 갖는 법규를 제정하면서 역외적용규정을 두는 것이 Savigny가 예측한, '간섭규범이 추구하는 목적이 국제적으로 인정되는' 지경에 이르는 중간과정이라고 볼 수도 있다. 그러나 현재 상황에서 일부 영역에서 여러 국가의 중첩적인 규제가 이루어지고 있다는 사정만으로 국제적 강행규정의 개념을 포기할 단계는 아니다.

물론 긴요한 국가적 공익을 추구하는 법규에도 등가성과 대체성을 확보할 수 있다면 중첩적 규제를 효과적으로 해결할 수 있을 것이다. 경쟁법의 영역에서는 미국과 유럽연합, 독일, 일본 등 주요국가에서 경쟁제한행위에 관하여 유사한 내용의 규제를 하고 있고, 효과이론에 따라 시장지라는 동일한 연결점으로

---

63) Michaels (2016), 191-195.
64) Lehman (2019), 288.
65) Riles (2014), 103.
66) 신창선 (2000), 86.
67) 최공웅 (1994), 163, 174도 공법의 적용문제도 전통 국제사법의 전형적인 법적용과정으로, 연결소를 선택하여 가장 밀접한 관련을 갖는 나라의 법을 적용하는 Savigny적인 법선택 규정을 두는 방법을 강구할 수 있다고 주장한다.

한 경쟁법의 역외적용을 인정하고 있다. 그래서 어느 정도 규제의 등가성과 대체성이 확보되었다고 할 수 있고, 경쟁제한으로 인한 사법적 청구권에 관하여 쌍방적 저촉규정을 도입한 입법례도 존재한다. 앞서 언급한 스위스 국제사법 제137조 제1항과 로마Ⅱ규정 제6조 제3항이 그러하다. 이 규정들은 사법적 청구권에 관한 연결원칙이지만, 공법적 규제에도 같은 원칙을 적용하여 규제의 중첩을 해결할 수 있을 것이다.

그러나 각국의 공법적 규제가 중첩되는 영역 중 각국의 규제가 동질화되지 않은 영역에서는 쌍방적 저촉규정과 같은 방식으로 규제의 중첩을 해결하기는 현실적으로 어렵다. 또한 규제의 실질법을 통일하는 데에는 시간과 비용이 많이 소요된다.[68] 이러한 현실에 대응하여 미국에서는 Currie의 이익분석론[69]에 기초한 국제사법적 해결방법을 제시하는 견해[70]가 주장된다. 이 견해는 특히 국제금융법의 영역에서, 실질법을 통일하는 해결방법보다 국제사법적 해결방법을 취하는 경우의 강점을 다음과 같이 설명한다. 첫째, 소수의 금융강국이 주도하는 정치적 규제에 대한 대안으로 다원적인 접근방법을 취할 수 있다는 것이다. 국제사법의 기술적인(technical)한 특징으로 인하여, 정치적 이익이 대립되는 각국의 실질법을 통일하는 것보다 국제사법 원칙을 통일하는 것이 더 쉽고, 이미 국제사법의 연결원칙은 어느 정도 통일되어 있다. 둘째, 국제사법적 방법론을 취하면 구체적인 사례에서 관련규제당국이 어떤 기관인지, 각 규제원칙이 어떻게 다른지, 어떤 국가적, 당사자의 이익이 관련되어 있는지를 세심하게 고려하여 타당한 결론에 이를 수 있다고 한다.[71] 특정 유형의 거래에 대하여 일률적인 원칙을 적용하는 것이 아니라, 특정 당사자 간의 거래에서 관련 규제당국과 어떤 접점이 있는지에 따라 다른 결론에 이를 수 있다. 이 견해가 제시하는 해결방법의 핵심은, 중첩적인 규제가 이루어지는 상황에서 충돌하는 여러 이익을 분석하여 더 중요한 이익을 갖는 국가의 규제를 적용하자는 것이다.[72] 그럼으로써 규제차

---

68) Riles (2014), 63-64.
69) Currie (1958), 227, 234 et seq.
70) Riles (2014), 63 et seq.
71) Riles (2014), 100-105.
72) Riles (2014), 106-114는 영국과 미국의 금융규제법의 규제가 중첩적으로 적용될 수 있는 가

익도 막을 수 있다고 한다.

이와 같은 견해는 어느 정도 설득력이 있고, 국제사법적 원칙을 규제의 중첩을 해결하는 데 어떻게 적용할지에 관한 구체적인 원칙을 제시한다는 점에서도 가치가 있다. 그러나 이 방법론의 기초를 이루는 Currie의 이익분석론은 각 실질법규범과 그것이 적용되는 사실관계별로 그 법규가 보호하려는 이익을 기준으로 저촉법 원칙을 도출하려는 것인데, 이는 우리 국제사법의 연결원칙과는 매우 다르다. 우리 국제사법상 연결원칙은 다른 대륙법계 국가의 연결원칙과 마찬가지로 연결점을 기준으로 준거법을 결정하는 것이어서, 우리 법제에서 이와 같은 방법론을 취하는 것은 낯설다.[73]

현재로서는 모든 법영역에서 모든 유형의 역외적용에 대하여 보편타당하고 일률적인, 공법적 규제의 중첩을 해결하기 위한 원칙을 제시하기는 어렵다고 생각된다. 각 영역별로 규제의 실질법이 통일되어 있는 정도가 다르고, 그 통일의 필요성도 다르기 때문이다. 각 국가별로 법상황이 상이하고 규제의 초점도 다르다면, 전세계적으로 규제의 실질법을 통일하는 것이 반드시 최선의 방법이 아닐 수도 있다. 이런 상황에서는 규제가 문제되는 법영역과 규제의 성질을 고려하여 국제사법의 여러 법리를 활용함으로써 규제의 중첩을 해결하는 것이 현실적인 방안이 될 수 있다고 생각한다. 첫째, 경쟁제한과 같이 어느 정도 규제의 실질법이 통일되어 있다면 국제사법의 전통적인 연결점을 기준으로 한 雙方的 저촉규정과 같은 방식으로 공법적 규제의 중첩을 해결할 수 있다. 어느 국가가 큰 규제이익을 가지는지를 고려하여 연결점을 정하면, 굳이 구체적인 법규별·사안별

정적 사례를 상정하여 이익분석의 방법론을 적용하여 사례를 해결하는 과정을 보여준다.

73) 그 밖에 일본에서의 논의로 藤川信夫 (2013) 참조. 이 문헌 15, 23 이하는 타국의 경제정책에 간섭하는 역외적용은 국제법상 허용되지 않는다고 하면서, 국제법으로부터 도출되는 세 가지 원칙이 중요하다고 한다. ① 관할권의 대상과 관할권의 연원 사이에 실질이고 진정한 결합이 있는 것, ② 타국의 국내 관할권에 속하는 사항에 간섭하지 않는 것, ③ 적합성·상호성 및 비례성의 원칙에 따른다는 것이다. 이 견해는 특히 ②가 중요하다고 한다. 그런데 ②와 같은 기준이 유용한지 의문이다. 여러 국가의 법규의 역외적용이 중첩되는 경우 각 국가는 일응 자국에 대한 영향 등을 근거로 한 입법관할권을 갖고 있을 것이기 때문에, 상대방 국가의 관할이 있는 경우 간섭하지 않는다고 하는 것이 모두 관할권을 갖는 국가들 사이에서 어느 국가의 법을 적용할지에 대한 적절한 해결방법이 된다고 보기 어렵다.

로 이익분석을 하지 않아도 되고 예측가능성도 보장된다. 쌍방적 저촉규정을 통해 정해진 국가 외에 다른 국가가 더 큰 규제이익을 갖는다고 판단되는 때에는 국제사법 제8조의 예외규정과 같은 원칙을 둘 수 있을 것이다. 둘째, 실질법의 통일에는 이르지 않았으나 중첩되는 공법적 규제의 초점이 유사하다면 국제사법상 대용의 법리를 활용할 수 있다. 이를테면 한 법역에서 금융기관의 허가요건을 충족하였다면 다른 법역에서도 금융기관으로 활동할 수 있도록 인정하는 것을 예로 들 수 있다. 셋째, 규제의 실질법이 통일되어 있지 않고 규제의 초점도 다르다면 그 규제의 중첩을 해결할 필요성 자체가 높다고 볼 수 없을 것이다.

2. 외국환거래법

각국의 외환규제법은 국내외에서 국제적 강행규정의 전형적인 예로 꼽히나,[74] 우리 외국환거래법 중 구체적으로 어떤 규정이 국제적 강행규정에 해당하는지를 검토한 문헌은 찾기 어렵다. 과거 우리나라는 외국환관리법에서 원칙적으로 거주자와 비거주자 간 채권의 발생, 변경, 변제, 소멸 등을 금지하였다. 그러나 대외거래 활성화 정책에 따라 단계적으로 외환자유화와 규제완화를 실현한 결과 종래 규제적 성격이 강했던 외환관리법은 폐지되었고, 현행 외국환거래법은 원칙적으로 외국환거래를 자유롭게 할 수 있도록 하되 예외적으로 제한을 부과하고 있다(이른바 negative system).[75]

외국환거래법의 규정 중 전통적인 의미의 외환규제[76]에 해당하는 것은, 국

---

74) 영국법의 논의로, Dicey/Morris/Collins [2012], vol. 2, para 37-067, 스위스법에서 논의로, ZürKomm/Vischer/Lüchinger [2018], Art 18, Rn 42, 독일법의 논의로 MünchKomm/Martiny [2021], Rom Ⅰ-VO Art 9, Rn 68. 석광현 [2013], 142; 석광현 (2015b), 207-208; 신창섭 [2018], 134; 신창선/윤남순 [2016], 274-275.

75) 강민우 (2016), 141. 외국환거래법은 해당거래가 시장에 미치는 영향을 감안하여 신고예외사항, 신고사항, 허가사항으로 분류하고 있고, 기획재정부 고시인 외국환거래규정으로 신고 또는 신고예외의 대상이 되는 거래의 유형을 구체화하고 있다. 상세는 위 문헌, 149, <표 2> 참조.

76) 전통적으로 외환규제의 핵심은 자국통화에 대한 특정 환율로 계산한 금액을 대가로 외국통화를 포기할 의무를 규정한 조항 또는 자국 채무자의 외국 채권자에 대한 지급 유예(moratorium)를 들 수 있다. Proctor [2012], para 16.14은 그 예로 영국 Exchange Control Act 1948 제2조를 들고 있다. 서울고등법원 2009. 3. 6. 선고 2007나122966 판결에서 문제된 아르헨티나의 외환규제도 이러한 경우에 해당한다. 위 판결에 대한 평석은 석광현 (2020a), 386 이하 참조.

내외 경제사정의 중대하고 급격한 변동에 따라 지급수령, 거래 전부 또는 일부
에 대한 일시 정지, 지급수단과 귀금속을 한국은행 등에 예치 또는 매각하도록
하는 의무 부과, 비거주자에 대한 거주자의 채권추심의무 부과(제6조77) 제1항),
국제수지 및 국제금융상 심각한 어려움이 있는 경우 또는 통화정책, 환율정책,
그 밖의 거시경제정책을 수행하는 데 심각한 지장이 있는 경우의 자본거래에 대
한 허가의무 부과(제6조 제2항)인 것으로 보인다.

　전통적으로 핵심적으로 여겨졌던 유형의 외국환규제는 아니지만, 외국환거
래법은 지급 또는 수령의 방법(제16조78)), 지급수단의 수출입(제17조79)), 자본거
래(제18조80))를 신고대상거래로 규정하고 있다. 위 각 규정에 의하면, 상계, 상호
계산, 해외예금, 해외차입, 증권 발행, 거주자의 해외부동산취득, 비거주자의 국
내부동산취득, 해외직접투자, 해외지사설치, 거주자와 비거주자간 임대차 등 많
은 유형의 국제거래가 외국환거래법의 적용대상이 되므로, 그것이 국제적 강행
규정인지 검토할 필요가 있다. 그리고 외국환거래법 제15조81)는 국제조약 및 국
제법규 이행과 관련하여 필요한 경우 거주자, 비거주자가 국내로부터 외국에 지
급하려는 경우, 거주자가 비거주자에게 지급하거나 비거주자로부터 수령하는 경
우에 그 허가를 받도록 할 수 있다고 규정하고 있는데, 이 규정 역시 국제거래
에 직접적인 영향을 미친다. 이하에서는 위 각 규정이 국제적 강행규정에 해당
하는지에 관하여 본다.

　외국환거래법 제2조는 그 적용대상을 "대한민국에서의 외국환과 대한민국
에서 하는 외국환거래 및 그 밖에 이와 관련되는 행위"(제1호), "대한민국과 외
국 간의 거래 또는 지급·수령, 그 밖에 이와 관련되는 행위(외국에서 하는 행위로
서 대한민국에서 그 효과가 발생하는 것을 포함한다)"(제2호), "외국에 주소 또는 거소
를 둔 개인과 외국에 주된 사무소를 둔 법인이 하는 거래로서 대한민국 통화로
표시되거나 지급받을 수 있는 거래와 그 밖에 이와 관련되는 행위"(제3호), "대

---

77) 제6조(외국환거래의 정지 등)
78) 제16조(지급 또는 수령의 방법의 신고)
79) 제17조(지급수단 등의 수출입 신고)
80) 제18조(자본거래의 신고 등)
81) 제15조(지급절차 등)

한민국에 주소 또는 거소를 둔 개인 또는 그 대리인, 사용인, 그 밖의 종업원이 외국에서 그 개인의 재산 또는 업무에 관하여 한 행위"(제4호), "대한민국에 주된 사무소를 둔 법인의 대표자, 대리인, 사용인, 그 밖의 종업원이 외국에서 그 법인의 재산 또는 업무에 관하여 한 행위"(제5호)로 규정하고 있다. 외국환거래법 제2조 제2호는 역외적용규정에 해당하고, 제2조 제1, 3, 4, 5호는 외국적 요소가 있는 사안에 관하여 그 국제적·장소적 적용범위를 규정한 것이다. 따라서 외국환거래법은 그 국제적, 장소적 적용범위에 포섭되는 한 해당 법률관계의 준거법에 관계없이 적용된다는 입법자의 의지를 일응 인정할 수 있는 경우에 해당한다. 그렇다면 외국환거래법에 국제사법 제7조의 특별한 입법목적이 인정되는지 살펴본다.

외국환거래법은 '외국환거래와 그 밖의 대외거래의 자유를 보장하고 시장기능을 활성화하여 대외거래의 원활화 및 국제수지의 균형과 통화가치의 안정을 도모함으로써 국민경제의 건전한 발전에 이바지함을 목적'으로 한다(제1조). 외국환거래법 제6조, 제15조 내지 제18조는 국가의 경제적 목적을 달성하기 위한 규정에 해당하고, 그 각 규정에서 규율대상인 행위를 허가 또는 신고대상으로 한 것은 그러한 중요한 공익을 달성하기 위한 필수적인 수단에 해당한다. 위 각 규정이 추구하는 목적은 다른 국가의 외국환거래법 기타 유사한 법규에 의해서는 달성될 수 없으므로, 법규의 등가성, 대체성이 없다. 외국환거래법 제6조를 위반한 경우 형사처벌 대상이 되고(외국환거래법 제27조), 외국환거래법 제15조 내지 제18조를 위반한 경우 행정상 제재로서 경고와 거래정지·제한처분, 허가 취소처분과 형사처벌 대상이 된다(외국환거래법 제19조, 제27조의2, 제29조). 이러한 제재조치의 존재 역시 강한 공적 목적을 뒷받침한다.

이상을 종합하면 외국환거래법 제6조, 제15조 내지 제18조는 모두 국제적 강행규정에 해당한다.[82] [83] 이와 달리 과거 대법원이 구 외국환관리법을 단속규

---

82) 대법원 1975. 4. 22. 선고 72다2161 전원합의체 판결도, 원칙적으로 거주자의 비거주자에 대한 지급을 금지하는 구 외국환관리법(1992. 9. 1. 법률 제4447호로 개정되기 전의 것) 제21조 제1항 제2호와, 원칙적으로 거주자와 비거주자간 채권의 발생, 변경, 변제, 소멸 등을 금지하는 제23조를 외국적 요소가 있는 법률관계의 준거법을 따지지 않고 적용하였다. 대법원 1981. 2. 10. 선고 80다1670 판결도 비거주자의 재무부 장관의 허가 없는 국내부동산 취득행위를 금지

정이라고 보았다[84])는 점을 근거로 외국환관리법이 국내적 강행규정이라고 본 것이라고 평가하는 견해[85])도 있다. 그러나 국제적 강행규정인지 여부와 단속규 정인지 여부는 논의의 평면을 달리하므로, 단속규정이라고 하여 반드시 국제적 강행규정이 될 수 없는 것은 아니다.[86]) 이와 같은 견해는 타당하지 않다.

II. 국제적·장소적 적용범위를 규정하는 법규

어떤 법규가 명시적으로 해당 법률관계의 준거법에 관계없이 적용된다고 규정하지 않더라도, 그 국제적·장소적 적용범위를 규정하는 경우에는 일응 해 당 법률관계의 준거법에 관계없이 이를 적용한다는 입법자의 의지를 인정할 수 있다. 대외무역법과 직업안정법, 국가계약법이 그러한 예에 해당한다. 이하에서 차례대로 살펴본다.

1. 대외무역법

외국과의 수입·수출을 일정한 경우 제한하는 형태의 입법(수출입규제법)은 역사적으로 여러 법역에서 존재해왔다.[87]) 현재 세계 각국은 국제평화와 안전에 위험을 초래할 수 있는 기술 등의 유출 및 확산을 방지하기 위해 다자간체제와 제도를 통하여 수출을 통제하고 있다.[88] [89]) 우리나라 또한 북한의 핵무기 개발

하는 구 외국환관리법(1992. 9. 1. 법률 제4447호로 개정되기 전의 것) 제30조를 준거법이 한 국법인지 검토하지 않고 적용하였다. 대법원이 위 각 규정을 적용한 것은 법정지의 국제적 강 행규정으로서 적용한 것이라는 평가가 가능하다.

83) 다만 영국을 비롯한 OECD 국가들이 외국환규제를 폐지하고 있는 추세에 비추어 입법론적 차 원에서 이러한 규정을 유지할지에 대한 진지한 논의가 필요하다.

84) 대법원 1972. 4. 20. 선고 72다428 판결.

85) 안춘수 (2017), 156.

86) 석광현 [2013], 141도 같은 취지.

87) 냉전 시대에 미국이 설립한 대공산권수출통제체계(Coordinating Committee for Multilateral Export Control, COCOM)가 현대적인 의미의 수출통제제도의 출발점으로 평가된다. 미국은 제2차 세계대전 후 공산국가를 견제하기 위해 우방국과 국제협력을 토대로 군수품 및 군사기 술 이전 차단을 위한 봉쇄전략을 추구하였고, 그 수단으로 수출을 통제하였다. 이는 1990년대 이후 불량국가 및 비국가행위자에 의한 위협 및 이들과 대량살상무기(weapons of mass destruction, WMD)를 차단하기 위한 수출통제로 이어졌다. 박언경/왕상한 (2017), 549.

위협 하에 있을 뿐만 아니라 IT, 스마트폰, 조선, 자동차 부문에서 최첨단기술을 보유하고 있어,[90] 이러한 위험에서 자유로울 수 없다. 대외무역법은 대외무역에 관한 일반법으로서 제5조[91]에서 일정한 경우 수입·수출제한조치의 근거규정을 두고 있는데, 이는 수출이 자유화[92]된 현재 국제무역안보 차원에서 국제조약에 따른 의무이행과 관련하여 중요한 의미를 지닌다.[93]

대외무역법 제19조[94] 제2항, 대외무역법 시행령 제32조[95]는 바세나르체제 (Wassenar Arrangement on Export Controls for Conventional Arms and Dual－Use Goods and Tecnologies, WA), 핵공급그룹(Nuclear Suppliers Group, NSG), 미사일기 술통제체제(Missile Technology Regime, MTCR), 오스트레일리아그룹(Australia Group, AG), 화학무기의 개발·생산·비축·사용 금지 및 폐기에 관한 협약(Cheminal Weapons Convention, CWC), 세균무기(생물무기) 및 독소무기의 개발·생산·비축 금지 및 폐기에 관한 협약(Biological Weapons Convention, BWC),[96] 무기거래조약 (ATT)이 정하는 원칙에 따라 국제평화 및 안전유지와 국가안보를 위하여 수출허 가 등 제한이 필요한 물품 등의 수출과 일정한 요건에 해당하는 기술(전략물

---

88) 2011년 9.11 테러 이후 이러한 '공급망(supply chain) 통제'의 이행이 국제사회의 핵심 현안으 로 부상하였다. 박언경/왕상한 (2017), 551.

89) 이러한 수출통제법이 준거법소속국도 아니고 법정지법도 아닐 경우 제3국의 국제적 강행규정 을 어떻게 취급하여야 하는지의 문제가 발생한다. 제5장 제2절 Ⅱ.에서 검토하는 독일 연방대 법원의 *Borax* 판결과 *Borsäure* 판결도 미국의 수출통제를 어떻게 고려하여야 하는지 문제된 사안이었다.

90) 손승우/김성원/유한우 (2016), 80. 이러한 기술의 이전은 기업의 산업경쟁력과 관계될 뿐만 아 니라 국가안보에도 영향을 미친다. 박언경/왕상한 (2018), 382.

91) 제5조(무역에 관한 제한 등 특별 조치)

92) 우리나라는 과거 무역거래법(1986. 12. 31. 대외무역법이 제정되어 1987. 7. 1. 시행됨으로써 폐지된 것)에서 물품의 수출입에 원칙적으로 상공부장관 승인을 얻도록 규정하고 있었고 대외 무역법이 제정된 후에도 그러한 태도를 유지하여 왔다. 그 후 1996. 12. 30. 전부개정된 대외무 역업이 시행되면서부터 원칙적으로 물품의 수출입을 자유롭게 하도록 하되, 예외적인 경우에 한하여 산업통상자원부 장관의 허가 또는 승인을 얻도록 법을 개정하였다.

93) 최동준 (2021), 320; 박언경/왕상한 (2020), 6.

94) 제19조(전략물자의 고시 및 수출허가 등)

95) 제32조(국제수출통제체제)

96) 각 수출통제체제제별 수요 수출통제품목의 상세는 손승우/김성원/유한우 (2016), 84－86, 박언경/ 서철원 (2018), 161 표 참조.

자,[97] strategic items)의 이전에 관하여 산업통상자원부 장관이나 행정기관의 장의 허가(수출허가)를 받아야 한다고 규정하고 있다. 또한 제19조 제3항은 전략물자에는 해당되지 아니하나 대량파괴무기와 그 운반수단인 미사일 및 재래식 무기(대량파괴무기 등)의 제조·개발·사용 등의 보관 등의 용도로 전용될 가능성이 높은 물품에 대하여도 그 수출자가 그러한 전용의도를 알았거나 그런 의도가 있다고 의심되는 경우 허가(상황허가)[98]를 받도록 규정하고 있다.

국내외 학설은 수출입규제법을 국제적 강행규정의 전형적인 예로 들고 있다.[99] 이중용도물품(dual-use goods)[100]을 유럽연합 밖으로 수출하는 경우 유럽연합의 허가를 얻도록 한 유럽연합규정[101]과, 독일 대외무역법(Außenwirtschaftgesetz) 상 수입과 수출에 관한 계약을 규제할 수 있는 규정, 독일 전쟁무기규제법(Kriegswaffenkontrollgesetz)의 전쟁무기목록에 등재된 물품의 수출입에 대하여 허가를 얻도록 한 규정도 국제적 강행규정에 해당한다고 본다.[102] 그러나 국내 학설에서 추상적으로 대외무역법을 국제적 강행규정의 예로 들 수 있다고 언급[103]하는 것 외에 구체적으로 대외무역법의 어떤 조항이 국제적 강행규정에

---

97) 전략물자는 특정국가에 전략적으로 우위를 부여하거나 전쟁위협을 증대시킬 수 있는 물품(goods), 장비, 자료 및 기술을 의미한다. 박언경/서철원 (2018), 157.

98) 이를 '캐치올 통제'라고 한다. 이는 해당품목이 통제목록에 등재되어 있는지 여부와 무관하게 대량살상무기 및 그 운반수단인 미사일 개발에 전용될 수 있는 모든 품목을 통제하는 제도를 의미한다. 박언경/왕상한 (2020), 12.

99) 영국법에서의 논의로, Cheshire/North/Fawcett [2017], 743; Hill/Chong [2010], para 14.3.2; 독일법에서의 논의로, MünchKomm/Martiny [2006], EGBGB 34, Rn 77ff; MünchKomm/Martiny [2021], Rom I -VO, Art 9, Rn 58ff, Günther [2011], 13; Hauser [2012], 46. 스위스법에서 논의로, ZürKomm/Vischer/Lüchinger [2018], Art 18, Rn 5. 우리 법에 관하여는 석광현 [2013], 142; 신창선/윤남순 [2016], 274-275; 신창섭 [2018], 134; 안춘수 [2017], 2017.

100) 이중용도 물품은 산업용 물품과 대량살상무기 확산에 기여하는 용도의 물품의 성격을 동시에 갖고 있는 것을 말한다. 대외무역법상 수출허가 대상인 전략물자 등은 이중용도물품에 해당한다. 박언경/왕상한 (2017), 553.

101) Council Regulation (EC) No 1334/2000 of 22 June 2000 setting up a Community regime for the control of exports of dual-use items and technology.

102) MünchKomm/Martiny [2006], EGBGB Art 34, Rn 84; MünchKomm/Martiny [2021], Rom I -VO Art 9, Rn 62-67.

103) 석광현 [2013], 142; 신창선/윤남순 [2016], 274-275; 신창섭 [2018], 134; 안춘수 [2017], 2017.

해당하는지에 관한 검토는 찾아보기 어렵다. 최근 KT가 주요 전략물자인 무궁화 3호 인공위성을 홍콩 회사에 허가 없이 수출하여 국제적인 분쟁이 발생하였던 바 있으므로,[104] 이하에서는 대외무역법 제19조 제2항, 제3항이 국제적 강행규정에 해당하는지 살펴본다.

대외무역법 제19조 제2항, 제3항은 전략물자에 해당하는 물품 또는 대량파괴무기 등을 '수출'하려는 경우 산업통상자원부장관이나 관계행정기관의 장의 허가를 받아야 한다고 규정하고 있다. 대외무역법은 해당 법률관계의 준거법에 관계없이 적용됨을 명시하지 않으나, 외국적 요소가 있는 법률관계에 관하여 명시적으로 국제적 적용범위(국내에서 국외로 수출하는 경우)를 규정하고 있다. 따라서 그 적용범위에 포섭되는 한 수출계약의 준거법에 관계없이 이를 적용하려는 입법자의 의지를 일응 인정할 수 있다. 그렇다면 대외무역법 제19조 제2항, 제3항의 입법목적이 국제사법 제7조의 특별한 입법목적에 해당하는지 살펴보아야 한다.

대외무역법은 "대외무역을 진흥하고 공정한 거래질서를 확립하여 국제수지의 균형과 통상의 확대를 도모함으로써 국민경제의 발전에 이바지함을 목적"으로 한다(대외무역법 제1조). 그리고 제19조 제2항 및 제3항이 전략물자 및 대량파괴무기 등 수출에 허가를 요하는 것은 "헌법에 따라 체결·공포된 조약과 일반적으로 승인된 국제법규에서 정한 국제평화와 안전유지 등의 의무를 이행"(대외무역법 제5조 제4호)함으로써 국제무역에서 국가안보를 달성하려는 데 목적이 있

---

104) 국내 회사인 KT는 2011. 9. 홍콩 Asia Broadcast Satelite(ABS) 사에 전략물자인 무궁화 3호 인공위성을 산업통상자원부장관(당시 지식경제부 장관)의 허가 없이 수출하여 대외무역법을 위반하였다. 이에 미래창조과학부는 2013. 12. 18. KT SAT(KT가 100% 지분을 소유하고 있는 회사로 2012. 12. 4.에 KT에서 물적 분할됨)에 전기통신사업법, 전파법 및 대외무역법을 위반하여 강행법규를 위반한 것으로 판단되는 무궁화 3호 매각계약의 무효를 통보하고 위성서비스 제공용으로 할당했던 주파수 대역 할당을 취소하였다. ABS는 2013. 12. KT SAT를 상대로 위 인공위성에 관한 소유권 확인 및 매매계약 위반으로 인한 손해배상을 청구하면서 ICC 중재를 신청하였고, 승소판정을 받았다. 이에 KT SAT은 뉴욕 연방법원에 중재판정 취소의 소를 제기하였으나 패소하였고 위 판결은 미국 연방2순회구 항소법원의 항소 기각, 연방대법원의 상고허가신청 기각으로 2019. 12. 확정되었다. 상세한 사실관계는 박언경/왕상한 (2017), 547-548와 최민지, "헐값 매각 '무궁화 3호' 국제소송 종결 … KT 최종 패소", 디지털 데일리 2020. 3. 12.자 기사(http://m.ddaily.co.kr/m/m_article/?no=192905에서 접근 가능, 2021. 4. 26. 최종방문) 참조.

다. 이는 국가의 중요한 경제적·정치적 목적에 해당하고, 대외무역법 제19조 제 2, 3항에서 수출허가를 받도록 한 것은 중요한 공익을 관철하기 위한 필수적인 수단에 해당한다. 이 법규는 우리 대외무역법이 아니면 다른 국가의 법에 의하여는 보호할 수 없는 공익을 보호하고 있는 것으로, 법규의 대체성, 등가성이 없다. 대외무역법 제19조 제2항, 제3항을 위반하는 경우 대외무역법 제53조에 따라 형사처벌을 받게 되는데, 이 역시 긴요한 공적 목적을 추단할 수 있는 사정이다. 그러므로 대외무역법 제19조 제2, 3항은 국제적 강행규정에 해당한다.

2. 직업안정법

직업안정법 제33조 제1항은 "누구든지 고용노동부장관의 허가를 받지 아니하고는 근로자공급사업을 하지 못한다"라고 규정하고 있다. 근로자공급사업은 공급계약에 따라 근로자를 타인에게 사용하게 하는 사업을 말하는데(직업안정법 제2조의2), 근로자공급계약은 노동력으로서 성질상 인격체인 사람 자체를 거래 내지 대여의 대상으로 하고 있어, 상품의 거래 내지 대여와 달리 원칙적으로 금지되고, 엄격한 요건 하에 예외적으로만 허용된다.[105] 그런데 이 규정이 근로자 공급계약의 준거법이 한국법인 경우뿐만 아니라 외국법인 경우에도 적용되는지 문제된다. 이를테면 외국 회사가 국내 항공사에 조종사들을 공급하여 근무하도록 하는 계약에 직업안정법 제33조 제1항이 적용되는지의 문제이다.[106] 이하에서는 직업안정법 제33조 제1항이 국제적 강행규정인지 여부를 살펴본다.

---

105) 강선희 (2014), 192.
106) 유사한 사안으로 대법원 2004. 6. 25. 선고 2002다56130, 56147 판결 참조. 이 사안에서 외국 항공사가 항공기 조종사를 고용하여 국내 항공사에 파견하여 용역을 제공하고, 국내 항공사는 그 대가로 외국 항공사에 조종사들의 급료 이외에 일정한 수수료를 지급하기로 하는 계약을 체결하였는데, 준거법이 외국법이었다. 이 조종사들은 국내 항공사를 상대로 근로기준법상 근로자에 해당한다고 주장하면서 퇴직금청구의 소를 제기하였다. 대법원은 외국 항공사와 국내 항공사 사이에 체결된 계약이 직업안정법 제33조 제1항을 위반하여 체결된 것으로 무효라고 판단하였다. 한편, 1998. 2. 20. 파견근로자 보호 등에 관한 법률이 제정됨에 따라 근로자 공급사업으로부터 분리되어 제도화되었는데, 위 대법원 판결의 사실관계는 구 직업안정법 (1998. 2. 20. 법률 제5512호로 개정되기 전의 것) 제4조(현행 제2조의2)와 파견근로자 보호 등에 관한 법률이 시행되기 전의 것이다. 그러나 직업안정법 제33조 제1항의 문언은 현행법에서도 그대로이므로, 이 대법원 판결에서 설시된 법리가 여전히 유의미하다.

직업안정법은 제33조 제1항이 준거법에 관계없이 적용되어야 함을 명시적으로 규정하고 있지 않고, 역외적용규정도 없다. 그러나 직업안정법 제33조 제3항107) 108)은, 근로자공급사업을 공급대상이 되는 근로자가 취업하려는 장소를 기준으로 국내 근로자공급사업과 국외 근로자공급사업으로 구분하고 있고, 각각의 사업의 허가를 받을 수 있는 자의 범위를, 국내 근로자공급사업의 경우는 '노동조합 및 노동관계조정법에 따른 노동조합'으로, 국외 근로자공급사업의 경우는 '국내에서 제조업·건설업·용역업, 그 밖의 서비스업을 하고 있는 자'로 정하고 있다. 이는 국제적인 요소가 포함된 법률관계를 전제로 직업안정법 제33조 제1항의 국제적·장소적 적용범위를 규정한 것이다. 따라서 그 적용범위에 포섭되는 한 직업안정법이 근로관계의 준거법에 관계없이 적용된다는 입법자의 의지를 일응 인정할 수 있다. 그렇다면 직업안정법이 국제사법 제7조의 특별한 입법목적을 갖고 있는지 살펴본다.

직업안정법은 "모든 근로자가 각자의 능력을 계발·발휘할 수 있는 직업에 취업할 기회를 제공하고, 정부와 민간부문이 협력하여 각 산업에서 필요한 노동력이 원활하게 수급되도록 지원함으로써 근로자의 직업안정을 도모하고 국민경제의 균형 있는 발전에 이바지함을 목적"으로 한다(직업안정법 제1조). 직업안정법 제33조 제1항이 원칙적으로 근로자공급사업을 금지하면서 노동부장관의 허가를 얻은 자에 대하여만 이를 인정하고 있는 것은 타인의 취업에 개입하여 영리를 취하거나 임금 기타 근로자의 이익을 중간에서 착취하는 종래의 폐단을 방지하고 근로자의 자유의사와 이익을 존중하여 직업의 안정을 도모하고 국민경제의 발전에 기여하는 데 그 근본목적이 있다.109) 그리고 직업안정법 제33조 제4항은 "고용노동부장관이 근로자공급사업을 허가하는 경우 국내 근로자공급사업에 대하여 노동조합의 업무범위와 해당 지역별·직종별 인력수급상황 및 고용관계 안정유지 등을, 국외근로자공급사업에 대하여는 해당 직종별 인력수급상

---

107) 제33조(근로자공급사업)
108) 이 규정은 2009. 10. 9. 법률 제9795호로 개정되면서 신설된 것으로 위에서 소개한 대법원 2004. 6. 25. 선고 2002다56130 판결의 사안에는 적용되지 않는다.
109) 대법원 1985. 6. 11. 선고 84도2858 판결; 대법원 2004. 6. 25. 선고 2002다56130 판결.

황, 고용관계의 안정유지 및 근로자취업질서 등을 종합적으로 고려하여야 한다" 라고 규정하고 있다. 직업안정법 제1조에서 입법목적 중 하나로 들고 있는 "근로자가 각자의 능력을 계발, 발휘할 수 있는 직업에 취업할 기회를 제공"한다는 것을 사익을 보호하기 위한 것으로 해석할 여지도 있으나, 위 각 규정들을 종합적으로 해석하여 보면, 직업안정법의 주된 목적은 근로자공급사업과 관련된 인권침해와 범죄를 사전에 방지하고,[110] 국내 노동시장의 인력수급상황을 원활히 함으로써 노동시장의 안정과 질서를 유지하는 데 있다. 따라서 직업안정법 제33조 제1항의 입법목적은 사익 조정을 초월하는 국가의 경제적, 사회적 이익을 보호하기 위한 것으로 볼 수 있다. 그리고 직업안정법 제33조 제1항의 허가요건은 이러한 목적을 달성하기 위한 필수적인 수단에 해당한다. 직업안정법 제33조 제1항이 추구하는 목적은 유사한 취지의 외국의 법규에 의해서는 보호될 수 없으므로 법규의 등가성, 대체성이 없다. 직업안정법 제33조 제1항을 위반하여 허가를 받지 아니하고 근로자공급사업을 하면 형사처벌 대상이 된다(직업안정법 제47조 제1호)는 점도 강한 공적 목적을 추단할 수 있는 사정에 해당한다. 이상을 종합하면, 직업안정법 제33조 제1항은 국제적 강행규정에 해당한다.[111]

3. 국가계약법

국가를 당사자로 하는 계약에 관한 법률(이하 '국가계약법') 제5조의2는 "각 중앙관서의 장 또는 계약담당공무원은 국가를 당사자로 하는 계약에서 투명성 및 공정성을 높이기 위하여 입찰자 또는 계약상대자로 하여금 입찰·낙찰, 계약체결 또는 계약이행 등의 과정(준공·납품 이후를 포함한다)에서 직접적·간접적으로 금품·향응 등을 주거나 받지 아니할 것을 약정하게 하고 이를 지키지 아니한 경우에는 해당 입찰·낙찰을 취소하거나 계약을 해제·해지할 수 있다는 조건의 계약을 체결하여야 한다"라고 규정하고 있다.

---

110) 헌법재판소 1998. 11. 26. 97헌바31 결정 참조.

111) 석광현 (2004), 436−437도 직업안정법 제33조 제1항이 주로 공적인 이익에 봉사하는 법규라는 이유로, 유성재 (2004), 22는 경제정책적, 사회정책적 요청에 의한 토착적 성격을 띠고 그 나라의 행정기구와 밀접한 관련이 있다는 이유로 직업안정법 제33조 제1항이 국제적 강행규정에 해당한다고 본다.

국가계약법은 계약의 준거법이 외국법인 경우에도 적용된다는 명시적인 규정을 두고 있지 않고 역외적용규정도 없다. 그러나 국가계약법 제2조는 그 적용범위를 "국제입찰에 따른 정부조달계약과 국가가 대한민국 국민을 계약상대자로 하여 체결하는 계약"으로 규정하고 있고,[112] 같은 법 제4조[113]는 국제입찰에 따른 정부조달계약의 범위를 구체화하고 있다. 이와 같이 국가계약법은 국제적 요소가 있는 법률관계에 대한 국제적 적용범위를 명시하고 있으므로, 그 적용범위에 포섭되는 한 국가계약의 준거법에 관계없이 적용된다는 입법자의 의지를 일응 인정할 수 있다. 따라서 국가계약법이 국제사법 제7조의 특별한 입법목적을 갖고 있는지 살펴본다.

국가계약법은 "국가를 당사자로 하는 계약에 기본적인 사항을 정함으로써 계약업무를 원활히 수행할 수 있도록 함"을 목적으로 한다(국가계약법 제1조). 이에 비추어 보면 국가를 당사자로 하는 계약이더라도 그 본질은 사인간의 계약에 해당하고,[114] 국가계약법은 국가계약에 있어 관계 공무원이 지켜야 할 계약사무 처리에 관한 필요한 사항을 정하기 위한 것이라고 볼 수 있다. 그러나 그렇다고 하여 국가계약법의 모든 규정이 사적 이해관계 조정을 목적으로 한다고 볼 수는 없다. 국가계약법 제5조의2는 계약 체결과 관련한 부정부패를 척결함으로써 국가계약의 투명성·공정성을 확보하고, 정부조달계약에 있어서 담합, 뇌물 등과 같은 부정, 부패행위를 엄단한다[115]는 강한 공적 목적을 갖는다. 이는 국가계약에 관한 이해관계를 공정하게 조정하기 위한 것뿐만 아니라 그것을 초월하는 국가적으로 긴요한 사회적 이익을 보호하는 것이다. 그리고 국가계약법 제5조의2는 국가계약의 투명성과 청렴성, 공정성을 확보하기 위한 필수적인 수단에 해당한다. 이는 외국의 법규에 의해서는 보호될 수 없는 이익을 보호한다는 점에서 대체성과 등가성이 없다.[116] 국가계약법 제5조의2를 위반하여 국가계약의 당사

---

112) 다만 국가가 일방당사자가 되는 계약이더라도 그 재원이 예산 또는 기금이 아닌 경우에는 적용되지 않는다. 온주 국가계약법/정원/류남욱 [2016], 제2조, §1.

113) **제4조(국제입찰에 따른 정부조달계약의 범위)**

114) 대법원 2004. 12. 10. 선고 2002다73852 판결.

115) 온주 국가계약법/정원/류남욱 [2016], 제5조의2, §2.

116) 외국법에 공무원에 대한 수뢰를 처벌하는 규정이 있다고 하더라도 그러한 규정은 대개 입법

자나 담당공무원이 입찰·낙찰, 계약 체결 또는 계약이행 등의 과정에서 직접적·간접적으로 금품·향응 등을 주거나 받으면 국가계약법 제5조의3[117])에 따라 입찰·낙찰이 취소되거나 계약이 해제·해지될 수 있을 뿐 아니라, 수뢰죄·뇌물공여죄로 인한 형사처벌 대상이 된다.[118]) 이 역시 강한 공적 목적을 추단할 수 있는 사정이다. 이상을 종합하면 국가계약법 제5조의2는 국제적 강행규정에 해당한다.

Ⅲ. 강한 공적 목적을 갖고 그 국제적·장소적 적용범위를 해석으로 확정할 수 있는 법규

어떤 법규가 역외적용된다는 명문의 근거규정이 없고, 그 국제적·장소적 적용범위를 정면으로 규정하고 있지 않더라도, 강한 공적 목적을 갖고 있고 해석으로 내국관련성에 기초하여 국제적·장소적 적용범위를 한정할 수 있다면 그 적용범위에 포섭되는 한 해당 법률관계의 준거법에 관계없이 적용된다고 인정할 수 있다. 이하에서는 그러한 법규를 경제적 이익을 보호하는 법규와 사회적 이익을 보호하는 법규로 나누어서 검토하기로 한다.

1. 경제적 이익을 보호하는 법규(하도급법, 가맹사업법)

경제적 이익을 보호하는 법규로서 국제적 강행규정에 해당하는 예로 하도급법과 가맹사업법을 들 수 있다. 이하에서 차례대로 살펴본다.

가. 하도급법

하도급계약과 관련하여 도급인과 수급인 사이에서 발생하는 문제는 원칙적으로 사법이 규율하여야 할 사항이다. 그러나 우리나라에서는 수출주도형 경제

관할권의 범위에 비추어 자국의 공무원에 대한 수뢰에 한정될 것이고 외국 공무원에 대한 수뢰는 처벌할 수 없을 것이다.

117) 제5조의3(청렴계약 위반에 따른 계약의 해제·해지 등)

118) 국가계약법 제35조는 일정한 위원회의 위원 중 공무원이 아닌 사람에 대하여 형법상 수뢰죄·뇌물공여죄에 관하여 공무원으로 의제하는 조항을 두었다.

성장정책과 대기업육성정책 하에서 건설업, 제조업, 서비스업에서의 하도급거래에 대한 의존도가 꾸준히 증가[119]함에 따라, 대기업과 중소기업 사이의 하도급거래에서 발생하는 일방계약당사자의 우월적 지위 남용의 문제가 단순히 개별적인 계약의 문제에 그치지 않고 불공정한 거래관행으로 자리 잡았고, 이것이 경제부정의라는 중요한 사회적 문제로 대두되었다.[120] 도급인의 우월적 지위남용 행위는 당초 "하도급거래상의불공정거래행위 지정고시"(경제기획원 고시 제59호)에 따라 공정거래법상 거래상 지위남용행위의 일종으로 규제되었는데, 그 후 규제의 실효성 강화를 위해 하도급법으로 별도의 법률로 입법되었다.[121]

하도급법 제3조의4[122]는 도급인의 거래상 지위남용행위 중 일반적으로 발생하는 유형인[123] 부당특약을 금지한다. 하도급법 제3조의4는 그 구체적인 유형으로 계약서에 기재되지 아니한 사항을 요구함에 따라 발생된 비용을 수급사업자에게 부담시키는 약정, 원사업자가 부담하여야 할 민원처리, 산업재해 등과 관련된 비용을 수급사업자에게 부담시키는 약정, 원사업자가 입찰내역에 없는 사항을 요구함에 따라 발생된 비용을 수급사업자에게 부담시키는 약정, 그 밖에 수급사업자의 이익을 제한하거나 원사업자에게 부과된 의무를 수급사업자에게 전가하는 약정 등을 예시하고 있다. 그리고 공정거래위원회의 부당특약고시(공정위 고시 제2019 – 제4호), 부당특약 심사지침[124]은 부당특약의 유형과 개념을 구체화하고 있다. 이하에서는 하도급법 제3조의4가 국제적 강행규정에 해당하는지 살펴본다.

하도급법은 하도급법 제3조의4가 준거법에 관계없이 적용됨을 명시적으로 규정하거나 역외적용규정을 두고 있지 않고, 그 국제적·장소적 적용범위를 정면으로 규정하고 있지 않다. 따라서 하도급법이 국제사법 제7조의 특별한 입법

---

119) 온주 하도급법/이준길 [2016], 제1조, § 1. 1999년도에는 건설업, 제조업, 서비스업 등에서 하도급거래에 의존하는 비율이 70.9%에 달하였다.
120) 주진열 (2009), 35.
121) 이동진 (2009), 75; 주진열 (2009), 35; 온주 하도급법/이준길, 제1조, §5.
122) **제3조의4(부당한 특약의 금지)**
123) 박광배 (2014), 95.
124) 부당특약 심사지침의 제정배경과 그 주요 내용은 최은진 (2020), 2 – 3 참조.

목적을 갖고 관련규정의 해석으로 국제적·장소적 적용범위를 특정할 수 있는지 살펴본다.

하도급법은 "공정한 하도급거래질서를 확립하여 원사업자와 수급사업자가 대등한 지위에서 상호보완하여 균형 있게 발전할 수 있도록 함으로써 국민경제의 건전한 발전에 이바지함을 목적"으로 한다(하도급법 제1조). 이는 하도급법이 규율하는 구체적인 행위의 유형에 따라 차이가 있을 수는 있으나, 단순히 개개 법률관계에 개입하려는 것이 아니라 거래질서와 구조에 고착화된 불공정을 시정하기 위한 것이다. 하도급거래에서 지위남용행위에 관한 실증연구[125])에 의하면, 건설산업 전반에 만연한 원사업자의 불공정한 지위남용행위로 인하여 도급업체와 하도급업체 사이에 성과의 격차가 발생하고, 대기업의 시장지배력에 따른 우월적 지위가 다단계로 이루어지는 하도급구조에 반복적으로 영향을 미치는 것으로 드러났다. 그렇다면, 하도급거래법 제3조의4는 규제대상인 구체적·세부적인 행위의 유형과 태양에 따라 차이가 있을 수는 있으나, 공정거래법의 불공정거래행위와 마찬가지로 문제된 행위가 거래질서와 관련성이 크다는 전제하에 헌법 제119조 제2항[126])의 경제부정의 시정이라는 강한 규제목적을 지니고,[127]) 이는 국가의 경제적 이익과 함께 헌법상 중요한 가치를 보호하기 위한 것으로서 강한 공익에 해당한다.[128])

하도급법 제3조의4가 이러한 행위를 금지하는 것은 강한 공익을 보호하기 위한 긴요한 수단에 해당한다. 하도급법 제3조의 4를 위반하는 경우 손해배상책임(하도급법 제35조)을 부담할 뿐만 아니라, 행정규제로 시정조치(하도급법 제25조 제1항)와 과징금(제25조의3)을 부과받을 수 있고, 형사처벌대상(하도급법 제30조 제1항 제1호)이 된다. 이 역시 강한 공적 목적을 추단할 수 있는 사정이다. 이것은

---

125) 위평량 (2010).

126) **제119조**
   ② 국가는 균형 있는 국민경제의 성장 및 안정과 적정한 소득의 분배를 유지하고, 시장의 지배와 경제력의 남용을 방지하며, 경제주체간의 조화를 통한 경제의 민주화를 위하여 경제에 관한 규제와 조정을 할 수 있다.

127) 주진열 (2009), 35.

128) 신영수 (2017), 40은 하도급법이 공정거래법을 모법으로 하는 것으로서 광의의 경쟁법에 해당한다고 본다.

국제사법 제7조의 특별한 입법목적에 해당한다.

다음 단계로 하도급법의 적용범위를 검토한다. 하도급법의 인적 적용범위에 관하여 보면, 하도급법 제2조 제2항, 제3항[129]은 하도급법의 적용대상인 원사업자와 수급업자를 국내기업으로 규정하고 있다. 즉, 제2조 제2항은 하도급법의 적용대상인 원사업자의 범위를 '중소기업기본법에 따른 중소기업자와 중소기업협동조합법에 따른 중소기업협동조합', 그리고 '공정거래법상 상호출자제한기업집단 등에 속하는 회사'로 규정하고 있다. 하도급법 제2조 제3항은 수급사업자를 '중소기업자'로 규정하고 있다.

한편, 하도급법은 그 장소적 적용범위를 명시적으로 규정하고 있지는 않다. 그런데 공정거래위원회는 속인주의의 입장에서 국내회사 사이의 해외건설공사계약에도 하도급법이 적용됨을 전제로 표준계약서를 마련하였고,[130] 시정명령도 발령하여 왔다.[131] 따라서 과연 하도급법이 외국에서 이루어진 물품의 제조, 수리, 건설, 용역 등에 적용되는 것인지 검토할 필요가 있다.

하도급법 제2조 제9항이 건설위탁의 대상이 되는 건설공사를 "그 업에 따른 건설공사"로만 규정하고 있고 국내건설공사로 제한하지 않고 있기는 하다.[132] 하도급법의 인적 적용범위가 국내법인이므로, 속인주의에 따라 하도급법을 해외건설공사를 비롯하여 외국에서 이행되는 하도급계약에 적용한다고 하여도 입법관할권의 한계를 벗어나는 것은 아니다. 외국에서 이행되는 하도급거래라 하여도 원사업자와 수급사업자가 모두 국내법인인 경우 외국에서 이루어진 그들 사이의 불공정한 하도급거래를 규제할 필요가 있을 수도 있다. 그러나 다

---

129) 제2조(정의)

130) 공정거래위원회 "해외건설업종 표준하도급계약서"(2018. 12. 28. 개정)에 첨부된 안내문 (https://www.ftc.go.kr/www/cop/bbs/selectBoardList.do?key=202에서 접근 가능, 2021. 8. 15. 최종방문)

131) 대우건설이 해외건설공사에 관하여 유진건업에 한 하도급계약에 관하여 하도급법이 적용됨을 전제로 판단한 공정거래위원회 2007. 10. 19. 의결2007-493 등(https://case.ftc.go.kr/ocp/co/ltfrView.do에서 접근 가능, 2021. 8. 15. 최종방문). 대우건설이 시정명령 취소의 소를 제기하여 다투었으나, 대법원에서도 하도급법이 해외건설공사에도 적용되는지는 다투어지지 않았다. 대법원 2010. 9. 30. 선고 2008두16377 판결 참조.

132) 황성현 (2021), 97은 이를 근거로 하도급법이 해외건설공사에 적용된다는 주장이 가능하다고 한다.

음과 같은 이유로 하도급법의 장소적 적용범위가 국내로 한정되지 않는다고 보기는 주저된다.

첫째, 하도급법 제2조 제7항은 하도급법의 제조위탁과 관련하여 "대통령령으로 정하는 물품에 대하여는 대통령령으로 정하는 특별시, 광역시 등의 지역에 한하여" 적용됨을 명시하고 있어, 하도급법의 장소적 적용범위가 한국임을 전제로 한 것으로 볼 여지가 있다. 둘째, 대법원이 공정거래법의 역외적용이 문제된 '흑연전극봉 사건'133)에서 공정거래법의 역외적용근거로, 부당공동행위의 주체인 사업자를 내국사업자로 한정하지 않았음을 제시134)하였던 것을 주목할 필요가 있다. 공정거래법의 부당공동행위금지에 관한 규정과는 달리 하도급법은 인적 적용범위를 국내사업자로 한정하고 있어 공정거래법과는 출발점이 다르다.

셋째, 최근 대법원은 내국인이 일본에서 안마사 자격이 없는 자를 고용하여 안마시술소를 운영한 사안에서, 의료법상 안마사 자격인정으로 인한 형벌규정(의료법 제82조 제1항,135) 제88조 제3호136))을 속인주의에 따라 당연히 국외에서도 적용한 것이 아니라, "안마사를 시·도지사의 자격인정을 받은 시각장애인으로 제한하는 위 규정의 목적이 시각장애인에게 안마업을 독점시킴으로써 그들의 생계를 지원하고 직업활동에 참여할 수 있는 기회를 제공하려는 데 있음을 고려하면, 대한민국 영역 외에서 안마업을 하려는 사람에게까지 시·도지사의 자격인정을 받아야 할 의무가 있다고 보기는 어렵다"라는 이유로 위 규정의 장소적

---

133) 대법원 2006. 3. 24. 선고 2004두11275 판결.

134) 물론 여기서 말하는 역외적용은 외국인의 외국에서의 행위를 대상으로 한 것이라는 점에서 국내사업자의 외국에서의 행위에 적용되는지의 문제와는 다르다.

135) 제82조(안마사)
　① 안마사는 「장애인복지법」에 따른 시각장애인 중 다음 각 호의 어느 하나에 해당하는 자로서 시·도지사에게 자격인정을 받아야 한다.
　　1. 「초·중등교육법」 제2조 제5호에 따른 특수학교 중 고등학교에 준한 교육을 하는 학교에서 제4항에 따른 안마사의 업무한계에 따라 물리적 시술에 관한 교육과정을 마친 자
　　2. 중학교 과정 이상의 교육을 받고 보건복지부장관이 지정하는 안마수련기관에서 2년 이상의 안마수련과정을 마친 자

136) 제88조(벌칙)
　다음 각 호의 어느 하나에 해당하는 자는 3년 이하의 징역이나 3천만원 이하의 벌금에 처한다.
　　3. 제82조 제1항에 따른 안마사의 자격인정을 받지 아니하고 영리를 목적으로 안마를 한 자

적용범위가 국내로 한정된다고 판단하였다.[137) 이 판시는 입법목적을 근거로 법규의 장소적 적용범위를 한정한 것이다.

이러한 논리는 하도급법에도 적용될 수 있다. 하도급법이 적용대상인 수급사업자와 원사업자를 국내 사업자로 한 것은 일응 한국 내에서 이루어지는 하도급거래에 대하여 시장에서 형성된 거래구조와 질서에 고착화된 불공정을 시정하기 위한 것으로서 국내 시장을 전제로 하였다고 보는 것이 더 설득력이 있다.[138) 따라서 하도급법은 하도급거래에 따른 물품의 제조, 수리, 건설, 용역이 국내에서 이루어지는 경우에 한하여 적용된다고 보는 것이 더 설득력이 있다.

그렇다면 하도급법 제3조의4는 거래질서와 관련성이 높은 행위유형을 대상으로 하는 한도 내에서, 거래질서에 관행으로 뿌리내린 불공정을 시정함으로써 경제정의를 실현한다는 중요한 헌법적 가치를 보호하기 위한 입법목적을 갖고 있다. 그리고 하도급법의 관련규정의 해석으로 그 장소적 적용범위를 국내에서 이루어진 하도급행위로 특정할 수 있다. 또한 하도급법 제3조의4는 입법목적을 달성하기 위한 긴요한 수단에 해당한다. 이를 종합하면, 하도급법 제3조의4는 그 적용범위에 포섭되는 한 문제된 행위유형에 따라 계약이나 불법행위의 준거법에 관계없이 이를 적용한다는 입법자의 적용의지를 도출할 수 있다. 그러므로 하도급법 제3조의4는 국제적 강행규정에 해당한다.

이에 대하여 하도급법이 국제거래를 상정하였다고 볼 사정이 없다는 이유로 하도급법이 국제적 강행규정에 해당하지 않는다는 견해[139)가 있다. 그러나 어떤 법규가 국제거래를 상정하였다는 것(예를 들면 대외무역법)이 국제적 강행규정 판단에 고려요소가 될 수는 있으나, 제3장에서 살펴보았듯이 이것이 유일한 결정적인 요소인 것은 아니다. 어떤 법규가 국제적 적용범위를 명시하지 않았더

---

137) 대법원 2018. 2. 8. 선고 2014도10051 판결.

138) 황성현 (2021), 105도 행정법규의 역외적용은 명문의 역외적용규정이 있거나, 여권법 또는 국적법과 같이 속인주의적 역외적용을 전제하고 있음이 해석상 명백하거나, 역외적용을 하지 않으면 개별 행정법규가 추구하는 목적의 달성이 불가능함이 명백한 경우에 한정되어야 하는데, 단순히 수급사업자의 이익을 보호하기 위해 해외건설공사에도 하도급법이 적용된다고 보는 것은 타당하지 않다고 본다.

139) 한승수 (2017), 100.

라도 그 장소적 적용범위를 특정할 수 있고 강한 공적 목적에 의하여 그 범위에 포섭되는 한 준거법에 관계없이 적용된다는 의지를 읽을 수 있으면 국제적 강행규정에 해당할 수 있다. 하도급법 제3조의4가 그런 예에 해당한다. 따라서 위 견해는 타당하지 않다.

나. 가맹사업법

하도급법에서 제기된 이른바 '갑의 횡포'에 대한 문제의식이 유통관련법으로 확장된 결과, 가맹사업법을 비롯하여 대리점거래의 공정화에 관한 법률, 대규모유통업에서의 거래 공정화에 관한 법률 등 '거래의 공정'에 관한 법률이 계속하여 제정되었다.[140] 이들 법률은 하도급법에서와 마찬가지로 공정거래법의 거래상 지위남용행위의 유형으로 규율되던 것을 별도의 법률로 제정한 것이다. 가맹사업에 있어서의 불공정거래행위는 공정거래위원회가 고시한 '가맹사업(프랜차이즈)의 불공정거래행위의 기준지정고시'와 '국제계약상의 불공정거래행위 등의 유형 및 기준'에 따라 규제되었다가, 2002. 5. 13. 가맹사업법으로 제정·시행되었다.

가맹사업법 제12조 제1항[141]은 가맹본부의 불공정거래행위를 금지하면서, 그 유형으로 "가맹점사업자에 대하여 상품이나 용역의 공급 또는 영업의 지원 등을 부당하게 중단 또는 거절하거나 그 내용을 현저히 제한하는 행위"(제1호), "가맹점사업자가 취급하는 상품 또는 용역의 가격, 거래상대방, 거래지역이나 가맹점사업자의 사업활동을 부당하게 구속하거나 제한하는 행위"(제2호), "거래상의 지위를 이용하여 부당하게 가맹점사업자에게 불이익을 주는 행위"(제3호), "계약의 목적과 내용, 발생할 손해 등 대통령령으로 정하는 기준에 비하여 과중한 위약금을 부가하는 등 가맹점사업자에게 부당하게 손해배상 의무를 부담시키는 행위"(제5호), 그 밖의 행위로서 "부당하게 경쟁가맹본부의 가맹점사업자를 자기와 거래하도록 유인하는 행위 등 가맹사업의 공정한 거래를 저해할 우려가 있는 행위"(제6호)를 규정하고 있다. 각 호의 구체적인 내용은 가맹사업법 시행

---

140) 신영수 (2017), 39.
141) **제12조(불공정거래행위의 금지)**

령 제13조 제1항,[142) 별표 2[143)에서 세부적으로 규정하고 있다.

가맹점사업법이 국제적 강행규정인지의 문제는 이를테면 외국 회사인 가맹본부가 국내의 사업자와 외국법을 준거법으로 하여 가맹계약을 체결하고 가맹점사업자가 국내에서 영업을 하는 경우[144)에 제기된다. 현재 공정거래위원회도 외국 회사가 가맹본부와 국내 사업자 사이의 가맹계약에 가맹사업법을 적용하여 처분을 하고 있는 실정[145)이므로, 가맹사업법 제12조 제1항의 국제적 강행규정성을 검토할 필요가 있다.

가맹사업법에는 가맹계약의 준거법이 외국법임에도 적용된다는 규정이 없고, 역외적용규정을 두고 있지도 않다. 그리고 가맹사업법이 국제적·장소적 적용범위를 정면으로 규정하고 있지도 않다. 따라서 가맹사업법이 강한 공익을 보호하고 있고 관련규정의 해석으로 그 적용범위를 확정할 수 있는지 살펴본다.

가맹사업법은 "가맹사업의 공정한 거래질서를 확립하고 가맹본부와 가맹점사업자가 대등한 지위에서 상호보완적으로 균형 있게 발전하도록 함으로써 소비자 복지의 증진과 국민경제의 건전한 발전에 이바지함"을 목적으로 한다(가맹

---

142) 제13조(불공정거래행위의 유형 또는 기준)

143) [별표 2] 불공정거래행위의 유형 또는 기준(제13조 제1항 관련)

144) 서울중앙지방법원 2020. 4. 1. 2018나63343 판결(확정)의 사안도 그러하다. 이 사건에서는 피고 서브웨이 인터내셔날 비브이는 네덜란드 암스테르담에 본사를 두고 'SUBWAY'라는 상호로 레스토랑 가맹사업을 하는 법인으로, 2013. 10. 29. 원고와 성남 분당구 야탑동에서 SUBWAY 야탑점에 관한 가맹계약을 체결하였다. 위 가맹계약의 준거법은 네덜란드법이었고, 위 가맹계약에는 분쟁을 UNCITRAL 중재규칙에 따라 미국 국제분쟁해결센터(ICDR)에서 해결하기로 하는 중재조항이 있었다. 그 후 원고는 피고가 위 가맹점 인근에 다른 가맹점을 잇달아 개설함으로써 원고의 영업지역을 침해하였다는 등의 이유로 피고를 상대로 서울중앙지방법원에 손해배상을 구하는 소를 제기하였다. 이에 피고는 중재항변을 하였고, 이에 대하여 원고는 다시 위 중재합의가 우리 법상 국제적 강행규정인 가맹사업법 제12조 제1항을 위반한 것으로 무효라고 주장하였다.
　　법원은 위 가맹계약의 준거법인 네덜란드법에 따라 중재합의의 성립과 실질적 유효성을 판단한 후, 가맹사업법이 "가맹사업의 공정한 거래질서를 확립하고 가맹본부와 가맹점사업자가 대등한 지위에서 상호보완적으로 균형 있게 발전하도록 함으로써 소비자 복지의 증진과 국민경제의 건전한 발전에 이바지함을 목적으로 제정된 법으로서, 국제거래에 개입하려는 입법자의 의도를 발견하기 어렵고 역외적용과 관련된 특별한 조항을 두고 있지도 않다"는 이유로 가맹사업법 제12조 제1항이 국제적 강행규정이 아니고, 이 사건 소가 중재합의에 반하여 제기된 것으로서 부적법하다고 판단하였다.

145) 공정거래위원회 2021. 6. 29.자 의결 제2021-182호.

사업법 제1조). 가맹사업법이 법률로 제정된 연혁에서도 알 수 있듯이, 가맹사업법상 불공정거래행위 금지는 하도급법과 마찬가지로 공정거래법의 불공정거래행위 금지의 입법목적과 취지를 공유한다.[146] 가맹사업법이 가맹본부의 불공정거래행위를 금지하는 것은, 그 규제대상인 세부적인 행위유형과 태양이 거래질서와의 관련성이 크다는 전제 하에, 단순히 가맹본부와 가맹점사업자 사이의 교섭력의 불균형을 시정하는 데 있는 것이 아니라, 여기서 나아가 거래에서 관행으로 굳어진 불공정거래행위를 근절[147]하여 시장의 경쟁조건을 개선한다는 강한 공적인 목적을 갖고, 경제부정의를 시정한다는 중요한 헌법적 가치를 실현하기 위한 것이다. 따라서 가맹사업법 제12조가 보호하는 이익이 국가적·경제적 이익이라고 인정할 수 있다.

가맹사업법 제12조 제1항의 금지는 그러한 이익을 실현하기 위한 긴요한 수단에 해당한다. 국내 시장의 경제부정의를 시정한다는 목적은 외국법에 의하여는 달성될 수 없으므로 법규의 등가성, 대체성이 없다. 또한 가맹사업법 제12조 제1항을 위반하여 불공정거래행위를 한 가맹본부는 손해액의 3배를 넘지 아니하는 범위 내에서 배상책임을 질 뿐만 아니라(가맹사업법 제37조의2 제1항, 제2항), 시정조치의 대상이 되고(가맹사업법 제33조 제1항), 시정명령을 받았다는 사실에 대한 공표 또는 거래상대방에 대한 통지명령을 받을 수 있으며(가맹사업법 제33조 제3항), 과징금 부과대상이 된다(가맹사업법 제35조 제1항). 시정조치에 따르지 아니하면 형사처벌대상이 된다. 이 역시 강한 공적 목적을 추단할 수 있는 사정이다. 이것은 국제사법 제7조의 특별한 입법목적에 해당한다. 따라서 다음 문제로 가맹사업법의 강한 공적 목적을 근거로 내국관련성을 기초로 하여 그 국제적, 장소적 적용범위를 확정할 수 있는지 살펴보아야 한다.

장소적 적용범위와 관련하여, 가맹사업법에서 불공정거래행위를 규제하는 목적은 단순히 가맹본부와 가맹점사업자 사이의 유형적 지위의 불균형을 조정

---

146) 대규모 유통업에서의 거래공정화에 관한 법률, 대리점거래의 공정화에 관한 법률도 공정거래법의 입법목적과 취지를 공유한다고 할 수 있다. 이들 법률이 국제적 강행규정에 해당하는지 여부를 검토하는 것은 별도의 기회로 미루기로 한다.

147) 온주 가맹사업법/최영홍 [2020], 제1조, §3.

하려는 것이 아니라, 시장에 고착화된 불합리한 관행을 시정하려는 데 있다. 그런데 국내 시장[148]에서 이루어지는 가맹사업거래의 일방당사자가 외국 사업자이거나 가맹계약의 준거법이 외국법이라는 이유로 가맹사업법 제12조의 규정이 배제된다면 입법목적을 달성하기 어려울 것이다.[149] 한편, 가맹사업법 제2조 제12호는 가맹계약에서 중요한 부분을 구성하는 "영업지역"을 "가맹점사업자가 가맹계약에 따라 상품 또는 용역을 판매하는 지역"으로 정의하고 있다. 따라서 가맹사업법의 내국관련성의 요건으로 영업지역이 우리나라인 경우를 도출할 수 있다.

인적 적용범위와 관련하여, 가맹사업법은 하도급법과는 달리 인적 적용범위를 국내사업자로 한정하고 있지 않다. 가맹사업법은 원칙적으로 가맹계약의 요건을 구비한 모든 사업거래에 적용됨을 전제로 규정하고 있다(가맹사업법 제2조 제1호[150]). 다만 가맹금이 소액인 경우 또는 매출액이 소액이면서 가맹점수가 4개 이하인 경우에 한하여 적용이 배제될 뿐이다(가맹사업법 제3조 제1항[151]).[152]

2002년 가맹사업법이 제정되기 이전 가맹사업거래에서 불공정행위는 공정거래법의 불공정행위로 규제되어 왔는데, 당시 공정거래법에 부당한 국제계약 체결 제한에 관한 구 공정거래법(2016. 3. 29. 법률 제14137호로 개정되기 전의 것) 제32조가 시행되고 있었기 때문에 불공정거래행위에 국제적인 요소가 있는 경우에도 공정거래법의 불공정거래행위에 관한 규정을 적용한다는 입법자의 의지

---

148) 가맹사업법은 국내사업자인 가맹본부가 해외에서 가맹사업을 하는 경우에 적용되는지도 문제될 것이나, 가맹사업법은 공정거래법을 모법으로 하는 것으로서 국내 시장에서의 불공정거래행위를 방지함으로써 공정한 거래질서를 확립하는 데 있는 것으로 보이므로, 외국에서 가맹사업을 영위하는 국내 사업자에 대하여는 적용되지 않는다고 봄이 타당하다. 이와 관련하여, 국내 사업자가 해외에서 가맹사업을 하는 경우에는 가맹사업법이 적용되지 않음을 명시적으로 규정해야 한다는 견해로 온주 가맹사업법/최영홍 [2020], 제3조, §5.

149) 공정거래위원회 2021. 6. 29. 의결 제2021−182호도 같은 취지. 공정거래위원회는 사안에서 네덜란드 암스테르담에 본사를 둔 써브웨이인터내셔날 비브이와 국내 사업자 사이의 가맹계약에 관하여, 써브웨이인터내셔날 비브이가 국내에서 가맹사업을 영위하는 가맹본부라는 이유로 가맹사업법을 적용하였다.

150) **제2조(정의)**

151) **제3조(소규모가맹본부에 대한 적용배제 등)**

152) 다만 이 경우에도 제9조(허위·과장된 정보제공 등의 금지)와 제10조(가맹금의 반환. 그러나 제10조 제1항 제1호는 제외)의 적용은 면제되지 않는다.

를 읽을 수 있었다.[153] 앞서 본 바와 같이[154] 공정거래법 제32조가 삭제된 것은 공정거래법을 국제적인 요소가 있는 계약에 적용하지 않겠다는 취지가 아니었고, 가맹사업법이 별도의 법률로 제정되었다고 하더라도 가맹사업법 제12조가 공정거래법상 불공정거래행위의 성질을 잃었다고 볼 수 없다.[155] 이러한 입법연혁에 비추어 보면, 국내 시장에서의 불공정거래행위가 문제되는 경우 가맹본부가 외국사업자이더라도 가맹사업법이 적용됨을 예정하였다고 해석하는 것이 합리적이다.

그렇다면 가맹사업법은 강한 공적 목적을 갖고 있고 내국관련성의 요건에 의하여 그 장소적 적용범위를 확정할 수 있으므로 국제적 강행규정에 해당한다. 서울중앙지방법원 2019. 8. 26. 선고 2018가합576876 판결도 방론에서이기는 하나, 가맹사업법 제12조가 공정거래법과 같은 목적을 추구하는 것으로서 국제적 강행규정에 해당할 여지가 있음을 인정하였다.

이에 대하여, 가맹사업법이 공정거래법과는 달리 국제적 거래를 상정하지 않았고 가맹사업과 유사한 대리상의 보상청구권에 관한 상법 제92조의2도 사익을 조정하기 위한 규정에 해당하여 국제적 강행규정으로 볼 수 없기 때문에 가맹사업법도 국제적 강행규정으로 볼 수 없다는 견해[156]가 있다. 그러나 앞서 살펴 본 바와 같이 가맹사업법의 규제대상이 공정거래법의 불공정거래행위로 규율되어 왔고 당시 공정거래법에는 국제적 거래에 적용됨을 전제로 한 국제계약의 체결제한에 관한 구 공정거래법 제32조, 제34조가 시행되고 있었으므로, 가맹사업법이 국제적 거래를 전제로 하지 않았다고 단정할 수 없다. 그리고 가맹사업법은 상법의 대리상의 보상청구권과는 달리 사익을 넘는 경제적 질서를 보호한다는 입법목적을 갖고 있고, 내국관련성에 따른 장소적 적용범위를 도출하기 어려운 상법 제92조의2와는 달리,[157] 위에서 본 바와 같이 해석으로써 장소

---

153) 반면 하도급법은 공정거래법 제32조가 도입되기 이전인 1984. 12. 31. 제정되었다. 공정거래법 제32조는 공정거래법이 1990. 1. 13. 법률 제4198호로 개정되면서부터 도입되었다.

154) 제4장 제1절 Ⅰ. 1. 나. 참조.

155) 가맹사업법이 적용되는 범위에서는 공정거래법이 적용되지 않는다(가맹사업법 제38조).

156) 한승수 (2017), 100.

157) 상법 제92조의2의 국제적 강행규정성은 아래 제2절 2.에서 검토한다.

적 적용범위를 제한할 수 있다. 따라서 상법 제92조의2와 가맹사업법을 단순비교할 수 없고, 상법 제92조의2가 국제적 강행규정이 아니라고 하여 가맹사업법도 국제적 강행규정에 해당하지 않는다고 보는 것은 설득력이 높지 않다고 생각된다.

2. 사회적 이익을 보호하는 법규

사회적 이익을 보호하는 법규로서 국제적 강행규정에 해당하는 예로 남녀고용평등법과 문화재보호법을 들 수 있다. 이하에서 차례대로 살펴본다.

가. 남녀고용평등법

남녀고용평등법은 근로관계에서 남녀의 차별을 금지하고 있다. '남녀의 차별'은 합리적인 이유 없이 남성 또는 여성이라는 이유만으로 부당하게 차별대우하는 것을 의미한다. 남녀고용평등법 제8조 제1항은 "사업주는 동일한 사업 내의 동일가치 노동에 대하여는 동일한 임금을 지급하여야 한다"라고 규정하고 있고, 제11조 제1항은 "사업주는 근로자의 정년·퇴직 및 해고에서 남녀를 차별하여서는 아니 된다"라고 규정하고 있다. 이러한 규정이 근로계약의 준거법이 한국법인 경우에만 적용되는지, 아니면 외국법이 준거법인 경우에도 적용되는지 문제된다.

남녀고용평등법은 준거법이 외국법인 경우에도 적용된다고 명시적으로 규정하고 있지 않고 역외적용규정도 없으며, 국제적·장소적 적용범위도 규정하고 있지 않다. 따라서 위 각 규정이 강한 공적 목적을 갖고 그 장소적 적용범위를 특정할 수 있는지 살펴볼 필요가 있다.

노동법은 주로 사회적 약자인 근로자를 보호하기 위한 것으로서 대체로 사익을 조정하기 위한 목적을 가진다. 그러나 사익을 보호하는 규정이 이와 동시에 경제적·사회적·정치적 목적을 실현하기 위한 수단에 해당한다면 국제적 강행규정으로 인정될 수 있다. 남녀고용평등법은 헌법상 평등의 원칙을 구체화한 것으로,[158] "헌법의 평등이념에 따라 고용에서 남녀의 평등한 기회와 대우를 보

---

158) 온주 남녀고용평등법/박귀천 [2019], 제1조.

장하고 모성 보호와 여성 고용을 촉진하여 남녀고용평등을 실현함과 아울러 근로자의 일과 가정의 양립을 지원함으로써 모든 국민의 삶의 질 향상에 이바지하는 것을 목적"으로 한다(남녀고용평등법 제1조). 이는 사회적 약자인 근로자를 보호함과 동시에, 노동시장에서 남녀차별을 철폐하여 헌법적 가치인 평등권(헌법 제11조)과 여성근로자에 대한 차별금지(헌법 제32조 제4항)를 실현하기 위한 것이다.159) 따라서 남녀고용평등법 제8조, 제11조는 단순히 사익을 조정하기 위한 것이 아니라 이를 초월한 중요한 헌법적 가치를 실현함으로써 사회적 질서를 보호한다는 목적을 가진다. 또한 남녀고용평등법 제8조, 제11조는 그와 같은 사회적 질서를 보호하는 데 필수적인 수단에 해당한다. 사업주가 남녀고용평등법 제8조, 제11조를 위반하는 경우 형사처벌 대상이 된다(남녀고용평등법 제37조 제1항)는 점도 강한 공적 목적을 추단할 수 있는 사정이다. 나아가 관련규정의 해석으로써 위 규정의 적용범위를 특정할 수 있는지에 관하여 본다.

남녀고용평등법 제3조 제1항 본문은 "이 법은 근로자를 사용하는 모든 사업 또는 사업장에 적용한다. 다만, 대통령령으로 정하는 사업에 대하여는 이 법의 전부 또는 일부를 적용하지 아니할 수 있다"라고 규정하고 있고, 남녀고용평등법 시행령 제2조는 "법 제3조 제1항 단서에 따라 동거하는 친족만으로 이루어지는 사업 또는 사업장과 가사사용인에 대하여는 법의 전부를 적용하지 아니한다"라고 규정하고 있다. 위 각 규정에 의하면, 제3조 제1항은 적용대상인 사업장의 소재지를 국내사업장으로 명시하고 있지 않으나, 최소한 국내에 소재하는 사업 또는 사업장인 경우에는 시행령 제2조에 의하여 적용이 배제되는 경우가 아닌 한, 근로계약의 준거법에 관계없이 남녀고용평등법이 적용된다는 입법자의 적용의지를 도출할 수 있다. 즉, 국내에 소재하는 사업 또는 사업장이라는 내국관련성의 요건으로 국제적 요소가 있는 법률관계에 위 각 규정이 적용되는 범위를 제한할 수 있다는 의미이다.160)

---

159) 대법원 2019. 10. 31. 선고 2013두20011 판결.

160) 비교법적으로 이와 유사한 취지의 영국의 구 Equal Pay Act 1970도 국제적 강행규정으로 평가된다. 구 Equal Pay Act 1970 제1조는 그 장소적 적용범위를 '영국의 사업장(establishment in Great Britain)'이라고 명시하고, 근로조건에 있어 남녀를 평등하게 취급하여야 한다고 규정하고 있었다. 구 Equal Payment Act 1970은 이를 비롯하여 여러 근로관계법을 통합한

이러한 점을 종합하면 남녀고용평등법 제8조, 제11조는 국제적 강행규정에 해당한다.[161]

나. 문화재보호법

문화재에는 한 국가의 역사·문화·민족적 정체성과 자부심이 배어 있기 때문에 문화재는 단순한 재산 이상의 가치와 의미를 지닌다. 역사적으로 전쟁·정복·식민지배과정에서 광범위한 문화재 약탈이 이루어졌고, 문화재의 도난 및 불법반출도 빈번히 이루어졌으며,[162] 이는 문화재를 불법적으로 거래하는 시장의 존재로 뒷받침되었다. 우리나라에서도 조선시대 왜란과 양요, 일제강점기를 거쳐 군정기, 경제개발기를 지나는 동안 수많은 문화재가 해외로 유출되었다.[163] 이에 세계 각국은 자국의 문화재를 보호하기 위하여 문화재의 수출 및 반출을 금지하고 도난 및 불법반출된 문화재의 반환을 위하여 국제적으로 공조 및 협력[164]하는 한편 국내법으로 문화재보호법을 두고 있다.[165] 국내외 학계에

Equality Act 2010의 시행으로 폐지되었다. Equality Act 2010에는 Equal Payment Act 1970에서와 같은 장소적 적용범위에 관한 규정을 두지 않았는데, 입법자의 의도는 법원이나 중재판정부에, 근로관계와 영국의 관련에 비추어 적용 여부를 결정하도록 하자는 것이라고 한다. Dicey/Morris/Collins [2012], vol. 2, para 33 – 290. 같은 취지의 규정인 독일의 AGG (Algemeinen Gleichbarhandlungsgesetzes)도 국제적 강행규정으로 평가된다. Kaye [1993], 243.

161) 다만 남녀고용평등법 제3조 제1항의 적용범위를 국내 사업 또는 사업장에 한정하는 경우, 남녀고용평등법 제8조, 제11조는 근로자가 일상적으로 노무를 제공하는 국가의 법의 강행규정으로서 국제사법 제28조 제1항에 따라 준거법에 관계없이 적용될 것이므로, 이를 국제적 강행규정으로 인정하는 실익은 크지 않다.

162) 문화재의 약탈과 도난은 비단 과거의 문제가 아니다. 부석사에 있다가 조선시대 왜구의 약탈로 일본으로 반출된 것으로 추정되는 불상을 일본 관음사에서 절취하여 국내에 반입한 사건을 보더라도 알 수 있다. 그 사건의 상세한 사실관계와 관련판결에 관한 평석은 석광현 (2017); 송호영 (2019) 참조.

163) 조부근 (2004), 397.

164) 각국의 문화재보호법의 규정태도가 다르다는 제도적 허점을 이용하여 상대적으로 보호가 허술한 법역으로 문화재를 이동시켜 불법문화재를 합법적인 것으로 세탁하려는 시도가 있어왔으므로, 이에 대응하여 문화재를 효과적으로 보호하려면 국제적 협력과 공조가 필수적이었다. 그 대표적인 예로, UNESCO가 1970년 채택한 "문화재의 불법적인 반출입 및 소유권 양도의 금지와 예방수단에 관한 협약(Convention on the means of prohibiting and preventing the illicit import, export, and transfer of ownership of cultural property, 이하 'UNESCO 협약')"과 사법통일국제협회(UNIDROIT)가 1995년 채택한 "도난 및 불법반출문화재에 관한 협약

서 문화재보호법이 국제적 강행규정이라는 데 견해가 일치하나,[166] 구체적으로 문화재보호법의 어떤 규정이 국제적 강행규정에 해당하는지에 대한 연구는 희소[167]한 실정이다.

우리 문화재보호법[168] 제39조 제1항[169]은 국보, 보물, 천연기념물 또는 국가민속문화재의 국외 수출 또는 반출을 금지하고, 다만 예외적인 경우에 한하여 반입을 조건으로 일정기간 반출을 허용한다. 문화재보호법 제59조 제2항,[170] 제60조 제1항,[171] 제74조 제1항[172]은 국가등록문화재, 일반동산문화재, 시·도지정문화재, 문화재자료 및 시·도등록문화재에 제39조 제1항을 준용하고 있다.[173] 문화재보호법 제66조[174]는 국유문화재의 양도나 사권 설정을 원칙적으

(Convention on Stolen or Illegally Exported Cultural Objects, 이하 UNIDROIT 협약)"이 있고, 유럽연합의 "문화재수출규정(Council Regulation (EC) No 116/2009 of 18 December 2008 on the export of cultural goods)"과 "회원국으로부터 불법반출된 문화재의 환수에 관한 지침(Council Directive 2014/60/EU of the European Parliament and of the Council of 15 May 2014 on the return of cultural objects unlawfully removed from the territory of a Member State and amending Regulation (EEC) No 3911/92 1024/2012 (Recast) OJ L 159/1)"이 제정되어 있다. 이러한 규범들은 세계 각국이 자국 문화재의 불법 수출, 반출을 사전에 예방하고, 불법 반출된 문화재를 반환받을 방법을 강구한 노력의 산물이다. 우리나라도 UNESCO 협약에 가입하였다. 'UNESCO 협약은' 1983. 5. 14. 조약 제809호로 발효되었다. 이는 문화재의 불법반출입과 불법적인 거래를 금지, 예방하기 위한 공법적, 행정적 제재를 주축으로 한다. UNESCO 협약을 소개하는 우리 문헌으로, 송호영 (2019), 287 이하; 서헌제/박찬호 [2007], 석광현 (2020b); 이종혁 (2020) 참조. UNIDROIT 협약을 소개하는 우리 문헌으로, 석광현 (2009a); 조부근 (2004), 388 이하; 이근관 (2007); 손경한 (2009).

165) 미국, 중국, 독일, 영국, 프랑스, 일본의 문화재보호법에 관한 간략한 소개는, 정승우(2019), 203–207.

166) MünchKomm/Martiny [2006], EGBGB Art 34, Rn 122; MünchKomm/Martiny [2021], Rom Ⅰ-VO, Art 9, Rn 101; 석광현 [2013], 142; 신창선/윤남순 [2016], 274; 석광현 (2009a), 330.

167) 선행연구로 석광현 (2015a), 147은 문화재보호법 제20조, 제39조 제1항이 국제적 강행규정에 해당한다고 한다. 이필복 (2021), 159–161은 문화재보호법 제66조, 제87조 제5항이 국제적 강행규정에 해당한다고 하면서 그 밖에 어떤 법규가 문화재보호에 관한 국제적 강행규정에 해당하는지 추가적인 연구가 필요함을 지적한다.

168) 문화재보호법의 제개정 역사에 관한 상세는 조부근 (2004), 382–383 참조.

169) 제39조(수출 등의 금지)

170) 제59조(준용 규정)

171) 제60조(일반동산문화재 수출 등의 금지)

172) 제74조(준용규정)

로 금지한다. 문화재보호법 제87조 제5항175)은 문화재청장이나 시·도지사가 지정한 문화재(제1호), 도난물품 또는 유실물인 사실이 공고된 문화재(제2호), 그 출처를 알 수 있는 중요한 부분이나 기록을 인위적으로 훼손한 문화재(제3호)의 경우 선의취득이 배제되고, 다만 양수인이 경매나 문화재매매업자 등으로부터 선의로 매수한 경우에는 피해자 또는 유실자는 양수인이 지급한 대가를 변상하고 반환을 청구할 수 있다고 규정하고 있다. 문화재보호법 제39조 제1항, 제59조 제2항, 제60조 제1항, 제66조 제1항, 제74조 제1항 제66조는 문화재거래의 채권법적 측면에 관한 규정이다. 제87조 제5항은 문화재거래의 물권법적 측면에 관한 규정인데, 이를 국제적 강행규정으로 인정할지와 관련하여 동산의 물권에 관한 목적물소재지법주의와의 관계도 함께 살필 필요가 있다. 위 각 규정이 국제적 강행규정에 해당하는지에 여부에 따라 아래와 같은 사안에서 결론이 달라질 수 있다. 이하에서 위 각 규정의 국제적 강행규정에 해당하는지 검토한다.176)

[사례 1]

갑이 지정문화재(동산)를 A국에 거주하는 을에게 매도하고 매매계약(매매계약의 준거법이 A국법이었다) 이행을 위해 이를 몰래 A국으로 반출하여 그 곳에서 을에게 인도하였는데, 후에 갑이 우리 법원에 을을 상대로 문화재법 제39조 제1항을 근거로 위 계약의 무효를 주장하면서 문화재의 반환을 구하는 소를 제기하였다.

[사례 2]

을이 갑의 집에 있는 문화재를 절취한 후 이를 악의의 문화재매매업자 병에게 양도하였는데, 정이 선의로 병으로부터 문화재를 매수하였고, 그 매매계약의 준거법이 외국법이다. 정은 위 문화재를 전시하였고, 갑이 이 사실을 알게 되어 우리 법원에 정을 상대로 문화재의 반환을 청구하는 소를 제기하였고, 정은 선의취득 항변을 하였다.

173) 이는 UNESCO 협약을 이행하기 위한 규정이다. 송호영 (2019), 288.
174) 제66조(양도 및 사권설정의 금지)
175) 제87조(다른 법률과의 관계)
176) 문화재보호법 제20조는 외국문화재 보호에 관한 규정으로, 외국으로부터 불법으로 반출되어 한국으로 반입된 외국문화재에 관한 문화재청장의 유치, 보관, 관리와 반출국으로의 반환을 규정한다. 이는 국가 대 국가의 의무를 규정하는 것이므로 이에 대한 검토는 생략한다. 제20조의 국제적 강행규정성에 관한 논의는 석광현 (2015a), 147 참조.

[사례 3]

　을이 갑의 집에 있는 문화재를 절취한 후 이를 몰래 A국으로 반출하여 A국에 거주하는 악의의 문화재매매업자 병에게 양도하였는데, 정이 A국에서 선의로 병으로부터 문화재를 매수하였고, 그 매매계약의 준거법은 A국법이다. 정은 문화재를 국내로 반입하여 전시하였다. 갑이 이 사실을 알고 우리 법원에 정을 상대로 문화재의 반환을 청구하는 소를 제기하였고, 정은 선의취득 항변을 하였다. A국법은 도난문화재에 대한 선의취득을 인정한다.

　문화재보호법은 위 각 규정이 준거법에 관계없이 적용됨을 명시하지 않고 있고, 역외적용규정도 두지 않았다. 그러나 문화재보호법 제39조 제1항, 제59조 제2항, 제60조 제1항, 제74조 제1항은 특정 문화재에 대한 국내에서 국외로 '수출'과 '반출'이라는 국제적 요소가 있는 거래에 적용됨을 명시함으로써 그 국제적, 장소적 적용범위를 규정하고 있다. 그리고 위 각 규정은 아래에서 보는 바와 같이 강한 공적 목적을 갖는다.

　이와 달리 문화재보호법 제66조와 제87조 제5항은 국제적 적용범위를 규정하고 있지 않으나, 강한 공적 목적을 갖고 있고 관련규정의 해석에 의하여 그 적용범위를 확정할 수 있다. 문화재보호법은 "문화재를 보존하여 민족문화를 계승하고, 이를 활용할 수 있도록 함으로써 국민의 문화적 향상을 도모함과 아울러 인류문화의 발전에 기여함을 목적"으로 한다(제1조). 문화재보호법 제39조 제1항, 제59조 제2항, 제60조 제1항, 제74조 제1항은 문화재의 불법 수출 및 반출을 막음으로써, 제66조는 국유문화재의 양도 및 사권 설정을 막음으로써, 문화재보호법 제87조 제5항은 특정문화재를 대상으로 하는 매매 또는 거래 대하여 선의취득을 부정함으로써 문화재를 보호하는 것을 목적으로 한다. 따라서 위 각 규정은 국가의 사회적 이익을 보호하기 위한 것이고, 강한 공익을 실현하기 위한 필수적인 수단에 해당한다. 한 국가의 문화재법은 자국 문화재를 보호하는 것을 주된 목적으로 한다는 점에서[177] 법규의 등가성·대체성이 없다. 문화재보

---

177) 우리 문화재보호법을 보더라도, 문화재의 정의규정에 외국문화재도 포섭시킬 수 있기는 하나, 우리 문화재법상 보호의 초점은 우리나라의 등록문화재나 지정문화재, 국유문화재에 맞추어져 있음을 알 수 있다.

호법 제39조 제1항, 제59조 제2항, 제60조 제1항, 제74조 제1항을 위반한 경우 형사처벌의 대상이 된다(문화재보호법 제90조[178])는 점도 강한 공적 목적을 추단할 수 있는 사정에 해당한다. 그렇다면 강한 공적 목적을 근거로 위 각 규정의 국제적·장소적 적용범위를 한정할 수 있는지 본다.

문화재보호법 제66조는 그 적용대상을 '국유문화재'로 규정하고 있는데, 위에서 본 강한 공적 목적을 고려하면 국유문화재에 관한 매매 또는 거래에 관한 그 계약의 준거법이 외국법이더라도 문화재보호법 제66조를 적용한다는 입법자의 의지를 도출할 수 있다. '국유문화재'라는 요건은 그 자체로 내국관련성의 요건을 충족한다. 국유문화재에 관한 매매 또는 거래의 준거법을 외국법으로 정하기만 하면 이 규정을 회피할 수 있다고 본다면 입법목적이 형해화될 것이다.

문화재보호법 제87조 제5항도 내국관련성을 토대로 그 국제적 적용범위를 확정할 수 있다. 제87조 제5항 제1호, 제2호의 "문화재청장이나 시·도지사가 지정한 문화재", "도난물품 또는 유실물인 사실이 공고된 문화재"는 우리나라에서 지정 또는 공고된 문화재이므로 그 자체로 내국관련성이 인정된다. 제3호의 "그 출처를 알 수 있는 중요한 부분이나 기록을 인위적으로 훼손한 문화재"라는 요건은 문화재 자체를 직접 관찰해보아야만 그 충족 여부를 알 수 있는 요건이므로, '문제된 거래 당시 우리나라에 소재하였던 문화재'로 한정할 수 있고, 이렇게 보면 내국관련성이 인정된다. 문화재보호법 제87조 제5항이 물권의 준거법에 관계없이 적용되지 않는다고 본다면, 문화재불법거래의 당사자들이 문화재의 선의취득이 인정되는 법역으로 발빠르게 문화재를 옮김으로써 위 규정을 회피할 수 있어서 입법목적이 형해화될 것이다. 따라서 문화재보호법 제87조 제5항도 그 각 호에 해당하는 문화재에 대한 매매 등 거래행위의 준거법이나 그 물권의 준거법에 관계없이 적용된다는 입법자의 의지를 읽을 수 있다. 이렇게 보면 문화재보호법 제87조 제5항은 동산에 관한 물권은 동산에 관한 권리의 득실변경을 가져오게 된 원인된 행위 또는 사실의 완성 당시에 목적물이 소재하던 곳의 법

---

178) 제90조(무허가수출 등의 죄)

에 의한다는 목적물소재지법주의[179]를 규정한 국제사법 제19조[180]의 특칙에 해당한다.

이에 대한 반론으로, 문화재법 제87조 제5항이 각 호의 어느 하나에 해당하는 문화재의 매매 등 거래행위에 관하여는 '민법' 제249조의 선의취득에 관한 규정을 적용하지 아니한다고 규정하고 있는 점을 근거로, 문화재법 제87조 제5항은 국제사법 제19조에 의하여 물권의 준거법이 우리 법으로 지정되는 경우에 한하여 적용된다는 주장이 예상된다. 그러나 문화재법 제87조 제5항은 우리 문화재의 효과적인 보호를 위하여, 문화재거래의 채권의 준거법이나 물권의 준거법에 관계없이 그 요건에 해당하는 문화재의 선의취득을 배제하려는 취지라고 보는 것이 더 설득력이 있다고 생각된다. 문화재가 대부분 동산에 해당하고 그 소재지를 옮기는 것이 용이하며, 문화재법 제39조 제1항이 문화재의 수출과 불법

---

179) 문화재보호의 맥락에서 목적물소재지법주의와 대비되는 기원국법주의에 관한 상세한 논의와 이를 지지하는 견해로 송호영 (2004), 249-253. 송호영 (2009), 313-314; 송호영 (2013), 85-95; 송호영 (2019), 299-300. 기원국법주의는 문화재법의 맥락에서는 목적물소재지주의를 수정하여 그 물권에 관하여 문화재의 기원국(lex originis)을 적용하여야 한다는 견해이다. 그 근거로 ① 기원국법주의를 취하면 목적물소재지를 기준으로 하는 목적물소재지법주의와는 달리 연결점의 조작이 불가능하고, ② Savigny가 물건 소재지를 연결점으로 삼은 이유는 원소유자의 자유로운 의사에 따라 물건 소재지가 변경되었음을 전제로 하는데, 문화재의 경우 소유자의 의사에 반하여 반출된다는 점, ③ 문화재는 일반적인 재화와 달리 거래빈도가 높지 않아 문화재의 물권에 관하여 기원국법주의를 취하더라도 거래의 안전을 크게 해치지 않는다는 점, ④ 목적물소재지법보다 기원국법을 준거법으로 삼는 것이 국제예양의 정신에 더 부합한다는 점이 제시된다. 저자는 목적물소재지법주의를 지지한다. '문화재의 기원국'을 문화재의 물권에 관한 준거법 결정원칙의 연결점으로 삼게 되면, 기원국의 정의가 통일되지 않았고, 보호되는 문화재의 범위도 국제규범과 각 국가의 법에 따라 상이한 결과 이중으로 법적 안정성과 예측가능성이 저해되기 때문이다. 따라서 법적 안정성에 유리한 목적물 소재지법이 타당하다. 문화재의 기원국을 밀접한 관련 하에서 포섭할 수 있고, 문화재기원국의 문화재보호법을 밀접한 관련이 있는 제3국의 국제적 강행규정으로서 적용 또는 고려한다면 굳이 기원국법주의를 취하거나 국제적 공서를 원용하지 않더라도 기원국법주의가 추구하는 목적을 달성할 수 있다. 이렇게 보면 목적물소재지법주의의 강점인 법적 안정성과 예측가능성을 유지하면서도 목적물소재지법주의만을 관철하는 경우의 불합리함을 시정할 수 있다. 석광현 (2009a), 358, 이필복 (2021), 128-129도 목적물소재지법주의를 지지한다.

180) **제19조(물권의 준거법)**
   ① 동산 및 부동산에 관한 물권 또는 등기하여야 하는 권리는 그 목적물의 소재지법에 의한다.
   ② 제1항에 규정된 권리의 득실변경은 그 원인된 행위 또는 사실의 완성 당시 그 목적물의 소재지법에 의한다.

반출을 금지하고 있는 점에 비추어 보면, 입법자가 외국으로 불법반출되어 그 곳에서 거래된 우리 문화재에 대하여는 선의취득을 인정한다는 의사였다고 보기 어렵다.

그러므로 문화재법 제39조 제1항, 제59조 제2항, 제60조 제1항, 제74조 제1항, 제66조, 제87조 제5항은 모두 국제적 강행규정에 해당한다. 앞서 제시한 [사례 1]에서 문화재보호법 제39조 제1항이 매매계약의 준거법인 외국법에도 불구하고 적용되므로, 이를 위반한 매매계약은 무효이고[181] 을은 갑에게 문화재를 반환하여야 한다. [사례 2]에서 국제사법 제19조에 따라 목적물소재지법으로서 문화재법 제87조 제5항이 적용되어 정의 선의취득이 배제된다. 정은 갑에게 문화재를 반환하여야 한다. [사례 3]에서는 국제사법 제19조에 따른 물건소재지법은 외국법이지만 문화재법 제87조 제5항이 법정지의 국제적 강행규정으로서 우선하여 적용됨에 따라 선의취득이 배제된다. 정은 갑에게 문화재를 반환하여야 한다.[182]

---

181) 송호영 (2004), 247.

182) 만약 [사례 3]에서 다른 사실관계는 같으나 갑이 정을 상대로 A국 법원에 정을 상대로 문화재의 반환을 청구하는 소를 제기하였다면 A국 법원의 입장에서 우리 문화재보호법 제87조 제5항을 어떻게 취급할지, 즉 제3국의 국제적 강행규정을 어떻게 적용 또는 고려할 것인가의 문제가 제기된다. 이에 대하여는 제5장과 제6장에서 상세히 살펴본다. 이 경우 A국과 우리나라가 UNIDROIT 협약의 체약국이라면 A국 법원이 우리 문화재법을 존중할 조약상 의무를 부담하게 된다는 점에 UNIDROIT 협약에 가입할 실익이 있다. 우리나라는 아직 UNIDROIT 협약에 가입하지 않았으나, 만약 가입하는 경우 문화재의 소재지 국가가 체약국이라면 도난된 문화재의 경우 소유자가 UNIDROIT 협약 제3조 제1항에 따라 점유자를 상대로 회복을 구할 수 있고, 불법반출된 문화재의 경우 협약 제5조에 의하여, 체약국은 다른 체약국의 법원 또는 기타 권한 있는 당국에 대하여 불법반출된 문화재의 반환을 명하도록 요청할 수 있다. 이러한 한도에서 우리나라가 UNIDROIT 협약에 가입한다면 문화재보호에 관한 체약국 사이에서는 제3국의 국제적 강행규정 취급에 관한 일반론은 의미가 감소되나, 그렇다고 하여 문화재보호법의 영역에서 제3국의 국제적 강행규정을 논하는 의미가 없어지는 것은 아니다. 아직 UNIDROIT 협약에 가입하지 않은 국가가 더 많고, 협약에 가입한다고 하더라도 소급효가 인정되지 않아 현재 상황으로서는 협약에 의한 해결에 제한이 있기 때문이다.

제 2 절 국제적 강행규정에 해당하지 않는 예

Ⅰ. 약관의 규제에 관한 법률

과거 판례에서 국제계약이 약관으로 체결되었고 그 계약의 준거법이 외국
법인 사안에서 우리 약관의 규제에 관한 법률(이하 '약관규제법'이라 한다)이 적용
되는지 쟁점이 되었던 예가 상당수 있었다. 이러한 사안에서 당사자는 특정 약
관조항에 대하여, 상대방이 약관규제법 제3조 제3항의 설명의무를 다하지 아니
하였으므로 문제의 약관조항이 계약의 내용으로 편입될 수 없다고 주장하였다.
예를 들면 구 협회적하약관(Institute Cargo Clause)을 사용하여 체결된 영국법이
준거법인 해상적하보험계약의 당사자가, 보험자가 약관의 중요한 내용인 협회선
급약관 부분을 설명하지 않았다는 이유로 협회선급약관이 계약의 내용으로 편
입되지 않는다고 주장하는 것이다.[183] 캐나다 온타리오주법이 준거법인 판매점
계약의 당사자가 위 계약의 해지조항에 대하여 상대방이 약관규제법의 설명의
무를 다하지 않았다고 주장하거나,[184] 영국법이 준거법인 선박보험계약의 워런
티 조항을 설명하지 않았다거나,[185] 뉴욕주법이 준거법인 대출채무보증계약의
준거법조항을 설명하지 않았으므로 계약의 내용이 될 수 없다고 주장한 예[186]
도 있다. 이러한 사안에서 약관규제법이 적용되는지는 사업자의 약관설명의무를
규정한 약관규제법 제3조[187] 제3항이 국제적 강행규정에 해당하는지에 따라 달
라진다. 법원은 대부분의 사안에서 아무런 근거를 제시하지 않고 약관규제법을
적용하였으나,[188] 일부 판례에서는 외국법이 준거법인 경우에 당연히 약관규제

---

183) 대법원 2001. 7. 27. 선고 99다55533 판결.
184) 대법원 2010. 8. 26. 선고 2010다28185 판결.
185) 대법원 2010. 9. 9. 선고 2009다105383 판결, 대법원 2015. 3. 20. 선고 2012다118846,
    118853 판결.
186) 서울고등법원 1994. 3. 4. 선고 92나61623 판결.
187) **제3조(약관의 작성 및 설명의무 등)**
188) 서울고등법원 1994. 3. 4. 선고 92나61623 판결, 대법원 2001. 7. 27. 선고 99다55533 판결,
    대법원 2010. 9. 9. 선고 2009다105383 판결.

법을 적용할 수 있는 것은 아니라고 하여[189] 혼란을 초래하고 있다. 이하에서는 약관규제법 제3조가 국제적 강행규정인지 검토한다.

약관규제법에는 계약의 준거법이 외국법인 경우에도 약관규제법이 적용된 다는 명시적인 규정이 없고, 역외적용규정을 두고 있지 않다. 그리고 약관규제 법이 그 국제적·장소적 적용범위를 정면으로 규정하고 있지도 않다.[190] 그렇다 면 약관규제법 제3조가 강한 공적 목적을 갖고 있고, 관련규정의 해석으로 그 국제적 또는 장소적 적용범위를 특정할 수 있는지 살펴본다.

약관규제법 제1조는 "사업자가 그 거래상의 지위를 남용하여 불공정한 내 용의 약관을 작성하여 거래에 사용하는 것을 방지하고 불공정한 내용의 약관을 규제함으로써 건전한 거래질서를 확립하고, 이를 통하여 소비자를 보호하고 국 민생활을 균형 있게 향상시키는 것"을 목적으로 한다고 규정하고 있다. 이에 의 하면, 약관규제법이 약관제안자와 상대방 사이의 사익을 조정하는 것을 넘어 공 정거래법의 불공정행위금지와 같이 시장에서의 공정한 경쟁을 보호하는 것을 목적으로 하고 있다고 볼 여지도 있다. 그러나 국제적 강행규정인지 여부를 판 단함에 있어서는 해당 법규의 입법목적을 개별적으로 살펴 볼 필요가 있다. 그 런데 약관규제법 제3조 제3항의 설명의무와 제3조 제4항의 편입통제는 고객으 로 하여금 약관을 내용으로 하는 계약이 성립되는 경우에 각 당사자를 구속하게 될 내용을 미리 알고 약관에 의한 계약을 체결하도록 함으로써 고객이 예측하지 못한 불이익을 받게 되는 것을 방지하여 고객을 보호하려는 데 그 입법취지가

---

189) 대법원 2010. 8. 26. 선고 2010다28185 판결, 대법원 2015. 3. 20. 선고 2012다118846, 118853 판결.

190) 이 점에서 약관규제법은, 비교법적으로 유사한 취지의 입법인 독일의 구 약관규제법(Gesetz zur Regelung des Rechts der Allgemeinen Geschäftsbedingungen, AGBG)와 영국의 Unfair Contract Terms Act 1977과 다르다. 독일 구 약관규제법 제12조는 "계약이 공연한 청약, 공연 한 광고 또는 본법 적용영역 내에 있어서의 약관제안자의 이와 유사한 영업활동에 기하여 성 립하고, 계약상대방이 계약 체결에 관한 의사표시를 할 당시 그 주소 또는 거소를 본법 적용 영역 내에 갖고 있고, 그 의사표시를 본법 적용영역 내에서 행하는 때"에 적용된다고 규정하 였다. 영국의 구 불공정계약조항법 제27조 제2항(b)는 "계약 체결과정에서 당사자 일방이 소 비자로서 행위하였고, 그의 당시 상거소가 영국이었으며, 계약 체결을 위한 본질적(essential) 단계가 본인 또는 대리인에 의하여 영국에서 이루어졌을 때"에 적용한다고 규정하였다. 다만 이 규정은 2015. 10. 1. Consumer Rights Act 2015의 시행으로 인하여 폐지되었다.

있다.191) 따라서 약관규제법 제3조 제3항은 사익을 조정하는 것을 목적으로 한
다고 볼 수 있고, 거래질서로 굳어진 불공정한 거래관행을 시정하는 것을 목적
으로 하고 있다거나 그 밖에 사익 조정을 뛰어넘는 공익을 보호하는 것으로 보
기 어렵다.192) 또한 약관규제법은 제3조 제3항 위반 시 행정적·형사적 제재를
가하고 있지 않고, 다만 이를 위반하는 경우 약관규제법 제3조 제4항에 따른 편
입통제가 이루어질 뿐이다.

나아가 약관규제법의 다른 규정들의 해석으로 약관규제법 제3조 제3항의
국제적 또는 장소적 적용범위를 도출하기 어렵다. 약관규제법 제15조,193) 약관
규제법 시행령 제3조194)가 국제적으로 통용되는 운송업·금융업 및 보험업의 약
관과, 무역보험법에 따른 무역보험의 약관에 대하여는 제7조 내지 제14조의 적
용이 배제된다고 규정하고 있음을 근거로 입법자가 약관규제법이 외국법이 준
거법인 경우를 포함하여 국제적 요소가 있는 계약에 적용됨을 예정하였다고 보
는 견해195)도 있다. 그러나 어떤 법규가 국제적으로 적용됨을 의도하는 경우에
는 법률의 총론 부분에 그와 같은 규정을 두지, 적용배제조항만을 두지는 않는
것이 입법기술의 일반적인 예인 점, 운송업·보험업·금융업의 거래실무에서 외
국적 요소가 없는 국내계약에서도 국제적으로 통용되는 약관을 사용하여 계약
을 체결하고 있는 관행이 존재하여 온 점196)을 감안하면 약관규제법 제15조를
근거로 입법자가 약관규제법이 국제적인 법률관계에도 적용되는 것을 의도하였
다고 보기는 부족하다. 약관규제법의 다른 규정들을 살펴보아도 사업자나 상대
방의 영업소 소재 등의 기준으로 장소적 적용범위를 확정할 수 있는 단서도
없다.

따라서 약관규제법 제3조 제3항은 국제적 강행규정에 해당하지 않는다. 학

---

191) 대법원 2010. 9. 9. 선고 2009다105383 판결.
192) 이와 달리 이헌묵 (2014), 99는 약관규제법 제3조가 근본적 또는 필수적 공익을 보호하고 있
     다고 한다.
193) **제15조(적용의 제한)**
194) **제3조(적용의 제한)**
195) 손경한 (2012), 70; 손경한 (2016), 132, 140; 이헌묵 (2014), 99.
196) 이런 경향은 특히 해상운송이나 해상보험계약에서 두드러진다. 이와 같은 사안으로 대법원
     2010. 9. 9. 선고 2009다105383 판결 참고.

계의 다수설197)은 약관규제법의 적용의지를 간취할 수 없고, 약관규제법의 해석상 내국관련성으로 적용범위를 제한할 수 없으며, 국제사법 제27조가 소비자계약의 경우 준거법 합의를 인정하면서 소비자 상거소지법의 보호를 관철하는 데 그치므로 약관규제법의 국제적 강행규정성을 인정하는 것은 균형에 반한다는 것을 이유로 약관규제법이 국제적 강행규정이 아니라고 본다. 저자는 위에서 검토한 바와 같이 다수설이 제시하는 첫 번째 및 두 번째 근거에 동의한다. 다수설의 세 번째 근거에 관하여는, 약관규제법을 국제적 강행규정으로 인정하면 국제사법 제27조와 불균형이 발생하는 것은 사실이나, 그것이 국제적 강행규정 판단에 결정적인 기준이 될 수 없다고 본다.

　한편, 약관규제법이 한국과 밀접한 관련을 갖는 사안에 계약의 준거법에 관계없이 적용되어야 한다는 견해198)도 있으나, 이는 내국관련성의 요건과 해당 규정을 계약의 준거법에 관계없이 적용하려는 입법자의 의지가 있었는지의 문제를 혼동한 것으로 보인다. 입법목적과 관련 규정을 해석하여도 입법자가 문제된 규정을 계약의 준거법에 관계없이 적용한다는 의지를 도출할 수 없는데도 내국관련성이 있다는 이유만으로 약관규제법을 적용할 수는 없다. 따라서 이 견해는 타당하지 않다.

II. 상법 제92조의2

　상법 제92조의2 제1항 본문은 "대리상의 활동으로 본인이 새로운 고객을 획득하거나 영업상의 거래가 현저하게 증가하고 이로 인하여 계약의 종료 후에도 본인이 이익을 얻고 있는 경우에는 대리상은 본인에 대하여 상당한 보상을 청구할 수 있다"고 규정하여 대리상의 보상청구권을 인정한다.199) 국내 회사인

---

197) 석광현 (2011b), 13; 석광현 [2013], 336; 석광현 (2015b), 208 – 209; 신창섭 [2018], 134; 이정원 (2011), 221; 김승현 [2019], 405 – 406.

198) 손경한 (2012), 70; 손경한 (2016), 132, 140.

199) 대리상의 보상청구권은 대리상계약 종료에 따르는 불법행위로 인한 손해배상청구권이 아니고, 계약 종료 후 본인에게 발생하는 부당이득에 대한 반환청구권도 아니며, 본인에 대한 보수청구권도 아닌 법정의 권리이다. 주석 상법/김재범 [2013], 105.

대리상과 외국 회사인 본인 사이에 준거법을 외국법으로 하여 대리상계약이 체결되었고, 대리상이 국내에서 본인의 제품을 판매하다가 본인이 임의로 대리상계약을 해지하였을 때 대리상이 우리 법원에 본인을 상대로 상법 제92조의2에 따라 보상청구를 한다면[200] 상법 제92조의2가 국제적 강행규정인지 여부에 따라 결론이 달라진다. 이하에서는 상법 제92조의2가 국제적 강행규정에 해당하는지 검토한다.[201]

상법에는 상법 제92조의2가 준거법에 관계없이 적용된다는 명시적인 규정이 없다. 상법에 역외적용규정이나 상법 제92조의2의 국제적 또는 장소적 적용범위를 정면으로 규정하는 조항도 없다. 그렇다면 상법 제92조의2가 강한 공적 목적을 갖고 있고 관련 규정의 해석으로 그 국제적 또는 장소적 적용범위를 확정할 수 있는지 본다.

상법 제92조의2는 대규모기업과 거래하는 대리상이 경제적 약자의 지위에 있는 결과 자신의 노력에 대한 적절한 보상을 받지 못하는 것을 방지함으로써 대리상을 보호하기 위한 규정으로,[202] 주로 사인간 유형적인 불균형을 조정하는 목적을 갖는다.[203] 이에 대하여 유럽사법재판소가 *Ingmar* 판결[204]에서 유럽연합의 대리상지침이 국제적 강행규정이라고 판단하였으므로, 대리상지침을 참고하여 제정된 상법 제92조의2도 국제적 강행규정에 해당한다고 주장될 여지가 있다. 그러나 제3장에서 살펴본 바와 같이, 유럽연합에서 대리상지침이 국제적

---

200) 이러한 사안으로 서울고등법원 2005. 1. 14. 선고 2004나14040 판결.

201) 상법 제92조의2가 국내적 강행규정에 해당하는지에 관하여 이 규정의 모태가 된 독일 상법 제89b조와 달리 상법 제92조의2가 강행규정임을 명시하지 않고 있음을 근거로 국내적 강행규정이 아니라는 견해가 있다. 그러나 대리상의 보상청구권은 대리상의 일상적인 보수로 충족되지 못하는 부분에 대한 보상을 목적으로 하는 것으로서 경제적 약자인 대리상을 보호하기 위한 것이어서 국내적 강행규정에 해당한다는 견해(윤남순 (2006), 120; 석광현 (2006b), 32)가 설득력이 있다. 따라서 상법 제92조의2가 국내적 강행규정에 해당한다는 전제 하에 논의를 전개하도록 한다.

202) 석광현 (2006b), 25 – 27.

203) 석광현 (2006b), 54 – 57도 사인간 이익 조정을 목적으로 하는 조항을 국제적 강행규정으로 보는 경우 당사자자치의 원칙이 공동화되고 법적 안정성이 침해될 수 있고, 대리상은 국제사법 제27조, 제28조에 상응하여 보호하는 것이 체계상 더 적합하다는 점을 근거로 상법 제92조의2가 국제적 강행규정에 해당하지 않는다고 본다.

204) 제3장 제3절 Ⅱ. 참조.

강행규정으로 선언된 것은 대리상지침이 회원국들의 국내법을 통일함으로써 유럽연합 시장 내에서 경쟁조건을 통일하기 위한 수단이라는 특수한 맥락 하에서이므로, 더 큰 공동체를 전제로 하지 않는 국내법인 상법 제92조의2와는 상황이 다르다.

　　Ingmar 판결에서는 대리상지침 제17조 내지 제19조가, 국내법을 통일하는 수단으로서 유럽연합 '역내'에서 대리상활동 수행에 대한 제한을 제거하고, '공동체 내에서 경쟁조건을 균등'하게 한다고 보았다. 따라서 유럽연합의 대리상지침은 유럽연합의 강한 경제적 이익을 보호하기 위한 목적을 갖고 있다고 볼 수 있다. 그러나 우리 상법 제92조의2가 이런 목적을 갖고 있다고 보기 어렵고, 대리상과 본인의 사익을 조정하는 것 외에 거래질서에 고착화된 불균형을 시정하기 위한 것이거나 중요한 헌법적 가치를 보호하고 있다고 볼 수 없다. 또한 유럽연합에도 대리상지침이 있다는 점에 비추어 보면, 대리상을 보호하는 규정은 법체계간 등가성, 대체성을 인정할 수 있다. 상법 제92조의2를 위반하더라도 행정적, 형사적 조치의 대상이 되지 않는다. 나아가 상법의 다른 규정들을 살펴보아도, 대리상이나 본인의 영업소 소재지나 대리상의 활동지 등을 기준으로 상법 제92조의2의 국제적 또는 장소적 적용범위를 확정할 수 있는 단서를 찾을 수 없다.

　　그렇다면 상법 제92조의2는 국제적 강행규정에 해당하지 않는다고 봄이 타당하다. 이에 반대하면서 상법 제92조의2가 상사대리시장의 혼란을 바로잡기 위한 것으로서 헌법적 경제질서를 보호하기 위한 규정이라는 이유로 국제적 강행규정에 해당한다는 견해[205]도 있다. 그러나 과연 시장에서 대리상과 본인의 유형적 협상력의 불균형이 하도급거래나 가맹사업거래에서와 같이 거래질서에 영향을 미칠 정도에 이르렀는지에 대한 실증적인 증거가 있는지 의문이다. 이와 같은 견해에 선뜻 수긍하기 어렵다.

　　그 밖에, 유럽연합이 대리상지침을 국제적 강행규정으로 인정하고 있는 이상 우리 상법 제92조의2를 국제적 강행규정으로 인정하지 않으면 국내 회사가

---

205) 이헌묵 (2014), 97, 각주 64.

유럽연합 소속국의 대리상과 계약을 체결하는 경우와 국내 대리상이 유럽연합 소속국의 본인과 계약을 체결하는 경우 사이에 불균형이 발생한다는 이유로 우리 상법 제92조의2를 국제적 강행규정으로 보아야 한다는 견해[206]도 주장된다. 우리 상법 제92조의2를 국제적 강행규정으로 볼 수 없다면 유럽연합과의 관계에서 위 견해가 지적하는 바와 같은 불균형이 발생하는 것은 사실이다. 그러나 이러한 문제를 향후 입법으로 해결하는 것은 별론으로 하더라도, 이와 같은 불균형이 발생한다는 이유만으로 상법 제92조의2가 국제사법 제7조의 요건을 충족하지 못하였는데도 국제적 강행규정에 해당한다고 인정할 수는 없다.

III. 상법 제799조

상법 제799조 제1항은 "제794조부터 제798조까지의 규정에 반하여 운송인의 의무 또는 책임을 경감 또는 면제하는 당사자 사이의 특약은 효력이 없다. 운송물에 관한 보험의 이익을 운송인에게 양도하는 약정 또는 이와 유사한 약정도 또한 같다"라고 규정하고 있다. 이는 헤이그-비스비 규칙(Protocol signed at Brussels on 23rd February 1968 Hague Visby Rules, 1979년 개정의정서 포함) 제III조 제8항[207]을 반영한 것이다.[208] 그러나 상법은 그 과정에서 위 조약의 적용범위

---

206) 윤남순 (2006), 120.

207) **Article III**

   8. Any clause, covenant, or agreement in a contract of carriage relieving the carrier or the ship from liability for loss or damage to, or in connection with, goods arising from negligence, fault, or failure in the duties and obligations provided in this article or lessening such liability otherwise than as provided in these Rules, shall be null and void and of no effect. A benefit of insurance in favour of the carrier or similar clause shall be deemed to be a clause relieving the carrier from liability.

208) 이정원 (2010), 2. 상법이 제정된 후 해상법이 수차례 개정되었는데 상법은 국제해상운송에 관한 국제조약에 가입하는 대신, 1991년 상법 개정으로 조약의 내용을 편입하였다. 1924년 헤이그 규칙(선하증권에 관한 규정의 통일을 위한 국제협약, the International Convention for the unification of certain rules of law relating to bills of lading signed at Brussels on 25th August 1924 Hauge Rules)과 1968년 헤이그-비스비 규칙의 중요규정을 수용하였고, 1978년 국제연합 해상물건운송조약(the United Nations International Convention on the Carriage of Goods by Sea adopted in Hamburg on 31 March 1978, Hamburg Rules)의 내

에 관한 조항(헤이그-비스비 규칙 제Ⅹ조)을 수용하지 아니하였고, 2005년 상법 개정과정에서도 제799조의 국제적 적용범위를 명시하자는 논의209)가 있었으나 결국 개정에 반영되지 않은 결과 우리 상법의 규정 중 헤이그-비스비 규칙을 모델로 한 조항들의 국제적 적용범위가 모호하게 되었다.

따라서 상법 제799조 제1항이 헤이그-비스비 규칙 제Ⅹ조에서와 같이 외국법이 준거법인 경우에도 일정한 요건을 충족하면 적용될 수 있는지, 아니면 운송계약이나 선하증권의 준거법이 한국법인 경우에만 적용되는지 문제된다. 구체적인 사례로, 해상운송계약에서 선하증권에 준거법이 '미국 해상물건운송법과 헤이그 규칙'으로 지정된 사안에서 운송인이 우리 상법에 따른 운송인의 책임액보다 현저히 낮은 수준의 책임을 부담하기로 한 경우210)나 해상운송계약에서 선하증권에 준거법이 '헤이그 규칙, 헤이그-비스비 규칙'으로 지정된 경우211)에 해상운송인의 주의의무 위반과 면책사유와 관련하여 제799조 제1항이 적용될 수 있는지를 들 수 있다. 이런 사안에서 운송계약의 준거법이 어느 국가의 법인지에 따라 운송인의 책임제한액이 극명히 달라지므로,212) 이런 맥락에서 상법 제799조 제1항의 국제적 강행규정성을 검토할 실익이 있다.213)

상법은 상법 제799조 제1항이 운송계약의 준거법이 외국법인 경우에도 적

용도 부분적으로 참작하였다. 그 후 2007년 개정된 해상법은 헤이그-비스비 규칙과 함부르크 규칙에 한 층 더 근접하였다. 주석 상법/정동윤 [2015], 475-476, 최종현 (2008), 57.

209) 한국과 외국 사이에 운송이 이루어지는 경우 상법 제799조 제1항의 적용 여부가 자주 문제되어 해상법을 국제적인 규준에 맞춘다는 취지 하에 2007년 상법 개정과정에서 상법 제799조 제1항의 적용범위에 관한 규정을 제817조에 두는 안이 제안되었다. 그러나 논의과정에서 계약자유의 원칙에 대한 지나친 제한, 자체의 불균형, 한국관할사건의 축소 등을 근거로 하는 많은 반대에 부딪혀 결국 삭제되었다. 개정과정과 개정안의 상세는 석광현 (2009b), 113-114; 김인현 (2009), 149-150 참조.
210) 대법원 1999. 12. 10. 선고 98다9038 판결의 사안이다.
211) 대법원 2003. 1. 10. 선고 2000다70064 판결의 사안이다. 이 사건에서 대법원은 준거법이 외국법임에도 우리 상법이 적용되는 근거를 제시하지 않고 현행 상법 제795조, 제796조 제6호, 제799조를 적용하였다.
212) 운송인의 책임에 관한 것은 아니지만, 정병석 (2010), 199-200은 선박 충돌사고 시 준거법이 어느 국가의 법인지에 따라 선박소유자의 책임제한액이 극명하게 달라지는 예를 소개한다.
213) 이를 국제적 강행규정으로 보는 경우에는 준거법에 관계없이 송하인을 최소한 우리 해상법이 정한 기준에 따라 보호할 수 있게 된다.

용된다거나 역외적용된다는 규정을 두고 있지 않다. 또한 상법이 명시적으로 상법 제799조 제1항의 국제적 또는 장소적 적용범위를 규정하고 있지도 않다. 그렇다면 상법 제799조 제1항이 강한 공익을 보호하는 것으로 관련규정의 해석에 의해 국제적 또는 장소적 적용범위를 확정할 수 있는지에 관하여 본다.

해상운송법에 특유한 해상운송인의 손해배상법제는 다른 경제주체와 달리 해상운송인이 부담하는 위험의 대규모성과 운송의 위험성으로부터 해상기업주체를 보호하는 것을 목적으로 한다.[214] 해상운송계약에서 종래 운송 중 발생한 물건의 손해에 관하여 운송인의 배상책임을 경감하거나 면제하기 위한 면책약관이 널리 이용되어 왔다. 그런데 상법 제799조 제1항은 운송인의 책임을 감면하는 면책약관을 원칙적으로 금지함으로써, 선박소유자와 대체로 대등한 협상력을 갖고 있는 용선자와는 달리, 운송인보다 교섭력이 약하고 경제적으로 약자의 지위에 있는 개품운송계약의 송하인을 주로 보호하기 위한 것이다.[215] 이는 송하인과 해상운송인의 대립되는 이익에 대한 타협의 산물로서 해상운송인이 겪게 되는 고유의 위험 내지 해상의 특징을 고려하여 운송소비자라고 할 수 있는 송하인을 최소한도로 보호하고자 하는 소비자보호의 법리가 반영된 것이다.[216] 따라서 제799조 제1항은 국가의 경제적·정치적·사회적 질서 보호를 위하여 긴요한 규정이 아니라 사익을 조정하기 위한 규정에 해당한다. 상법 제799조 제1항이 거래질서에 고착화된 불공정을 시정한다거나 헌법상 중요한 가치를 실현하기 위한 목적을 가진 것이라고 평가하기도 어렵다. 오히려 운송인의 책임제한에 관하여는 헤이그-비스비 규칙 등 국제조약이 체결되어 있고 각국의 해상운송법[217]에서 유사한 취지의 입법을 두고 있기 때문에 법규의 등가성·대체성을 인정할 수 있어, 각국이 각자의 실정에 맞는 규율을 마련하면 될 것으로 생각한

---

214) 이정원 (2010), 2.

215) 주석 상법/정동윤 [2015], 533, 535; 이정원 (2010), 2, 7-8. 다만 용선계약에서도, 운송인이 감항능력주의의무를 위반하였거나 선하증권이 발행된 때 제3자가 이를 소지하고 있는 경우에 운송인의 책임감면특약은 무효이다(제855조 제5항). 주석 상법/정동윤 [2015], 535.

216) 이정원 (2010), 8.

217) 영국의 Carriage of Goods by Sea Act 1971, 미국의 Carrage of Goods by Sea Act 1936이 그 예이다.

다. 상법 제799조 제1항을 위반하더라도 행정적·형사적 제재가 부과되지 않고, 다만 위반행위의 사법적 효력이 부정될 뿐이다.[218]

　　나아가 상법의 다른 규정의 해석으로 제799조 제1항의 국제적 또는 장소적 적용범위를 확정할 수 있는 단서를 찾기 어렵다. 운송계약이 아니라 용선계약에서 선하증권이 발행된 경우에 관한 상법 제855조[219]를 근거로 선하증권의 발행지, 화물의 수령지, 선적지, 양륙지, 인도지 등을 기준으로 제799조 제1항의 적용범위를 정하는 것을 생각해볼 수 있겠으나 이는 해석론의 한계를 넘는다.[220]

　　2007년 상법 개정과정에서 법무부 개정안은 제817조에 "운송물의 수령지·선적지·양륙지 및 인도지 중 어느 한 곳이 대한민국인 경우, 운송인의 의무 또는 책임을 감경 또는 면제하는 것을 내용으로 하는 특약은 개품운송계약의 준거법에 관계없이 이 절의 규정에 의하여 허용되지 아니하는 범위 안에서는 이를 무효로 한다"는 규정을 둘 것을 제안하였다. 그러나 논의과정에서 여러 이유로 반대에 부딪혀 도입되지 못하였다.[221] 이와 같은 규정이 도입되었다면 상법 제799조 제1항의 장소적 적용범위를 규정하는 것으로서 그 적용범위에 포섭되는 한 운송계약의 준거법에 관계없이 이를 적용한다는 입법자의 적용의지를 도출할 수 있었을 것이다. 그러나 현재 상법의 규정으로는 상법 제799조 제1항의 장소적 적용범위를 이와 같이 제한하기 어렵다.

---

218) 주석 상법/정동윤 [2015], 533.
219) 제855조(용선계약과 선하증권)
　　① 용선자의 청구가 있는 경우 선박소유자는 운송물을 수령한 후에 제852조 및 제853조에 따라 선하증권을 발행한다.
　　② 제1항에 따라 선하증권이 발행된 경우 선박소유자는 선하증권에 기재된 대로 운송물을 수령 또는 선적한 것으로 추정한다.
　　③ 제3자가 선의로 제1항의 선하증권을 취득한 경우 선박소유자는 제854조 제2항에 따라 운송인으로서 권리와 의무가 있다. 용선자의 청구에 따라 선박소유자가 제3자에게 선하증권을 발행한 경우에도 또한 같다.
　　④ 제3항의 경우에 그 제3자는 제833조부터 제835조까지 및 제837조에 따른 송하인으로 본다.
　　⑤ 제3항의 경우 제799조를 위반하여 운송인으로서의 의무와 책임을 감경 또는 면제하는 특약을 하지 못한다.
220) 석광현 [2013], 145도 같은 취지.
221) 반대론의 근거는 계약 자유의 원칙을 지나치게 제한한다거나 한국 법원의 관할권이 축소된다는 것 등이다. 김인현 (2009), 149−150.

이러한 점을 종합하면 상법 제799조 제1항은 국제적 강행규정에 해당하지 아니한다.[222] 구체적인 이유를 설시하지는 않았으나 대법원 1999. 12. 10. 선고 98다9038 판결[223]도 구 상법 제790조 제1항(현행 제799조 제1항)이 국제적 강행규정에 해당하지 않는다고 판시한 것으로 평가된다.[224]

제 3 절 소결론

이상의 검토결과를 다음과 같이 정리할 수 있다. 첫째, 제3장에서 제시한 판단방법과 고려요소가 유용함을 알 수 있다. 국제적 강행규정에 해당하는 법규는 역외적용규정이나 국제적 적용범위를 규정하는 규정에 의하여 당해 법규를 계약이나 불법행위의 준거법에 관계없이 그 적용범위에 포섭되는 한 이를 적용한다는 입법자의 의지가 드러나고 강한 공적 목적을 갖고 있다(공정거래법, 외국환거래법, 대외무역법, 직업안정법, 국가계약법). 또는 역외적용규정이 없고 국제적·장소적 적용범위를 정면으로 규정하고 있지 않더라도 입법목적과 관련규정의

222) 따라서 대법원이 2003. 1. 10. 선고 2000다70064 판결에서 상법 제799조를 적용한 것은 부당하다. 저자가 제시하는 근거와는 다소 다르지만 상법 제799조 제1항이 국제적 강행규정에 해당하지 않는다고 보는 것이 학설의 다수설이다. 석광현 (2009b), 112–113; 김인호 (2012), 132–133; 이정원 (2019), 18은 상법이 헤이그－비스비 규칙 제Ⅹ조를 제외하였으므로 적용의지가 있다고 해석하기 어렵고, 개정 전 상법 하에서 해상적하보험계약에 포함된 영국법 준거약관에 관하여 대법원 1991. 5. 14. 선고 90다카25314 판결이 외국법 준거약관에 의하여 외국법이 적용되는 결과 우리 상법 보험편의 통칙 규정보다 보험계약자에 불리하게 되는 경우에도 제663조가 적용되지 않는다고 판시한 점에 비추어 보면 제799조 제1항도 마찬가지로 외국법이 준거법일 때 적용할 수 없다는 이유로 상법 제799조 제1항의 국제적 강행규정성을 부정한다.
223) 사안에서 대법원은 '재판을 할 법원의 소재국에서 효력을 가진다고 하는 취지는 결국 헤이그 규칙이 그 자체로서 소재국에서 법규범으로서의 효력을 가지는 것을 의미한다고 해석함이 상당한데, 우리나라는 그 헤이그 규칙의 당사자로 가입하지 않았으므로, 헤이그 규칙은 우리나라에서 법규범으로서의 효력을 갖지는 못하고, 우리 상법이 위 헤이그 규칙의 대부분을 수용하고 있는 것은 사실이지만 그러한 사정만으로 위 이면약관 제2조에 의하여 우리 상법이 곧바로 위 운송계약에 따른 법률관계의 준거법으로 된다고 할 수 없다'고 하면서 구 상법 제790조 제1항의 적용을 부정하였다.
224) 석광현 (2009b), 112–113; 김인호 (2012), 133.

해석으로 내국관련성의 요건에 따라 국제적·장소적 적용범위를 확정할 수 있는 단서가 있었다(하도급법, 가맹사업법, 남녀고용평등법, 문화재보호법).

국제적 강행규정에 해당하지 않는 법규는 공통적으로 사익 조정을 위한 입법목적을 갖고 있었고, 사익을 뛰어넘는 강한 공익을 보호하는 것이라고 인정할 수 없었으며, 내국관련성을 토대로 국제적 적용범위를 특정할 수 있는 단서를 찾을 수도 없었다.

둘째, 비교법적으로 약관규제법과 상법 제92조의2와 유사한 법규를 국제적 강행규정으로 인정한 입법례가 있었다는 점은 입법과정에 시사하는 바가 있다.[225] 저자는 위 세 법규 모두 그 입법목적이 국제적 강행규정으로 인정되기 위한 입법목적에 부합하지 않는다고 보지만, 어떤 법익이 강한 국가적·공적 이익에 해당하는지에 대한 가치 판단은 시대와 상황에 따라 달라질 수 있을 것이다. 만약 입법자가 어떤 법규가 강한 공익적 목적을 갖는다고 판단하여 이를 국제적 강행규정으로 의도하였음에도 입법상 부주의와 국제사법적 고려의 불충분함으로 인하여 국제적 강행규정으로 인정되지 못하는 경우는 없어야 할 것이다. 앞서 살펴보았듯이, 어떤 법규에 역외적용규정이 없거나 국제적·장소적 적용범위에 관한 명시적 규정이 없더라도 해당 규정의 입법목적과 관련규정을 해석함으로써 이를 국제적 강행규정으로 인정할 수 있는 경우도 있다. 그러나 이것은 어디까지나 해석으로 내국관련성을 기초로 그 적용범위를 한정할 수 있을 때에 한하고, 그런 단서조차 발견할 수 없다면 그럴 수 없다. 따라서 입법과정에서 이 점에 유의할 필요가 있다. 향후 입법과정에서 법률의 적용범위에 대한 충분한 고려가 필요하고, 그 고려가 명시적인 문언으로 표시되도록 노력하여야 할 것이다.

---

225) 영국에서는 상법 제799조 제1항과 유사한 헤이그-비스비 조약을 국내입법한 규정을 최우선 강행규정으로 인정한다. 그러나 상법 제799조 제1항 상법 제799조 제1항은 국제적 강행규정이라는 관점에서 접근하기보다 조약으로 인한 실질법 통일이라는 관점에서 조약에 가입하는 것이 더 근본적인 해결방법이라고 생각한다. 조약에 가입하지 않으면서 조약에 가입한 것과 같은 효과를 의도한 것이라면 조약의 적용범위를 숙지하고 이것을 국내법에 반영하였어야 한다. 헤이그-비스비 조약을 국내법으로 입법한 영국은 조약의 적용범위에 관한 규정도 함께 도입하였다.

셋째, 강한 규제목적이 있다는 이유만으로 어떤 법규를 국제적 강행규정으로 쉽게 도입하거나 어떤 법규가 국제적 강행규정에 해당한다고 쉽사리 인정하여서는 안 된다. 국제적 강행규정이 사적 자치를 제한하는 국내적 강행규정 중에서도 당사자의 준거법 선택의 자유마저 제한하는 법규임을 감안하면, 어떤 법규를 국제적 강행규정으로 입법하거나 인정하는 것은 엄중하고 신중하게 판단하여야 한다. 또한 역외적용되는 법규를 도입할 때에는 국제적인 규제의 중첩과 이를 해결할 수 있는 방안에 대한 고려도 필요하다.

넷째, 이상에서 검토한 법규 중 국제적 강행규정으로 인정된 예에서 그 위반의 사법적 효력을 규정하고 있는 예는 드물었다. 국제사법에서 국제적 강행규정의 논의가 국제적 강행규정이 사법적 법률관계에 미치는 영향에 관심을 둔다는 점을 상기할 필요가 있다. 어떤 법규가 국제적 강행규정으로 인정되더라도 그 규정이 단속규정인지 효력규정인지 알 수 없다면 그 규정 위반으로 인한 계약의 효력이 무엇인지 판단하기 어려울 것이다. 단속규정과 효력규정의 구별은 실질법에서도 어려운 논점인데, 예측가능성을 위해서 국제적 강행규정 위반의 사법적 효력을 판단하는 기준이 명확히 정립될 필요가 있다.

지금까지 법정지, 준거법소속국, 제3국의 국제적 강행규정에 공통되는 문제인 '어떤 법규가 국제적 강행규정인가'의 문제를 다루었다. 제5장 이하에서는 제3국의 국제적 강행규정에 특유한 문제로, '어떤 요건 하에 제3국의 국제적 강행규정을 적용 또는 고려할 것인가'를 살펴본다.

제3국의 국제적 강행규정의 취급에 관한 비교법적 연구

제3국의 국제적 강행규정의
취급에 관한 비교법적 연구

제3국의 국제적 강행규정은 법정지도 아니고 준거법소속국도 아닌 국가의 국제적 강행규정을 말한다. 국제계약에서 제3국의 국제적 강행규정이 문제되는 경우가 과연 얼마나 될지, 따라서 이러한 논의가 필요한 것인지에 의문이 들 수 있다. 그러나 국제계약과 관련하여 제3국의 국제적 강행규정은 아래 제2절의 독일과 영국 법원의 판례, 제3절의 스위스 판례에서 보는 바와 같이 여러 유형의 국제계약에서 문제되어 왔다. 특히 제3국의 국제적 강행규정으로서 국제계약에 영향을 미칠 수 있는 최근의 예로 미국의 다양하고 광범위한 경제제재(economic sanction), 그 중에서도 2차 제재(secondary boycott)와[1] 세계 각국이 개인정보 보

---

[1] 미국은 제2차 세계대전 이후 적국에 대하여 광범위한 수준의 경제제재를 부과하여 왔다. 미국의 경제제재는 미국과 제재대상자 간의 거래 등을 금지하는 1차 제재와 제3국 또는 제3국 국민 등이 미국이 설정한 제재대상자와 거래하는 경우에 이 제3자들을 상대로 가하는 2차 제재로 구분된다. 미국은 쿠바, 이란, 리비아 등을 국제거래에서 퇴출시키기 위해서 2차 제재를 도입하여 왔고, 최근에는 러시아와 북한에 대하여도 2차 제재의 가능성을 열어놓고 있다. 미국이 취하는 경제제재의 유형과 법적 근거의 상세는 이동은 (2020), 193 – 199 참조. 제5장 제2절에서 소개하는 영국의 *Libyan Arab Foreign Bank v Bankers Trust Co* [1989] QB 728도 미국의 대이란 제재가 문제된 사례이다.

미국의 2차 제재는 제재대상국이 아닌 제3국 또는 제3국 국민이 제재대상국과 거래하는 것도 규제하기 때문에, 제3국과 제재대상국의 입장에서는 미국의 이러한 제재가 제3국의 국제적 강행규정으로 취급될 가능성이 높다. 미국의 경제제재는 대외무역의 수출의존도가 높고 대미수출이 전체 수출의 상당부분을 차지하는 한국의 경제구조 하에서 특히 중요한 함의를 지닌다

호와 소비자 보호를 위하여 도입하는 역외적용법을 들 수 있다.

　　제3국의 국제적 강행규정을 적용 또는 고려할지, 적용 또는 고려한다면 어떻게 할지에 관하여 국제사법에서 논쟁이 뜨겁고 정설이 없다.[2] 외국 공법의 적용범위와 관련하여 속지주의(territoriality) 원칙이 문제될 뿐만 아니라, 제3국의 국제적 강행규정을 고려하기 위해서는 법정지 법관이 다양한 법역과 문화권의 법을 해석해야 하기 때문에, 제3국의 국제적 강행규정이 절차의 효율성, 당사자자치, 법적 확실성과 판단의 통일성을 저해하는 것으로 여겨졌기 때문이다.[3]

　　우리 국제사법에는 제3국의 국제적 강행규정을 어떻게 취급해야 할지에 관한 규정이 없다. 이하에서는 제3국의 국제적 강행규정 적용 또는 고려에 관한 우리 국제사법의 해석론과 입법론을 전개하기 위한 사전작업으로, 제3국의 국제적 강행규정 적용 또는 고려에 관한 이론적 기초를 먼저 살펴본 후 비교법적 연구를 수행한다. 이론적 기초로서, 제3국의 국제적 강행규정을 적용 또는 고려해야 하는 이유와, 제3국의 국제적 강행규정을 적용 또는 고려할 때 형량할 이익을 분류한다(제1절).

　　제3국의 국제적 강행규정의 취급에 관하여 제3국의 국제적 강행규정을 준거실질법의 일반조항 하에서 사실로서 고려하자는 입장(실질법적 해결방법)과 법정지의 저촉법의 차원에서 적용 또는 고려하자는 입장(저촉법적 해결방법)이 대립한다. 따라서 실질법적 해결방법(제2절)과 저촉법적 해결방법(제3절)으로 나누어 비교법적 연구를 수행한다. 그리고 각 해결방법이 제3국의 국제적 강행규정의 적용 또는 고려할 때 형량할 이익을 적절히 반영하고 있는지 평가한다. 그 결과 저촉법적 해결방법으로 제3국의 국제적 강행규정을 적용 또는 고려하는 것이

　　(한국은행의 "국민계정" 자료에 의하면 한국의 GDP 대비 수출입비율은 2018년 82.9%, 2019년 80.1%, 2020년 72.9%에 달한다. 통계청, 국가발전지표 중 수출입비율(GDP 대비)자료 (2021. 6. 9.) https://www.index.go.kr/unify/idx−info.do?idxCd=4207&clasCd=7에서 접근 가능, 2022. 1. 19. 최종방문. 한국의 수출액 중 미국에 대한 수출비율은 2019년 13.5%, 2020년 14.5%, 2021년 14.9%를 차지한다. 한국무역협회, "한국무역통계" 중 상대국별 수출자료, https://www.index.go.kr/unify/idx−info.do?pop=1&idxCd=5010에서 접근 가능. 2022. 1. 19. 최종방문).

2) MünchKomm/Martiny [2006], EGBGB Art 34, Rn 3.

3) Kunda [2015], 332.

실질법적 해결방법보다 당사자의 예측가능성이 더 높고, 제3국의 국제적 강행규정 적용 또는 고려를 둘러싼 이익을 더 잘 형량할 수 있다는 것을 논증한다. 저촉법적 해결방법을 취하는 입장 중에서도 제3국의 범위를 사안과 밀접한 관련이 있는 국가로 보는 입장과 이행지국으로 한정하는 입장이 대립하는데, 전자가 제3국의 국제적 강행규정과 관련된 이익을 더 균형 있게 반영하고 있다는 것을 논증한다.

제1절 이론적 기초

Ⅰ. 제3국의 국제적 강행규정을 적용 또는 고려해야 하는 이유

제3국의 국제적 강행규정을 적용 내지 고려함으로써 그 국제적 강행규정이 소속된 제3국의 이익이 달성된다는 것은 분명하다. 그러나 법정지의 입장에서 준거법소속국도 아니고 법정지법도 아닌 제3국의 국제적 강행규정을 왜 적용 내지 고려해야 하는지 의문이 있을 수 있다. 다음과 같은 설명이 가능하다.

첫째, 국제적인 판단의 일관성을 위해 다른 국가의 이익을 고려해야 한다는 것이다.[4] 이는 외국법과 자국법이 동등하다고 인식한 Savigny의 사고에 기초한다. 법률관계에 가장 적합한 법을 찾아야 하고, 그 법이 법정지에 관계없이 적용되어야 법정지 쇼핑이 방지되고 국제적으로 일관된 판단을 할 수 있다. 그리고 법정지의 공서에 반하지 않는 이상 외국판결을 승인·집행한다. 국제적으로 판결의 승인·집행이 빈번하게 이루어진다면, 그 외국판결의 이면에 있는 국제적 강행규정도 어차피 간접적으로 승인하는 결과가 되므로, 법정지에 계속 중인 소송에서도 법정지의 공서에 반하지 않는 한 외국의 국제적 강행규정을 굳이 고려하지 않을 이유가 없다.

둘째, 국제예양과 상호주의 원칙에 따라 외국의 주권을 존중하고 제3국의

---

4) Hauser [2012], 53; Günther [2011], 22.

국제적 강행규정을 적용해야 한다.5) 상거래의 국제화로 인하여 자국법과 관련
된 법률관계가 외국 법원에서 다투어지는 경우가 증가하였는데, 자국법이 외국
에서 적용되기 위해서는 외국 법원의 도움이 필요하다. 외국 법정지에서 외국
법원이 우리 법을 적용하여 판단한다면, 우리 법원이 외국의 법률관계에 대하여
외국법을 적용하는 것이 상호주의 원칙에 부합한다.

　　셋째, 3국의 국제적 강행규정을 적용 또는 고려함으로써 법정지와 공통되
는 이익 또는 국제적으로 공유되는 이익을 보호할 수 있다.6) 테러 방지에만 국
한되는 것이 아니라, 공정한 경쟁, 문화재 보호, Covid19 전염병 확산 방지 등
전세계적으로 받아들여지는 이익을 보호하기 위하여 국제적인 노력과 협력이
필요한 상황에서 유효한 논거가 된다.7) 이때 제3국의 국제적 강행규정을 적용
또는 고려하지 않는다면 구체적인 사안에서 부당한 결론에 이르게 될 수 있다.

II. 제3국의 국제적 강행규정 적용 또는 고려에서 형량할 이익

　　법원이 어떤 요건 하에서 제3국의 국제적 강행규정을 적용할지는 기본적으
로 계약의 준거법, 법정지법, 제3국법 중 어느 것을 우선하여야 할지의 문제이
다. 따라서 이 문제를 해결할 때 관련된 이익을 분석하고 평가하는 것이 유용하
다.8) 그런데 국내외의 연구에서 국제사법 전반에 관련된 이익을 분류 및 분석하
려는 시도는 있었지만, 제3국의 국제적 강행규정이라는 특정한 맥락에서 대립되
는 이익을 식별하고 분석하려는 시도는 드물었다.

　　독일 국제사법 이익론의 대가인 Kegel 교수는 국제사법에서 전반적으로
고려되어야 할 여러 이익을 분류하였고,9) 국내에도 이러한 분류를 채택한 견

---

5) Günther [2011], 23; Hauser [2012], 54.

6) MünchKomm/Martiny [2006], EGBGB Art 34, Rn 47.

7) 제3국의 이익이 법정지의 관점에서 어느 정도로 보호가치가 있어야 하는 것인지에 관하여는
　　제6장 제3절 I. 2. 참조.

8) Bonomi (1999), 235는 법원이 어떤 요건 하에서 제3국의 국제적 강행규정을 적용할지의 문제
　　는 이익분석으로만 해결될 수 있다고 주장한다. 아래 제3절에서 보는 바와 같이 저촉법적 해결
　　방법을 규정한 입법례는 모두 이익분석에 기초한 것이다.

9) Kegel/Schurig [2004], 128ff. Kegel 교수는 국제사법적 이익을 '당사자이익', '거래이익', '질서

해가 있다.[10] 그러나 Kegel 교수는 제3국의 국제적 강행규정의 맥락에서 고려할 이익을 특정하지는 않았고 구체적인 형량 방법도 제시하지 않는다. Kegel 교수는 제3국의 국제적 강행규정에 관하여 "우리의 것으로 만들 수 있는 국제사법적 이익에 기초하는지 여부를 결정하여야 한다(Umgekehrt müssen wir bei solchen Normen aus dritten Rechtsordnungen selbst entscheiden, ob sie auf kollisionrechtlichen Interessen beruhen, die wir uns eigen machen kann)"라거나, "관련된 이익의 다양성 때문에 모든 간섭규범을 위한 만능열쇠(Passpartout)는 존재하지 않는다"라고 한다.[11] 그러나 이러한 설명은 제3국의 국제적 강행규정의 적용 또는 고려라는 특정한 상황에서 관련된 이익을 분류하고 형량하는 데 그다지 유용하지 않다. 제3국의 국제적 강행규정을 적용 또는 고려할 때에는 관련된 이익을 형량하여 해당 법률관계의 준거법, 제3국, 법정지법 사이에 어떤 것에 우위를 부여할지 정하여야 한다. 그런데 Kegel 교수의 분류에 따르면 그가 제시한 각 이익이 각각 어떤 법의 적용을 명하는지가 분명하게 드러나지 않는다. 이는 제3국의 국제적 강행규정을 둘러싼 이익의 대립구조를 명확하게 드러내지 못한다는 점에서 아쉬움이 있다.

한편, 20세기 미국의 국제사법 혁명을 주도한 Currie 교수는, 각 실질법규마다 그 법규가 추구하는 정책목적, 즉 국가가 정책을 실행하기 위하여 자국법을 적용할 이익을 형량하여 준거법을 정하여야 한다고 주장한다.[12] Currie 교수의 이론은 중첩적으로 적용될 수 있는 모든 실질법규의 정책목적을 형량하여 각 실질법규에 고유한 연결원칙을 밝혀야 하고, 모든 사법상 분쟁이 국가의 정책목

이익'으로 분류하였다. '당사자이익'은 당사자가 자신과 밀접하게 결합되어 있는 법질서에 따라 판단 받는 이익으로, 당사자가 합의한 준거법에 따라 판단 받을 이익이 이에 해당한다. '거래이익'은 거래가 안전하고 원활하게 이루어지는 데 사람들이 갖는 이익이다. '질서이익'은 법이 통일적으로 적용되고 서로 조화를 이루어야 한다는 이익을 말한다. Kegel 교수는 국제사법적 이익 밖의 이익으로, 실질사법적 이익(국제사법적 정의가 예외적인 경우에 실질사법적 정의에 뒤로 물러나야 한다는 이익. 예를 들면 준거법으로 외국법을 적용한 결과가 실질법적 정의관념에 위배되는 때 이를 수정하는 것)과 공법적·국가적 이익(정치적·경제적인 국가간섭에 대한 공법적 이익, 한 국가의 생존과 번영에 관한 이익)이 있다고 설명한다.

10) 이호정 [1985], 16 이하, 안춘수 (2017), 53 이하는 Kegel 교수의 견해를 따른다.
11) Kegel/Schurig [2004], 156.
12) Currie (1958), 237 et seq; Currie의 이론을 소개한 국내문헌으로 장준혁 (1994) 참조.

적을 반영하고 있다는 것이다.[13)]

그러나 이 견해 역시 제3국의 국제적 강행규정을 둘러싼 여러 이익 중 정책목적만을 강조한다는 점에서 한계가 있다. 그리고 개개의 특정 법규를 기준으로 한 준거법의 결정원칙을 제시하고, 그보다 일반적인 연결원칙을 제시하지 못한다는 점에서 준거법 결정에 대한 당사자의 예측가능성이 떨어진다는 문제도 있다.

한편, Bonomi 교수는 제3국의 국제적 강행규정의 적용 또는 고려와 관련된 이익을 '당사자의 이익', '제3국의 이익', '법정지국의 이익', 그리고 '복수국가의 이익(multistate interests)'으로 분류한다.[14)] '당사자의 이익'은 당사자와 가장 밀접한 관련이 있는 법을 선택한다는 이익이다. 이것은 당사자가 특정 법체계가 준거법으로 적용될 것으로 기대하였던 이익을 말한다. 구체적 사안에서 당사자 일방이 준거법이 적용됨에 따라 얻는 이익 또는 불이익은 여기서 말하는 당사자의 이익에 포함되지 않는다. '제3국의 이익'은 제3국의 입장에서 자국의 정책을 실행하기 위하여 자국법을 적용하는 데 가지는 이익이고, '법정지국의 이익'은 제3국의 국제적 강행규정을 적용함으로써 침해될 수 있는 법정지국의 이익 또는 법정지가 보호하고자 하는 가치를 말한다. '복수국가의 이익'은, 국제적 판단의 통일과 조화를 위한 이익(quest for uniformity and international harmony of decisions)을 의미하는데,[15)] Bonomi 교수는 앞의 세 가지 이익은 제3국의 국제적 강행규정의 적용 또는 고려에 결정적인 역할을 하지 못하고 복수국가의 이익이 중요하다고 주장하였다.

Bonomi 교수의 이익 분류가 설득력이 있다. 그러나 저자는 Bonomi 교수가 당사자의 이익, 제3국의 이익, 법정지국의 이익이 제3국의 국제적 강행규정

13) 이 견해가 주장하는 이른바 '정부이익 분석론'은 제3국의 국제적 강행규정의 맥락에 한정된 것이 아니라 국제사법 전반적인 준거법 연결원칙에 관한 것이다. 정부이익 분석론은 로마협약 제7조 제1항 2문, 로마 I 규정 제9조 제3항, 그리고 스위스 국제사법 제19조에 반영되었다. 이 규정들은 정책적 고려에 기초한 이익형량을 통해 제3국법을 적용할지 여부를 결정하는 구조를 취한다. 상세는 제5장 제3절 II., III., V. 참조.
14) Bonomi (1999), 236 et seq.
15) 이는 Kegel 교수의 분류에 따르면 국제적 판단의 일치 또는 조화라는 '질서이익'에 대응한다.

을 적용 또는 고려할 때 중요한 요소가 아니라고 주장한 것에는 동의하지 않는
다. Bonomi 교수는 당사자의 이익과 제3국의 이익, 법정지국의 이익에 큰 비중
을 두지 않았으나, 저자는 이 세 가지 이익 역시 제3국법의 적용 또는 고려에
있어 직접 서로 충돌하는 이익에 해당하므로, 이 세 가지 이익도 균형 있게 고
려되어야 한다고 생각한다. 다만 Bonomi 교수가 말하는 '복수국가의 이익'이라
는 용어가 Bonomi 교수가 의도한 의미와는 달리 여러 국가가 공통적으로 갖는
이익을 의미하는 것으로 오해될 여지도 있으므로, 저자는 '복수국가의 이익'이라
는 용어 대신 '국제적 판단의 조화를 위한 이익'이라는 용어를 쓰기로 한다. 이
하에서는 Bonomi 교수의 이익 분류를 기초로 하되, 저자가 왜 이 당사자의 이
익, 법정지국의 이익, 제3국의 이익도 중요한지 설명하고자 한다.

'당사자의 이익'은 해당 법률관계의 주관적 또는 객관적 준거법이 적용되리
라는 당사자의 적법한 기대를 의미한다.[16] 그렇다면 '당사자의 이익'을, 당사자
가 선택한 준거법을 포함하여, 어떤 규범이 계약을 규율할 것인가에 대한 당사
자의 예측가능성으로 이해할 수 있다. 당사자의 계약상 권리와 의무는 계약의
준거법에 따라 정해진다. 국제계약의 당사자는 계약에 자신이 예상한 준거법이
적용된다는 전제 하에 계약으로부터 얻을 이익과 계약상 감수해야 할 위험을 계
산하고 이를 기초로 행동한다. 이는 Bonomi 교수의 설명과 같이, 구체적인 사
안에서 당사자가 예상한 특정한 법이 적용됨으로써 당사자 일방에게 불리하거
나 유리한 결과가 된다는 것과는 구분된다.[17] 그런데 제3국법은 준거법소속국
법이나 법정지법보다 당사자가 예상하기 어렵다. 그리고 제3국의 국제적 강행규
정을 적용 또는 고려하면 당사자가 예상하지 못한 규범이 당사자 사이의 법률관
계를 규율하게 된다는 점에서 당사자의 이익이 제한될 수 있기 때문에, 제3국법
의 국제적 강행규정을 고려 또는 적용함에 있어 중요하게 고려해야 할 이익에
해당한다.

'법정지국의 이익'은 법정지의 입장에서 제3국법을 적용 또는 고려함으로써
자신의 법체계에 미치는 영향을 통제해야 할 이익[18]을 말한다. 제3국법을 적용

---

16) 이는 Kegel 교수가 말한 당사자이익에 상응한다.
17) Bonomi (1999) 236.

또는 고려함으로써 법정지가 보호하는 근본적인 가치가 침해되어서는 안 된다. 대부분의 국가는 법정지의 국제적 강행규정과 공서가 적용됨을 인정하는데, 이는 법정지국의 이익이 중요한 이익이라는 점을 보여준다.

'제3국의 이익'은 제3국이 입법관할권의 범위 내에서 자국의 중요한 정책목적을 실현하기 위한 이익[19]을 의미한다. 이는 제3국의 주권에 속한다. 이 역시 제3국법의 국제적 강행규정을 적용 또는 고려할지를 판단함에 있어 간과할 수 없는 이익이다. '국제적인 판단의 조화를 위한 이익'도 국제사법의 이상에 부합하는 중요한 이익에 해당한다. 이하에서는 이와 같은 이익 분류를 전제로 제3국의 국제적 강행규정의 적용 또는 고려에 관한 여러 견해를 평가하도록 한다.

제 2 절   실질법적 해결방법

이하에서는 제3국의 국제적 강행규정을 실질법적 차원에서 고려해야 한다는 견해를 비판적으로 고찰하도록 한다. 독일의 학설[20]로 준거법설, 속지주의 원칙, 권력설과 독일 법원과 영국 법원의 태도를 살펴본다.

---

18) 저자가 말하는 법정지국의 이익은 Kegel 교수의 분류에 따르면, 질서이익 중, 법정지에서 하나의 사안에 여러 나라의 법을 적용할 때 법규범의 모순, 흠결, 충돌 없이 가급적 통일적으로 규율할 수 있을 것을 요구하는 내적 판단일치의 이익에 상응한다. 이것은 Kegel 교수가 분류한 이익 중 국제적인 차원에서 여러 법역에서 판단의 일치와 조화를 이룬다는 외적 판단일치의 이익과 구분된다. Kegel 교수가 말한 외적 판단일치의 이익은 Bonomi 교수의 분류에 따르면 복수국가의 이익, 즉 국제적 판단의 조화를 위한 이익에 해당한다.

19) 저자가 말하는 제3국의 이익은 Kegel 교수의 분류에 따르면 실질사법 이익, 공법적 이익 또는 국가적 이익에 상응한다.

20) 학설의 소개는 StauKomm/Magnus [2002], 630ff; MünchKomm/Martiny [2006], EGBGB Art 34, Rn 40 ff; Günther [2011], 57-66; Hauser [2012], 96-100; 석광현 (2015a), 150 이하; 석광현 (2020a), 379-381; 안춘수 (2011), 195-205; 안춘수 [2017], 149-154; 신창선/윤남순 [2016], 279-287. 학설대립은 독일에서 1940년대 Wengler에 의해 촉발되었으나, 로마협약 준비과정에서 1986년 독일 국제사법 개정까지 절정을 이루었다.

I. 준거법설, 속지주의 원칙, 권력설

학설 대립의 실익을 분명히 하기 위해 다음과 같은 사례에서 각 학설이 어떤 결론에 이르는지를 함께 언급하도록 한다.

[사례 1]

갑은 A국에서 문화재로 지정된 조각상의 소유자이고, 을은 한국의 문화재 수집가이다. 그런데 매매계약 당시 A국의 문화재법은 문화재의 수출 및 반출을 금지하고 있었다. 그럼에도 갑은 을에게 조각상을 매도하기로 하는 매매계약을 체결하였다. 매매계약의 준거법은 한국법으로 합의하였고, 조각상은 한국에서 인도하기로 하였다. 매매계약 체결 당시 조각상은 A국에 소재하고 있었다. 매매계약 체결 후 갑은 계속하여 A국에 조각상을 보관하고 있다. 을이 한국 법원에 갑을 상대로 매매계약에 기하여 위 조각상의 인도를 구하는 소를 제기하였다.

[사례 2]

[사례 1] 다른 사실관계는 같으나, 갑은 매매계약 체결 이후 조각상의 인도의무를 이행하기 위하여 A국의 권한당국 몰래 조각상을 국외로 반출하여 한국으로 반입하였고, 현재 문화재는 한국의 모처에 보관되어 있다. 그런데 갑은 한국에 온 후 위 조각상에 관하여 더 높은 매수가를 제시하는 사람을 만나 재차 매매계약을 체결한 후 을에게 매매계약의 이행을 거절하였다. 이에 을은 한국 법원에 갑을 상대로 매매계약에 기하여 위 조각상의 인도를 구하는 소를 제기하였다.

준거법설(또는 사실설, Datumtheorie[21])에 의하면, 준거법소속국의 모든 법이 계약관계를 배타적으로 규율하기 때문에 제3국의 국제적 강행규정은 그 위반의 사실적 효과가 준거실질법의 이행불능, 선량한 풍속 위반 등 일반조항 하에서 사실로서 고려될 수 있을 뿐 저촉법적으로는 고려될 필요가 없다.[22] 준거법설을

---

21) Datumstheorie는 준거법설의 한 유형으로 설명되거나(MünchKomm/Martiny [2006], Art 34, Rn 41.) 준거법설의 인접견해 또는 변형으로 설명되기도 하나(StauKomm/Magnus [2002], EGBGB Art 34, Rn 134; Hauser [2012], 97), 준거법설과 사실설은 제3국법을 준거실질법의 요건 하에서 사실로 다룬다는 점에서 기본적인 취지를 같이 하므로, 함께 설명하기로 한다.

22) ZürKomm/Vischer/Lüchinger [2018], Art 19, Rn 11.

따르면 [사례 1]의 경우 갑과 을이 A국의 권한당국을 기망하여 문화재를 수출하려 하였다면, 준거법인 한국 민법 제103조의 선량한 풍속 기타 사회질서 위반으로 매매계약이 무효가 될 수 있다. 계약이 유효하다면 이행불능을 이유로 갑이 계약을 해제할 수 있다. [사례 2]의 경우에도 민법 제103조에 따라 계약이 무효가 될 수 있다. 그러나 계약이 유효하다면 조각상이 한국에 소재하게 되었으므로 이행불능이라고 할 수는 없다.

　　그러나 준거법설에 대하여는 아래와 같은 여러 비판이 제기되고, 그 비판이 타당하다. 준거법설은 국제화, 국제거래의 자유화가 진행되고 세계경제가 통합되어 가는 현 상황에서 제3국법을 고려할 필요에 충분히 대응하지 못한다.[23] 하나의 계약이 여러 국가에 영향을 미치고 여러 국가가 이를 규제할 긴요한 공익이 있을 수 있음에도 준거법설은 제3국 중 어떤 국가의 국제적 강행규정이 준거법 하에서 고려될 수 있는지 요건을 제시해주지 못한다는 약점이 있다.[24] 따라서 국제거래의 당사자의 예측가능성이 저해된다. 그리고 준거법소속국과 법정지가 다를 경우, 법정지의 입장에서 제3국의 국제적 강행규정을 적용 내지 고려하기 위해서는 법정지가 어떤 형태로든 그 제3국법의 내용을 승인하는 과정이 필요한데, 준거법설에 따를 경우 제3국의 국제적 강행규정의 적용여부와 요건을 오로지 준거법에만 맡기게 되어 법정지의 제3국의 국제적 강행규정에 대한 적용(내지 고려)에 대한 통제가 약화되는 문제도 있다.[25] 그리고 제3국의 국제적 강행규정의 적용 또는 고려 여부가 구체적인 사실관계에 따라 달라질 수 있어 국제적 판단의 조화에도 도움이 되지 않는다. 요컨대 준거법설은 당사자의 준거규범에 대한 예측가능성이라는 측면에서 당사자의 이익, 법정지국의 이익, 제3국의 이익, 국제적 판단의 조화를 위한 이익의 관점에서 모두 불만족스러운 견해이다.

　　속지주의 원칙(Territorialitätsprinzip)은 어떤 국가의 공법이 그 국가 내에서만 적용된다는 견해이다.[26] [27] 외국의 국제적 강행규정은 그 국가 내에 소재한

---

23) MünchKomm/Martiny [2006], EGBGB Art 34, Rn 47; Günther [2011], 59.

24) StauKomm/Magnus [2002], EGBGB Art 34, Rn 134.

25) Hauser [2012], 98, Günther [2011], 57도 같은 취지.

재산과 권리, 그리고 그 국가 내에서 행해져야 하는 행위에 적용되고(속지주의 원칙의 적극적 효과), 그 규정을 위반한 행위의 사법적 효력(계약의 무효 등)은 계약의 준거법에 따라 결정된다. 반면 외국의 국제적 강행규정은 외국 영토 밖에서는 적용되지 않는다(속지주의 원칙의 소극적 효과). 다만 이 경우에도 채무자가 그 외국에 거주하고 있거나 재산을 소유하고 있는 경우와 같이 그 외국이 그 국제적 강행규정을 집행할 수 있는 가능성이 있을 때에는 위 외국법이 준거실질법 하에서 고려될 수 있다.

속지주의 원칙에 의하면, [사례 1]의 경우 조각상이 A국에 소재하고 있으므로 A국법이 적용된다. A국법을 위반한 계약의 사법적 효력은 계약의 준거법인 한국법에 따라 판단한다. 한국법상 한국의 문화재법을 위반한 계약의 효력과 같이 판단하거나, 사안의 사실관계에 따라 민법 제103조 위반이나 이행불능이 될 수 있다. [사례 2]의 경우 조각상이 한국에 소재하고 있으므로 A국법이 적용되거나 고려될 수 없다. 민법 제103조 위반이나 이행불능 모두 문제되지 않는다. 속지주의 원칙이 준거법설과 다른 점은, 준거법설이 외국법 위반의 요건사실이 되는 사실 자체를 준거실질법 하에서 평가하는 것으로 준거법을 적용하는 것인 반면, 속지주의 원칙은 그 국가의 영토 내에서는 외국법을 법으로서 직접 적용하고, 그 외국 '법위반의 효과'를 준거실질법 하에서 평가한다는 것이다.

속지주의 원칙은 준거법설과 비교하였을 때에는 '어떤 국가의 공법이 그 국가 내에서만 적용된다'는 원칙을 제시하고 있어서 당사자의 이익 측면에서는 준거법설보다는 나은 견해이다. 그리고 외국 공법이 그 외국 영토 밖에서는 적용되지 않는다면 법정지국의 입장에서는 외국 공법이 법정지국의 법질서에 미치는 영향을 최소화할 수 있으므로 법정지국의 이익의 측면에서는 그다지 불리하지 않을 수도 있다.

그러나 외국법의 적용여부를 그 영토를 기준으로 결정하는 속지주의 원칙

---

26) MünchKommm/Martiny [2006], EGBGB Art 34, Rn 42는 속지주의 원칙이 특별연결(Sonderanknüpfung)을 실현한다고 설명한다.
27) 이는 외국공법 부적용의 원칙으로 연결된다. 외국공법 부적용의 원칙에 관하여는 제2장 제3절 II. 참조.

은 국제법에서는 의미가 있을지 모르나 국제사법에는 유용하지 않다. 외국 공법이 그 영토 밖에서 직접적으로 집행될 수 없음은 분명하나, 국제사법의 관심사는 그 외국 공법의 타국에서의 직접집행 가부가 아니라 그러한 규정이 사법적 법률관계에 미치는 영향(반사적 효력, Reflexwirkung)이기 때문이다. 속지주의 원칙은 이 문제에 대한 답을 제공해주지 못한다는 난점이 있다.[28] 속지주의 원칙은 제3국의 이익을 충분히 반영하지 못한다는 문제도 있다. [사례 2]와 같은 경우에 속지주의 원칙은 제3국법을 적용하거나 고려하지 않는다. 그러나 이를테면 문화재기원국인 제3국의 입장에서 보면, 자국의 문화재가 실제로 불법으로 수출된 경우와 아직 수출되지 않은 경우 모두 그 불법수출을 막을 이익을 갖는다. 그리고 속지주의 원칙은 제3국 법원이 같은 사안에 대하여 재판하였더라면 제3국의 국제적 강행규정을 적용하였을 것이라는 점에서 국제적 판단의 조화의 이익도 충분히 반영하지 못한다.

권력설(Machttheorie)은 속지주의 원칙에 기초하여 원칙적으로 외국의 국제적 강행규정을 무시하나, 예외적으로 외국이 그 권력을 집행(enforce)할 수 있는 범위 내에서 외국의 국제적 강행규정을 고려한다. 이는 어떤 법률관계가 특정 국가의 입법적·강행적 권한에 따르게 되는 것을 말한다. 예컨대, 채무자가 외국에 재산을 소유하고 있거나 채무자가 그 국가에서 거주하고 있을 때, 또는 그 국가의 영토 내에서 이행이 이루어지는 경우를 들 수 있다. 외국법이 이 요건을 충족시키지 못하면, 그 외국법의 정치적·경제적 목적이 법정지국의 이익과 일치할 때(Grundsatz der Interessenidentität. 이를테면 외국법이 금지하는 것이 비윤리적이거나 사회질서를 해하는 행위인 경우) 적용 또는 고려된다.[29] 이것은 법정지국의 이익에 부합하는 것으로 볼 수 있다. 권력설에 따르면 [사례 1]의 경우 문화재가 A국이 권력을 집행할 수 있는 범위 내에 있으므로 A국법을 직접 적용하거나 한국법 하에서 사실로서 고려할 수 있다. [사례 2]의 경우, 문화재가 이미 반출된

---

28) MünchKomm/Martiny [2006], EGBGB Art 34, Rn 50도 같은 취지. 따라서 외국의 공법이 직접적으로 집행되지 않는다는 점(이를테면 외국 공법에 따라 인·허가를 받아야 할 의무를 인정하거나, 그 위반으로 인한 공법적 제재를 부과하는 것)에서는 여전히 외국 공법 부적용의 원칙이 유지되고 있다고 볼 수 있다. 상세는 제2장 제2절 II. 참조.

29) MünchKomm/Martiny [2006], EGBGB Art 34, Rn 43.

이상 문화재가 A국의 권력을 집행할 수 있는 범위에 있다고 볼 수 없다. 다만 A국의 문화재를 보호하기 위한 A국의 문화재법의 목적이 법정지인 한국의 이익과 공유되므로, A국법을 적용 또는 고려할 수 있다.

그러나 어떤 법규의 실제 집행 가능성이 있는지 판단하기가 어려울 수 있으므로,[30] 권력설은 준거법의 예측가능성이라는 측면에서 당사자의 이익을 충분히 반영하지 못한다. 그리고 권력설은 어떤 국가의 국제적 강행규정을 고려할지 말지를 주로 법현실을 기준으로 결정하는 것은 부적절하다는 문제가 있고,[31] 이러한 태도는 제3국의 이익을 적절히 반영하지 못한다. 법정지국에서 재판할 때 제3국법의 집행 가능성이 없어서 제3국법을 적용 또는 고려할 수 없는 사안을 제3국 법원에서 재판한다면 제3국 법원은 이를 적용 또는 고려할 것이므로, 권력설은 국제적 판단의 조화를 위한 이익도 충분히 반영하지 못한다.

각 학설의 이론구성과 이를 [사례 1], [사례 2]에 적용한 결론을 표로 나타내면 다음과 같다.

[표 1]

		준거법설	속지주의	권력설
사례 1	이론구성	한국법에 따라 판단	A국법 적용 후 그 위반의 효과를 한국법에 따라 고려	A국법 적용 또는 고려
	결론	계약 무효 또는 이행불능	계약 무효 또는 이행불능	계약 무효 또는 이행불능
사례 2	이론구성	한국법에 따라 판단	A국법이 적용되거나 고려되지 않음	A국법의 목적이 한국법의 이익과 일치되는 경우에 한하여 적용 또는 고려
	결론	계약 무효	계약 무효 여지 없음	계약 무효

[사례 2]에서 속지주의 원칙을 적용한 결과를 제외하면, [사례 1], [사례 2]에 각 학설을 적용한 결과 대체로 유사한 결론에 이르게 된다는 것을 알 수 있

---

30) MünchKomm/Martiny [2006], EGBGB Art 34, Rn 51.
31) 석광현 (2020a), 380; Hauser [2012], 99도 같은 취지.

다. 그러나 그렇다고 하여 학설 대립의 실익이 없는 것은 아니다.[32] 각 학설은 제3국의 국제적 강행규정을 어떤 요건 하에서 적용 내지 고려할지에 관한 입장 차이를 보이는데, 이것은 국제거래의 당사자의 준거법과 그 적용결과에 대한 예측가능성을 좌우한다. 준거법설은 제3국의 국제적 강행규정의 적용 또는 고려요건을 전혀 제시하지 못하고 준거실질법에만 의존하고 있다는 문제가 있다. 속지주의와 권력설은 나름의 기준을 제시하고 있지만 그 기준이 만족스럽지 않다. 이 문제는 유사한 입장을 취하였던 독일과 영국의 판례에서 구체적으로 드러난다. 이하에서 살펴본다.

II. 독일

로마 I 규정 이전 독일 연방대법원은 제3국법의 국제적 강행규정을 공법과 사법으로 구분하여, 공법은 외국공법 부적용의 원칙에 따라 적용하지 않았으나,[33] 외국 공법이 전적으로 또는 대부분 사익을 보호하거나 사인간 이해관계를 조정하는 경우 준거법인 독일법의 실질법적 차원에서 사실로서 고려 (materiellrechtliche Berücksichtigung)하는 원칙을 발전시켜 왔다.[34] 독일 법원은 외국법 위반이 비윤리적이어서 독일의 선량한 풍속 위반, 즉 독일 민법(Bürgerliches Gesetzbuch, 이하 'BGB'라 한다) 제138조[35] 위반으로 계약이 무효가 되는지, 또는 외국법 위반의 사실적 효과로 인하여 계약이 이행불능되는지(BGB 제275조[36])를

---

32) 예를 들어 [사례 1]의 경우 준거법설과 권력설이 같은 결론에 이르게 되지만, 준거법설은 제3 국법을 바로 준거법 하에서 사실로서 고려하기 때문에 어떤 국가의 법이 고려될지 당사자의 입장에서 미리 예측할 수 없는 반면, 권력설은 고려대상인 제3국법을 '그 권력이 미치는 국가의 법'으로 제한한 후에 이를 준거법 하에서 사실로서 고려한다는 점에서 준거법설보다 고려대상인 제3국의 범위가 좁다.

33) BGHZ 31, 367, 371. 이는 국제법의 속지주의 원칙에 기초하여, 외국의 공법이 그 영토 내에서만 적용된다고 본 것이다. 다만 외국이 그 공법의 국제적 강행규정을 집행할 권한이 있는 경우 (그 영토 내에 채무자의 거소나 재산이 있는 경우) 고려되어야 한다고 보았다. 사안에서 독일 연방대법원은, 동독의 외환규제법을 적용하지 않았다.

34) BGH VersR 1976, 678; BGHZ 64, 183, 190.

35) **138 Sittenwidriges Rechtsgeschäft; Wucher**

   (1) Ein Rechtsgeschäft, das gegen die guten Sitten verstößt, ist nichtig.

판단한다. BGB 제134조[37]는 강행규정을 위반한 계약은 무효라고 규정하지만, 위 조항의 강행규정은 국내법의 강행규정만을 의미하고 외국의 강행규정을 포함하지 않아서 이를 독일 민법 제134조 하에서 해결할 수 없기 때문이다.[38] 구체적인 판례를 살펴본다.

1. 선량한 풍속 하에서 고려한 사례

가. *Borax* 판결[39]

독일 회사인 피고가 독일 회사인 원고에게 화학물질 Borax 100톤을 매도하기로 하였는데, Borax의 원료는 미국에서 수입되는 것이었다. 그런데 미국은 Borax가 사회주의 국가에 반입되지 않는다는 조건하에 수출허가를 해주었다. 계약당사자들은 Borax의 최종목적지가 동독이라는 것을 알고 있었음에도 이를 숨기기로 공모하였다. 미국법에 의하면 매수인인 원고도 Borax를 사회주의 국가에 매도하지 않는다는 자인서를 작성할 의무가 있었다. 원고가 그 자인서에 서명을 거부하자 피고는 Borax의 인도를 거절하였고, 이에 원고가 피고를 상대로 계약 위반으로 인한 손해배상을 청구하였다.

---

36) **275 Ausschluss der Leistungspflich**
  (1) Der Anspruch auf Leistung ist ausgeschlossen, soweit diese für den Schuldner oder für jedermann unmöglich ist.
  (2) Der Schuldner kann die Leistung verweigern, soweit diese einen Aufwand erfordert, der unter Beachtung des Inhalts des Schuldverhältnisses und der Gebote von Treu und Glauben in einem groben Missverhältnis zu dem Leistungsinteresse des Gläubigers steht. Bei der Bestimmung der dem Schuldner zuzumutenden Anstrengungen ist auch zu berücksichtigen, ob der Schuldner das Leistungshindernis zu vertreten hat.
  (3) Der Schuldner kann die Leistung ferner verweigern, wenn er die Leistung persönlich zu erbringen hat und sie ihm unter Abwägung des seiner Leistung entgegenstehenden Hindernisses mit dem Leistungsinteresse des Gläubigers nicht zugemutet werden kann.
  (4) Die Rechte des Gläubigers bestimmen sich nach den §§ 280, 283 bis 285, 311a und 326.

37) **134 Gesetzliches Verbot**
  Ein Rechtsgeschäft, das gegen ein gesetzliches Verbot verstößt, ist nichtig, wenn sich nicht aus dem Gesetz ein anderes ergibt

38) BGHZ 34, 169, 176.

39) BGHZ 34, 169-179.

　　독일 연방대법원은, 당사자가 미국의 수출금지규정을 사기적으로 위반하여 사회주의 국가로 화학물질 Borax를 수출하려는 계약은 당국을 기망하려는 당사자의 의사가 명백한 이상 독일의 선량한 풍속(BGB 제138조)을 위반한 것이라고 보았다. 미국의 수출금지규정의 정치적 목적이 독일을 비롯한 서유럽국가들의 평화와 자유를 유지하기 위한 정책과 부합하고, 그것이 미국의 이익뿐만 아니라 자유로운 서구의 이익 및 독일의 이익도 보호하기 때문에, 이를 위반하는 계약은 독일의 선량한 풍속 위반으로 무효라고 판단하였다.

나. *Borsäure* 판결[40]

　　이 사건에서도 미국의 수출금지규정이 문제되었다. 미국은 붕산(boric acid)을 사회주의 국가로 수출하는 것을 금지하고 있었다. 그런데 미국의 매도인은 독일 회사인 매수인과 붕산에 관한 매매계약을 체결한 후, 붕산의 최종목적지가 폴란드라는 것을 알면서도 사기적인 방법으로 수출허가를 받았다. 그 후 매도인은 해상운송인인 독일 회사와 사이에 미국에서 독일로 이를 운송하는 계약을 체결하였고, 매수인은 피고 독일 보험회사와 해상보험계약을 체결하였다. 위 보험계약에는 압수를 언급하는 협회전쟁조항(Institute War Clause)가 포함되어 있었다. 그런데 그 후 수출허가가 잠정적으로 취소되었고 붕산이 뉴욕에서 압수되었다.

　　한편, 매수인은 신용장을 발행한 원고 독일 은행에 보험목적물을 양도하고 선하증권을 교부하였다. 이에 원고 독일 은행이 피고 독일 보험회사를 상대로 보험금 청구의 소를 제기하였다. 독일 연방대법원은 *Borax* 판결을 인용하여, 미국의 수출금지규정은 미국의 이익뿐만 아니라 서구의 평화와 자유질서를 유지하기 위한 것이기 때문에 이를 위반한 매도인과 매수인 사이의 매매계약은 독일 민법 제138조의 공서를 위반한 것으로 무효이고, 따라서 보험계약의 피보험이익이 존재하지 않는다고 판단하였다.

---

40) BGH NJW 1962, 1436-1438.

다. 나이지리아 가면 판결[41]

이 판결은 제3국의 국제적 강행규정에 관한 독일 연방대법원의 리딩케이스로 평가된다. 이 사건에서는 나이지리아 회사가 나이지리아 문화재법을 위반하여 나이지리아 문화재인 가면과 조각상을 나이지리아로부터 독일 함부르크로 수출하는 계약을 체결하였다. 나이지리아 회사는 운송인과 해상운송계약을 체결한 후, 독일 회사인 피고와 해상보험계약을 체결하였다. 그러나 해상운송 도중 문화재 일부가 멸실되었다. 이에 원고는 나이지리아 회사로부터 보험계약상 권리를 양수한 후 피고를 상대로 보험금을 청구하였다.

매매계약의 준거법은 독일법이었으나, 독일 연방대법원은 나이지리아의 문화재법을 위반한 매매계약이 BGB 제138조의 선량한 풍속을 위반한 것으로서 무효라고 판단하였다. 연방대법원은 외국의 강행규정은 독일에 구속력이 없으므로 외국 강행규정을 위반한 경우 독일의 강행규정 위반에 관한 제134조가 적용될 수 없지만, 간접적으로 독일의 선량한 풍속을 위반하는지 판단하여야 한다고 보았다. 나이지리아 문화재법은 계약 체결 전에 제정된 것이었는데, 이는 문화재의 불법반출입 및 소유권이전금지와 예방수단에 관한 UNESCO 협약에서 알 수 있듯이, 문화재를 보호하기 위한 국제적인 추세에 부합한다. 법원은 자국의 문화재를 보호하려는 모든 국가는 외국의 협력을 필요로 한다고 하면서, 매매계약이 무효이고, 따라서 보험계약의 피보험이익이 존재하지 않는다고 판단하였다. *Borax* 판결이나 *Bräusere* 판결에서는 제3국의 규정이 보호하려는 가치를 독일이 공유하는지가 판단요소로 작용하였는데 비하여, 이 사건에서 법원은 '모든 국가가 공유하는 가치'를 기준으로 판단하였다.[42]

라. 공무원에 대한 수뢰금지[43]

독일 연방대법원은 외국 공무원의 수뢰를 금지하는 외국법의 효력을 인정

---

41) BGHZ 59, 82-87.

42) 송호영 (2004), 248은 독일 법원이 유네스코 협약 가입 여부와 관계없이, 협약의 기본정신을 일종의 국제법적 공서로 보고 이를 다시 독일 국내법의 공서양속의 판단기준으로 한 것이라고 설명한다.

43) BGHZ 94, 268, 271.

하였다. 위 사건에서는 준거법이 독일법인 대리상계약(agency contract)이 문제되었는데, 그 주된 목적은 나이지리아법을 위반하여 나이지리아 공무원에게 뇌물을 제공하는 것이었다. 법원은 외국의 금지규정이 독일에서 지배적인 법적 윤리적 관점에 따라 승인되어야 하는 경우, 이를 위반한 것은 일반적으로 유효한 윤리적 원칙에 반하는 것으로서 무효라고 판단하였다.

2. 이행불능 하에서 고려한 사례[44]

과거 독일 제국대법원은, 외국의 강행규정으로 인하여 계약의 이행이 사실상 불가능해진 경우 이를 독일법상 계약의 이행불능에 해당한다고 보았다. 영국 회사가 독일 회사에 물품을 매도하였는데, 그 후 전쟁이 발발하여 영국의 적국과 교역금지법(Trading with the Enemy Act)에 의하여 영국 회사가 독일로 물품을 운송할 수 없게 되었다. 이에 독일 회사가 영국 회사를 상대로 물품미인도로 인한 손해배상을 청구하였다. 법원은, 영국의 교역금지법이 독일의 이익에 반하고, 독일의 공서에 반하기 때문에 적용될 수 없다고 보았다. 그러나 당사자가 위 법을 위반하는 경우 무거운 제재를 받게 되기 때문에 법원이 위 법의 존재 자체를 무시할 수는 없으므로, 영국 당사자의 인도의무는 사실상 이행불능이 되었다고 판단하였다. 이 사건에서 법원은 영국법을 적용한 것이 아니라, 그 사실상 효과를 고려하여 독일법상 이행불능이 되었다고 보았다.

3. 행위기초의 교란(BGB 제313조) 하에서 고려한 사례

독일 연방대법원이 외국 강행규정의 사실상 효과를 고려하여, 계약의 기초가 된 사정이 교란(Wegfall der Geschäftsgrundlage[45])되었다는 이유로 계약을 변

---

44) RGZ 93, 182ff.

45) 313 Störung der Geschäftsgrundlage

(1) Haben sich Umstände, die zur Grundlage des Vertrags geworden sind, nach Vertragsschluss schwerwiegend verändert und hätten die Parteien den Vertrag nicht oder mit anderem Inhalt geschlossen, wenn sie diese Veränderung vorausgesehen hätten, so kann Anpassung des Vertrags verlangt werden, soweit einem Teil unter Berücksichtigung aller Umstände des Einzelfalls, insbesondere der vertraglichen oder gesetzlichen Risikoverteilung, das Festhalten am unveränderten Vertrag nicht

경한 사례도 있다.[46] 테헤란에 거주하는 이란 회사가 독일 주류회사와 계약을
체결하였는데, 그 준거법은 독일법이었다. 계약의 구체적인 내용은 양 회사 사
이에 이전에 발생한 분쟁을 해결하기 위해 독일 회사가 이란 회사에 손해배상금
을 지급하고, 일정기간 맥주를 유리한 가격에 공급한다는 것이었다. 그 후 이란
이 주류수입금지법을 제정한 결과 독일 회사가 이란에 맥주를 송부하는 것이 불
가능해졌다. 이란 회사가 위 계약에서 정한 손해배상금의 지급을 구하는 소를
제기하자, 독일 연방대법원은 손해배상금을 지급할 의무가 이행불능된 것은 아
니지만, 위 화해계약의 기본적인 기초가 상실되어 계약이 변경되어야 하고 당사
자 쌍방이 이란의 주류수입금지규정으로 인한 위험을 분담해야 한다고 판시하
였다. 따라서 독일 회사가 위 손해배상금의 절반과 이란 회사가 맥주를 공급받
아서 취득하였을 이익의 절반을 지급할 의무가 있다고 판시하였다.

4. 평가

독일 연방대법원은 외국 공법 부적용의 원칙에서 출발하여 제3국의 국제적
강행규정을 준거실질법(위에서 본 판결들의 사안에서는 모두 계약의 준거법이 독일법
이었다)의 일반조항 하에서 사실로서 고려하였다. 속지주의에 기초한 외국 공법
부적용의 원칙이 국제사법에서 유용한 해결방법이 될 수 없다는 것은 앞서 언급
한 바와 같다.[47] 준거법설에 대한 비판과 마찬가지로, 이러한 입장은 어떤 범위
의 제3국의 국제적 강행규정이 어떤 요건 하에서 고려될 수 있는지를 알 수 없
다는 점에서 당사자의 준거규범에 대한 예측가능성이 저해되므로, 당사자의 이
익을 충분히 반영하지 못한다. 그리고 법정지의 공서가 적용되는 사안이 아닌
한, 법정지국이 제3국의 국제적 강행규정이 보호하려는 이익이 법정지의 가치에

---

zugemutet werden kann.

    (2) Einer Veränderung der Umstände steht es gleich, wenn wesentliche Vorstellungen, die
       zur Grundlage des Vertrags geworden sind, sich als falsch herausstellen.

    (3) Ist eine Anpassung des Vertrags nicht möglich oder einem Teil nicht zumutbar, so kann
       der benachteiligte Teil vom Vertrag zurücktreten. An die Stelle des Rücktrittsrechts tritt
       für Dauerschuldverhältnisse das Recht zur Kündigung.

46) IPrax 1986, 154.
47) 제5장 제2절 Ⅰ. 참조.

부합하는지 심사할 수 없다는 점에서 법정지국의 이익도 적절히 반영하지 못한 다. 그 밖에도 이러한 태도가 타당하지 않은 이유는 다음과 같다.

첫째, 외국법을 준거실질법 하에서 사실로 고려하는 것과 그 규범적 효력을 인정하는 것의 경계가 모호하고, 외국법을 규범적인 맥락에서 고려하는 것은 어떤 방식으로든 이를 '적용'하는 것에 해당하므로, 이는 저촉법으로 해결되어야 한다는 비판48)이 있다. 이 비판의 근거는, 선량한 풍속 위반, 이행불능, 사정변경의 원칙 등 실질법 원칙은 국내법의 원칙이라는 점에 비추어 볼 때 이를 외국법 위반에 적용하는 데 무리가 있고,49) 저촉법의 문제를 실질법의 문제로 바꾸는 것은 문제의 본질을 흐리고 적절한 해결방법을 찾는 데 적합하지 않다는 것이다.50) 이 비판이 설득력이 있다. 예컨대 계약의 목적물인 특정물이 제3국의 국제적 강행규정에 따라 압수 또는 몰수되었다면 그 압수 또는 몰수사실을 기초로 준거실질법 하에서 이행불능이 되었다고 할 수 있다. 그런데 독일 법원에서 영국의 적과의 교역금지법이 문제되었던 판결51)에처럼, 외국법에 기하여 몰수 등의 처분이 이루어진 것이 아니라, 단지 외국법의 강행규정의 '존재'를 이유로 채무자가 이행을 거부하는 경우 준거실질법 하에서 이행불능을 구성하는 '사실'로 고려할 수 있는지 의문이다. 독일 법원이 외국법에 따른 구체적인 처분이 이루어지지 않은 상태에서, 단지 외국법을 위반하면 중한 제재를 받게 된다는 사정을 사실상 이행불능으로 판단한 것은 그 외국법의 규범적 효력을 인정한 것으로 볼 수 있다.

둘째, 앞서 본 사례들에서 제3국의 국제적 강행규정 위반이 독일법의 선량한 풍속 위반에 해당하는지를 심리하기 위해서는 일단 사안의 사실관계가 제3국의 국제적 강행규정을 위반한 것인지를 살펴야 한다. 이는 필연적으로 그 강행규정의 요건과 효과를 살피는 과정을 수반하는데 이 역시 외국법을 법으로서 고려하는 것에 해당한다.

---

48) Vischer (1992), 13, 177; MünchKomm/Martiny [2006], EGBGB Art 34, Rn 48-50, Schäfer [2010], 217.
49) Vischer (1992), 13, 177.
50) MünchKomm/Martiny [2006], EGBGB Art 34, Rn 48-50, Schäfer [2010], 217.
51) RGZ 93, 182. 위 2. 참조.

셋째, 독일 대법원이 공무원에 대한 수뢰금지 판결52)에서, 외국의 금지규정이 독일에서 지배적인 법적 윤리적 관점에 따라 승인되어야 하는 경우 이를 위반하는 것은 독일의 선량한 풍속 위반에 해당한다고 한 점을 주목할 필요가 있다. 이는 제3국의 국제적 강행규정 위반이 실질법 위반이 되는 이유를 설명하기 위하여 제3국법의 내용과 그 보호법익을 심사한 후 국내법의 보호법익으로 편입하는 논리구조를 취한 것이다. 나이지리아 가면 판결과 *Borax, Boräuser* 판결53)에서 문제된 제3국의 국제적 강행규정이 보편적 가치를 보호한다거나, 독일의 이익에 부합한다는 설시한 것도 마찬가지 논리에 기초하고 있다. 이러한 논리는 외국법의 내용이 법정지법의 관점에서 보호할 만한 가치가 있는 것인지를 검토한 것인데, 외국 판결승인 여부에 관하여 승인거부사유로서 공서 위반을 심리하는 것 또는 외국법 적용의 결과에 대하여 공서 위반 여부를 심리하는 것과 유사하므로, 실질법보다는 국제사법 이론에 가깝다. Kegel 교수도 이 판결은 독일 법원이 사실상 나이지리아법의 국제사법적 이익이 보호가치가 있다고 보아 그 이익에 효력을 부여한 것이라고 평가한다.54)

넷째, 법원의 사실심리에 대한 부담이 가중된다. 제3국의 국제적 강행규정의 적용 또는 고려에 관하여 저촉법에 정립된 원칙이 없으면, 실질법 원칙 위반 여부를 판단하기 위해 그 요건사실 및 간접사실을 심리해야 하기 때문이다. 예를 들면 제3국의 국제적 강행규정 위반이 준거법의 선량한 풍속 위반이 되는지 판단하기 위해 당사자의 기망적 의도가 있는지 심리하여야 하는데, 기망적 의도를 인정하기 위한 간접사실을 심리해야 하는 부담이 가중된다. 준거법이 외국법이라면 준거실질법의 일반조항의 요건을 심리하는 데 대한 부담이 가중될 것이다. 반면, 제3국의 국제적 강행규정을 어떤 요건 하에 적용 또는 고려할 것인지 저촉법에 규정을 두면 이러한 수고로움을 덜 수 있다.

---

52) 위 1. 라. 참조.
53) 위 1. 가., 나. 참조.
54) Kegel/Schurig [2004], 156. Kegel 교수는 따라서 독일 법원이 이 사안에서 BGB 제138조가 아니라 독일 강행규정 위반으로 인한 계약의 무효를 규정한 BGB 제134조를 적용하여 무효로 선언하였어야 한다고 하면서, 위 판결이 안개전략(Vernebelungstaktik)에 해당한다고 비판한다.

Ⅲ. 영국

로마 Ⅰ규정 시행 전 영국도 독일 법원과 마찬가지로 실질법적 해결방법을 취하였다. 보통법에서는 원칙적으로 준거법의 강행규정만이 계약의 유효성을 규율하고,55) 일반적으로 당사자의 약정으로 특정 국가의 강행규정 적용을 회피할 수 있다고 보았다.56) 그러나 예외적으로 제3국법에 의하여 불법인 청구를 받아들이지 않았는데, 이는 ① 예양(comity) 및 영국의 공서(English public policy)에 위배되는 경우와(이하 '공서-예양 원칙'57)이라 한다) ② 이행지법에 의하여 계약이 불법인 경우(illegality rule 또는 lex loci solutionis rule, 이하 '이행지법 원칙'이라 한다)로 나누어 볼 수 있다.58) 이하에서 차례대로 살펴본 후 평가한다.

1. 공서-예양 원칙

공서-예양 원칙은 '계약이 영국의 국익에 반하거나 영국의 우방국과의 평화적인 관계를 해할 우려가 있을 때 무효로 선언하는 원칙'이다.59) 영국 법원이 우방국의 법을 위반하는 것을 돕는 것은 예양과 영국의 공서60)61)에 반한다.62)

---

55) *Kleinwort, Sons & Co v Ungarische Baumwolle Industrie AC* [1939] 2 KB 678 (CA).

56) *Vita Food Products Inc v Unus Shipping Co Ltd* [1939] AC 277.

57) 이것은 영국법상 확립된 용어는 아니다. 그러나 영국법에서 우방국법을 고려하는 것은 공서의 개념 하에서 예양의 원칙이 함께 작용하는 것으로 설명된다(Dicey/Morris/Collins [2012], vol 1, para 5R-001, Dicey/Morris/Collins [2012], vol. 2, para 32-190; Kaye [1993], 240; Cheshire/Nroth/Fawcett [2017], 753; Schäfer [2010], 233) 따라서 이해와 표기의 편의상 이 책에서는 '공서-예양' 원칙이라는 용어를 사용하기로 한다. Schäfer [2010], 244도 이 원칙을 'the public policy-comity rule'로 지칭한다. Kaye [1993], 240은 'the doctrine of public policy comity'이라는 용어를 사용한다.

58) Dicey/Morris/Collins [2012], vol 1, para 32-094; Schäfer [2010], 233-234.

59) Dicey/Morris/Collins [2012], vol 1, para 1-016.

60) 영국법에서 공서의 문제는 ① 외국법의 성질과 내용이 영국의 법관념에 비추어 혐오스러워서 (repugnant) 영국에서 절대로 허용될 수 없는 경우 또는 ② 영국 법원이 특정한 행위를 하지 않으려는 경우에 대두된다. 공서-예양 원칙은 영국 법원은 영국의 국가적 또는 국제적 이익을 상당한 정도로 해할 수 있는 것을 거부해야 한다는 취지로 ②에 해당한다. Hill/Chong [2010] paras 14.3.25-14.3.26.

61) 국제적 공서와 국내적 공서를 구분하는 우리 국제사법이나 프랑스법과는 달리, 영국 문헌에서는 대체로 국제적 공서와 국내적 공서를 구분되는 용어로 표시하지 않는다. 그러나 비교법적

따라서 우방국법에 의하여 불법인 행위를 하려는 당사자의 의도와 목적이 공서 – 예양 원칙을 적용하기 위한 중요한 요건이다.[63] 당사자의 진정한 목적과 의도가 우방국인 외국에서 그 법을 위반하는 행위를 수행하기 위한 것이라면 계약이 무효가 된다.[64] 우방국 정부에 손해를 끼칠 목적으로 약정에 이르는 것은 공서에 반한다.[65] 그러나 이런 '사악한 의도(wicked intention)'가 없고 다만 계약이 제3 국법에 의하여 금지된 행위와 관련이 있다는 사정만으로는 그 계약이 영국 공서에 의해 무효가 되지 않는다.[66]

대부분의 학자들은 공서 – 예양 원칙이 저촉법 원칙이 아니라 영국의 실질법의 원칙이라고 보면서도[67] 공서원칙이 계약의 준거법에 관계없이 작용하기 때문에 준거법이 외국법인 계약에도 적용된다고 본다.[68]

가. *Foster v. Driscoll* [69]

영국인들 사이에서 미국으로 밀수할 위스키를 매매하는 계약이 체결되었는데, 이는 미국의 국제적 강행규정인 금주법을 위반한 것이었다. 계약의 내용은 영국 세관을 피하기 위해 계약의 이행지를 스코틀랜드로 하고, 위스키를 밀

연구에 의하면, 국제계약의 맥락에서 프랑스법상 국제적 공서와 영국법의 공서는 프랑스법이 제정법의 규정을 공서의 원천으로 보면서 주관적 기준을 중시하는 반면, 영국법은 객관적 기준을 중요시한다는 차이가 있는 것 외에는 상당히 유사하다고 평가된다. Chong (2006), 29.

62) *De Wutz v. Hendricks*(1824); *Foster v. Driscoll*(1929); *Regazzoni v K C Sethia*(1958).

63) *De Wütz v Hendricks* (1824) 2 Bing 314. Kaye [1993], 19는 단순히 우방국의 공법 또는 형법을 위반하는 것만으로는 부족하고, 우방국의 법질서에 특히 중대한 위반이 되는 결과 영국 법원이 그 위반을 돕는 경우 영국과 그 우방국의 관계가 위험에 처할 정도가 이르러야 한다고 설명한다.

64) *Foster v Driscoll* [1929] 1 KB 470, 521.

65) *British Nylon Spinners Ltd v ICI ltd* [1955] Ch 37, 52; *Bodley Head Ltd v Flegon* [1972] 1 WLR 680, 687 – 8.

66) *British Nylon Spinners Ltd v Imperial Chemical Industries Ltd*(1955).

67) Dicey/Morris/Collins [2012], vol. 2, para 32 – 193. 영국 항소법원도 *Isphani v Bank Melli Iran* [1998] Lloyd's Rep. (Bank) 133에서 이를 영국의 실질법의 원칙이라고 보았다. 반면 영국의 공서 원칙을 제3국의 강행규정이 적용되는 요건을 규정하는 특별저촉규정으로 이해하는 견해도 있다. Cheshire/North/Fawcett [2017], 754; Schäfer [2010], 245.

68) Plender/Wilderspin [2001], para 9 – 05; *Royal Boskalis Westminter NV v. Mountain* [1999] QB 674(CA), 691. 692.

69) [1928] All ER Rep 130.

수업자의 보트에 실어서 영국 외로 반출한다는 것이었고, 계약의 준거법은 영국법이었다. 영국 항소법원은 영국법에 의하여 위 계약을 강제실현할 수 없다(unenforceable)고 판시하였다. 우방국인 미국에서 형사처벌이 되는 행위로 수익을 얻기 위한 목적으로 체결된 계약을 영국 법원에서 인정한다면 미국 정부의 항의를 받게 될 것이고, 국제 예양에 반하며, 영국의 도덕관념(public morality)에도 반하기 때문이다. 영국 항소법원은 계약당사자의 진정한 목적과 의도가 외국법을 위반하는 것이라면 다른 곳에서는 그 계약의 이행이 불법이 아니라고 하더라도 공서에 반한다고 판단하였다.[70]

나. *Regazzoni v K C Sethia*[71]

이 사건에서는 영국 회사가 스위스인에게 제노아로 운송될 삼베가방을 매도하는 계약이 문제되었다. 계약의 준거법은 영국법이었다. 표면적으로 위 계약은 어느 나라의 법도 위반한 것이 아니었다. 계약에 매매목적물인 삼베가방의 원산지와 목적지가 명시되지 않았으나, 계약의 쌍방당사자 모두 삼베가 인도에서만 생산된다는 것을 알고 있었고, 매도인은 매수인이 삼베가방을 남아프리카로 전매하려는 것을 알고 있었다. 그리고 매도인과 매수인 모두 인도가 남아프리카와의 통상을 금지하여, 인도에서 생산된 삼베를 남아프리카로 수출하는 것이 형사처벌 대상이라는 것을 알고 있었다. 매도인이 계약을 이행하지 못하자, 매수인이 영국 법원에 계약 위반을 이유로 소를 제기하였다.

귀족원은, 계약당사자가 모두 이 계약의 이행이 인도법에 위반됨을 알고 있었고 이를 위반할 의도였다는 이유로 원고의 청구를 받아들이지 않았다. 귀족원은 계약당사자가 계약을 이행하기 위해서는 우방국의 법을 위반해야 한다는 사실을 알고 있었던 경우 위 계약을 이행하도록 하는 것은 영국의 공서에 반한다

---

70) 이와 같은 선상의 판단으로, 당사자가 제3국법을 위반하거나 또는 위반하는 것을 방조하려는 사악한 의도를 갖고 있지 않았던 경우, 제3국법이 금지하는 행위를 하였다는 사실만으로 영국의 공서를 위반하였다고 볼 수 없다는 판례가 있다. *British Nylon Spinners Ltd v. Imperial Chemical Indistries Ltd*(1955), *Toprak v Finagrain*(1979). 한편, 외국법을 위반할 목적으로 계약이 체결된 경우, 그 외국법 자체가 영국의 공서에 위반된다면 그 계약을 이행하는 것이 영국 공서에 위배되지 않는다. *Regazzoni v KC Sethia Ltd* [1958] 1 AC 301, 322, 328 et seq.

71) [1958] AC 301(HL).

고 판시하였다. 귀족원은 공서는 예양을 존중하는 것으로 연결되기 때문에, 일정한 경우 외국법을 위반한 계약이 무효가 된다고 판단하였다. 이 원칙은 외국의 수출입규제법[72]뿐만 아니라 외환관리법,[73] 세법[74]의 경우에도 적용되었다.

다. *Lemenda Trading Co v. African middle East Petroleum Co* [75]

영국 회사인 피고는 카타르 국영기업과의 유류공급계약의 갱신하기를 원하였다. 바하마 회사인 원고는 피고와, 원고의 대주주가 영향력을 행사하여 피고가 위 유류공급계약을 갱신받을 수 있도록 돕고, 위 대주주의 노력으로 피고와 카타르 국영기업 사이의 유류공급계약이 갱신되면 피고가 원고에게 수수료(commission)를 지급하기로 약정하는 내용의 로비계약을 체결하였다. 이 계약의 준거법은 영국법이었고 이행지는 카타르였다. 그런데 피고가 유류공급계약이 갱신된 후 원고에게 수수료 지급을 거절하자, 원고는 피고를 상대로 영국 법원에 그 지급을 구하는 소를 제기하였다.

영국 법원은 영국법과 카타르법에 로비계약을 금지하는 명문규정은 없지만, 위 계약이 영국 공서에 위배되는지 심리하였다. 영국법 하에서는 공직에 있는 사람으로부터 이익을 보장받기 위한 계약은 공서에 반하지만, 외국 정부에 로비하는 것도 영국 공서에 반하는지 문제되었다. 법원은 사안에서 문제된 영국법의 공서, 즉 공직에 있는 사람으로부터 이익을 보장받으면 안 된다는 원칙이 일반적으로 적용되는 도덕원칙이기는 하나, 이행지법의 태도에 관계없이 계약의 이행을 당연히 막을 만큼 무거운 원칙은 아니라고 판단하였다. 법원은 로비계약이 카타르의 공서에 반한다는 증거가 있다고 판단한 후, 예양과 영국의 공서를 근거로 하여 위 계약을 강제실현할 수 없다(unenforceable)고 판단하였다. 요컨대 영국법이 계약의 준거법인 경우, ① 어떤 계약이 성문법을 위반한 것은 아니지만 일반적 도덕원칙에 기초한 영국의 공서를 위반하는 것이고, ② 이행지국에서도 같은 내용의 공서가 적용되어 계약이 이행지에서도 강제실현될 수 없다면,

---

72) *Soleymany v Soleymany* [1999] QB 785 (CA).
73) *Isphani v Bank Melli Iran* [1998] Lloyd's Rep (Bank) 133.
74) *Re Emery's Investment Trusts* [1959] Ch 410.
75) [1988] 2 WLR 735.

그 계약을 강제실현하는 것은 예양과 영국의 공서에 반하기 때문에 영국 법원은
이를 강제실현하지 않는다.

라. *Euro-Diam v. Bathurst*[76]

이 사건에서 영국의 다이아몬드상 Euro-diam은 독일인 매수인에게 다이
아몬드를 매도하였고, 매수인의 요청에 따라 송장에 다이아몬드의 가격을 실제
가격보다 낮게 기재하였다. 매도인은 이러한 행위를 하면서 매수인이 독일 관세
당국를 기망하려 한다는 사실을 알게 되었을 것이다. 그런데 매수인에게 위험이
이전되기 전에 다이아몬드가 도난당했는데, 매도인은 이전에 다이아몬드의 실제
가격을 보험가액으로 하여 보험계약을 체결하고 그에 따라 산정된 보험료를 납
부한 상태였다. 매도인이 매수인에게 허위의 송장을 교부한 것은 독일 세법에
따라 형사처벌 대상이 되는데, 이 사건에서 독일 세법을 위반하였다는 이유로
보험계약이 무효가 되는지 문제되었다.

법원은 매도인이 허위의 송장을 교부한 것은 비난받을 일이지만, 이는 다이
아몬드 도난과는 상관이 없고, 보험자에 대하여는 기망행위가 되지 않으므로,
보험계약의 이행을 명하는 것이 공서에 반하지 않는다고 판단하였다. 이 사건에
서 법원은 영국 공서는 외국법 위반과 관련이 없다는 주장을 명시적으로 배척하
였다.[77]

마. *Royal Boskalis Westminster NV v. Mountain*[78]

이 사건의 원고는 네덜란드 회사로, 준설선(浚渫船)을 소유·운행하면서 보
험회사인 피고와 전쟁으로 인한 위험을 부보하는 보험계약을 체결하였다. 위 보

---

76) [1990] 1 QB 1.

77) 이 사건에 대하여, 만약 보험계약과 세법 위반이 더 직접적으로 관련이 있었더라면 보험계약이
  무효가 되었을 것이라고 보는 견해가 있다. 예를 들어 어떤 사람이 외국에서 그 외국법을 위반
  하여 예술품을 수출하였고, 그 사람이 그 예술품을 보험목적물로 하여 보험계약을 체결하였는
  데 그 후 그 예술품이 멸실된 사안을 상정하면, 영국 법원은 그 보험계약을 이행하라는 청구를
  받아들이지 않을 것이라고 한다. 이행청구를 받아들인다면 그 사람이 불법행위로 인한 과실을
  향유하게 되기 때문이다. Hartley (1997), 341, 393. 이렇게 보면 독일 법원의 나이지리아 가면
  판결과 같은 결론에 이르게 된다.

78) [1999] QB 674(CA).

험계약의 준거법은 영국법이었다. 그 후 원고는 이라크 정부와, 원고가 이라크 항구에서 준설작업을 하는 내용의 계약을 체결하였다. 위 준설계약의 준거법은 이라크법이었고 파리를 중재지로 하는 중재합의도 하였다. 이라크가 1999. 8. 쿠웨이트를 침공할 당시에도 준설작업은 계속되고 있었다. UN은 이라크에 대한 지급을 금지하는 내용의 제재를 가하였고, 이는 네덜란드에서도 실행되었다. 이라크 정부는 그에 대한 보복으로 원고 회사 소유의 선박을 압류하고 그 선원들을 억류하였다. 위 준설선의 압류 해제와 본국 송환을 위해, 원고는 이라크 정부와, UN 제재를 위반하여 스위스와 오스트리아의 예금계좌를 통해 원고가 이라크 정부에 거액의 돈을 지급하기로 하고, 향후 준설계약에 기한 청구를 포기하는 내용의 합의를 하였다. 원고는 보험자인 피고를 상대로 준설계약상 청구를 포기함으로써 입은 손해 상당액의 보험금을 청구하는 소를 제기하였다.

이 사건에서 법원은 위 합의가 영국의 공서를 위반한 것으로서 강제실현할 수 없기 때문에(unenforceable) 원고가 준설계약에 기한 청구권을 상실하지 않았으므로 원고의 손해가 없고, 위 합의가 유효함을 전제로 보험금청구를 할 수 없다는 이유로 원고의 청구를 기각하였다.

2. 이행지법 원칙(lex loci solutionis)

이행지법 원칙은 '일반적으로, 어떤 계약이 준거법에 의하여 적법 또는 불법이든 간에, 그 계약이 이행되어야 하는 국가에서 그 계약의 이행이 불법인 경우 그 계약은 무효라는 원칙'을 말한다.[79] 계약 체결 당시부터 그 계약이 외국법에 의하여 불법이었던 경우(initial illegality 또는 subsisting illegality)에는 앞서 본 공서-예양의 원칙이 적용되는 반면, 이행지법 원칙은 계약 체결 이후 후발적으로 이행지법에 의하여 불법이 되는 경우(subsequent illegality)에 적용되는 원칙이라는 점에서 구분된다. 이행지가 아닌 국가의 법은 이행지법 원칙에 따라 고려될 수 없다.[80] 지배적인 견해는 이행지법 원칙이 계약법의 원칙이라고

---

79) Dicey/Morris/Collins [2012], vol. 2, para 32-094.
80) *Kleinwort, Sons & Co Ungarishce Baumwolle Industrie AG* [1939] 2 KB 678; *Trinidad Shipping Co Alston* [1920] AC 888 (PC); *Toprak v Finagrain* [1979] 2 Lloyd's Rep 98

본다.[81]

가. *Ralli Bros v. Compania Naviera Sota y Aznar*[82]

이 사건은 이행지법 원칙의 리딩케이스이다.[83] 이 사건에서는 런던에 소재한 영국 회사가 스페인 선주와 인도 캘커타에서 스페인 바르셀로나까지 삼베를 운송하기로 하는 운송계약을 체결하였다. 영국 회사는 운임의 절반은 선박이 인도를 떠났을 때, 나머지 절반은 스페인에 도착했을 때 지급하기로 약정하였다. 계약의 준거법은 영국법이었고 계약 체결 당시 위 계약은 관련된 모든 국가의 법에 의하여 적법했다. 선박이 인도를 떠난 후 영국 회사가 스페인 선주에게 운임의 절반을 지급하였다. 그런데 선박이 스페인에 도착하기 전에 스페인이 운임을 규제하는 법을 제정하여, 나머지 운임의 지급일이 도래하였을 때에는 위 법이 시행되고 있었다. 당사자는 나머지 절반의 운임을 스페인에서 지급하기로 약정한 상태였는데, 계약상 운임(50파운드)이 운임규제법이 정한 상한(10파운드)을 초과하였다. 따라서 나머지 운임을 모두 지급하는 경우 위 스페인법을 위반하게 되었고, 위 법을 위반하는 경우 제재를 받게 되었다. 영국 회사는 스페인 선주에

(CA); *Libyan Arab Foreign Bank v Bankers Trust Co* [1989] QB 728, 745; *Euro-Diam Ltd v Bathurst* [1990] 1 QB 1, 15.

81) Beale/McKendrick, para 23.027; Dicey/Morris/Collins [2012], vol. 2, para 32-100; Hill/Chong [2010], para 14.4.45; Dickinson (2007), 78. 저촉법적 원칙이라는 견해로 Chong (2006), 64; Briggs [2014], para 7.251. 영국 판례는 이행지법 원칙의 성질에 관하여 엇갈린 입장을 취하였다. *Kahler v. Midland Bank Ltd* [1950] AC 24, 48 et seq, [1949] 2 All ER 621에서는 계약법의 원칙이라고 보았으나, *Zinostenska Banka v. Frankman* [1950] AC 57, 78 et seq, [1949] 2 All ER 671, 681에서는 준거법에 관계 없이 적용된다고 보았다. *De Béeche and Others v. South American Stores (Gath and Chaves) Ltd and Others* [1934] All ER Rep 284. 이 판결의 288면에서 Lord Sankeys는 '영국법은 의무의 이행이 그 이행지인 외국법에 의하여 불법인 경우 그 의무 이행을 강제하지 않는다'고 설시하였다. 그 후 위 원칙이 영국 국내법의 원칙으로 길게 논할 필요가 없을 만큼 확립된 영국법의 원칙이라는 판결이 한동안 이어졌다. *Haugesund Kommune v Depfa ACS Bank* [2010] EWCA Civ 579 [2012] QB 549 at [99]; *Dana Gas PJSC v Dana Gas Sukuk Ltd* [2017] EWHC 2928 (Comm) at [79]; *Deutsche Bank AG v Unitech Global Ltd* [2013] EWHC 2793 (Comm), [2014] 2 All ER (Comm) 268 at [99].

82) [1920] 2 KB 287(CA).

83) 이는 항소법원이 Dicey와 Morris에 의하여 정립된 이론을 채용한 것이라고 평가된다. Dicey/Morris/Collins [2012], vol. 2 para, 32-097.

게 위 법이 규정한 상한에 해당하는 운임만을 지급하려 했다. 이에 스페인 선주는 영국 법원에 나머지 운임의 지급을 청구하는 소를 제기하였으나 패소하였다. 영국 항소법원은 스페인법이 준거법이 아니기 때문에 영국 회사가 나머지 운임 전체를 지급할 의무가 있다는 원고의 주장을 배척하였다.[84]

나. *Vita Food Products Inc v. Unus Shipping Co Ltd* [85]

Nova Scotia 회사인 피고가 Newfoundland에서 발행된 선하증권에 기하여 의무를 부담하는지 문제되었다. 선하증권에는 준거법이 영국법으로 명시되어 있었는데, 화물 멸실로 인한 피고의 손해배상책임에 어느 나라의 법이 적용되는지 결정하는 것이 쟁점이었다. 계약 체결지인 Newfoundland법에 의하면, 위 선하증권이 1932년 해상물품운송법(Carriage of Goods by Sea Act 1932)이 정한 요건을 충족시키지 못하였기 때문에 무효였으나, 영국법에 의하면 선하증권이 유효했다. 영국 법원은 계약 체결지법인 Newfoundland법을 고려하지 않고 선하증권의 준거법인 영국법에 따라 선하증권이 유효하다고 판단하였다.

---

84) 이 판결이 이와 같은 결론에 이르게 된 이유(*ratio decidendi*)는 불분명하다. 영국법에 의하면 계약이 후발적으로 불법해진 경우 계약을 이행할 수 없는데, 법원은 스페인법을 계약을 이행할 수 없게 된 사정으로 취급하였고, 영국법에 의하여 후발적 불법성이 문제된 판례(*Metropolitan Water Board V. Dick, Kerr & Co* [1918] AC 119(HL))를 선례로 인용하였다. 항소법원의 법관 3인은 모두 이행지법 원칙의 근거로 Dicey와 Morris의 저서에 선언된 '영국 법원은 이행지에서 불법인 계약을 강제실현하지 않는다'는 원칙을 인용하였다. Scrutton 판사는 이 원칙이 국제예양에 기한 의무로 이해된다고 하면서도 Warrington 판사와 함께, 위 계약에는 계약이 계속하여 유효해야 한다는 묵시적 조건(implied term of the continuing validity), 즉 어떤 계약이 외국에서 이행되어야 하는 경우, 특별한 사정이 없다면, 외국에서 이행되어야 할 행위가 그 외국법에 의하여 불법이어서는 안 된다는 조건이 포함되어 있다고 설시하였는데, 이는 계약 해석의 측면에서 계약당사자가 이행지법 또는 다른 국가의 법에 의하여 계약이 불법해지는 경우에도 이를 이행하지 않는 것으로 의도했다고 보아야 한다는 것이다. 그런데 위 판결 당시에는 계약목적달성불능(frustration) 법리의 근거가 계약의 묵시적 조건이론으로 설명되었으므로, 그의 위 설시가 계약목적달성불능의 법리, 즉 영국의 국내법 하에서 계약을 후발적으로 이행불능으로 만든 사정으로 해석될 수 있었다. 한편 위 판결에서 Scrutton 판사가 이행지법 원칙의 근거로 예양을 언급한 것을 영국의 저촉법 원칙을 선언한 것으로 해석할 여지도 있었기 때문에 그 후로 오랫동안 위 원칙의 법적 성질이 문제되는 시초가 되었다. Day (2020), 67.

85) [1939] AC 277 (PC).

다. *Kleinwort Sons & Co v. Ungarische Baumwolle Industrie AG*[86]

이 사건에서는 IMF 협정이 적용되지 않는 제3국의 외환규제법이 문제되었다. 런던 소재 영국의 은행인 원고 Kleinwort Sons는 헝가리 회사인 피고 Ungarische Baumwolle Industrie AG로 하여금 Kleinwort Sons를 지급인으로 하여 만기가 3개월 후, 지급지가 런던, 지급통화가 영국 통화인 환어음을 발행할 수 있도록 하되, 피고가 그 환어음의 만기가 되기 전에 원고에게 어음금액을 지급하기로 약정하였다. 계약체결 당시 이 계약은 관련된 모든 법역에서 적법하였다. 그런데 이 계약에 따른 지급이 이루어지기 전에 헝가리가 외국에서 이루어지는 지급에 대하여 헝가리 중앙은행의 허가를 받아야 한다는 외환규제법을 도입하였는데, 피고가 허가를 받지 못하여 결국 돈을 지급하지 못하였다. 이에 원고가 피고를 상대로 계약에 따른 지급을 구하는 소를 제기하였는데, 영국 법원은 헝가리법에 의하여 지급이 금지된다는 피고의 항변을 받아들이지 않았다. 법원은 계약의 준거법이 헝가리법이 아니라 영국법이고, 위 계약의 이행지가 헝가리가 아니라 영국이기 때문에 이행지법 원칙이 적용되지 않는다고 하면서, 이렇게 보지 않으면 채권자에게 채무자의 거소와 그 거소지법을 조사할 의무를 부과하는 것이 되어 부당하다고 설시하였다.[87] 이 사건에서 영국 법원은 영국법은 이행지법이 아닌 제3국의 강행규정은 예양과 공서의 맥락 외에서는 고려되지 않는다는 원칙을 확인하였다.

라. *Rossano v. Manufacturer's Life Insurance Co*[88]

이 사건에서는 계약 체결 이후 제정된 이집트법이 문제되었다. 이집트국민으로서 이집트에 거주하고 있는 원고가 토론토에 본사를 둔 캐나다 회사와 생명보험계약을 체결하였다. 위 계약은 캐나다 회사의 카이로 지점에서 체결되었다. 계약 체결 당시 위 계약은 관련된 모든 법역에서 적법하였다. 그러나 수 년이 경과한 후 보험금 지급시기가 도래하기 전에, 이집트 정부가 이집트 외환당국의

---

86) [1939] 2 KB 678.
87) Prcotor [2012], para 16.29.
88) [1962] 2 All ER 214(QB); [1963] 2 QB 352.

동의 없이 보험금을 지급하는 것을 금지하는 법을 제정하였다. 원고는 당시 이태리에 거주하고 있었는데, 영국에서 캐나다 회사를 상대로 보험금청구의 소를 제기하였다. 캐나다 회사는 이집트법에 따르면 외환규제당국의 동의 없이 보험금을 지급하는 것은 불법이라고 항변하였다.

그러나 법원은 계약의 준거법이 온타리오주법이고, 위 계약이 온타리오주법에 의하여 적법하다는 이유로 캐나다 회사의 항변을 배척하였고, 이집트 국외에서 생명보험금 지급을 청구할 원고의 권리를 인정하였다. 영국 법원은 계약이 이집트에서 체결되었고, 계약 체결 당시 원고가 이집트국민으로서 이집트에 거주하였음에도 불구하고 계약의 준거법이 온타리오법이라는 이유로 추후 입법된 이집트법의 적용을 거부하였다.

마. *Libyan Arab Foreign Bank v. Bankers Trust Co* [89]

원고 리비아은행이 영국의 은행인 피고의 런던 지점과 뉴욕지점에 계좌를 보유하고 있었다. 예금계약에 따르면 원고가 피고의 뉴욕지점의 계좌에 예치된 금액을 일정한 금액으로 유지할 수 있도록, 매일 오후 2시에 뉴욕지점과 런던지점 사이에 송금이 이루어지기로 약정하였다. 그 후 1986. 1. 8. 미국 대통령이 미국에 소재한 리비아의 모든 자산을 동결하는 명령[90]을 발령하였는데, 그 이틀 전 원고의 뉴욕지점 예금계좌에는 정해진 금액을 훨씬 초과하는 예금(위 예금은 미국 달러였다)이 예치되어 있었다. 그 초과액은 런던으로 송금되었어야 했으나, 위 제재 때문에 송금이 이루어지지 않았다. 원고는 피고의 런던지점에 위 금액의 반환을 청구하였으나, 피고 은행은 원고에 대한 지급이 불법이라고 항변하였다.

영국 법원은 계약의 준거법에 의하여 불법이거나 이행지법에 의하여 불법인 계약의 경우 피고가 그 이행의무를 면하나, 사안에서 예금반환청구의 준거법이 영국법이고, 미국 달러가 통상 뉴욕 청산시스템(Clearing House Interbank Payments Systems)을 통해서 뉴욕에서 지급되더라도, 위 예금이 반드시 뉴욕에서

---

89) [1989] QB 728.

90) 이는 IMF 협정 제Ⅷ조 제2(b)의 환관리규정에 포함되지 않기 때문에 영국 법원은 위 자산동결 명령에 IMF 협정 제Ⅷ조 제2(b)를 적용하지 않았다. IMF 협정 제Ⅷ조 제2(b)의 적용요건 관한 상세는 석광현 (2020a), 363－369 참조.

지급되어야 한다는 계약조항이 없는 이상 뉴욕을 이행지로 볼 수 없고, 이행지는 영국이며, 피고가 다른 가능한 수단에 의하여 런던에서 지급할 수 있다는 이유로 피고의 항변을 배척하였다.91) 92)

3. 평가

공서-예양 원칙과 이행지법 원칙을 종합하면, 영국 법원은 원칙적으로 이행지법이 아닌 제3국법을 고려하지 않으나, 당사자가 우방국의 권한 있는 당국을 기망하여 우방국법을 위반하려는 의도로 계약을 체결하는 경우에는 공서-예양 원칙에 따라 제3국법을 고려해왔음을 알 수 있다. 공서-예양 원칙은 제3국의 국제적 강행규정을 적용 내지 고려해야 하는 이념적 기초를 설명하는 데 유용할 수 있다. 그리고 법정지의 공서를 전면적인 판단기준으로 하므로 법정지국의 이익을 충분히 반영할 수 있다. 그러나 다음과 같은 이유로 공서-예양 원칙은 국제계약과 관련하여 제3국의 국제적 강행규정을 적용 또는 고려하는 요건으로서 적합하지 않다.

첫째, '계약이 영국의 국익에 반하거나 우방국과의 평화적인 관계를 해할 우려가 있을 것'이라는 공서-예양 원칙의 요건이 지나치게 모호하고 불명확하다. 우방국의 범위가 국제정세에 따라서 변동될 수 있고, 개념상 우방국의 법이

---

91) 영국법상 금전채무의 이행지는 채무자가 이행제공해야 하는 곳임과 동시에 채권자가 계약상 변제를 수령할 권리가 있는 장소이고, 채무자가 송금해야 하는 장소가 아니기 때문이다. 이행지는 통화의 준거법이나 국제금융에서 공통적인 청산시스템의 소재지(place where any payment may be commonly cleared through the international banking system)와는 구분된다. 따라서 채무자가 채무를 변제하기 위해 자국에서 외국에 있는 채권자에게 금원을 송금해야 하고, 채무자의 거소지국의 외환규제에 따라 송금이 이루어질 수 없다고 하여도 계약이 준거법인 경우 영국의 소송절차에서 이유 있는 항변이 될 수 없다. Prcotor [2012], paras 16.32; Dicey/Morris/Collins [2012], vol. 2, para 37-065.
92) 만약 사안에서 은행간 유로달러예금에서 수취은행이 부담하는 채무가 뉴욕의 청산시스템을 통한 계좌이체의 대상이라고 파악한다면(즉 특정이행이라면) 의무이행이 뉴욕에서만 가능하고 대체수단이 없는데 미국 대통령의 자산동결명령에 의하여 뉴욕에서 이행이 위법하고 불가능하게 되었으므로 영국 법원이 예금 반환을 명하지 않았을 것이다. 이는 유로달러예금의 법적 성질과 관련된 문제이다. 석광현 (1994), 385. 이 사건은 국제금융거래에서 금전지급의무의 이행지가 어디인지를 선언하였다는 점에서도 중요한 의미가 있는 판결이다. 그밖에 이 판결을 소개하는 국내문헌으로 석광현 (2020a), 384.

라면 어떤 종류의 법도 포함될 수 있다는 문제도 있다. 이는 외교의 원칙으로는 적합할지 모르나, 이러한 요건만으로는 제3국의 국제적 강행규정이 어떤 요건 하에 적용되는지 알 수 없어 당사자의 예측가능성과 법적 확실성이 떨어진다. 따라서 이는 당사자의 이익을 적절히 반영하지 못한다.

둘째, 법정지의 공서는 제한적으로 해석되어야 하므로,[93] 공서─예양 원칙으로부터 제3국의 국제적 강행규정에 관한 일반적인 원칙을 도출하기에 적절하지 않다. 법정지의 공서는 준거법이 외국법을 적용한 결과가 공서에 반하는 경우 그 적용을 거부하는 기능을 하는데(공서의 소극적 기능), 공서─예양의 원칙의 경우 공서가 외국법을 적용하도록 하는 기능을 한다. 그런데 공서의 이러한 적극적 기능은 오늘날에는 인정되지 않으므로,[94] 외국법을 적용 내지 고려하는 이론적 근거로서도 적절하지 않다. 셋째, 독일 연방대법원의 태도와 마찬가지로, 영국의 공서─예양 원칙도 당사자의 법위반의도를 중시하는 결과 법원의 사실심리 부담이 늘어나고 구체적인 사건에서 입증의 정도에 따라 제3국법의 적용 또는 고려 여부가 달라진다. 따라서 공서─예양 원칙은 제3국의 이익과 국제적 판단의 조화를 이익의 측면에서 만족스럽지 못하다.

이행지법 원칙은 실질법의 원칙이기는 하나 비교적 구체적인 요건을 규정하고 있다는 점에서 공서─예양 원칙이나 독일 연방대법원이 이행불능이나 선량한 풍속 위반, 행위기초 교란 등 실질법의 일반규정에 의존하고 있는 것보다는 진일보한 것이라고 평가할 수 있다. 따라서 이행지법 원칙을 따를 경우 준거규범에 대한 당사자의 예측가능성이 있다고 할 수 있고, 이행지법 원칙이 당사자의 이익을 잘 반영하고 있다고 볼 여지가 있다.

그러나 이행지법 원칙은 법정지의 공서에 위배되지 않는 한, 법정지법의 관점에서 이행지법이 법정지법과 가치를 공유하고 있는지 심사하지는 않는다는 점에서 법정지국의 이익을 충분히 반영하지는 않는다. 그리고 이행지법이 고려 대상인 제3국법의 범위를 이행지로 한정한 것은, 문화재불법거래에서 문화재기

---

93) Dicey/Morris/Collins [2012], vol. 1, para 5─003;　Dicey/Morris/Collins [2012], vol 2, para 32─182.

94) Cheshire/North/Fawcett [2017], 753.

원국과 같이, 제3국이 이행지가 아니더라도 제3국의 긴요한 규제이익이 관철될 필요가 있는 경우에 제3국법의 이익을 제대로 반영하지 못한다.[95] 이런 경우에 제3국 법원이 재판한다면 제3국법을 적용할 것이라는 점에서 이행지법 원칙은 국제적 판단의 조화를 위한 이익도 적절히 반영하지 못한다.

그리고 공서 – 예양 원칙과 이행지법 원칙이 함께 적용됨으로써 발생하는 문제도 무시할 수 없다. 영국법상 지나치게 제한적인 이행지법 원칙과 지나치게 모호하고 불명확한 공서 – 예양 원칙과 공서 – 예양의 원칙이 실질법 하에서 이원적으로 적용되는 결과 전체적으로 제3국의 국제적 강행규정을 고려하는 요건에 대한 예측가능성이 떨어진다 이는 당사자의 이익의 측면에서 바람직하지 않다.

Ⅳ. 소결론

이상에서 제3국의 국제적 강행규정을 저촉법적 차원에서 적용 또는 고려요건을 두지 않고 준거실질법 하에서 고려하는 입장으로 준거법설, 권력설, 속지주의원칙과 로마Ⅰ규정 이전의 독일 법원과 영국 법원의 태도에 관하여 살펴보았다. 검토 결과 제3국의 국제적 강행규정을 실질법적 차원에서 고려하는 것은 공통적으로, 제3국의 국제적 강행규정에 관한 구체적인 적용 또는 고려요건을 정립하기 어렵고 방법론적으로도 적절하지 않다는 점을 알 수 있었다. 이제 절을 바꾸어 저촉법적 해결방법을 취하는 다양한 입장을 차례로 검토·평가한다.

제 3 절 저촉법적 해결방법

실질법적 해결방법에 대한 반대입장으로, 저촉법에서 제3국의 국제적 강행규정의 적용 또는 고려요건을 규정하는 저촉법적 해결방법이 있다. 그 대표적인

---

95) 이행지법 원칙이 고려대상인 제3국법의 범위를 이행지국법으로 한정한 것이 타당하지 않은 이유는 이행지법 원칙을 반영한 로마Ⅰ규정에 대한 평가에서 함께 제시하기로 한다. 아래 제3절 Ⅴ. 3. 참조.

예로 학설상으로 특별연결이론이 있고, 특별연결이론을 반영한 로마협약, 스위스 국제사법, 대리의 준거법에 관한 헤이그 협약(Hague Convention on the Law Applicable to Agency, '헤이그 대리협약')과 신탁의 준거법과 그 승인에 관한 1985년 헤이그 협약(Hague Convention on the Law Applicable to Trusts and on their Recognition, '헤이그 신탁협약'), 헤이그 국제상사계약 준거법원칙 및 로마Ⅰ규정이 있다. 저촉법적 해결방법을 취하면서도 특별이론에 비판적인 입장을 취하는 쌍방적 저촉규정설도 주장된다. 이하에서는 먼저 특별연결이론의 입장을 살펴보고, 쌍방적 저촉규정설의 특별연결이론에 대한 비판이 타당한지 검토한다. 그후 특별연결이론에 기초하여 도입된 규범들의 제3국의 국제적 강행규정 적용요건이 당사자의 이익, 법정지국의 이익, 제3국의 이익, 국제적 판단의 조화를 위한 이익의 관점에서 적절한지 평가한다.

Ⅰ. 특별연결이론과 쌍방적 저촉규정설

특별연결이론은 외국의 공법을 적용할 수 없다는 외국공법 부적용의 원칙을 배경으로 출발한 것이다. 특별연결이론은 국제사법은 사법적 법률관계에 관한 저촉을 해결하는 것으로서 해당 법률관계와 관련이 있는 사법을 지정하는 원칙이고, 공익을 추구하는 국제적 강행규정에 관하여는 별도의 특별한 연결원칙이 있어야 한다고 본다. 특별연결이론을 독일에서 처음으로 주장한 사람은 Wengler인데, 그는 외국의 국제적 강행규정은 그 외국법이 채무관계의 준거법인지 아닌지에 관계없이 외국의 국제적 강행규정이 스스로 그 적용을 의욕하고, 외국법이 채무관계와 밀접한 관련이 있고, 법정지의 공서가 그 적용을 막지 않을 때 적용된다고 주장하였다.[96]

특별연결이론 중에서도 구체적인 연결원칙과 연결소에 관하여는 다양한 견해가 있으나, 사안의 법률관계와 충분한 밀접한 관련을 가지는 국가의 법이 적용 또는 고려되어야 한다는 견해가 독일의 다수설이다.[97] 특별연결이론은 대체

---

96) Wengler의 이론에 대한 소개는 김용담 (1986), 16 참조. 이 문헌 19−24는 독일에서 전개된 특별연결이론을 소개한다.

로 Wengler가 주장하였던 것처럼 해당 규정을 해당 법률관계의 준거법에 관계없이 적용하려는 입법자의 의지가 있을 것, 제3국법이 사안과 밀접한 관련이 있을 것, 제3국법을 적용한 결과가 법정지의 공서에 위배되지 않을 것, 외국법의 내용이 법정지의 법체계에 부합할 것을 요건으로 한다.[98] 밀접한 관련의 기준으로는 이행지, 재산 소재지, 당사자의 거소, 고용지 또는 근로제공지, 영향을 받는 시장소재지, 국적, 준거법 등이 제시된다.[99] 이러한 요건이 충족되면 제3국법을 적용 또는 고려할 수 있다.

   제2절 서두에서 제시한 사례를 상기하여 보면, 특별연결이론에 따르면 [사례 1]의 경우 문화재수출을 금지하는 A국의 문화재보호법은 문화재매매계약의 준거법에 관계없이 적용하려는 A국 입법자의 의지가 인정되고,[100] 매도인의 상거소가 있는 국가이자 매매목적물인 문화재의 기원국으로서 A국법과 사안의 밀접한 관련이 인정되고, 문화재를 보호한다는 A국법의 목적이 한국의 법체계에 부합하며,[101] A국법을 적용한 결과가 한국의 공서에 반하지 않는다.[102] 따라서 A국법이 적용 또는 고려될 수 있다. [사례 2]에서도 마찬가지로 A국법이 밀접한 관련이 있는 국가의 법으로서 적용 또는 고려된다.

   [사례 1], [사례 2]를 해결할 때 속지주의 원칙이나 권력설과 대비되는 특

---

97) StauKomm/Magnus [2002], Rn 115−118.

98) MünchKomm BGB/Martiny[2006], EGBGB Art 34, Rn 133; BasKomm/Mächler−Erne/Wolf−Mettier [2021], Art 19, Rn 7. 다만 '외국법의 내용이 법정지의 법체계에 부합할 것'이라는 요건을 법정지의 공서를 위반하지 않을 것의 요건에 포함하여 이해할지, 별개의 요건으로 이해할지에 관하여 견해가 대립된다. MünchKomm/Martiny [2006], EGBGB Art 34, Rn 158.

99) MünchKomm/Martiny [2006], EGBGB Art 34, Rn 140.

100) 문화재의 수출을 금지하는 문화재보호법의 규정은 통상 국제적 강행규정에 해당한다. 우리 문화재보호법의 국제적 강행규정성에 대한 검토는 제4장 제1절 Ⅲ. 2. 참조.

101) A국법이 보호하는 가치를 심사하는 단계에서는 A국법의 입법목적인 '문화재 보호'라는 가치가 법정지인 한국법의 가치에 부합하는지를 살펴본다. 이 단계에서는 문화재약탈국과 문화재기원국의 문화재보호법을 달리 평가할 수 없다. 문화재약탈국과 문화재기원국의 입장 차이는 그 적용결과가 법정지의 공서에 위배되는지 심사하는 단계에서 고려될 수 있다. 다음 각주 참조.

102) 구체적인 사실관계에 따라 달라질 수 있으나, 만약 A국의 문화재가 당초 한국 문화재였는데, A국이 불법적인 경로를 통하여 한국 문화재를 약탈한 후 이를 A국의 문화재로 지정한 것이라면 한국 법원이 A국의 문화재법을 적용 또는 고려한 결과가 한국의 공서에 반한다고 볼 여지가 있을 것이다.

별연결이론의 차이는, 특별연결이론은 속지주의 원칙이나 권력설과는 달리 문화재가 A국 밖으로 불법으로 반출되었는지 반출되지 않았는지에 관계없이 [사례 1]과 [사례 2]에서 모두 A국법이 적용 또는 고려된다는 것이다. 준거법설과 비교하면 특별연결이론은 계약의 준거법소속국이 어느 곳이든 동일한 요건 하에 제3국의 국제적 강행규정을 적용 또는 고려할 수 있어 국제적 판단의 조화를 이루고 상충되는 판단으로부터 당사자를 보호할 수 있다. 따라서 특별연결이론은 국제적 판단의 조화를 위한 이익을 잘 반영한다.

그리고 특별연결이론은 제3국의 국제적 강행규정의 요건을 저촉법적 차원에서 분명히 규정할 수 있기 때문에 당사자의 예측가능성과 국제거래의 법적 확실성의 측면에서도 유리하므로, 당사자의 이익에 부합한다. 또한 특별연결이론은 밀접한 관련이 있는 제3국의 국제적 강행규정을 적용 또는 고려함으로써 제3국의 정당한 규제이익을 반영할 수 있다. 또한 법정지국의 관점에서 제3국법이 법정지국의 법체계에 부합하는지 내지 법정지국과 공유되는 이익을 추구하는지를 살핌으로써 법정지국의 이익도 함께 균형 있게 고려할 수 있다.103) 요컨대 특별연결이론은 당사자의 이익, 법정지국의 이익, 제3국의 이익, 국제적 판단의 조화를 위한 이익의 측면에서 모두 만족스러운 견해이다.

한편, 특별연결이론에 비판적인 견해로 쌍방적 저촉규정설104)이 주장된다. 이 견해는 특별연결이론이 제3국의 입법자가 그 제3국의 국제적 강행규정을 해당 법률관계의 준거법에 관계없이 적용하려는 의지가 있었는지 살펴보는 것으로부터 출발하는 것이 자주적이지 않다고 주장한다.105) 이 견해는 제3국의 국제적 강행규정도 보통의 법규범과 마찬가지로 저촉법적 정의의 관점에서 가장 밀접한 관련이 있는 것을 적용해야 한다고 주장한다.106) 이 견해에 의하면 사안과 가장 밀접한 관련이 있는 제3법을 적용하되, 제3국의 입법자가 해당 규정을 해당 법률관계의 준거법에 관계없이 적용하려는 의지가 인정되지 않으면 이를 적

---

103) 특별연결이론을 지지하는 견해로, MünchKomm/Martiny [2006], EGBGB Art 34, Rn 47, Hauser [2012], 103; Günther [2011], 74.

104) 신창선/윤남순 [2016], 287.

105) 신창선/윤남순 [2016], 282-283.

106) 신창선/윤남순 [2016], 282-283.

용하지 않는다.

쌍방적 저촉규정설에 따르면, [사례 1]의 경우 구체적인 연결원칙이 불분명하나 만약 쌍방적 저촉규정설이 사안과 가장 밀접한 관련이 있는 국가의 법을 A국법으로 본다면, 그 다음 단계로 A국법의 입법자가 이를 문화재매매계약의 준거법에 관계없이 적용하려는 의지가 인정되는지 판단하여야 한다. 그런데 문화재의 수출을 금지하는 규정은 그 문화재매매계약의 준거법에 관계없이 이를 적용하려는 입법자의 의지를 인정할 수 있다. 이렇게 보면 쌍방적 저촉규정설을 따르더라도 특별연결이론과 같은 결론에 이른다. [사례 2]에서도 [사례 1]과 마찬가지로 판단할 수 있을 것이다.

특별연결이론과 쌍방적 저촉규정설과 앞서 본 실질법적 해결방법을 취하는 견해들에 따른 사례의 해결방안을 표로 나타내면 다음과 같다.

[표 2]

		준거법설	속지주의	권력설	특별 연결설	쌍방적 저촉규정설
사례 1	이론 구성	한국법에 따라 판단	A국법 적용 후 그 위반의 효과를 한국법에 따라 고려	A국법 적용 또는 고려	A국법 적용 또는 고려	A국법 적용
	결론	계약 무효 또는 이행불능	계약 무효 또는 이행불능	계약 무효 또는 이행불능	계약 무효 또는 이행불능	계약 무효 또는 이행불능
사례 2	이론 구성	한국법에 따라 판단	A국법이 적용되거나 고려되지 않음	A국법의 목적이 한국법의 이익과 일치되는 경우에 한하여 적용 또는 고려	A국법 적용 또는 고려	A국법 적용
	결론	계약 무효	계약 무효 여지 없음	계약 무효	계약 무효	계약 무효

그런데 쌍방적 저촉규정설은 다음과 같은 이유로 타당하지 않다. 첫째, 쌍방적 저촉규정설은 구체적인 연결점과 연결원칙을 제시하지 못한다는 점에서

현 단계에서 실무적으로 적용하기 어렵다는 비판[107]이 있고, 그 비판이 타당하다. 이는 쌍방적 저촉규정설을 취하는 논자도 인정하는 바이다.[108]

둘째, 만약 쌍방적 저촉규정설이 밀접한 관련이 있는 법규를 특별연결이론이 말하는 밀접한 연결과 같은 기준으로 판단한다고 하더라도 쌍방적 저촉규정설이 취하는 방법론이 적절하지 않다. 쌍방적 저촉규정설은 특별연결이론과 비교하였을 때 이념적 기초는 다를 수 있으나, 결국 어떤 외국의 국제적 강행규정의 적용여부를 결정하기 위한 요건으로서 제3국법과 사안과의 밀접한 관련이 있을 것과, 문제된 제3국의 규정을 해당 법률관계의 준거법에 관계없이 적용하려는 제3국 입법자의 의지를 요구한다는 점에서는 동일하다.

다만 특별연결이론은 해당 법규를 해당 법률관계의 준거법에 관계없이 적용하려는 제3국 입법자의 의지가 있었는지를 먼저 판단한 후 그것이 사안과 밀접한 관련이 있는지를 판단하는 반면, 쌍방적 저촉규정설은 사안과 밀접한 관련이 있는 법을 탐색한 후 적용의지가 없으면 적용하지 않는다는 점에서 판단의 선후가 다를 뿐이다. 이것이 어떤 국가의 법을 적용할 것인가라는 결론에 있어 실질적인 차이를 초래하는지 의문이다. 그런데 방법론적으로, 사안과 밀접한 관련이 있는 법규보다 해당 법률관계의 준거법에 관계없이 이를 적용한다는 입법자의 의지가 인정되는 법규가 더 적을 것이므로, 사안과 밀접한 관련이 있는 법규를 먼저 찾는 것보다 그러한 입법자의 의지가 있는 법규를 먼저 찾는 것이 더 쉬울 것으로 보인다. 따라서 그러한 입법자의 의지가 있는지를 먼저 판단하는 것이, 촘촘한 거름망을 먼저 사용한다는 점에서 방법론적으로 더 수월하다고 생각된다.[109]

셋째, 한 국가가 국제적 강행규정으로써 추구하는 긴요한 공적 이익이 다른

---

107) 석광현 (2015c), 150, 각주 122; 석광현 (2020a), 381.

108) Michaels (2016), 191-195 참조.

109) 쌍방적 저촉규정설에서 말하는 '밀접한 관련이 있는 법규'는 개념적으로, 적용의지가 있든 없든 밀접한 관련이 있는 국가의 모든 법을 포함하므로, 그 범위를 확정하는 것은 매우 어려울 것이다. 반면, 어떤 법규에 '해당 법률관계의 준거법에 관계없이 적용된다'는 명시적 규정이 없더라도, 제3장에서 제시한 기준에 따라 '어떤 법규가 해당 법률관계의 준거법에 관계없이 적용되는 입법자의 의지가 있는지'를 밝힐 수 있으므로 쌍방적 저촉규정설에서 말하는 밀접한 관련이 있는 법규를 밝히는 것보다 쉬울 것이다.

국가의 법으로는 보호될 수 없다. 국제적 강행규정은 법규의 등가성과 교환가능성, 대체성이 없어 통상의 법규범과 다른 취급을 할 필요가 있으므로, '밀접한 관련'을 기초로 하는 통상적인 준거법 연결원칙을 적용하지 않고 해당 법규를 해당 법률관계의 준거법에 관계없이 적용한다는 입법자의 의지를 먼저 살펴보는 것이 정당화될 수 있다. 그리고 특별연결이론을 취하더라도, 제3국법의 입법자가 해당 규정을 해당 법률관계의 준거법에 관계없이 적용하려는 의지가 인정된다는 이유만으로 이를 바로 적용하는 것은 아니다. 특별연결이론은 앞서 본 바와 같이 제3국법이 법정지국의 법체계에 부합할 것을 요건으로 한다. 따라서 법정지 법관이 이 요건을 심사하면서 제3국법을 적용 내지 고려할지 여부를 결정할 수 있다. 따라서 쌍방적 저촉규정설의 입장에서 특별연결이론이 외국 입법자의 의지에 일방적으로 굴복하는 것이라는 비판은 부당하다.

그러므로 특별연결이론에 따라 제3국의 국제적 강행규정을 그 사안과 제3국이 밀접한 관련이 있는 경우 저촉법적으로 적용 또는 고려하는 것이 설득력이 있다. 이하에서는 특별연결이론에 기초한 구체적인 입법례를 살펴본다.

II. 로마협약

로마협약 제7조 제1항[110])에 의하면, 사안과 밀접한 관련을 가지는 제3국의 강행규정에 대하여는 법원이 그 성질과 목적 및 그 적용 또는 부적용의 결과 발

---

110) **Article 7 Mandatory rules**
   1. When applying under this Convention the law of a country, effect may be given to the mandatory rules of the law of another country with which the situation has a close connection, if and in so far as, under the law of the latter country, those rules must be applied whatever the law applicable to the contract. In considering whether to give effect to these mandatory rules, regard shall be had to their nature and purpose and to the consequences of their application or non-application.
   1. 이 협약에 근거하여 특정국가의 법을 적용함에 있어서, 사안과 밀접한 관련을 가지는 다른 국가의 강행규정들에 대하여는, 그 규정들이 해당 국가의 법에 의하여 계약의 준거법에 관계없이 적용되는 것인 한에 있어서는 효력을 부여할 수 있다. 이러한 강행규정들에 대하여 효력을 부여할 것인지를 결정함에 있어서는 그의 성질과 목적 및 그의 적용 또는 부적용의 결과 발생하게 될 효과를 고려하여야 한다.

생하게 될 효과를 고려하여 효력을 부여할 수 있다. 로마협약 제7조 제1항의 기초는 네덜란드 대법원(Hoge Raad)의 *ALNATI* 판결111)과 미국의 구소련을 겨냥한 제재입법에 관한 네덜란드 법원의 *Sensor* 판결112)에서 찾을 수 있다.113) 네덜란드 대법원은 *ALNATI* 판결에서, 원칙적으로 당사자가 선택한 국가의 법이 계약의 준거법이 되나, '외국이 특정 법규의 그 영토 밖에서의 준수에 대하여 매우 큰 이익을 갖는 경우(for a foreign state such great interests are in stake in the observance also outside of its territory of particular rules of law)'에는 그 법이 당사자가 선택한 법에 우선하여 적용될 수 있다고 판단하였다.114) *Sensor* 판결에서는 계약의 준거법이 네덜란드법이라도, '문제된 외국과 충분한 관련이 있는 경우' 그 외국법의 국제적 강행규정을 네덜란드법보다 우선해야 한다고 판단하였다.115)

1. 요건

로마협약 제7조 제1항이 적용되기 위해서는 ① 제3국의 국제적 강행규정이

---

111) 1966 5. 13. *Van Nievelt, Goudriaan and Co.'s Stoomvaartmij NV v NV Hollandische Assurantie Societeit and Others*, (1967) 56 Rev.crit.dr.int.priv. 522.

112) *Cie Européenne des pétroles SA v Sensor Nederland BV*, 1982, The District Court at The Hague, (1983) 22 International Legal Material 66.

113) Dicey/Morris/Collins [2012], vol. 2, para 32−084; Plender/Wilderspin [2001], paras 9−03−9−05.

114) 이 사건에서는 해상운송계약의 목적물인 감자가 벨기에에서부터 리오데자네이루로 운송 중 손상된 채로 도착하였고, 이에 송하인의 보험자가 운송인에게 손해배상을 청구하였다. 선하증권에 준거법이 네덜란드법으로 기재되었는데, 그럼에도 이 사건에서 '운송인이 손해가 그가 통제할 수 있는 영역 밖에서 일어났음을 증명해야 한다'고 규정한 벨기에 상법이 적용되는지 문제되었다. 법원은 선하증권의 준거법이 네덜란드법이라고 인정하면서도, 외국이 그 영토 밖에서 그 강행규정을 준수하는 데 중요한 이익을 가지는 경우 네덜란드 법원이 이를 존중해야 한다는 법리를 선언하였다. 그러나 네덜란드 법원은 벨기에법이 이 사안에서 그 정도로 그 법의 적용에 중요한 이익을 갖지 않는다고 판단하였다.

115) 미국 회사의 네덜란드 자회사가 프랑스 회사에 파이프를 위한 장비를 매도하는 계약을 체결하였는데, 그 후 미국이 미국 회사(유럽의 자회사 포함)의 시베리아횡단 파이프라인 관련 수출을 규제하는 입법을 하였다. 미국 회사의 네덜란드 자회사가 위 규제를 근거로 이행을 거절하였다. 네덜란드 법원은 네덜란드법이 계약의 준거법이라고 보면서도 위와 같이 판단하였다. 다만 네덜란드 법원은 충분한 관련이 있는 경우가 어떤 것인지는 구체화하지 않았고, 이 요건이 충족되지 않았으므로 계약을 강제실현할 수 있다고 판단하였다.

소속된 국가가 사안과 밀접한 관련이 있어야 하고, ② 그 국가의 국제적 강행규정이 준거법에 관계없이 적용을 요하여야 한다. ③ 그러한 규정에 효력을 부여할지에 관하여 법관이 재량을 가지는데, 법관이 재량을 행사할 때 그 규정의 목적과 성질, 그 적용 또는 부적용의 결과를 고려하여야 한다.

로마협약 성안과정에서 초안은 밀접한 관련이 아니라 '관련'(connection)이라고만 명시하였으나, 그렇게 광범위하게 규정하면 법원이 지나치게 많은 나라의 법이 고려대상이 되고, 그 법들이 서로 상충될 수도 있어 절차가 지연될 수 있으며, 당사자가 이를 소송지연전략으로 이용할 수도 있다는 우려에 따라 '밀접한' 관련으로 성안되었다.[116] 밀접한 관련의 의미에 관하여, 전체로서의 계약과 그 국가의 법 사이에 밀접한 관련이 있어야 하고, 분쟁이 된 쟁점과 관련이 있는 것만으로는 부족하다는 견해[117]가 있다. 반면, 분쟁에서 문제된 쟁점과 밀접한 관련이 있어야 한다는 견해[118]도 주장된다. 밀접한 관련을 판단하는 기준으로 계약이행지나 당사자 일방의 상거소, 영업소 소재지,[119] 당사자가 계약의 준거법을 합의하지 않았을 경우 로마협약 제4조 제1항에 따라 준거법이 되었을 국가의 법(객관적 준거법소속국법),[120] 근로제공지, 행위지, 국적, 영업의 중심지가 제시된다.[121]

로마협약 제7조 제1항은 제3국의 국제적 강행규정에 효력을 부여할지 여부에 법관의 광범위한 재량을 인정한다. 그 재량행사는 그 규정의 목적과 성질, 적용 또는 부적용의 효과에 의하여 정당화될 수 있어야 한다(로마협약 제7조 제1항 2문). 이와 관련하여 로마협약 성안과정에서 규정의 성질과 목적이 국제적인 기준, 즉 다른 국가에도 이와 유사한 법이 있거나 일반적으로 인정된 법익에 관한 것이라는 등의 기준에 의하여 정당화되어야 한다는 초안이 제안되었으나, 그러한 기준은 존재하지 않고 법원의 어려움만 가중시킬 것이라는 반대에 따라 채택

---

116) Guiliano/Lagarde [1980] Artcle 7, para 2.
117) Guiliano/Lagarde [1980], Article 7, para 2.
118) Plender/Wilderspin [2001], para 9-08; Chong (2006), 60; Kaye [1993], 254-255.
119) Guiliano/Lagarde [1980], Article 7, para 2.
120) Plender/Wilderspin [2001], para 9-09; Kaye [1993], 251.
121) Guiliano/Lagarde [1980], Article 7, para 2; Kaye [1993], 253-254.

되지 않았다.[122]

규정의 성질과 목적을 고려하는 것이 '문제된 규정이 장소적 적용범위를 명시하고 있는지, 보호법익이 사익인지 공익인지, 그 규정의 상업적 또는 윤리적 근거 등을 고려하는 것'을 의미한다는 견해[123]가 있다. 그러나 이 견해에서 제시하는 고려요소들은 국제적 강행규정에 해당하는지 여부의 판단에서 이미 고려되었던 요소들이므로, 재량행사 단계에서 이 요소들이 국제적 강행규정 판단 단계에서와 구분되는 어떤 독자적 역할을 하는지 분명하게 밝히지 못한다는 문제가 있다. 그리고 규정의 '성질'을 고려한다는 로마협약 제7조 제1항의 문언은, 어떤 법규가 공법인지 사법인지가 국제적 강행규정인지 여부를 판단할 때 결정적 기준이 될 수 없다[124]는 점에서 적절하지 않다고 생각된다.

따라서 재량을 행사함에 있어 규정의 성질과 목적을 고려하는 것이, 제3국의 국제적 강행규정에 대한 '내용통제(content control, Inhaltskontrolle)'에 해당한다는 견해[125]가 더 설득력이 있다. 이 견해는 로마협약 제7조 제1항 제2문이 전통적인 법의 저촉을 해결하는 방법을 포기하고 미국법상 정부이익분석(governmental interests analysis)과 유사하게 정책적 고려에 따라 준거법을 선택하는 새로운 방법을 채택한 것이라고 평가한다.[126] 이 내용통제가 어떤 의미인지에 대하여는 로마협약 제7항 제1항 2문과 동일한 문언을 채택한 로마 I 규정 하에서 더 구체적인 논의가 이루어졌으므로 로마 I 규정 부분에서 다시 살피도록 한다.

법관의 재량은 밀접한 관련이 있는 제3국들 중 여러 국가의 강행규정이 동시에 적용될 수 있는 상황에서 서로 충돌하여 그 중 하나를 선택해야 하는 상황에서도 필요하다.[127] 이때 경합하는 다른 국가의 이익 또는 당사자들에 대한 해

---

122) Guiliano/Lagarde [1980], Article 7, para 3.

123) Kaye [1993], 251.

124) 제3장 제2절 IV. 3. 참조.

125) Schäfer [2010], 277.

126) Chong (2006), 61; Schäfer [2010], 277; Fazilatfar [2019], 137. 정부이익분석에 관한 상세는 위 문헌 143 이하 참조.

127) Guiliano/Lagarde [1980], Article 7, para 3; Kaye [1993], 251.

로운 효과가 있는 경우 그 부적용을 정당화할 수 있는지 고려해야 한다.[128]

2. 효과

로마협약 제7조 제1항은 그 요건을 충족시키는 제3국의 국제적 강행규정에 "효력을 부여할 수 있다"라고만 규정하고 그 구체적인 의미는 정의하고 있지 않다. 그 의미에 관하여 국제적 강행규정 자체를 법으로서 적용해야 한다는 견해[129](1설)가 유력하다. 그 근거는 준거실질법 하에서 제3국의 국제적 강행규정을 고려하는 경우, 제3국의 강행규정에 대한 효력 부여가 그 준거실질법이 규정하는 이행불능, 불법성, 선량한 풍속 등의 구제수단에 따라 좌우되는데, 실질법이 그러한 구제수단을 제공하지 않는 경우 그 효력 부여가 곤란해진다는 것이다.

"효력을 부여한다"는 것이 제3국의 국제적 강행규정을 해당 법률관계의 준거실질법 하에서 사실로서 고려한다는 것을 의미한다는 견해[130](2설)도 있는데, '효력 부여'는 저촉법적 차원에서 적용하는 것만을 의미하는 것이 아니라 제3국의 국제적 강행규정에 대한 모든 종류의 승인을 포함한다는 것을 근거로 한다. 그 밖에 '효력 부여'가 저촉법적 적용(Anwendung)보다 약한 개념이고, 법관이 외국의 강행규정에 따른 효과를 인정하는 것이 아니라, 필요한 경우 이를 다른 효과를 인정할 수 있음을 의미한다는 견해[131](3설)도 주장된다. 3설에 의하면, 제3국의 국제적 강행규정에 효력을 부여하는 방법이 법관이 제3국의 국제적 강행규정을 직접적용하거나 실질법 하에서 사실로 고려하는 것 중 어느 하나로 제한되지 않고, 그 국제적 강행규정의 목적만을 고려하거나, 법정지법과 계약의 준거법의 범위 내에서 공정한 결론을 도출하기 위해 제3국법이 규정하는 효과를 변경할 수도 있다.[132]

---

128) Kaye [1993], 251.
129) Vischer (1992), 13, 166−168; Chong (2006), 42.
130) 이 견해를 소개하는 문헌으로 MünchKomm/Martiny [2006], EGBGB Art 34, Rn 70.
131) MünchKomm/Martiny [2006], EGBGB Art 34, Rn 70, 71, Schäfer [2010], 278. 한편, Guilano/Lagarde [1980], Art 7, para 3은, "effect may be given"이라는 문언이 법원에 제3국의 국제적 강행규정과 계약의 준거법을 결합하는(combine) 고도의 섬세한 작업을 강제한다고 평가하였다. 이는 3설에 가까운 것으로 생각된다.
132) 후자는 국제사법의 적용(adaptation)에 상응하는 법리이다. Schäfer [2010], 334. 뒤에서 살

3. 평가

제3국의 국제적 강행규정의 적용 또는 고려에 대하여 국제적으로 견해가 대립되어 왔던 것에 대응하여, 로마협약 제7조 제1항에 대한 평가도 엇갈린다. 반대론자들은, 제7조 제1항의 문언이 명확하지 않고 법관에게 광범위한 재량을 줌으로써 불확실성과 혼란의 레서피가 되었고, 사안과 관련이 있는 제3국의 국제적 강행규정이 여러 개 있을 수 있어 이를 고려하는 경우 절차가 지연되고 법관에게 지나친 부담을 지우며, 당사자자치를 부당하게 제한한다고 비판한다.133) 134) 그러나 로마협약을 긍정적으로 평가하는 견해는 다음과 같은 논거로 반박한다. 첫째, 로마협약 제7조 제1항이 제3국법의 강행규정의 적용 또는 고려에 관하여 통일적인 방법론을 정립하였고, 국제적인 판단의 통일성을 증진시키며135) 국제예양에 부합한다.136) 둘째, 당사자자치의 제한은 국제적 강행규정의 존재에 따라 불가피하게 발생하는 것이지, 로마협약 제7조 제1항과 같은 규정을 둠으로써 비로소 발생하는 것이 아니다.137)

저자는 로마협약을 긍정적으로 평가하는 견해의 이 두 가지 논거에 동의하면서, 다음과 같이 부연한다. 첫 번째 논거와 관련하여, 독일 법원과 영국 법원

퍼볼 스위스 국제사법 제19조가 이런 태도를 취한다.

133) Dicey/Morris/Collins [2012], vol. 2, para 32-086.

134) 영국, 독일, 포르투갈 아일랜드, 룩셈부르크가 이러한 견지에서 로마협약 제7조 제1항을 유보하였다.

135) Kaye [1993], 256-257은 로마협약 제7조 제1항을 유보한 영국을 다음과 같이 비판한다. "국제계약은 개념적 진공(conceptual vacuum)에 고립되어 있을 수 없다. 하나의 준거법에 의해서만 모든 문제를 해결하는 것이 편리할 수 있지만, 그 계약이 다른 국가에서 효력이 있다는 사실과, 그 효력이 당사자나 국가에 긴요한 중요성이 있을 수 있다는 점을 준거법의 존엄성(sanctity)이라는 미명 하에 무시하여서는 안 된다. 계약을 준거법에 의하여만 해결하여야 한다는 이론도 정의를 목적으로 하는 것이지, 그 이론을 순수한 형태로서 형성하고 보존함으로써 이론가들의 편의를 만족시키려는 것이 아니기 때문이다. 로마협약 제7조 제1항을 적절히 적용하였다면 영국 법원의 정의실현에 중요한 영향이 있었을 것인데, 로마협약 제16조의 공서가 대신 적용되어 불확실성을 야기하게 되었다. 영국이 로마협약 제7조 제1항을 유보한 것은 유치하다(churlish)."

136) Schäfer [2010], 281.

137) Kaye [1993], 257도 같은 취지.

의 태도에서 알 수 있듯이, 로마협약 이전에도 각국 법원이 제3국의 국제적 강
행규정을 준거실질법의 선량한 풍속 위반(Sittenwidrigkeit) 또는 이행불능, 공서
(public policy) 등의 개념 하에서 고려하여 왔다. 그러나 그와 같은 방법으로는
제3국의 국제적 강행규정에 관한 구체적이고 일관된 요건을 정립하기 어렵다.
그에 대응하여 특별연결이론이 주장되었고, 이를 기초로 한 로마협약 제7조 제1
항은 당사자의 준거법에 대한 예측가능성(당사자의 이익)을 보장한다는 점에서
종래의 실질법적 해결방법보다 더 나은 방법이다. 두 번째 논거와 관련하여, 로
마협약 제7조 제1항을 유보하였던 영국과 독일에서도 실질법 하에서 제3국의
국제적 강행규정을 고려하여 왔는데, 이것은 로마협약 제7조 제1항과 같은 규정
을 두지 않더라도 제3국의 국제적 강행규정으로 인하여 당사자자치가 제한될
수 있음을 보여준다.

　반대론자들이 주장하는 '복수의 제3국의 국제적 강행규정으로 인한 절차 지
연과 법관의 부담 가중'에 대하여는, 문제된 쟁점과 밀접한 관련이 있는 제3국의
국제적 강행규정으로 범위를 한정할 수 있다는 반론이 가능하다. 오히려 계약의
준거실질법의 일반조항 하에서 제3국의 국제적 강행규정을 고려하도록 한다면
'당사자의 법 위반 의도' 등 실질법의 요건사실의 기초가 되는 간접사실을 심리
하여야 하기 때문에 로마협약 제7조 제1항과 같은 규정을 두는 것보다 법관의
부담이 가중된다.

　다만 '법관의 광범위한 재량'에 관한 반대론자들의 지적은 경청할 부분이
있다. 로마협약 제7조 제1항이 재량 행사 시 고려요소로 '규범의 목적과 성질'을
열거하고 있는 것이 재량행사에 명확한 기준이 된다고 보기 어렵기 때문이다.
재량 행사의 기준을 명확히 규정하면, 당사자의 준거규범에 대한 예측가능성이
라는 측면의 당사자의 이익이 더 잘 반영될 수 있을 것이다.

　요컨대, 로마협약은 제3국의 국제적 강행규정에 관하여 저촉법적 차원의
일관된 원칙을 제시하였다는 점에서 당사자의 이익을 반영하였고, 국제적 판단
의 조화를 위한 이익도 반영하였다. 또한 밀접한 관련이 있는 제3국의 국제적
강행규정에 효력을 부여하도록 함으로써 제3국의 이익도 반영하였다. 다만 재량
행사의 기준이 명확하지 않아 당사자의 이익의 측면에서 일부 아쉬움이 있다.

로마협약 제7조 제1항 2문은 재량행사 단계에서 규정의 목적과 성질, 적용 또는
부적용의 결과를 고려하라고만 규정하고, 제3국의 국제적 강행규정이 법정지국
의 법체계와 가치에 부합하는지라는 기준을 명시적으로 제시하고 있지 않기 때
문에, 법정지국의 이익의 관점에서도 아쉬움이 있다.

III. 스위스 국제사법

스위스는 로마협약 제7조 제1항을 반영하여 1987년에 국내법으로서는 드물
게 국제사법(Schweizerisches Bundesgesetz über das Internationale Privatrecht, IPRG)
에 제3국의 국제적 강행규정에 관한 명문규정을 도입하였다. 스위스 국제사법
제19조[138]는, "이 법률에 의하여 지정되는 법 대신에 강행적으로 적용되어야 하
는 다른 법의 규정은, 스위스의 법관념에 따라 보호할 만한 가치가 있고 명백히
우월한 당사자 일방의 이익이 있고, 사실관계가 그 법과 밀접한 관련을 가지는
경우에 고려될 수 있다"(제1항), "그러한 규정이 고려되어야 하는지 여부의 판단
을 위해, 그 적용이 스위스의 법관념에 따라 적절한 결정을 내리도록 그 규정의
목적과 적용 결과를 고려하여야 한다"(제2항)라고 규정한다.[139] [140]

---

138) **Art. 19**

  1 Anstelle des Rechts, das durch dieses Gesetz bezeichnet wird, kann die Bestimmung
    eines andern Rechts, die zwingend angewandt sein will, berücksichtigt werden, wenn
    nach schweizerischer Rechtsauffassung schützenswerte und offensichtlich überwiegende
    Interessen einer Partei es gebieten und der Sachverhalt mit jenem Recht einen engen
    Zusammenhang aufweist.

  2 Ob eine solche Bestimmung zu berücksichtigen ist, beurteilt sich nach ihrem Zweck
    und den daraus sich ergebenden Folgen für eine nach schweizerischer Rechtsauffassung
    sachgerechte Entscheidung.

139) 이 번역은 스위스 국제사법의 독일어본을 기초로 하고 프랑스어본과 이탈리아어본을 참고로
    한 것이다. '법관념'은 독일어본의 Auffassung, 프랑스어본의 conception, 이탈리아어본의
    concezióne를 종합하여 번역하였다.

140) 위 규정의 도입으로, 종전에 스위스에서 외국공법 부적용 이론이나 속지주의, 스위스의 공서
    를 근거로 제3국법의 적용을 부정하였던 판례(BGE 68 II 203, BGE 76 II 33, BGE 80 II
    49)는 폐기되었다.

1. 요건

스위스 국제사법 제19조가 적용되기 위해서는, ① 국제적 강행규정[141]을 제정한 제3국이 사안과 밀접한 관련이 있어야 하고, ② 스위스의 법관념에 따라 보호할 가치가 있고 명백히 우월한 당사자의 이익이 있어야 하며, ③ 법관이 제3국의 국제적 강행규정 고려 여부에 관한 재량을 행사할 때 법규의 목적과 적용결과에 비추어 스위스의 법관념에 따른 적절한 판단에 이를지 참작하여야 한다.

밀접한 관련은 계약에 따라 다른 연결소에 따라 인정된다. 예를 들어 임차인보호는 임대차목적물 소재지, 토지매매제한은 토지소재지, 동산처분제한(문화재수출금지 등)은 그 동산 소재지, 직업안전보호는 그 직업수행이 이루어지는 곳, 선원은 기국, 약한 계약당사자를 보호하는 규정은 그 약한 당사자의 거소, 통화보호는 그 통화가 통용되는 곳, 경쟁법에서는 경쟁에 의하여 영향을 받는 시장, 수입금지의 경우 이행지와 밀접한 관련이 있다고 볼 수 있다.[142] 그러나 밀접한 관련의 존부를 판단할 때 소재지 내지 영토가 유일한 기준은 아니고, 해당 규정이 계약당사자의 지위에 직접적으로 미치는 영향도 고려된다.[143]

스위스 국제사법 제19조 제1항의 스위스 법관념에 따라 보호할 가치가 있고 명백히 우월한 당사자 일방의 이익이 있어야 한다는 요건은, 문제된 강행규정이 소속된 외국과 법정지의 "공유된 가치"가 있어야 한다는 것을 의미한다.[144] 이는 가치판단을 통한 이익형량을 하여야 한다는 것이다.[145]

한편, 스위스 국제사법 제19조의 독일어 텍스트는 '당사자 일방의(einer

---

141) 제3국의 법과 관련하여, 스위스 국제사법은 로마협약과 달리 준거법에 관계없이 적용되어야 하다는 요건을 명시하지 않지만, 이는 국제적 강행규정을 의미하는 것으로 풀이된다. ZürKomm/Vischer/Lüchinger [2018], Art 19, Rn 18; Schäfer [2010], 272.

142) ZürKomm/Vischer/Lüchinger [2018], Art 19, Rn 27.

143) ZürKomm/Vischer/Lüchinger [2018], Art 19, Rn 29.

144) MünchKomm/Martiny [2021], Rom I-VO Art 9, Rn 142. 언어적으로, "스위스의 법관념에 따라"는 "보호가치가 있고"와 "명백히 우월한"을 동시에 수식한다. BasKomm/Mächler-Erne/Wolf-Mettier [2021], Rn 22. 따라서 명백히 우월한 당사자의 이익이 있는지도 스위스의 법관념에 따라 판단하고, 공유된 가치와 관련이 있다.

145) BGE 136 III 392, E. 2.3.3.1.

Partei)' 명백히 우월한 이익이라고 규정하고 있으나, 프랑스어 텍스트는 '당사자 일방의'를 포함하지 않아서, 보호가치가 있는 이익이 '당사자 일방의'의 이익에 한정되는지 문제된다. 독일어 문언에 충실하게 당사자 쌍방의 이익을 모두 고려해야 한다는 견해도 있다.[146] 그러나 프랑스어 텍스트가 원본이고 '당사자 일방의' 이익으로 한정하면 적용될 제3국법의 범위가 지나치게 좁아지며, 당사자의 이익에 반하여 제3국법을 적용해야 할 경우가 있으므로, 보호가치가 있는 이익이 당사자 일방의 이익으로 한정되지 않고 제3국의 국가의 이익을 보호하는 규정도 적용될 수 있다고 보는 견해[147]가 유력하다.[148] 당사자가 자신에게 유리한 경우에만 제3국의 국제적 강행규정을 원용하고, 당사자가 무지하거나 제3국법을 회피하려는 경우에는 원용하지 않을 소지가 있어 '당사자 일방의 이익'이라는 요건이 남용될 수 있기 때문이다.[149] 따라서 스위스 제19조 제1항에 따른 이익형량을 할 때 당사자 일방의 이익만 고려하여서는 안 되고, 법공동체의 이익, 국가 전체의 이익, 법적 확실성, 계약준수의 원칙(pacta sunt servanda), 그리고 국제적 판단의 조화를 종합하여 판단하여야 한다.[150] 스위스 연방대법원은 당사자 일방의 이익의 의미에 관하여 명확한 결론을 내리지 않았으나, 외국법이 내용이 국제적 공서로 인정될 수 있는 한도 내에서는 당사자의 이익에 반하여 적용될

---

146) Schäfer [2010], 274.

147) Vischer (1992), 21, 174.

148) 1987년 스위스 국제사법 제19조 신설 당시 초안에 관한 주석인 Botschaft [1982], para 213.54도 '제3국의 국제적 강행규정 적용의 이익이 적용하지 않는 이익보다 명백히 우월한 것'으로 규정하고 있어, 당사자의 이익을 언급하지 않았다. BGE 136 III 620은 E. 3.4.1.은 그 입법경위를 다음과 같이 밝히면서도 어느 텍스트를 기준으로 판단하여야 하는지의 문제를 열린 채로 두었다.

　　입법과정에서 주(州)의회 상임위원회(ständerätliche Kommission)가 '당사자 일방의 이익'을 제안하였으나, 의회의 위원회(Kommission des Nationalrat)가 이 안을 명시적으로 거부하였다. 그러나 그 후 주 의회의 보고자(ständerätliche Berichterstatter)와 의회(Nationalrat)가 이를 알지 못한 채 이를 채택하였다.

149) BasKomm/Mächler-Erne/Wolf-Mettier [2021], Art 19, Rn 23. 이런 점에서 스위스 국제사법 제19조 제1항의 '당사자의 이익'은 저자가 분류한 당사자의 이익과는 다르다. 저자의 분류에 따른 당사자의 이익은 계약의 준거법에 대한 당사자의 적법한 기대 내지 예측가능성을 의미하고, 구체적인 법규의 적용결과가 당사자에게 유리한지 불리한지를 의미하는 것은 아니다.

150) BasKomm/Mächler-Erne/Wolf-Mettier [2021], Art 19, Rn 24.

수 있다는 데 연방대법원 판례와 학설이 일치한다.[151) 152)] 연방대법원은 국제적
공서의 예로 마약밀수, 여성납치, 공무원에 대한 수뢰금지에 관한 규정을 든 바
있다.[153)]

이익이 명백히 우월한지 형량하는 것은 스위스의 법관념에 기초해서 이루어
져야 한다. 스위스의 법관념은 스위스법과 국제법에 담긴 가치구조(Wertgefüge),
기본적 인권의 보호와 스위스의 경제질서,[154)] 스위스 법질서의 근본적 가치[155)]
등을 의미한다. 그리하여 제3국의 국제적 강행규정을 적용하는 것이 스위스의
법관념에 비추어 볼 때 가치가 있어야 하고, 이것이 원인준거법(lex causae)을 적
용하는 이익보다 명백히 우월해야 한다.[156)] 제3국법의 내용이 스위스법과 유사
하여야 하는 것은 아니고, 스위스의 법관념에 부합하는 가치를 추구하는 것이면
족하다.[157)] 이 과정에서 제3국법의 내용을 검토하여야 한다. 이것을 스위스 국
제사법 제19조 제2항에서 제3국의 국제적 강행규정을 적용한 결과를 고려하는
것과 대비되는 '내용통제(Inhaltskontrolle[158)])'라고 볼 수 있다. 먼저 제3국법이 국
제법의 일반원칙에 부합하는지, 법치국가의 기본적인 가치에 부합하는지 살펴보
아야 한다.[159)] 그 후 이익형량 과정에서, 채무자의 이행을 금지하는 규범이 당

---

151) ZürKomm/Vischer/Lüchinger [2018], Art 19, Rn 32; BasKomm/Mächler−Erne/Wolf−
　　 Mettier [2021], Art 19, Rn 22.
152) 다만 스위스 연방대법원은 UN 결의 위반을 포함하여 제3국법의 내용이 국제적 공서에 해당
　　 하는 한도 내에서는 제3국의 국제적 강행규정을 스위스 국제사법 제19조 하에서가 아니라,
　　 스위스 채무법 제20조 제1항의 선량한 풍속 위반에 해당한다고 보는 경향이 있다.
　　 BasKomm/ Mächler−Erne/Wolf−Mettier [2021], Art 19, Rn 5, 31. BGer 4A_263/2019 E.
　　 2.3.에서도 이 법리를 확인하였다. BGer 4C.172/200 E. 5.에서는 무기매매계약이 UN 엠바고
　　 를 위반한 것으로서 스위스 채무법의 선량한 풍속 위반으로 무효라고 판시하였다.
153) BGE 119 Ⅱ 380, E. 4b.
154) BasKomm/Mächler−Erne/Wolf−Mettier [2021], Art 19, Rn 21.
155) BGE 136 Ⅲ 392, E. 2.3.3.1.
156) BGE 136 Ⅲ392, E. 2.3.3.1; BGE 138 Ⅲ 489, 495. E. 2.3.3. 여기서 말하는 '원인준거법을 적
　　 용할 이익'은 저자의 분류에 따르면 당사자의 이익을 의미한다.
157) BGE 136 Ⅲ 392, E. 2.3.3.1.
158) '내용통제(contents control)'의 용례는 로마협약의 맥락에서 Schäfer [2010], 277. ZürKomm/
　　 Vischer/Lüchinger [2018], Art 19, Rn 40도 'Inhaltskontrolle'라는 용어를 사용한다. 내용통
　　 제를 '적용요건통제', 결과통제를 '적용효과통제'로 표현하는 것도 가능할 것으로 생각된다.
159) BasKomm/Mächler−Erne/Wolf−Mettier [2021], Art 19, Rn 19.

사자에게 얼마나 억압적인 상황을 야기하는지 살펴보아야 한다.[160]

스위스 연방대법원은 아래 판결들에서 '당사자 일방의'를 언급하지 않고 '명백히 우월한 이익'이 인정되지 않는다고 판단하였다. 스위스 연방대법원 BGE 130 Ⅲ 620 판결의 사안에서는 미국에 거주하는 부부가 미국 국외에 소재하는 재산은 아내의 소유로 하기로 하는 혼인후 부부재산계약(ehegüterrechtliches Post Nuptial Agreement)을 체결하였다. 아내가 위 계약 체결 이전에 스위스 은행에 계좌를 개설하였었는데, 아내와 남편이 공동명의인이었다. 그 후 남편에 대한 도산절차에서 미국의 도산관재인이 미국 도산법에 따라 스위스 은행에 정보제공요청을 하였고, 미국법에 따르면 은행이 남편의 재산을 처분하는 경우 형사소추될 수 있었다. 아내가 스위스 은행을 상대로 예금반환청구의 소를 제기하자, 원심법원은 제19조에 따라 미국 도산법을 적용할 스위스 은행의 명백히 우월한 이익이 있다고 보아, 원칙적으로 스위스 은행이 아내에게 예금을 반환할 의무가 스위스 국제사법 제19조에 따라 변경되어야 한다고 하면서, 형사소추위험과 이중지급위험 때문에 은행의 지급의무가 연기된다고 판시하였다.

그러나 스위스 연방대법원은 '당사자 일방의' 명백히 우월한 이익을 기준으로 판단하여야 하는지, 아니면 단순히 '명백히 우월한 이익'을 기준으로 판단하여야 하는지의 문제를 판단할 필요가 없다고 하였다. 스위스 연방대법원은 원심판결이 당사자의 이익 외에 공익 등 다른 이익을 형량하지 않았음을 지적하면서,[161] 스위스 은행의 명백히 우월한 이익이 있는지 분명하지 않다고 판단하였다.[162] 그 이유는 미국이 스위스에서 영업을 하는 피고 은행에 직접적으로 강제

---

160) ZürKomm/Vischer/Lüchinger [2018], Art 19, Rn 31.

161) 이는 '명백히 우월한 이익'을 기준으로 판단한 것으로 보인다. 위 판결의 판결이유는 사실관계만 보더라도 '당사자의' 명백히 우월한 이익을 인정할 수 없기 때문에, 이 사안을 해결하는 데 있어 스위스 국제사법 제19조 제1항의 판단을 명백히 우월한 이익을 기준으로 할 것인지, 아니면 명백히 우월한 당사자의 이익을 기준으로 할 것인지의 문제가 발생하지 않는다는 취지로 이해된다.

162) 스위스 연방대법원은 원심판결이 제19조의 예외적인 성질을 간과하였다는 점도 지적하였다. 스위스 국제사법 제19조는 일반조항의 성격을 갖고 있기 때문에 스위스 국제사법에 특별한 연결원칙이 있으면 적용되지 않는다. 스위스법은 이미 스위스 국제사법 제166조 이하에서 외국 도산절차의 승인에 관한 규정으로써 외국도산절차를 존중하고 있기 때문에, 외국 도산절차의 승인 문제는 외국법의 문제가 아니라 스위스법의 문제가 된다(위 판결 E. 3.4.2. —

적인 수단을 사용하기보다 국제법의 원칙에 따라 스위스 국제사법 제166조 이하(외국 도산절차의 승인)에 따른 사법공조를 요청할 것으로 예상되기 때문이다.

스위스 연방대법원은 BGE 136 Ⅲ 392 판결에서 원양어선 선원에 대한 부당해고 시 보상금을 지급할 것을 규정한 파나마법에 대하여, 근로계약의 준거법인 스위스법이 이와 유사하지만 더 제한된 요건 하에서 보상을 허용하고 있다는 이유로 '스위스법의 법관념에 따라 적법하고 명백히 우월한 이익'이 그 적용을 요구하지 않는다고 보았다. 따라서 위 파나마법의 규정이 스위스법 하에서 고려될 필요가 없다고 판시하였다.[163]

스위스 연방대법원은 BGE 131 Ⅲ 418 판결에서, 프랑스 은행의 스위스 지점과 인도 하이데라 왕국 후손이 지배하던 회사들 사이에 체결된 담보권설정계약이 인도의 문화재법(Antiquities and Art Treasures Act 1972)을 위반하여 인도 정부의 허가 없이 반출된 고대 금화에 관한 것으로서 무효인지를 판단하였다. 스위스 연방대법원은 이 판결에서 '스위스법에 따라 보호가치 있는 명백한 이익'이 인도의 문화재법을 고려하도록 명한다고 볼 수 없다고 판단하였다.[164] [165]

3.5.2.).

163) 다만 스위스 연방대법원은 이 판결에서 제19조의 프랑스어 텍스트와 이탈리아어, 독일어 텍스트의 상이함의 문제가 아직 해결되지 않았다고 하면서, 프랑스어 텍스트의 '명백히 우월한 이익'은 '당사자의 이익'도 포함한다고 설시하였다. E. 2., E. 2.3.3.

164) 그 이유는 '스위스 영토 내에서 외국 공법을 적용할 의무가 없다. 불법반출된 UNESCO 협약에 대한 이행입법(LTBC)은 2003년에 이루어졌는데 위 법에 의하면 불법반출된 문화재의 기원국의 규정은 공법상 청구로서 반환청구에서 고려될 수 있으나, 이런 외국의 공법상 규정을 사법(私法)적 청구에 고려할 필요가 없다.'는 것이다. 그러나 이 판결은 판결이유에서 '원고는 인도법을 위반하였기 때문에 담보권설정계약이 무효라고 주장하나, 이 사건 금화가 인도법을 위반하여 반출되었음을 인정할 수 없다. 만약 금화가 인도법을 위반하여 반출되었다고 하더라도, 인도법이 위법하게 반출된 문화재에 관한 담보권설정계약이 무효라고 규정하고 있지 않기 때문에, 스위스 국제사법 제19조에 따라 위 인도법을 고려하더라도 이 사건 금화에 관한 담보권설정계약이 무효가 되는 것은 아니다. 따라서 위 담보권설정계약은 그 준거법인 스위스법이나, 스위스 국제사법 제19조에 따라 고려될 수 있었던 인도의 강행규정에 따라 무효라고 볼 수 없다'고도 설시하였다. 따라서 이 판결이 문화재반출을 금지하는 인도의 문화재법이 스위스 국제사법 제19조 제1항에 따라 아예 고려될 수 없다는 취지인지는 분명하지 않다.
    이종혁(2017), 103은 이 판결에 대하여 "문화재보호에 관한 외국 공법의 적용이 스위스와 양자조약을 체결한 국가와의 관계에서만 배타적으로 인정된다는 원칙을 제시함으로써 문화재보호의 영역에서 제3국의 국제적 강행법규의 고려에 관한 스위스 국제사법 제19조를 형해화하였다'고 비판하는데, 위 판결이유에 비추어 보면 스위스 법원이 그와 같은 법리를 확정적으

스위스 국제사법 제19조 제2항은 법관이 재량을 행사할 때 고려해야 할 요소로 그 규정의 목적과 그 규정을 적용한 결과가 스위스의 법관념에 따라 적절한지를 명시하고 있다. 즉, 제3국의 국제적 강행규정을 구체적인 사안에 적용한 결과가 스위스의 법관념에 부합해야 하는데, 이는 결과통제(Ergebniskontrolle)에 해당한다.166) 제3국의 국제적 강행규정을 적용한 결과에 대하여도 제3국과 법정지인 스위스의 이익을 형량하는 것이다.167) 이 과정에서 당사자의 계약관계와 법적 지위에 미치는 영향을 고려해야 한다. 이때 제3국의 이익과 스위스의 이익이 일치하는 정도가 중요한 판단기준이 되고, 그 정도가 높을수록 제3국법에 효력이 부여될 가능성이 높아진다.168) 스위스법에 제3국의 국제적 강행규정과 유사한 강행규정이 있어야 하는 것은 아니고, 외국 규정이 추구하는 목적이 스위스의 법관념에 부합하면 족하다.169) 그러나 외국법의 내용이 스위스법의 공서에 반하는 내용이라고 하더라도, 당사자가 그 적용을 피할 수 없고 이행이 곤란해지는 경우에는 그 외국법을 고려하지 않을 수 없다.170)

2. 효과

스위스 국제사법 제19조 제1항의 요건에 해당하면 제3국의 국제적 강행규정에 효력이 부여될 수 있다. 스위스 국제사법 제19조는 법관에게 외국법을 고

로 선언한 것인지 혼란스럽다. 스위스 LTBC에 대한 상세한 소개는 같은 문헌 참조.

165) 반면, 스위스 연방대법원이 제19조에 따라 외국의 국제적 강행규정을 고려한 예로, BGer 4C.32/2001 판결이 있다. 사안에서 원고는 피고와 사이에 원고가 피고의 제품을 네덜란드와 벨기에, 룩셈부르크에서 독점적으로 판매하기로 하는 판매점계약을 체결하면서, 피고가 위 계약의 경업금지조항을 위반할 경우 위약벌을 지급하기로 약정하였다. 그 후 원고가 피고를 상대로 경업금지의무 위반을 이유로 위약벌을 청구하는 소를 제기하였다. 사안에서 위 독점적 판매점계약과 특히 그 중 위약벌조항이 유럽연합의 경쟁법을 위반하여 무효인지 문제되었다. 스위스 연방대법원은 스위스 국제사법 제19조에 따라 유럽연합의 경쟁법을 고려하여 판단한 원심 판결이 정당하다고 판시하였다.BGer 4C.32/2001 E. 4. 그러나 연방대법원은 이 사건에서 명백히 우월한 이익 요건에 대한 언급은 따로 하지 아니하였다.

166) BasKomm/Mächler−Erne/Wolf−Mettier [2021], Art 19, Rn 25.; BGE 130 Ⅲ 620, E. 3.5.1.

167) Schäfer [2010], 275는 이것이 미국의 policy weighing과 유사하다고 한다.

168) BGE 136 Ⅲ 398, E.2.3.3.1.

169) BGE 138 Ⅲ 489, 495, 2.3.3.

170) ZürKomm/Vischer/Lüchinger [2018], Art 19, Rn 35.

려하거나 고려하지 않을 재량을 부여하는데, 재량행사에서 고려할 요소들은 이미 앞서 본 바와 같이 이익형량에서 고려된다.[171] 따라서 외국법의 보호법익이 스위스법의 관점에서 보호할 가치가 있다면, 법관의 재량은 외국법을 고려할지 말지가 아니라, 어떻게 고려할지에 초점을 맞추게 된다.[172]

스위스 국제사법 제19조가 외국법을 '적용'한다고 규정하지 않고 '고려'될 수 있다고 규정한 이유와 의미는 다음과 같다.[173] ① 스위스 국제사법 제19조는 외국공법의 직접적 효과가 아니라 해당 외국공법이 사법적 관계에 어떤 영향을 미치는지에 관한 규정이기 때문에 이를 고려하는 것을 공법의 "적용"이라고 볼 수 없다. ② 스위스 국제사법 제19조의 요건에 해당하더라도 외국법에 규정된 법적 효과가 항상 그대로 인정되는 것이 아니다. 스위스 국제사법 제19조 제2항의 "적절한 결정을 내리도록 그 규정의 목적과 적용결과를 고려하여야 한다"라는 문언으로, 법관이 적절한 결정을 내리기 위하여 법률효과를 형성하는 것이 가능해진다(Gestaltungsmöglichkeit). 예를 들어 법원이 외국법을 고려한 결과 계약의 일부무효, 이행의 유예(Stundung der Erfüllung), 계약채무의 집행불가능(Nichtdurchsetzbarkeit, IMF 협정 제Ⅷ조 제2(b)의 경우 포함), 계약 해제 또는 계약 변경을 인정할 수 있다. 이는 제3국의 국제적 강행규정을 적용 또는 고려한 결과 어떤 법률효과를 인정할지에 법관의 재량이 인정된다는 의미이다. 법원이 외국의 국제적 강행규정을 적용하여 계약이 무효라고 판단하는 경우, 계약 무효에 따른 후속효과는 계약의 준거법에 의하여 결정된다.[174]

3. 평가

스위스 국제사법은 로마협약과 마찬가지로 적용 또는 고려해야 할 제3국법의 범위를 사실관계와 밀접한 관련이 있는 국가의 법으로 규정하였다. 스위스 국제사법 제19조는 로마협약보다 제3국법이 적용될 만한 것인지를 심사하는 단

---

171) ZürKomm/Vischer/Lüchinger [2018], Art 19, Rn 15.
172) ZürKomm/Vischer/Lüchinger [2018], Art 19, Rn 50.
173) ZürKomm/Vischer/Lüchinger [2018], Art 19, Rn 45－49.
174) ZürKomm/Vischer/Lüchinger [2018], Art 19, Rn 49.

계(제19조 제1항)와 구체적인 사안에서 그 규범이 적용되는 것이 정당한지 심사하는 단계(제19조 제2항)에서 무엇을 고려해야 하는지에 관하여 보다 명확한 지침을 제공한다. 스위스 국제사법 제19조 제1항에서는 제3국의 국제적 강행규정이 '스위스 법관념에 따라 보호가치가 있고 명백히 우월한 당사자의 이익'이라는 구체적인 기준을 제시하여 제3국의 이익과 법정지국의 이익을 형량하도록 한다. 그리고 스위스 국제사법 제19조 제2항에서는 다시 제3국의 국제적 강행규정의 '목적'과, '그 적용결과가 스위스의 법관념에 따라 적절한 판단에 이르게 되는지'를 판단하도록 한다. 이는 로마협약 제7조 제1항이 제3국의 국제적 강행규정에 효력을 부여할 때 '규범의 목적과 성질, 적용 또는 부적용의 효과'를 고려하도록 한 것보다는 발전된 것이다.

　　스위스 국제사법 제19조 제1항이 '스위스 법관념에 따라 보호할 가치가 있는지'라는 기준으로 제3국의 국제적 강행규정과 법정지국의 공유된 가치가 있는지를 심사하는 것은 제3국의 국제적 강행규정의 고려에 대한 법정지국의 이익을 반영할 수 있는 기준으로 적절하다고 생각된다. 그런데 이 단계에서 '당사자의' 명백히 우월한 이익을 기준으로 삼은 것은 의문이다. 먼저 용어 사용으로 인한 혼란을 방지하자면, 스위스 국제사법에서 말하는 당사자의 이익은 저자가 분류한 당사자의 이익과 범주가 다르다. 저자의 분류에 따른 당사자의 이익은 사실관계를 준거하는 규범에 대한 예측가능성을 의미하고 구체적인 사실관계에 특정 법규를 적용한 결과로 인하여 당사자가 얻는 이익 또는 불이익을 의미하지 않는다. 그러나 스위스 국제사법 제19조 제1항의 당사자의 이익은 준거법에 대한 예측가능성 외에 구체적 사실관계에 특정 법규를 적용한 결과로 인하여 당사자가 얻는 이익 또는 불이익을 포함한다.[175]

　　그러나 저자는 제3국의 국제적 강행규정을 적용 또는 고려함에 있어, 제3국법의 내용에 대한 통제와 제3국법을 적용한 결과에 대한 통제를 준별하여, 내용통제를 먼저 한 후 결과통제를 하는 것이 체계적으로 더 낫다고 생각한다. 스위

---

175) ZürKomm/Vischer/Lüchinger [2018], Art 19, Rn 31. BGE 130 Ⅲ 620 판결의 원심 법원이, 스위스 은행의 이중지급위험과 형사소추위험을 당사자의 이익으로 언급한 것에 비추어 보아도 그러하다.

스 국제사법 제19조 제1항의 해석론으로, '당사자 일방의 이익'이 명백히 우월한
지를 형량할 때, 제3국의 국제적 강행규정이 당사자에게 얼마나 억압적인 상황
을 야기하는지 고려해야 함은 앞서 살펴본 바와 같다.[176] 그러나 '당사자에 대한
억압적인 상황' 등을 포함하여 해당 규범을 구체적인 사안에 적용한 결과 당사
자가 입는 이익 또는 불이익은 추상적 내용통제가 아니라 구체적 결과통제의 단
계에서 고려하는 것이 더 적절하다. 제3국의 국제적 강행규정의 적용 또는 부적
용으로 인하여 당사자가 얻는 이익 또는 불이익은 구체적인 사안을 전제로 하
고, 구체적인 사실관계에 제3국의 국제적 강행규정이 적용되거나 적용되지 않을
때 어떤 결론에 이르는지를 살펴보아야 해당 규범이 당사자에게 얼마나 억압적
인 상황을 야기하는지, 규범의 적용으로 인하여 당사자가 얻는 이익 또는 불이
익이 무엇인지 분명히 드러나기 때문이다. 따라서 내용통제의 단계에서는 제3국
법의 추상적 내용이 법정지법의 관점에서 보호가치가 있는지를 심사하면 족하
다고 생각한다.

그리고 '당사자 일방의'라는 문언이 스위스 국제사법 제19조의 성안과정에
서 실수로 삽입되었다는 점, 스위스 국제사법의 원본인 프랑스어 텍스트에는 문
언이 들어가지 않았다는 점, 상당수의 스위스 연방대법원 판결들[177]도 '당사자
일방의'라는 기준에 의하지 않고 판단한 점, 현재 스위스에서 이 문언을 삭제해
야 한다는 개정논의가 진행 중인 점[178]에 비추어 보면 '당사자 일방의 이익'이라
는 기준이 스위스 국제사법에서 제3국의 국제적 강행규정을 적용 또는 고려할
때 결정적인 기준이 아니라는 것을 시사한다.

한편, 스위스 국제사법 제19조 제2항이 결과통제로서 제3국의 국제적 강행
규정을 적용한 결과가 '스위스의 법관념에 부합하는지'를 심사하도록 한 것은 적
절하다. 그러나 제19조 제2항이 이 단계에서 다시 규범의 '목적'을 고려하도록
한 것은 적절하지 않다. 스위스 국제사법 제19조 제1항에 따라 제3국의 국제적

---

176) ZürKomm/Vischer/Lüchinger [2018], Art 19, Rn 31.
177) BGE 138 III 489, BGE 131 III 418.
178) BasKomm/Mächler−Erne/Wolf−Mettier [2021] Art 19, Rn 3. 이 개정론의 근거는 '당사자
   일방의 이익'이 아니라 '일반 대중의 이익'을 기준으로 판단하여야 한다는 것이다.

강행규정이 스위스의 법관념에 따라 보호할 만한 가치가 있는지 심사하는 단계
에서 제3국의 국제적 강행규정의 목적을 고려하기 때문이다. 스위스 국제사법
제19조 제2항에 따라 제3국의 국제적 강행규정의 목적을 다시 고려하는 것이
제19조 제1항에 따라 스위스 법관념에 따라 보호할 만한 가치가 있는지를 심사
하면서 목적을 고려한 것과 실질적으로 어떻게 구분되는지 분명하지 않고, 결과
통제에 유용한 지침이 되지 않는다. 앞서 언급하였듯이 결과통제의 단계에서 해
당 규범을 적용한 결과로 인하여 당사자에게 얼마나 억압적인 상황이 초래되는
지, 그 규범이 적용됨으로써 당사자가 입은 이익 또는 불이익이 무엇인지, 그 적
용 결과가 법정지의 공서에 위배되지 않는지를 살펴보면 족하다.

요컨대 스위스 국제사법 제19조는 준거규범에 대한 예측가능성이라는 측면
에서 당사자의 이익, 밀접한 관련이 있는 제3국법을 고려한다는 점에서 제3국의
이익, 제3국의 국제적 강행규정의 내용과 적용결과가 법정지의 관점에서 보호가
치가 있는지를 심사한다는 점에서 법정지국의 이익, 국제적 판단의 조화를 위한
이익을 골고루 반영하였다. 다만 제19조 제1항에서 제3국법이 당사자에게 미치
는 억압적인 상황을 고려하도록 하고, 제19조 제2항에서 제3국법의 목적을 고려
하도록 한 것이 내용통제와 결과통제의 각 단계에 비추어 적절하지 않다는 아쉬
움이 있다.

Ⅳ. 헤이그 대리협약, 헤이그 신탁협약과 국제상사계약 준거법원칙

그 밖에 특별연결이론에 기초한 국제규범으로 로마협약과 스위스 국제사법
과 유사한 태도를 취하는 것을 간략히 소개한다. 헤이그 국제사법회의에서 채택
된 협약들에서도 제3국의 국제적 강행규정에 관한 규정이 포함되었다.[179)]

헤이그 대리협약에는 네덜란드 대법원의 *ALNATI* 판결과 유사한 관점이 반영
되었다. 위 협약 제16조[180)]에 의하면, 사안과 '중요한 관련(significant connection)'

---

179) 그러나 로마 I 규정과 달리 국제적 강행규정을 정의하지는 않는다.

180) **Article 16**

    In the application of this Convention, effect may be given to the mandatory rules of any

이 있는 국가의 강행규정은, 그 국가의 국제사법에 따라 정해진 법에 관계없이 적용되는 경우 효력이 부여될 수 있다.181)

　헤이그 신탁협약 제16조 제2항182)에 의하면 제3국의 국제적 강행규정이 '충분히 밀접한 관련(sufficiently close connection)'이 있는 경우 '예외적인 상황 하에서(in exceptional circumstances)' 효력이 부여될 수 있는데, 이는 로마협약이나 대리의 준거법에 관한 헤이그 협약보다 한층 더 엄격한 요건을 규정한 것이다. 그러나 이에 대하여는 예외적인 상황이 어떤 것인지 알 수 없어 국제적 강행규정의 적용 제한에 대한 명확한 기준이 될 수 없다는 비판이 가능하다.

　한편, 2015. 3. 19. 채택된 헤이그 국제상사계약준거법원칙은 제3국의 최우선강행규정(overriding mandatory provisions)183)의 적용요건을 정면으로 규정하지는 않고, 법정지법184)이 제3국의 최우선강행규정을 적용하거나 고려할지 결정한다고 규정하였다(제11조 제2항185)). 헤이그 국제상사계약준거법원칙의 특이한 점은 법정지법에 따라 객관적 준거법소속국의 공서를 적용 내지 고려할 수 있도록 하였다는 것이다(제11조 제4항186)).187) 객관적 준거법소속국의 공서를 고려하는

State with which the situation has a significant connection, if and in so far as, under the law of that State, those rules must be applied whatever the law specified by its choice of law rules.

181) 이 협약은 외국의 국제적 강행규정을 법정지의 국제적 강행규정과 동일하게 취급한다는 점에서 법정지의 국제적 강행규정을 우선하는 로마 I 규정이나 로마협약과는 차이가 있다. Kunda [2015], para 64.

182) **Article 16**
If another State has a sufficiently close connection with a case then, in exceptional circumstances, effect may also be given to rules of that State which have the same character as mentioned in the preceding paragraph.

183) 최우선강행규정의 범위는 로마 I 규정 제9조 제1항의 정의에 따른 것으로 제한될 가능성이 높다. HCCH [2015], paras 11.5, 11.20.

184) 여기서 말하는 법정지법은 법정지의 국제사법을 포함한다. 석광현 (2015c), 304; 정홍식 (2015), 42.

185) **Article 11　Overriding mandatory rules and public policy (ordre public)**
2. The law of the forum determines when a court may or must apply or take into account overriding mandatory provisions of another law.

186) 4. The law of the forum determines when a court may or must apply or take into account the public policy (ordre public) of a State the law of which would be applicable in the absence of a choice of law.

것은 사안과 밀접한 관련이 있는 국가의 공서가 무시되어서는 안 된다는 사고를 기초로 한다. 그런데 과거 영미법계에서 공서와 국제적 강행규정을 엄격히 구분하지 않았던 점[188]과 공서와 국제적 강행규정의 접점이 있다는 점[189]을 고려하면, 객관적 준거법소속국의 공서를 고려하는 것은, 특별연결이론이 사안과 밀접한 관련이 있는 제3국의 국제적 강행규정에 효력을 부여하는 것과 유사하다고 볼 수 있다.[190]

V. 로마 I 규정

로마 I 규정은 로마협약의 후신이다. 로마협약은 그 형식이 '협약'이었던 관계로 영국과 독일을 비롯한 일부 국가들이 제3국의 국제적 강행규정에 관한 규정인 제7조 제1항을 유보할 수 있었지만, 로마 I 규정은 유럽연합 전역에 일률적으로 적용되는 이사회 규정(Regulation)이었기 때문에 일부 조항에 대한 유보가

---

187) 이는 미국 Restatement (Second) 제187조 제2항 b의 태도를 반영한 것으로, 영미법계와 대륙법계의 조화를 꾀한 것이다. HCCH [2015], para 11.20; 석광현 (2015c), 305. 미국은 당사자자치를 제한하는 법(*lex limitativa*)의 역할을 법정지법보다 주로 객관적 준거법에 맡긴다. 따라서 당사자의 준거법 선택으로써 객관적 준거법소속국의 공서를 피할 수 없다. 미국의 오레곤주법과 루이지애나주법에도 같은 취지의 규정이 있다. 상세는, Girsberger/Graziano/Neels [2021], para 68.35 et seq (S. Symeonides/N. Cohen 집필 부분), HCCH [2015], para 11.20.

188) 이는 영국의 공서-예양 원칙에서 잘 드러난다. 영국은 로마협약 이전까지 '강행규정 (mandatory rules)'라는 용어를 알지 못하였으나, 대륙법의 '강행규정'에 해당하는 개념과 기능을 공서로 설명하여 왔다. 미국 법령이나 판례에서도 마찬가지로 '최우선강행규정(overriding mandatory rules)'이라는 용어가 잘 사용되지 않고, 공서(public policy)가 당사자자치에 대한 제한으로 사용되며, 법정지의 공서나 객관적 준거법의 공서를 적용한다. 이는 대부분의 주가 Restatement (Second) on Conflict of Laws 제90조와 제187조를 도입하였기 때문이다. 같은 문헌, para 1.458.

189) 제3장 제2절 IV. 3. ④ 참조.

190) 우리 국제사법 하에서도 객관적 준거법소속국의 공서를 어떻게 고려할지에 관하여 유사한 설명이 가능하다. 우리 국제사법 하에서 법정지가 아닌 객관적 준거법소속국의 공서를 고려하는 것은 낯설기는 하나, 객관적 준거법소속국의 국제적 강행규정이 그 소속국의 본질적인 법체계의 원칙을 보호하는 것으로서 그 소속국의 공서와 중복되는 한도 내에서는 그 국제적 강행규정을 적용함으로써, 또는 객관적 준거법소속국의 공서가 우리 법의 공서와 같은 내용일 때는 우리법의 공서를 적용함으로써 객관적 준거법소속국의 공서를 간접적으로 고려할 수 있을 것이다.

불가능하였다. 따라서 로마 I 규정 성안과정에서 제3국의 국제적 강행규정에 대한 연결원칙을 어떻게 할지에 관하여 회원국들 사이에 의견이 첨예하게 대립되었다. 당초 로마 I 규정 초안에는 로마협약 제7조 제1항과 유사한 규정이 있었으나, 국제금융의 중심지인 영국이 로마협약 제7조 제1항과 같은 규정을 둔다면 국제금융에 불확실성이 초래될 것이라는 이유로 로마 I 규정에 참여하지 않을 의사를 표명하였다.[191] 결국 다수의 국제계약 관련 분쟁이 영국 법원에서 처리되고 있는 상황에서 영국의 참여를 유도하기 위해, 영국의 이행지법 원칙을 반영한 로마 I 규정 제9조 제3항이 성안되었다.[192] 로마협약 제7조 제1항과 대비되는 로마 I 규정의 뚜렷한 특색은 적용 또는 고려되어야 하는 제3국의 범위를 밀접한 관련이 있는 국가가 아니라 이행지로 한정하였다는 것이다.[193] 이하에서는 로마 I 규정 제9조 제3항의 요건을 검토 및 평가한 후, 적용 또는 고려대상인 제3국의 범위를 이행지로 한정한 것이 바람직한 변화인지 살펴보기로 한다.

1. 요건

제3국의 국제적 강행규정이 로마 I 규정 제9조 제3항에 따라 효력이 부여되기 위해서는 일단 제3국의 규정이 로마 I 규정 제9조 제1항의 국제적 강행규정의 정의에 포섭되어야 한다.[194] 그리고 그 규정이 '계약이 이행되어야 하거나 이행된 장소'[195]의 국제적 강행규정으로서 '이행을 불법(unlawful)[196]하게 만드는

---

191) Dickinson (2007), 74.

192) 로마 I 규정 성안과정의 상세와 영국의 입장은 Calliess/Renner [2015], 25; Hellner (2009), 451-454; MOJ Consultation Paper(2008), 32 참조. 후자는 http://data.parliament.uk/ DepositedPapers/Files/DEP2009-0185/DEP2009-0185.pdf 에서 접근 가능(2021. 12. 8. 최종방문).

193) MünchKomm/Martiny [2021], Rom I-VO, Art 9, Rn 6; Briggs [2014], paras 7.251, 7.305. 이런 점에서 로마 1규정 제9조 3항은 영국법의 입장에서 환영하는 변화이다. Briggs [2014], 7.306.

194) 제3장 제1절 III. 참조.

195) 그 의미에 대하여, 이행지가 사실상 이행이 이루어졌거나 이루어질 장소를 의미한다는 견해 (1설, Calliess/Renner [2015], 257; MünchKomm/Martiny [2021], Rom I-VO, Rn 118, 126; MünchKomm/Martiny [2006], EGBGB Art 34, Rn 141)와 계약에서 정한 이행지를 의미한다는 견해(2설, Dicey/Morris/Collins [2012], vol. 2, para 32-096; *Lemenda Trading Co Ltd v African Middle East Petroleum Co Ltd* [1988] QB 448, 455-456; *Tamil Nadu*

규정'이어야 한다.[197] 밀수·수뢰금지법, 수입금지법, 형사처벌규정 등이 그에 해당함은 명백하다.[198] 계약을 전부 또는 일부 무효로 만드는 규정과, 가격통제, 최저임금이나 최장근로시간을 규율하는 법규와 같이 계약상 의무를 변경하는 규정도 계약의 이행을 불법하게 만드는 규정에 포함된다.[199] 다만 계약의 방식 또는 이행방법만을 규제하는 규정[200]은 계약을 불법하게 만드는 것이 아니므로

Electricity Board v ST-CMS Electric Co Private Ltd [2008] 1 Lloyd's Rep 93, 104.), 계약이 아직 이행되지 않은 경우에는 법적 이행지도 고려해야 한다는 견해(3설)이 대립하나, 3설이 설득력이 있다. 이는 로마 I 규정의 이행지에 관한 문언이 민사 및 상사사건의 재판관할과 재판의 승인 및 집행에 관한 유럽연합 규정(COUNCIL REGULATION (EC) No 44/2001 of 22 December 2000 on jurisdiction and the recognition and enforcement of judgments in civil and commercial matters, 이하 '브뤼셀 I 규정') 제5조 제1항 (b)의 이행지를 정의하는 문언 (the place...where the goods were delivered or should have been delivered, the place ⋯ where the service were provided or should have been provided)과 유사하다는 이유로 브뤼셀 I 규정 제5조 제1항 (b)의 해석론을 따르자는 것이다. 브뤼셀 I 규정 하에서는 원고가 사실상 이행지와 계약상 이행지 사이에서 선택할 수 있다는 견해와, 이미 이행이 되었으면 사실상 이행이 된 곳, 아직 이행되지 않았으면 계약에 따라 이행이 될 곳을 의미한다는 견해가 대립되었는데, 후자가 다수설이다. Hauser [2012], 84.

196) Hauser [2012], 71ff는 로마 I 규정의 입법자가 'unlawful'과 'illegal'을 의도적으로 구분하고 illegal보다 더 넓은 개념인 unlawful을 채택한 것이라고 하면서, 영국법의 illegality는 이행금지규정만을 의미하고, 이자율을 제한하는 규정과 같이 이행의 일부를 무효로 하는 규정은 포함되지 않는다(*Mount Albert Borough Council v Australian Temperance and General Mutual Life Insurance Society* [1938] AC 224)고 설명한다. 같은 취지로, Hellner (2009), 461-462.

그러나 영국에서는 뒤에서 볼 이행지법 원칙의 맥락에서 illegal과 unlawful이라는 개념이나 용어를 구분하여 사용하고 있지 않은 것으로 보인다. Dicey/Morris/Collins [2012] vol. 2,, para 32-097. Hartley (1997), 386-387은 illegal을 형사법 위반뿐만 아니라 불법행위, 제3자와의 다른 계약 위반까지 포함하는 것으로 넓게 해석한다.

197) 로마 I 규정 제9조 제3항의 이행지를 판단하는 준거법에 관하여, 로마 I 규정 제12조 제1항을 근거로 계약의 준거법에 따라야 한다는 견해가 유력하다. 반면, 이행지를 법정지법에 따라 판단하여야 한다는 견해로 Hill/Chong [2010], para 14.3.13. 브뤼셀 I 규정 하에서의 해석론과 동일하게 계약이 이미 이행된 경우에는 사실상 이행지, 이 정한 특징적 이행이 이루어지는 국가의 법에 따라야 한다는 견해로 MünchKomm/Martiny [2021], Rom I -VO, Art 9, Rn 118.

198) Günther [2011], 163.

199) Hauser [2012], 75; Calliess/Renner [2015], 258; Günther [2011], 163.

200) 이러한 규정의 예로 계약 체결 전 정보를 제공할 의무를 부과하는 규정을 들 수 있다. Hauser [2012], 78. Hellner (2009), 462는 'unlawful'을 이렇게 넓게 해석하는 견해를 취하면서 이렇게 보면 국제적 강행규정 중 이행을 불법하게 만드는 규정에 해당하지 않는 것이 없을 것이고, 사실상 로마 I 규정 제9조 제3항이 로마협약 제7조 제1항과 큰 차이가 없게 된다고 본다.

이에 해당하지 않는다.201) 이행의무가 여러 개인 경우 이행지는 분쟁의 대상이
된 의무를 기준으로 판단한다.202)

　　이상의 요건이 충족되면 법정지 법관이 이행지의 국제적 강행규정에 효력
을 부여할 수 있다. 로마Ⅰ규정 제9조 제3항 2문은 로마협약 제7조 제1항 2문과
동일하게, 그 효력 부여에 대한 재량행사 단계에서 규정의 성질과 목적, 그 적용
또는 부적용의 결과를 고려하도록 한다. 그 의미에 관하여 로마협약 하에서보다
구체적인 논의가 이루어졌다.

　　제9조 제3항 2문은 법관이 그 규범소속국의 법적·사회적 구조에 비추어 그
규범이 왜 입법되었는지, 그 종류가 무엇인지 파악하여,203) 관련된 이익을 형량
하여야 한다는 의미로 해석된다.204) 규정의 '목적'을 고려하라는 것은, 법관이
그 근저에 있는 입법의도와 문제된 정부의 이익을 살펴보라는 것이다.205) 로마Ⅰ
규정의 '성질'을 고려하라는 것의 의미는 불명확하다. '성질'이라는 용어의 불명
확함과 광범위함을 인정하면서, 해당 법규의 소속국이 공법과 사법의 구분을 인
정하고 있는 경우 그 규정이 공법인지 사법인지를 고려할 수 있다는 견해206)가
있다. '적용 또는 부적용의 결과'를 고려하라는 것은 제3국법을 적용한 결과가
준거법을 적용한 결과와 일치하는지, 국제적인 판단의 조화에 기여하는지, 당사
자의 적법한 기대를 보호할 수 있는 것인지를 검토하라는 의미로 해석된다.207)

　　구체적인 이익형량방법에 관하여 여러 견해가 주장된다.208) 문제된 법규가
국제적으로 승인되는 일반적인 가치를 보호하는 것이어야 한다는 견해(1설)가 있
으나, '국제적으로 승인되는 일반적인 가치'의 범위가 좁아 이렇게 보면 제3국의
이익이 충분히 고려되지 못할 가능성이 높다. 한편, 제9조 제3항 2문이 해당 규

---

201) Hauser [2012], 78도 같은 취지.
202) Calliess/Renner [2015], 258.
203) Hauser [2012], 117.
204) Calliess/Renner [2015], 258; Magnus/Mankowsi/Bonomi [2017], Art 9, para 174.
205) Calliess/Renner [2011], Art 9, para 29.
206) Magnus/Mankowski/Bonomi [2017], Art 9, para 173.
207) Calliess/Renner [2011], Art 9, para 29; Magnus/Mankowsi/Bonomi [2017], Art 9, para 178.
208) 다양한 견해에 대한 소개는 Hauser [2012], 118-122 참조.

범에 대한 법정지, 준거법, 제3국의 보호규범의 동등성 심사(Äquivalenzprüfung)를 규정한 것으로서, 위 세 개가 같은 정도의 보호를 제공하고 있다면 준거법의 규정만이 적용된다는 견해(2설)도 있다. 그러나 이에 대하여 로마 I 규정에서 준거법만을 우선할 근거를 찾기 어렵다는 비판209)이 있고, 그 비판이 설득력이 있다. 게다가 이 견해를 취하면 최소한 3개 이상의 국가의 간섭규범을 늘 비교해야 하기 때문에 실무상 과중한 부담이 야기되고, 준거법, 법정지법, 이행지법이 동일한 내용에 대하여 각기 다른 종류의 보호수단을 제공하는 경우 보호의 수준을 일률적인 기준으로 평가하기 어렵다는 문제도 있다.

제3국의 국제적 강행규정이 보호하는 이익이 법정지국의 이익에 부합하거나 최소한 배치되지 않는 한 적용될 수 있다는 견해210)가 유력하다. 이 견해에 의하면 제3국의 국제적 강행규정이 이 국내규정에 부합하지 않는 정도로는 적용될 수 없는 것이 아니고, 어느 정도 "분노"를 야기해야 적용이 배제된다.211) 적용될 수 없는 예로 법정지국의 경제적 사회적 장해를 야기할 법규나, 다른 국가들을 차별하거나 다른 국가들에 해악을 가하려는 법규가 제시된다.212) 다만 이 견해에 의하더라도 법정지에 문제된 제3국의 국제적 강행규정에 상응하는 규정이 있거나 그 규정이 보호하려는 이익이 법정지국의 이익과 일치하는 경우 고려될 가능성이 높을 것이다.213) 제3국의 국제적 강행규정이 보호하는 이익이 국제적으로 승인되는 기준에 따른 것인 경우214)에도 고려될 가능성이 더 높을 것이다.

---

209) Hauser [2012], 121.

210) Günther [2011], 168. MünchKomm/Martiny [2006], EGBGB Art 34, Rn 159, 160; MünchKomm/Martiny [2021], Rom I −VO, Art 9 Rn 142, 143.

211) MünchKomm/Martiny [2006], EGBGB Art 34, Rn 160, MünchKomm/Martiny Rom I −VO, Art 9, Rn 143.

212) MünchKomm/Martiny [2006], EGBGB Art 34, Rn 160, MünchKomm/Martiny Rom I −VO, Art 9, Rn 143.

213) MünchKomm/Martiny [2006], EGBGB Art 34, Rn 160; MünchKomm/Martiny [2021], Rom I −VO, Art 9, Rn 121, 143;

214) 노예제 금지 또는 다수 국가가 가입한 조약이 보호하려는 가치를 그 예로 들 수 있다.

2. 효과

로마 I 규정 제9조 제3항은 로마협약 제7조 제1항에서와 마찬가지로, 제3국의 국제적 강행규정에 '효력을 부여'할 수 있다고 규정하고 있다. 효력을 부여한다는 것을 좁은 의미로 보면 제3국법을 직접적용(Anwendung, direct application)하는 것으로 이해할 수 있고, 넓은 의미로 보면 준거법의 실질법 내에서 고려한다(간접적용, Berücksichtigung, indirect application, taking into account)고 이해할 수도 있다.215) 로마 I 규정 성안 당시의 논의만으로는 유럽연합 입법자가 '효력을 부여'라는 표현으로써 직접적용과 간접적용 중 어떤 것을 의도한 것인지 분명하지 않으나, 최소한 제3국의 국제적 강행규정을 법으로서 직접 적용하는 것을 배제한 것은 아니라고 볼 수 있다.216) 이에 따라 로마협약 하에서와 마찬가지로, 제9조 제3항의 요건을 충족하는 제3국의 국제적 강행규정을 직접적용해야 하는지, 간접적용해야 하는지, 아니면 둘 다 가능한 것인지에 관하여 견해가 갈린다.

제3국법의 국제적 강행규정을 직접적용해야 한다는 견해(1설)는 로마 I 규정 제9조 제3항의 요건을 충족한 이행지법의 국제적 강행규정에 직접적인 효과가 부여되어야 한다고 본다.217) 제3국법을 직접적용하는 경우에는 그 외국의 국제적 강행규정이 규율하는 사항에 관하여는 그 규정만이 적용되고, 다른 사항에 대하여는 계약의 준거법이 적용된다.218) 반면, 제3국법의 국제적 강행규정을 간접적용해야 한다는 견해(2설)219)는 외국법을 준거실질법 하에서 사실로 고려할 수 있다고 본다. 이 경우 계약은 로마 I 규정에 특별한 규정이 없는 한 준거법에 의하여만 규율되고, 제3국의 국제적 강행규정을 고려하는 효과는 계약의 준거법에 의하여 정해진다. 이를테면 계약 이행지에서 특정 행위를 금지하는 규범을

---

215) MünchKomm/Martiny [2021], Rom I-VO, Art 9, Rn 52. 직접적용과 간접적용, 저촉법적 적용, 저촉법적 고려와 실질법적 고려의 관계에 관하여는 제6장 제2절 I. 참조.

216) Calliess/Renner [2011], Art 9, para 30.

217) Hauser [2012], 109, 111; Günther [2011], 170.

218) Magnus/Mankowski/Bonomi [2017], para 181.

219) 이는 로마 I 규정 이전 독일 법원과 영국 법원이 취한 입장이다. 그를 포함한 실질법적 해결방법에 관하여는 제5장 제1절 참조.

준거실질법의 선량한 풍속 위반, 이행불능 내지 불가항력(force majeure) 하에서 고려할 수 있다.[220] 이와 달리 '효력 부여'가 '적용(application)'보다 약한 개념이고 효력 부여에 재량이 인정되며, 회원국마다 재량을 다르게 행사할 수 있고,[221] 법관이 반드시 외국의 국제적 강행규정에 따른 효과를 따라야 하는 것은 아니고 경우에 따라서 그 효과를 변경하여 인정할 수 있다는 의미라는 견해(3설)도 주장된다.[222]

그러나 로마Ⅰ규정 하에서 지배적인 견해는 회원국 법원이 직접적용과 간접적용 중 어느 한 가지 방법을 선택할 수 있다고 보는데(4설),[223] 이 입장이 설득력이 있다. 로마Ⅰ규정이 위와 같이 직접적용과 간접적용을 모두 포섭할 수 있는 넓은 용어를 사용한 것은, 위 세 가지 방안 중 어느 한 가지 방법을 의도하였다기보다 적용 또는 고려대상인 제3국의 국제적 강행규정의 범위와 요건을 정하되, 구체적인 적용 또는 고려의 방법은 회원국의 국내법이나 법원에 맡기는 것을 의도한 것이라고 생각된다. 로마Ⅰ규정 제9조 제3항의 성안과정에서 각 국가들 사이에 치열한 논쟁이 있었던 고려하면, 로마Ⅰ규정 제9조 제3항은 제3국의 국제적 강행규정에 관하여 각 회원국들이 동의할 수 있는 최소한의 공감대를 입법[224]하였다고 볼 수 있다. 그렇다면 로마Ⅰ규정의 "효력 부여"는 적용방법까지는 구체적으로 정하지 아니한 채 각 회원국의 국내법이나 법원의 실무에 따르도록 한 것이라고 보는 것이 자연스럽다. 유럽사법재판소의 입장도 이와 같다. 유럽사법재판소는 *Nikiforidis* 판결[225]에서 로마Ⅰ규정 제9조 제3항의 요건을 충족시키지 못하는 제3국의 국제적 강행규정은 법으로서(as legal rules)는 직접적

---

220) BGH Ⅷ ZR 254/82, NJW 1984, 1746.

221) MünchKomm/Martiny [2021], Rom Ⅰ-VO, Art 9, Rn 120.

222) Hauser [2012], 110; MünchKomm/Martiny [2021], Rom Ⅰ-VO, Art 9, Rn 52.

223) Mankowski/Magnus/Bonomi [2017], para 180는 이 입장이 지배적인 견해라고 설명한다. 다만 그 지지자를 밝히고 있지는 않다.

224) Hauser [2012], 113.

225) *Republik Griechenland v Grigorios Nikiforidis* Judgment of the Court (Grand Chamber) of 18 October 2016 C-135/15 ECLI:EU:C:2016:774. 이 판결에서는 로마Ⅰ규정 제9조 제3항의 요건을 충족시키지 못하는 제3국의 국제적 강행규정을 어떻게 취급하여야 하는지 쟁점이 되었는데, 이에 대하여는 제6장에서 살펴본다.

으로나 간접적으로 적용될 수 없다(cannot apply, directly or indirectly)고 판시하여,[226] 로마Ⅰ규정 하에서 직접적용과 간접적용이 둘다 가능한 방법임을 밝힌 바 있다.

3. 평가

로마Ⅰ규정을 위에서 살펴 본 다른 규범들과 제3국의 국제적 강행규정의 적용 또는 고려요건과 재량행사의 기준이라는 두 가지 측면에서 비교, 평가한 결과를 다음과 같이 정리할 수 있다.

로마Ⅰ규정의 제3국의 국제적 강행규정 적용 또는 고려요건을 로마협약, 헤이그 대리협약과 헤이그 신탁협약과 비교하면, 로마Ⅰ규정이 제3국의 국제적 강행규정의 범위를 밀접한 관련이 아니라 이행지로 제한하였다는 점에 특징이 있다. 영국에서는 자국의 이행지법 원칙이 로마Ⅰ규정에 반영된 것을 환영하면서 예측가능성이 높아졌다고 평가한다.[227] 그러나 독일의 논자들은 제3국법의 범위를 이행지법으로만 제한한 것이 지나치게 좁고, 사안과 밀접한 관련이 있는 국가의 국제적 강행규정도 적용되어야 한다고 비판한다.[228] 저자는 그 비판에 동의하면서 다음과 같은 이유를 덧붙이는 바이다.

첫째, 로마Ⅰ규정에 대한 대립되는 평가는 결국 서로 대립하며 충돌하는 당사자의 이익, 제3국의 이익, 법정지국의 이익, 국제적 판단의 조화를 위한 이익 사이 어느 지점에서 균형을 이루어야 하는지에 대한 의견 차이로 볼 수 있다. 로마Ⅰ규정 제9조 제3항은 제3국의 범위를 이행지로 한정함으로써 법적 확실성과 예측가능성이 높아졌고, 로마협약에서보다 당사자의 이익이 더 보장된다고 볼 수 있다.[229] 그러나 그만큼 제3국의 이익을 도외시하는 결과에 이르렀다. 이

---

226) *Nikiforidis*, para 50.
227) MOJ (2008), 32. 영국에서는 이행지법 원칙이 실질법적 원칙인지 저촉법적 원칙인지 불분명하였던 것이 로마Ⅰ규정 제9조 제3항으로 해결된 것이라는 점에서도 긍정적으로 평가한다.
228) Günther [2011], 172-173; Hauser [2012], 130. Hauser는 이행지뿐만 아니라 이행으로부터 영향을 받는 국가도 포함시켜야 한다고 제안한다.
229) 반면, Hellner (2009), 454-470은 로마Ⅰ규정의 불법(unlawful)의 의미를 넓게 해석하고, '계약으로부터 발생하는 의무'를 계약상 의무뿐만 아니라 계약과 관련한 의무를 포함하는 것으로 해석하면, 로마협약 제7조 제1항과 로마Ⅰ규정 제9조 제3항의 차이가 실질적으로 크지 않고,

러한 태도가 바람직한 것인지는 이행지가 아닌 제3국의 이익을 존중할 필요가
있는지, 또는 이행지가 아닌 제3국의 이익을 무시하는 것이 정당화될 수 있는지
의 관점에서 접근하여야 한다. 그런데 이를테면 문화재가 불법반출된 문화재의
기원국이나 부당공동행위로 인하여 그 시장에 영향을 받는 국가는 이행지가 아
니더라도 강한 규제이익을 가지고, 이와 같은 이익을 존중할 필요가 있다.

이 점은 이행지법 원칙이 유래한 영국법에서도 공서−예양의 원칙에 의하
여 이행지가 아닌 국가의 규제이익을 존중하여 왔다는 점에서도 드러난다. 영국
법에서 공서−예양 원칙에 따라 이행지가 아닌 제3국법이 고려된 사안들에서,
그 제3국으로의 금지된 물품의 수입(*Foster v Driscoll*[230]) 또는 제3국으로부터 금
지된 물품의 수출(*Regazzoni v KC Sethia*[231]) 등 위법한 행위가 예정되어 있었는
데, 이와 같은 유형의 관련을 밀접한 관련 하에 포섭할 수 있다. 로마 I 규정 제9
조 제3항의 모델이 된 영국법에서도 이행지 외의 국가의 국제적 강행규정을 고
려할 수 있는 원칙이 있는 이상, 로마 I 규정 하에서 제3국이 이행지로 한정되어
야 한다는 설득력 있는 이유를 찾기 어렵다.

둘째, 경우에 따라 이행지를 결정하는 것이 어려울 수 있다는 문제도 있다.
영국의 이행지법 원칙이 적용되었던 *Libyan Arab Foreign Bank* 판결[232]에서
볼 수 있듯이, 특히 여러 나라의 계좌 사이에 결제와 이체가 이루어지는 국제금
융거래에서는 이행지를 결정하기 어렵거나[233] 사안과 이행지가 별다른 관련이
없는 경우가 있을 수 있고, 이런 문제는 외환규제의 맥락에서도 마찬가지로 제
기된다.[234]

오히려 제9조 제3항의 적용범위에 속하지 않는 국제적 강행규정을 어떻게 취급할 것인지 규
정하지 않았기 때문에 불확실성이 야기된다고 한다. 저자는 적용 또는 고려대상인 제3국의 범
위를 이행지로 한정하는 것은 부당하다고 보는 입장이지만, 로마 I 규정 제9조 제3항의 문언
자체를 Hellner와 같이 넓게 해석하는 것은 설득력이 높지 않다고 본다. 로마 I 규정 제9조 제
3항의 성안과정과 그 토대가 된 영국의 이행지법 원칙을 고려하면 '계약으로부터 발생하는 의
무'를 이와 같이 넓게 해석할 근거가 부족하기 때문이다.
230) [1928] All ER Rep 130. 제5장 제2절 Ⅲ. 1. 참조.
231) [1958] AC 301(HL). 제5장 제2절 Ⅲ. 1. 참조.
232) [1989] QB 728. 제5장 제2절 Ⅲ. 2. 참조.
233) 온라인 증권매매에서 이행지 결정의 어려움에 관하여 Lehmann (2019), 278−279 참조.
234) Proctor [2012], para 4.20.

따라서 제3국의 국제적 강행규정의 범위는 이행지가 아니라 사안과 밀접한 관련이 있는지를 기준으로 결정되어야 한다. 이에 대하여는 밀접한 관련의 개념이 모호해서 법적 불확실성을 초래한다는 비판이 제기될 수 있다.235) 그러나 밀접한 관련은 우리 국제사법을 비롯하여 로마협약, 로마Ⅰ규정에서 정립된 개념이고, 국내외 학설과 판례에서 이미 충분한 논의와 사례가 축적되어 있어 모호하다고 보기 어렵다.236) 모든 계약에 공통적으로 밀접한 관련을 구체적으로 규정하는 것은 법기술상 쉽지 않겠으나, 법원의 실무에 의하여 구체적인 계약별로 밀접한 관련을 유형화함으로써 예측가능성을 높일 수 있다.

로마Ⅰ규정 제9조 제3항 제2문의 재량행사의 기준에 관하여는 법정지국의 이익과의 형량이라는 관점에서 로마협약에서보다 진전된 논의가 이루어지기는 하였다. 그러나 스위스 국제사법과 비교하면 로마Ⅰ규정 제9조 제3항 2문은 그 재량행사의 고려요소로 제시하는 '규정의 목적과 성질, 적용 또는 부적용의 결과'가 구체적으로 어떤 의미인지, 그 요소들이 재량을 행사할 때 어떤 방향으로 고려되어야 하는지 여전히 불분명하다. 로마Ⅰ규정 제9조 제3항의 문언 자체로 재량행사의 지침을 구체적으로 제시하지 못하였고, 제3국의 국제적 강행규정에 관한 내용통제와 결과통제를 구분하지 않았다는 점에서 아쉽다.

요컨대 로마Ⅰ규정 제9조 제3항은 제3국의 국제적 강행규정의 적용 또는 고려요건을 저촉법적 차원에서 명시하였다는 점에서 당사자의 이익에 부합한다. 제3국의 국제적 강행규정의 적용 또는 고려에 관한 재량행사 단계에서 제3국법이 법정지의 법체계에 부합하는지 심사하는 것이 가능하기는 하나, 제9조 제3항의 문언에서 이를 심사하는 기준이 명확히 드러나지 않다는 점에서 법정지국의 이익의 측면에서 아쉬움이 있다. 제3국의 범위를 이행지법으로 한정한 것은

---

235) 이것이 영국과 독일이 로마협약 제7조 제1항을 유보하였던 이유이다.

236) Plender [1991], para 9.08도 밀접한 관련을 평가하는 연결점이 명확하므로, 로마협약 제7조 제1항이 불확실성을 야기한다는 비판은 부당하다고 지적한다. 손경한 (2016), 104는 최밀접관련국법원칙이 당사자자치의 원칙과 함께 국제사법의 양대 원칙이라고 평가한다. 밀접한 관련에 관한 한국 판례의 분석은 같은 문헌, 114 참조. 최근 들어 중재에서도 분쟁의 실체의 준거법을 결정하는 원칙으로 최밀접관련국 원칙을 통일적으로 적용해야 한다는 주장이 제기되고 있다. Hayward [2017], paras 7.05–7.07.

제3국의 이익을 적절히 반영하지 못한다. 그리고 이행지가 아닌 제3국 법원이 재판하는 경우에는 제3국법을 적용하여 판단할 것이므로 국제적 판단의 조화를 위한 이익도 충분히 반영하지 못한다는 아쉬움이 있다.

제 4 절 소결론

이상의 검토 결과를 다음과 같이 정리할 수 있다. 첫째, 실질법적 해결방법보다 저촉법적 해결방법이 더 나은 해결방법이다. 실질법적 해결방법은 제3국의 국제적 강행규정의 적용 또는 고려요건을 명확히 규정할 수 없어 준거규범에 대한 예측가능성이라는 당사자의 이익에 부합하지 않는다. 뿐만 아니라, 사안의 사실관계와 계약의 준거실질법의 일반규정의 태도에 따라 제3국법의 적용 또는 고려 여부가 달라져서 제3국의 이익과 국제적 판단의 조화를 위한 이익에도 반한다. 또한 준거법이 외국법일 경우, 법정지의 국제적 공서에 반하는 경우를 제외하고는 법정지의 입장에서 제3국법의 내용과 적용결과가 법정지국의 법체계에 부합하는지 심사할 수 없어 법정지국의 이익도 제대로 반영하지 못한다.

반면, 특별연결이론에 따른 저촉법적 해결방법은 실질법적 해결방법의 이러한 문제를 해결할 수 있다. 저촉법적 해결방법은 저촉법적 차원에서 제3국법의 적용 또는 고려요건을 명확히 규정할 수 있어 당사자의 이익에 부합한다. 또한 사안과 밀접한 관련이 있는 제3국법을 적용 또는 고려하므로, 제3국의 이익을 잘 반영할 수 있다. 또한 일관된 요건 하에 제3국법을 적용 또는 고려하므로 국제적 판단의 조화를 위한 이익에 부합한다. 그리고 법관이 제3국법을 적용 또는 고려함에 있어 법정지의 관점에서 보호가치가 있는 것인지 심사할 수 있으므로 법정지국의 이익에도 부합한다.

둘째, 제3국의 국제적 강행규정을 적용 또는 고려할 때 제3국법의 내용이 법정지의 법체계에 부합하는지 먼저 심사한 후에 그 제3국법을 적용한 구체적인 결과도 법정지의 법체계에 부합하는지 심사하는 것이 체계적으로 더 나은 방법이다. 그리고 그 내용통제와 결과통제에서 고려해야 할 요소를 명확히 규정하여야 한다. 내용통제의 단계에서 제3국법의 성질과 제3국법을 적용함으로써 당사자에게 얼마나 억압적인 상황이 초래되는지 고려하는 것은 적절하지 않다. 그리고 결과통제의 단계에서 내용통제 단계에서 이미 고려된 제3국법의 목적을 고려하는 것은 유용하지 않다.

지금까지 수행한 비교법적 연구결과를 토대로 제6장에서는 제3국의 국제적 강행규정의 적용 또는 고려에 관한 우리 국제사법의 해석론과 입법론을 전개하도록 한다.

제3국의 국제적 강행규정의 취급에 관한 한국 국제사법의 해석론과 입법론

제3국의 국제적 강행규정의 취급에 관한
한국 국제사법의 해석론과 입법론

제1절 제3국의 국제적 강행규정 적용 또는 고려 가부

우리 국제사법은 제3국의 국제적 강행규정에 관하여 아무런 규정을 두고 있지 않다. 뿐만 아니라 독일이나 영국과는 달리 우리나라 판례에서는 실질법의 차원에서 제3국의 국제적 강행규정을 고려하자는 논의도 찾아보기 어렵다. 그러나 그렇다고 하여 우리 국제사법 하에서 제3국의 국제적 강행규정의 적용 내지 고려가 금지된 것은 아니다.[1] 국제사법에 제3국의 국제적 강행규정에 대한 규정이 없는 것은 제3국의 국제적 강행규정의 처리에 관하여 현재로서 국제적으로 정립된 견해가 없기 때문에 이를 학설과 판례에 맡기려는 의도적인 입법공백이기 때문이다.[2]

제3국의 국제적 강행규정을 적용해야 하는지에 관하여 국제적으로 오랫동안 논쟁이 이루어진 것은 제5장에서 살펴본 바와 같다.[3] 제3국의 국제적 강행규정의 적용 또는 고려를 반대하는 논자들은, 당사자자치를 부당하게 제한하고,

---

1) 김인호 (2012), 133.

2) 석광현 [2013], 148; 안춘수 (2011), 194.

3) 특히 로마협약에 대한 엇갈린 평가 참조. 제5장 제3절 Ⅱ. 3. 참조.

법적 확실성과 판단의 통일성이 저해되며, 소송절차의 효율성이 떨어지고 소송비용이 증가한다는 이유로 제3국의 국제적 강행규정을 적용 내지 고려하면 안 된다고 주장한다. 그러나 반대론자들의 이러한 논거는 타당하지 않다. 당사자자치는 강행규정의 존재 자체로 제한되는 것이지 제3국의 국제적 강행규정을 적용 또는 고려함으로써 제한되는 것이 아니다.[4] 제3국의 국제적 강행규정을 일관된 요건 하에서 적용하는 것이 오히려 법적 확실성과 판단의 통일성에 도움이 된다. 외국법을 고려함으로써 발생하는 절차 지연과 비효율은 '제3국의 국제적 강행규정을 적용 또는 고려함으로써' 비로소 발생하는 문제가 아니라 외국법을 적용하는 사건 전반에서 발생하는 문제이므로 그와 같은 주장은 타당하지 않다.

외국에서 제3국의 국제적 강행규정을 적용 또는 고려해야 하는지에 관하여 대립되었던 위와 같은 논쟁은 우리 국제사법의 해석론에서도 그대로 제기될 수 있다. 반대론자들에 대한 위와 같은 비판논거가 우리 국제사법의 해석론에서도 의미가 있다. 제5장에서 살펴본 바와 같이, 제3국의 국제적 강행규정을 실질법 차원에서 고려하자는 태도를 취한 독일 법원이나 영국 법원, 독일에서 주장되었던 준거법설, 권력설, 속지주의 원칙도, 준거실질법의 개념 하에서 제3국의 국제적 강행규정을 고려한다는 점에서는 같고, 준거실질법의 선량한 풍속(Sittenwidrigkeit),[5] 이행불능 등 일반조항이나 공서 – 예양(public policy – comity) 중 어떤 개념과 요건 하에서 고려하는지에 있어서 차이를 보였을 뿐이다.

그러므로 우리 국제사법 하에서도 제3국의 국제적 강행규정을 적용 내지 고려할 수 있다. 이하에서는 우리 국제사법 하에서 제3국의 국제적 강행규정을 적용 또는 고려하기 위한 가능한 방법론을 검토하고, 우리 법의 해석론으로도 실질법적 해결방법보다 저촉법적 해결방법이 더 나은 해결방법임을 논증한다. 그 후 우리 국제사법 하의 해석론으로, 제5장의 비교법적 연구 결과를 토대로 당사자의 이익, 법정지국의 이익, 제3국의 이익과 국제적 판단의 조화를 위한 이익을

---

4) 로마 I 규정 이전의 영국, 독일 법원과 같이 실질법적 해결방법을 취하는 입장에서도 계약의 준거실질법 하에서 제3국의 국제적 강행규정을 고려하였기 때문에, 계약이 오로지 준거실질법에 의하여만 규율된다고 하더라도 제3국법으로 인하여 당사자자치가 제한되는 것을 막을 수 있는 것은 아니다. 로마 I 규정 이전 영국과 독일 법원의 태도에 관하여는 제5장 제2절 II., III 참조.
5) 제5장 제2절 II. 1. 참조.

균형 있게 반영할 수 있는 제3국의 국제적 강행규정에 대한 내용통제와 결과통제의 기준과 고려요소를 제시한다. 그리고 이를 기초로 한 입법안을 제안한다.

제 2 절 제3국의 국제적 강행규정의 취급방법

Ⅰ. 가능한 방법론: 실질법적 해결방법, 저촉법적 적용과 저촉법적 고려

제5장에서 본 바와 같이, 국제규범과 각국의 입법례 및 판례는 제3국의 국제적 강행규정을 저촉법에 그 적용 또는 고려요건[6]을 두고 이를 적용 또는 고려하는 입장인 저촉법적 해결방법(로마협약, 로마Ⅰ규정, 헤이그 대리협약, 헤이그 신탁협약, 스위스 국제사법)과 저촉법에 그 적용 또는 고려요건을 두지 않고 계약의 준거실질법의 일반조항 하에서 사실로서 고려하는 입장인 실질법적 해결방법(로마Ⅰ규정 이전의 독일 법원, 영국 법원. 다음 [표 3] Ⓐ, 이하 'Ⓐ'로 표시한다)으로 나눌 수 있다.

저촉법적 해결방법은 다시 제3국의 국제적 강행규정을 법으로서 직접 적용하는 것(다음 [표 3] Ⓑ, 이하 'Ⓑ'로 표시한다)과, 저촉법에서 정한 적용 또는 고려요건을 충족한 제3국의 국제적 강행규정에 한하여 계약의 준거실질법 하에서 사실로서 고려하는 것([표 3] Ⓒ, 이하 'Ⓒ'로 표시한다), 그 밖에 다른 방법으로 고려하는 것([표 3] Ⓓ, 이하 'Ⓓ'로 표시한다)으로 나눌 수 있을 것이다. 전자를 '저촉법적 적용(Ⓑ)', 후자를 '저촉법적 고려(Ⓒ, Ⓓ)'[7] [8]라고 할 수 있다.

---

6) 이것은 특별연결이론에서처럼 사안과 밀접한 관련이 있는 제3국의 국제적 강행규정일 것, 제3국의 국제적 강행규정이 법정지의 법체계에 부합할 것 등 저촉법적인 차원의 적용요건을 말한다.

7) '저촉법적 고려'가 국제적으로 확립된 용어는 아닌 것으로 보인다. 유럽사법재판소의 *Nikiforidis* 판결은 직접적용(direct application, direct taking into account)과 실질법적 고려(have indirect regard, indirect taking into account, taking into account as a matter of fact)를 대비할 뿐 저촉법적 고려라는 용어를 따로 사용하지는 않았다. 다만 *Nifkiforidis* 판결 para 50의 'apply indirectly as a legal rule'이 저촉법적 고려를 지칭하는 것으로 볼 여지가 있다. Calliess/Renner [2015], para 32; 이필복 (2021), 149–150은 저촉법적 경로를 통해 실질법적 차원에서 그 효력 내지 영향을 고려하는 것을 '간접적용'이라고 표현한다.

로마협약과 로마Ⅰ규정은 제3국의 국제적 강행규정을 저촉법으로 적용한다고 규정하지 않고, '효력을 부여할 수 있다'고 규정하고 있는데, 앞서 해당부분에서 검토한 바와 같이[9] 이것이 저촉법적 적용(Ⓑ)에 한정되지 않는 것은 분명하다. 스위스 국제사법 제19조 제1항은 '고려될 수 있다'라고 규정하는데, 이 역시 저촉법적 요건을 규정하고 있으나, 제3국법을 저촉법적으로 적용(Ⓑ)하거나, 저촉법적 요건을 충족한 제3국법을 준거실질법 하에서 사실로서 고려하는 방법(Ⓒ)으로 저촉법적 고려하는 것도 가능하다[10)는 것을 의미한다. 스위스법 제19조 제2항과 같이 법관이 제3국법을 적용한 효과를 변경하여 인정할 수도 있다(Ⓓ). 저촉법적 고려 중 Ⓒ는 저촉법의 적용 또는 고려요건을 충족하는 제3국의 국제적 강행규정에 한하여 이를 실질법 하에서 고려한다는 점에서 처음부터 저촉법적 요건을 충족할 것을 요구하지 않고 실질법의 요건 하에서만 고려(Ⓐ)하는 실질법적 해결방법과 차이가 있다. Ⓐ와 Ⓒ를 구분하는 실익은 Ⓐ는 준거실질법 하에서의 해석 원칙이기 때문에 그 고려요건을 저촉법에 명문으로 규정할 수 없으나,[11] Ⓒ는 저촉법의 원칙이기 때문에 그 적용 또는 고려요건을 저촉법에 명문으로 규정할 수 있다는 것이다. 이것은 국제계약의 당사자의 예측가능성의 측면에서 중대한 차이가 있다. 저촉법적 적용(Ⓑ)과 저촉법적 고려(Ⓒ, Ⓓ)는

---

8) Weller (2017), 774−778은 국제사법에서 준거법의 저촉법적 지정은 하나의 법질서만 지정한다는 점에서 한계가 있으므로, 외국법의 승인과 함께 외국법의 고려(Berücksichtigung)가 중요한 방법론으로 다루어져야 한다고 주장한다. Weller는 '고려'의 방법론의 예로 로마Ⅰ규정 제9조 제3항과 사실설(또는 준거법설, Datumtheorie. 제5장 제2절 Ⅰ. 참조)을 든다. 이 문헌은 '고려'는 외국법을 준거실질법의 요건사실을 구체화하는 사실 내지 자료(local data)로서만 취급하는 것이라고 설명하면서, 그 구체적인 예로 Daimler AG의 내부자거래에 관련된 프랑스 소송을 소개한다. 이 설명은 Ⓒ와 유사한 것으로 보인다. 상세는 같은 문헌, 778−779 참조. 계약에 관한 것은 아니지만, 로마Ⅱ규정 제17조는 채무의 근거가 되는 사건 발생 당시에 시행 중인 안전과 행위에 관한 규칙을 고려하도록 한다. 이것은 사실설을 반영한 것이라고 평가된다. 석광현 (2020a), 355, 각주 3.

9) 제5장 제3절 Ⅱ.와 Ⅴ. 참조

10) 스위스 연방대법원은 BGE 131 Ⅲ 418은 인도의 문화재보호법을 저촉법적 차원과 실질법적 차원에서 모두 고려하였다.

11) 로마Ⅰ규정 이전의 영국 판례가 제3국의 국제적 강행규정을 고려하였던 원칙인 이행지법 원칙은, 영국의 다수설에 의하면 영국 계약법의 원칙이라고 평가되었다. 독일 법원의 나이지리아 문화재 판결에서 선언된 원칙도 독일 민법의 선량한 풍속에 위반되는지 여부를 해석한 것이다. 이것은 실질법을 해석하는 원칙으로 선언된 것이므로 법으로 명문으로 규정할 수 없다.

저촉법에서 명문으로 요건을 규정할 수 있다는 공통점이 있으나, 제3국의 국제적 강행규정을 적용한 효과를 어떻게 인정할 것인지에 차이가 있다.

제3국의 국제적 강행규정을 저촉법적으로 적용(ⓑ)한다는 것은 제3국의 국제적 강행규정을 준거법이나 법정지의 국제적 강행규정을 적용하는 것과 마찬가지로 법으로서 적용하는 것이다. 따라서 제3국법을 저촉법적으로 적용하면 제3국법이 규율하는 사항과 그렇지 않은 사항에 관하여 준거법의 분열이 생긴다. 해당 법규가 규율하는 사항에 관하여는 해당 법규가 정한 요건뿐만 아니라 그 적용효과도 제3국법이 인정하는 바에 따른다.[12] 이때 제3국법의 적용효과라는 것은 제3국법을 적용하는 데 따른 사법적 효력, 이를테면 제3국의 국제적 강행규정이 계약에 미치는 직접적인 효과(사법적 청구권의 발생, 계약의 무효 등)를 말한다. 제3국법이 규율하는 사항이 아닌 부분에 관하여는 해당 법률관계의 준거법이 적용된다.[13] 예컨대 한국의 대주가 IMF 협정의 가맹국이 아닌 제3국의 차주에게 금원을 대출하는 대출계약을 체결하였고 그 대출계약의 준거법을 영국법으로 합의한 사안에서, 제3국의 외환규제법이 외환허가를 받지 않은 국제금융계약이 무효라고 규정하고 있는 경우에, 한국의 법관이 대출계약의 효력을 판단하면서 제3국의 외환규제법을 저촉법적으로 적용한다면 계약이 무효가 된다. 그러나 계약의 무효로 인한 후속문제, 예를 들면 해당 계약이 무효가 됨으로써 발생하는 부당이득 반환 등의 문제는 부당이득의 준거법에 따라 판단한다.

이때 두 가지 경우를 상정할 수 있다. 첫째, 제3국의 규정이 그 규정이 적용되는 결과 인정되는 사법적 효력을 명문으로 규정하고 있는 경우와 둘째, 그렇지 않은 경우이다. 제3국의 규정이 그 적용효과로서 사법적 법률관계에 미치는 효력을 명문으로 규정하고 있다면 그에 따른 효과를 인정하면 된다. 예컨대 제3국법이 동일노동에 대하여 남녀에게 동일한 임금청구권을 인정하는 규정을 국제적 강행규정으로 인정하고 있을 때 법정지 법관이 제3국법을 저촉법적으로

---

12) 이것이 독일에서 특별연결이론을 취하는 견해의 지배적인 입장이다. StauKomm/Magnus [2002], EGBGB Art 34, Rn 145; MünchKomm/Martiny [2021], Rom Ⅰ-VO Art 9 Rn 123; ZürKomm/Vischer/Lüchinger [2018], Art 19, Rn 49.

13) 장준혁 (2007a), 87; 법정지의 국제적 강행규정을 적용할 때에도 같은 문제가 발생한다. 그 맥락에서의 논의로 제2장 제3절 Ⅰ. 2. 참조.

적용한다면 해당 사안에서 임금청구권을 인정하게 된다. 다른 예로, 물품매매계약과 관련하여 물품의 원산지인 제3국법이 그 물품의 수출을 금지하고, 이를 위반한 매매계약이 무효라고 규정하고 있다면, 법정지 법관이 이를 저촉법적으로 적용한다면 매매계약이 무효라고 인정하면 된다.

다만 이때 제3국법이 계약의 준거법이 알지 못하는 다른 어떤 효과를 인정하고 있는 경우에는 국제사법상 '적응(adaptation)'[14]의 법리에 따라 해결할 수 있다. 이를테면 제3국법이 그 규정을 위반한 계약의 사법적 효력에 관하여 계약이 무효라고 규정하지 않고, 그 준거법에서 인정되지 않는 효과를 인정한다면, 법관이 제3국법 적용의 효과를 계약의 준거법에서 인정하는 것과 유사하게 변경하여 인정할 수 있다.

제3국의 규정이 그 적용효과에 관하여 침묵하고 있을 때, 예컨대 제3국의 규정이 공법적 성격을 띠는 금지규정이고 그 사법적 효력에 관하여는 명문으로 규정하지 않는 경우에 법관이 이를 저촉법적으로 적용한다면, 법관이 그 금지규정이 계약에 미치는 효과를 제3국법의 해석론에 따라 판단한다.[15] 예컨대 한국의 대주가 IMF 협정의 가맹국이 아닌 제3국의 차주에게 금원을 대출하는 대출계약을 체결하였고 그 대출계약의 준거법을 영국법으로 합의한 사안에서, 제3국의 외환규제법이 외환허가를 받지 않은 국제금융계약의 사법적 효력을 직접 규

---

14) 제3국의 국제적 강행규정이 적용되는 경우와 같이 하나의 사안에 여러 법이 적용될 때 그 법들 사이에 법체계상 차이나 법 내용상의 차이 때문에 규범의 흠결이나 규범의 중첩이 생길 수 있는데 이러한 문제를 해결하는 것을 '적응'이라고 한다. 안춘수 [2017], 167; 최흥섭 [2019], 186. Schäfer [2010], 334, note 127, 128는 제3국의 국제적 강행규정 적용으로 인하여 발생하는 적응의 문제에 관한 다양한 문헌을 소개한다.

15) 제2장 제3절 Ⅱ. 2.에서 설명한 것과 같이 국제사법의 관심사는 공법적 성격을 띠는 외국법이 적용됨으로 인한 공법상 제재에 있는 것이 아니라, 그러한 규정이 사법적 법률관계에 미치는 영향(반사적 효력)에 있다. 그런데 제3국의 국제적 강행규정이 공법적 성격을 띠는 금지규정이고 그 직접적 적용효과로서 공법상 제재만을 규정하고 있고 이를 위반한 법률행위의 사법적 효력을 명문으로 규정하고 있지 않은 경우에 이것을 '저촉법적 적용'하는 것이 국제사법의 관점에서 의미가 있는 것인지 의문이 제기될 수 있다. 그러나 이런 경우에도 그 규정을 저촉법적으로 적용하는 것은 여전히 가능하고 의미가 있다. 국제사법에서 제3국의 국제적 강행규정의 적용에 관하여 관심을 두는 '반사적 효력'이라는 것도 그 규정을 저촉법적으로 적용한 효과로서 인정되는 것이기 때문이다. 즉, 어떤 규정이 저촉법적으로 적용된 후에야 그것이 사법적 법률관계에 미치는 영향을 논할 실익이 있다. 제3국의 국제적 강행규정이 저촉법적으로 적용되지 않는다면, 그 규정이 사법적 법률관계에 미치는 효력을 논할 필요가 없을 것이다.

정하고 있지는 않으나, 그 국가의 해석론으로 그러한 계약이 무효라고 인정된다면, 법관이 제3국의 외환규제법을 직접 적용한 결과 계약이 무효라고 판단할 수 있다. 만약 제3국법의 해석론으로 인정되는 효과가 계약의 준거법이 알지 못하는 것이라면 위에서 설명한 것과 마찬가지로 적응의 법리에 따라 해결할 수 있다.

저촉법적 고려는 저촉법적 적용 또는 고려요건에 추가하여[16] 실질법적 요건을 충족할 것을 요구하는지 여부에 따라 다음 두 가지 유형을 상정할 수 있다.[17] 첫째, 제3국의 국제적 강행규정의 적용이 문제된 사실관계가 준거실질법의 일반조항에 포섭되는 경우, 그 일반조항에 따른 효과를 인정할 수 있다(ⓒ). 예컨대 한국의 대주가 IMF 협정의 가맹국이 아닌 제3국의 차주에게 금원을 대출하는 대출계약을 체결하였고 그 대출계약의 준거법을 영국법으로 합의한 사안에서, 제3국의 외환규제법이 외환허가를 받지 않은 국제금융계약을 금지하고 있다면, 먼저 제3국의 외환규제법이 법정지의 저촉법에서 정한 저촉법적 적용 또는 고려요건을 충족하는지를 심사한다. 그 후 이를테면 준거실질법의 선량한 풍속 기타 사회질서를 위반하여 계약이 무효인지 심사한다. 사안의 사실관계가 차주와 대주의 법위반 의도로 인하여 영국법의 공서—예양 원칙을 위반한 것으로 볼 수 있다면 대출계약이 무효가 된다. 이 방법을 따르는 경우에는 저촉법적 적용보다 그 요건이 더 엄격해진다. 저촉법적 적용은 법정지의 국제사법에 따른 제3국의 국제적 강행규정의 적용요건을 충족하면 바로 법으로서 적용되는 반면, 이러한 유형의 저촉법적 고려는 저촉법적 적용요건에 추가하여, 계약의 준거법의 일반조항이 규정하는 요건도 충족하여야 비로소 고려될 수 있기 때문이다. 즉, 제3국의 국제적 강행규정을 고려할 수 있는 관문으로서 준거법의 불확정개념이나 일반조항이 어떻게

---

16) '어떤 제3국의 국제적 강행규정을 적용 또는 고려해야할 것인가'라는 '적용요건'의 측면에서, 저촉법적 적용과 저촉법적 고려의 대상을 달리 볼 이유는 없다. 다만 그 대상을 '어떤 방법으로 취급할 것인가' 즉, '법으로서 적용할 것인가 아니면 다른 방법으로 고려할 것인가'라는 '적용효과'의 측면에서 차이가 있을 뿐이다. 다만 저촉법적 적용이 더 적합한 사안과 저촉법적 고려가 더 적합한 사안이 있을 수는 있는데 이것은 이하에서 설명한다.

17) 이것은 국제적으로 공인된 분류방법은 아니고, 로마협약, 로마Ⅰ규정과 스위스 국제사법의 태도를 토대로 저자가 분류한 것이다. 아래 각주에서 언급하는 바와 같이, 외국 문헌에서는 저촉법적 적용을 의미하는 직접적용과, 저촉법의 요건을 갖추되 실질법적 요건을 관문으로 하여 적용하는 간접적용이라는 분류가 더 일반적으로 사용된다.

규정되어 있는지, 그 해석론이 어떻게 정립되어 있는지에 따라 고려 여부가 달라질 수 있다. 그리고 준거법의 선량한 풍속 위반 등의 일반조항 하에서 제3국법을 고려하는 경우, 당사자의 법 위반의도가 중요한 요건이 될 수 있어 간접사실의 증명 정도에 따라 제3국의 국제적 강행규정의 고려 여부가 달라질 수 있다(이하 이러한 유형의 저촉법적 고려를 '저촉법적 고려 ① 유형'이라 한다. ⓒ). 이 방법은 제3국법이 계약에 미치는 사법적 효력을 명문으로 규정하고 있지 않고 제3국법의 해석론으로 어떤 사법적 효력이 인정되는지 정립되어 있지 않거나, 법정지 법관이 그 해석론을 알 수 있는 자료가 여의치 않을 때 유용할 수 있다.

저촉법적 고려의 두 번째 유형은 스위스 국제사법과 같이 저촉법적 요건을 충족하는 제3국법의 적용효과를 계약의 준거법에 따라 인정하지 않고, 법정지 법관이 그 효과를 변경할 수 있는 경우이다(ⓓ). 저촉법적 적용(ⓑ)은 제3국의 국제적 강행규정을 적용하면 원칙적으로 그 법규가 정한 효과를 인정하고, 제3국법과 준거실질법 사이에 규범의 충돌이나 흠결이 발생하는 경우에 한하여 국제사법상 적응의 법리로써 제3국법이 정한 효과와 다른 효과를 인정하는 데 반하여, 이 유형에 의하면 규범의 충돌이나 흠결이 없더라도 구체적 타당성을 위해 법관이 제3국법이 정한 효과와 다른 효과를 인정할 수 있다.[18] 이런 측면에서 이것은 법관이 사정변경의 원칙을 적용하여 계약내용을 조정하는 것과 유사하다고 볼 수 있다. 제3국법이 그 효과로 계약의 무효를 규정하고 있더라도, 이 유형을 취하면 법관이 계약의 취소나 이행기의 유예 등 다른 효과를 인정할 수 있을 것이다.

예를 들면, 한국의 대주가 IMF 협정의 가맹국이 아닌 제3국의 차주에게 금원을 대출하는 대출계약을 체결하였고 그 대출계약의 준거법을 영국법으로 합의한 사안에서, 제3국의 외환규제법이 위와 같은 대출계약에 외환허가를 받지 못한 경우 그 대출계약이 무효라고 규정하고 있는데 제3국의 차주가 외환허가를 받지 못하였다고 상정한다. 이때 제3국법이 외환허가를 받지 않은 대출계약의 효력을 부정한다고 하더라도, 법정지 법관이 사안의 사실관계에 비추어 구체

---

18) 이 유형의 경우에도 외국법과 준거실질법 사이에 규범의 충돌 내지 흠결이 있는 경우에 적응의 법리가 적용될 수 있다.

적 타당성 있는 결론을 내리기 위해, 법정지 법관이 제3국의 차주로 하여금 제3국법에 따른 허가를 추완할 수 있도록 한국의 대주가 대출을 실행할 이행기가 유예되었다고 판단할 수 있다. 이 유형을 저촉법적 고려 중 첫 번째 방법과 비교하면, 이 유형은 준거실질법의 일반조항과 같은 관문을 거치지 않기 때문에 준거실질법이 정한 요건과 효과에 따를 필요가 없고, 제3국법이 정한 요건이 적용되나 그 효과를 그대로 따를 필요가 없다는 차이가 있다(이하 이 유형을 '저촉법적 고려 ② 유형'이라 한다. ⓓ). 따라서 저촉법적 고려 ② 유형(ⓓ)은 저촉법적 적용(Ⓑ)과 저촉법적 고려 ① 유형(Ⓒ)의 절충 내지 중간지대에 해당한다고 설명할 수 있다. 실질법적 해결방법을 포함하여 각 방법론의 차이를 표로 나타내면 다음과 같다.

[표 3]

분류	실질법적 해결방법	저촉법적 해결방법		
		직접적용	간접적용[19]	
방법론	☐ 실질법적 고려	☐ 저촉법적 적용	☐ 저촉법적 고려 ① 유형	☐ 저촉법적 고려 ② 유형
저촉법적 적용요건 충족 요부	불요	필요	필요	필요
적용/고려방법	제3국법을 준거실질법 하에서 고려	제3국법을 직접 법으로서 적용	제3국법을 준거실질법 하에서 고려	제3국법을 법관이 창설한 특별실질법 하에서 고려
준거실질법의 일반조항이 규정한 요건 충족 요부	필요	불요	필요	불요
제3국법을 적용한 효과	준거실질법에 따른 효과 인정	제3국법의 명문규정 또는 해석론에 따라 인정. 다만 준거실질법과 규범의 충돌 내지 모순이 있는 경우 적응의 법리에 따라 해결함	준거실질법에 따른 효과 인정	제3국법이 정한 적용효과를 변경할 수 있음. 법관이 사정변경의 원칙을 적용하는 것과 같이 구체적인 사안에 따라 적절한 효과 인정

19) 비교법의 예를 보면, '간접적용'이라는 개념과 용어는 대체로 저촉법적 고려 ① 유형을 지칭하

Ⓐ, Ⓑ, Ⓒ, Ⓓ의 관계와 관련하여, 제3국의 국제적 강행규정의 취급에 관하여 실질법적 해결방법을 취한다면, Ⓐ로만 제3국의 국제적 강행규정을 고려할 수 있고, 저촉법에 요건이 마련되어 있을 것을 전제로 하는 Ⓑ, Ⓒ, Ⓓ는 가능한 방법론이 아니다.

반면, 제3국의 국제적 강행규정에 관하여 저촉법적 해결방법을 취한다면, Ⓑ, Ⓒ, Ⓓ 상호간의 관계, 그리고 Ⓑ, Ⓒ, Ⓓ와 Ⓐ의 관계가 문제된다. 먼저 Ⓑ, Ⓒ, Ⓓ의 상호간의 관계에 관하여 보면, 저촉법적 해결방법을 취하면서 Ⓑ, Ⓒ, Ⓓ 중 어느 하나 또는 하나 이상을 취할지는 각 국가가 정책적으로 판단할 사항이다. 스위스 국제사법 제19조는 앞서 본 바와 같이 Ⓑ, Ⓒ, Ⓓ를 모두 허용하고 있고, 로마협약과 로마Ⅰ규정의 "효력 부여"에 관하여도 견해 대립은 있으나 각 회원국이 Ⓑ, Ⓒ, Ⓓ 중 어느 하나 이상을 선택할 수 있다는 견해가 가능하다.

Ⓐ와 Ⓑ, Ⓒ, Ⓓ의 관계는 제3국의 국제적 강행규정의 취급에 관하여 저촉법적 해결방법을 취할 때, 제3국의 국제적 강행규정의 저촉법상 적용 또는 고려요건을 충족하지 못하는 규정을 계약의 준거실질법의 일반조항 하에서 고려할 수 있을지의 맥락에서 문제된다.[20] 이에 대하여는 아래 제3절 Ⅳ.에서 살펴본다.

우리 국제사법의 해석론으로 국내에서는 독일에서와 같이 다양한 학설이 대립하고 있지는 않고, 제3국의 국제적 강행규정을 실질법적 차원에서 고려해야 한다는 견해[21]와 특별연결하여야 한다는 견해[22]가 주로 주장된다.[23] 이하에서

는 것으로 보인다. 예를 들면 로마협약이나 로마Ⅰ규정의 "효력을 부여할 수 있다"는 의미를 준거실질법 하에서 고려할 수 있다고 보는 견해가 '간접적용'이라는 용어를 사용하였다. 제5장 제2절 해당부분 참조. 유럽사법재판소는 *Nikiforidis* 판결에서 직접적용과 대비되는 간접적용이라는 용어를 사용하였으나, '간접적용'이 이 두 가지 중 어떤 것인지 명확하게 밝히지는 아니하였다. 저자의 견해로는, 저촉법적 고려 ① 유형과 ② 유형 모두 제3국법이 인정하는 직접적인 효과를 인정하지 않고 준거실질법이나 법관에 의하여 창설된 특별실질법에 따라 제3국법을 고려한다는 점에서 '간접적용'이라고 포섭할 수 있을 것으로 생각한다.

20) 이것은 애초에 저촉법상 적용요건을 충족하지 못한 제3국의 국제적 강행규정을 어떻게 취급할 지의 문제로서, 저촉법적 적용요건을 충족한 경우에 한하여 다시 실질법적 차원에서 이를 고려하는 Ⓒ와는 다르다. 이런 점에서 이필복 (2021), 149−150이 저촉법적 해결설에서 실질법적 차원에서 제3국의 국제적 강행규정의 효력 내지 영향을 고려하는 것(Ⓒ)이 '보충적' 수단이라고 설명한 것은 오해의 소지가 있을 수 있다.

는 먼저 제3국의 국제적 강행규정에 관한 실질법적 해결방법을 취한다면 구체적으로 한국의 실질법의 어떤 규정 하에서 고려할 수 있는지를 먼저 살펴보고, 저촉법적 해결방법이 왜 더 나은 해결방법인지 논증한다.

II. 실질법적 해결방법과 그 한계

만약 국제계약에서 제3국의 국제적 강행규정이 계약에 미치는 영향을 계약상 어떻게 처리할지 예정한 조항을 두고 있다면, 제3국의 국제적 강행규정을 그 계약 조항 하에서 고려할 수 있다. 예를 들면 이행가혹조항(hardship clause)이나 제3국의 경제재재를 염두에 둔 제재조항(sanction clause)[24]이 그에 해당한다.[25] 제3국의 국제적 강행규정을 어떻게 취급할지 국제적으로 정설이 없는 상태에서 이러한 조항은 제3국의 국제적 강행규정의 적용 또는 고려라는 저촉법적 문제를 계약의 해석, 적용으로 해결할 수 있도록 한다는 점에서 그 실무적 효용을 무시할 수 없다.

그러나 국제계약에 제3국의 국제적 강행규정으로 인한 영향을 고려할 수 있는 특별한 규정이 없다면, 계약의 준거법이 한국법이라는 전제 하에 제3국의 국제적 강행규정을 우리 민법 제103조의 선량한 풍속 기타 사회질서 위반, 채무불이행에 관한 제390조 이하의 규정들, 민법 제537조의 위험부담의 기초사실로서 고려할 수 있다.[26] 우리 민법은 독일 민법과 달리 행위기초의 교란(BGB 제

---

21) 안춘수 (2011), 208–209는 기본적으로 저촉법적 방법을 우선해야 하나, 다만 아직은 외국 강행규정의 사실상 효과를 실질법적 차원에서 고려하면서 적용요건의 확립에 필요한 경험을 축적하는 것이 필요하다고 주장한다.

22) 김용진 (1998), 718–719; 손경한 (2016), 140; 이필복 (2021), 153. 다만 석광현 (2020a), 383은 특별연결이론을 지지하면서 우리 법률가들의 국제사법에 대한 인식수준을 이유로 실질법적 차원에서 고려하는 것이 실무적으로 유력하다고 한다.

23) 그 밖에 쌍방적 저촉규정설을 지지하는 견해로, 신창선/윤남순 [2016], 287.

24) 이런 조항은 국제연합, 유럽연합, 또는 미국의 경제제재를 정의하고, 특정국가 내지 특정인이 제재대상으로 되는 경우 계약이 종료됨을 규정한다.

25) 이른바 특별위험조항(special risks clause), OFAC 조항(Office of Foreign Control clause), Grain and Feed Association (GAFTA)의 금지조항(prohibition clasue)도 마찬가지이다. 상세는 Zürkomm/Vischer/Lüchinger [2018], Art 19, Rn 40 참조.

313조)에 관한 규정을 두고 있지 않다.27) 그러나 대법원이 종래 계속적 계약이 아닌 계약에 있어서 사정변경의 원칙을 인정하지 않다가 최근 들어서는 사정변경의 원칙을 인정하는 판결28)을 선고하여 오고 있으므로, 사정변경의 원칙이 인정되는 한도 내에서는 제3국의 국제적 강행규정을 그에 따라 고려할 수 있을 것이다.29)

제5장에서 검토한 로마 I 규정 이전의 독일 판결들30)과 같은 사안이 우리 법원에서는 어떻게 처리될지 살펴본다. *Borax* 판결31)과 *Borsäure* 판결32)의 사안처럼 당사자가 제3국의 국제적 강행규정을 위반하려는 의도를 갖고 있었고 이를 위해 사기적인 행위를 한 경우에는, 민법 제103조 위반으로 볼 여지가 있다. 외국법 위반에 관한 것은 아니나, 우리 대법원도 '불법임을 알고도 통모한 당사자의 주관적 악성'을 근거로 계약이 사회질서에 반하는 법률행위로 무효라고 선언한 예33)가 있다. 계약의 준거법이 한국법이라면, 이때 *Borax* 판결이나 *Borsäure* 판결에서와 같이 외국법이 보호하려는 가치를 우리 민법의 '선량한 풍속 기타 사회질서'에 포섭할 수 있는지, 따라서 외국법 위반의 의도를 국내법 위반의 의도와 동일시할 수 있는지 검토해야 할 것이다.

그러나 계약의 준거법이 외국법이라면 사안의 사실관계가 외국법의 실질법에 선량한 풍속 기타 사회질서 위반과 같은 일반조항의 요건에 해당하는지 살펴보아야 하고, 우리 민법의 선량한 풍속 기타 사회질서 위반의 요건에 따라 검토할 여지는 없다. 따라서 이 경우에 3국의 국제적 강행규정이 보호하려는 가치가 법정지에서 받아들일 만한 것인지 심사할 수 있는 수단은 국제사법 제10조의 공

---

26) 구체적인 사례는 제5장 제2절 I.의 준거법설에 따를 경우 [사례 1], [사례 2]의 해결방법 참조.
27) 다만 이를테면 국가계약법 제19조와 같이 사정변경의 원칙을 명문규정으로 인정한 경우도 있다.
28) 대법원 2007. 3. 29. 선고 2004다31302 판결; 대법원 2013. 9. 26. 선고 2012다13637 전원합의체 판결; 대법원 2017. 6. 8. 선고 2016다249557 판결; 대법원 2020. 12. 10. 선고 2020다254846 판결 등.
29) 최근 판례에 나타난 사정변경의 원칙에 관한 분석으로 우선 이영준 (2018), 송덕수 (2018), 조인영 (2021) 참조.
30) 제5장 제2절 II. 참조.
31) BGHZ 34, 169-179. 제5장 제2절 II. 1. 가. 참조.
32) NJW 1962, 1436-1438. 제5장 제2절 II. 1. 나. 참조.
33) 대법원 1994. 12. 13. 선고 94다31617 판결.

서를 원용하는 것일 뿐이다. 그러나 이미 강조한 바와 같이 국제사법 제10조는
외국법의 내용 자체를 심사하는 것이 아니라 외국법을 적용한 결과에 대하여 예
외적, 제한적으로만 작용하는 개념이므로, 이것만으로는 제3국의 국제적 강행규
정의 목적이나 내용이 법정지의 법체계에 부합하는지 심사하는 수단으로서는
적절하지 않다.

　　독일 법원의 나이지리아 가면 판결[34]이나 공무원 수뢰금지 판결[35]과 같은
사안의 소가 우리 법원에 제기되는 경우를 상정한다. 국제계약의 당사자가 문화
재기원국인 제3국의 문화재보호법을 위반하여 문화재매매계약을 체결하거나 제
3국법을 위반하여 제3국의 공무원에게 뇌물을 공여하는 내용의 계약을 체결하
였다면 국제적으로 공유되는 가치,[36] 따라서 우리 민법에서도 보호되는 가치를
침해한 것으로 볼 수 있다. 따라서 독일 법원의 나이지리아 가면 판결이나 공무
원 수뢰금지 판결과 같은 사안에서 문제된 계약이 우리 민법의 선량한 풍속 기
타 사회질서를 위반한 것으로 인정할 수 있을 것이다.

　　독일 법원의 적국과의 교역금지법 판결[37]과 같은 사안의 소가 우리 법원에
제기되었다고 상정한다. A국에 소재하는 매도인이 한국에 소재한 매수인과 물
품매매계약을 체결하였고, 매매계약의 준거법을 한국법으로 합의하였다. 그런데
A국과 한국 사이에 전쟁이 발발하였고, A국이 한국과의 교역을 금지하는 법을
제정하였다. 매수인이 한국 법원에 매도인을 상대로 물품의 인도를 구하는 소를
제기하였다. 이런 경우에 매도인의 물품인도의무가 우리법상 금지되는 행위는
아니지만 제3국인 A국의 국제적 강행규정에 의하여 금지되는 행위이고 그 규정
의 존재로 인하여 채무자가 그 채무를 이행하는 것이 불가능하거나(사안과 같은
경우 외에도 수출허가를 받지 못하여 물품이 반출될 수 없는 경우, 또는 매매목적물인 특
정물이 압수 내지 몰수된 경우) 또는 법을 위반하면서 채무를 이행하면 가혹한 제
재를 받게 되는 때에는 이를 우리 민법상 채무불이행의 유형 중 이행불능으로

---

34) BGHZ 59, 82-87. 제5장 제2절 II. 1. 다. 참조.
35) BGHZ 94, 268, 271. 제5장 제2절 II. 1. 라. 참조.
36) 이를테면 부패방지, 노예제 금지, 인신매매, 마약 금지 등을 들 수 있다.
37) RGZ 93, 182ff. 제5장 제2절 II. 2. 참조.

인정할 수 있다. 채무자가 제3국의 국제적 강행규정의 존재를 이유로 채무의 이행을 거절하는 경우 우리 민법상 이행거절 내지 이행지체를 인정할 수 있을 것이다. 당사자 쌍방의 과실이 없고, 계약 체결 이후 계약의 이행을 금지하는 제3국의 국제적 강행규정이 제정된 경우 민법 제537조의 위험부담 또는 사정 변경의 원칙 하에서 고려될 수 있다.

실질법적 해결방법을 취한다면 국내 법률가들에게 친숙하지 않은 개념인 제3국의 국제적 강행규정이나 특별연결이론을 동원하지 않고 사건을 처리할 수 있다는 이점이 있다. 그러나 위와 같은 해결방법은, 제5장에서 검토하였던 바와 같이 실질법적 해결방법의 약점을 그대로 드러낸다. 첫째, 사안별로 구구한 사정에 따라 제3국의 국제적 강행규정의 고려 여부가 달라져서 예측가능성과 법적 확실성을 해친다는 것이 큰 문제이다. 당사자의 법위반 의도, 과실 유무, 문제된 국제적 강행규정이 보호하려는 가치를 우리 법 또는 준거법이 보호하는 가치로 편입시킬 수 있을 것인지 여부에 따라 제3국법의 고려 여부가 달라질 수 있다. 이는 당사자의 준거법에 대한 예측가능성으로서의 당사자의 이익에 반하고, 제3국의 이익에도 반하며, 국제적 판단의 조화를 위한 이익에도 반한다.

둘째, 문화재기원국의 문화재수출금지규정을 위반하여 문화재수출계약을 체결한 경우(나이지리아 가면 판결), 제3국의 공무원에 대한 수뢰를 목적으로 하는 계약을 체결한 경우(공무원 수뢰금지판결)과 같은 사안이나, 물품매계약에서 물품의 원산지국인 제3국이 물품인도의무 이행지나 물품의 최종목적지로의 수출을 금지하는 입법을 한 경우(*Borax* 판결, *Borsäure* 판결의 사안)을 상정하면, 해당 계약의 준거법이 한국법일 때, 제3국의 국제적 강행규정이 보호하는 가치가 우리 법의 선량한 풍속 기타 사회질서에 포섭될 수 있는지를 검토하는 과정에서 마치 국제사법상 공서에 따라 준거법의 적용결과가 우리법의 근본적인 가치에 비추어 받아들일 수 있을 만한 것인지 심사하는 것 또는 외국재판의 승인에서의 승인의 결과가 공서를 위반하는지를 심사하는 것과 유사한 과정을 거치게 된다. 제3국법을 적용 또는 고려할지 여부는 외국적 요소가 있는 법률관계에서 외국법을 우리 법체계가 인정할 수 있는지의 문제인데, 이것을 과연 '실질법적' 해결방법이라고 볼 수 있는지 의문이다.

셋째, 한국이 법정지인 경우에는 제3국법의 적용 또는 고려가 법정지국의 이익에 부합하는지, 한국법의 기본적인 가치에 비추어 보호할 가치가 있는 것인지 심사할 수 있어야 할 것이다. 그런데 실질법적 해결방법을 취한다면 계약의 준거법이 한국법이 아닌 이상 제3국의 국제적 강행규정이 보호하는 가치가 우리 법상 받아들일 만한 것인지 검토하기 곤란하다. 따라서 제3국의 국제적 강행규정을 고려함에 있어 법정지국의 이익을 충분히 반영하기 어려워진다.

반면, 저촉법적 해결방법은 저촉법적 차원에서 제3국의 국제적 강행규정을 적용 또는 고려하는 요건을 규정할 수 있고, 그것이 법정지국의 법체계에 부합하는지 심사할 수 있으므로, 당사자의 이익과 제3국의 이익, 법정지국의 이익, 국제적 판단의 조화를 위한 이익에 부합한다. 그러므로 특별연결이론에 따른 저촉법적 해결방법이 더 나은 해결방법이다.

제 3 절 저촉법적 해결방법에 따른 해석론

I. 방법의 선택

그렇다면 우리 국제사법의 해석론으로 앞 [표 3]에 기재된 저촉법적 해결방법에 속하는 세 가지 방법, 즉 저촉법적 적용(Ⓑ), 저촉법적 고려 ① 유형(Ⓒ), 저촉법적 고려 ② 유형 (Ⓓ) 중 어떤 것을 채택할지가 문제된다. 저자는 저촉법적 적용(Ⓑ)이 국제거래의 예측가능성의 측면에서 이상적이라고 생각한다. 제3국의 국제적 강행규정을 저촉법적으로 적용하면, 제3국법이 인정하는 법률효과가 발생하므로 저촉법적 고려 ①, ② 유형(Ⓒ, Ⓓ)보다 국제거래의 당사자 입장에서 제3국법 적용효과에 대한 예측가능성이 높다. 반면, 저촉법적 고려 ① 유형(Ⓒ)은 저촉법적 요건 외에 실질법적 요건까지 갖추어야 비로소 제3국의 국제적 강행규정이 고려될 수 있고, 저촉법적 ② 유형(Ⓓ)은 제3국법의 적용효과를 어떻게 인정할지에 법관의 재량이 인정되므로 구체적 타당성은 도모할 수 있으나 저촉법적 적용보다 예측가능성이 떨어진다.

그러나 우리 국제사법의 현실을 감안하면, 제3국의 국제적 강행규정을 저
촉법적으로 적용하는 것만을 고집하는 것은 우리 국제사법의 입법론과 해석론
으로서 다소 급진적인 견해일 수도 있다고 생각한다. 유럽연합이나 스위스와는
달리 우리나라에는 제3국의 국제적 강행규정의 적용요건에 관한 명문규정이 없
다. 그리고 로마협약이나 로마Ⅰ규정이 도입되기 전의 유럽의 상황과 비교하더
라도, 우리나라에는 실질법적 차원에서조차 제3국의 국제적 강행규정을 고려할
수 있는지에 관한 판례가 존재하지 않고, 학계에서도 이 문제에 관한 충분한 논
의가 이루어지지 못하였다. 저촉법적 차원에서 제3국의 국제적 강행규정의 적용
또는 고려요건을 명시적으로 규정한 로마협약, 로마Ⅰ규정 및 스위스 국제사법
조차 아직 저촉법적 적용만을 유일한 방법으로 규정하지 않고, 저촉법적 적용
(Ⓑ)과 저촉법적 고려(Ⓒ, Ⓓ)가 모두 가능하도록 한 점을 고려하면, 우리 국제사
법의 해석론과 입법론으로 저촉법적 적용만을 고집하는 것은 시기상조인 감이
있다. 그러므로 우리 국제사법의 해석론과 입법론으로 저촉법적 고려를 배제하
지 않는다.

앞서 본 실질법적 해결방법(Ⓐ), 저촉법적 적용(Ⓑ), 저촉법적 고려 ① 유형
(Ⓒ), 저촉법적 고려 ② 유형(Ⓓ)을 국제사법의 관점에서 진보적인 순서로 나열
하면, 저촉법적 적용(Ⓑ), 저촉법적 고려 ② 유형(Ⓓ), 저촉법적 고려 ① 유형
(Ⓒ), 실질법적 해결방법(Ⓐ) 순이 된다.[38] 따라서 현재로서 우리 국제사법의 해
석론으로 저촉법적 적용(Ⓑ)과 저촉법적 고려 ① 유형(Ⓒ)을 취하는 것이 적절할
것으로 생각된다. 저촉법적 고려 ① 유형은 저촉법적 적용 또는 고려요건에 따
라 적용 또는 고려대상인 제3국법을 확정한 후 제3국의 국제적 강행규정을 고려
할 때 실질법의 일반개념을 동원하여 판단하므로, 아직 제3국의 국제적 강행규
정이나 저촉법적 해결방법에 익숙하지 않은 국내 법률가들에게 보다 용이한 방
법이라는 강점이 있다.

그리고 저촉법적 고려 ② 유형(Ⓓ)과 같은 태도를 취하는 스위스에서 법관
이 제3국법이 인정하는 것과 다른 효과를 인정할 권한을 가지는 근거는 스위스

---

38) 국제사법 관점에서의 진보성을 판단한 기준은 실질법의 일반조항에 의존하는지 여부와 제3국
법을 사실이 아니라 법 그 자체로서 존중하는지에 따른 것이다.

국제사법 제19조 제2항이 법관이 제3국의 규정을 적용한 결과가 스위스 법관념에 따라 적절한 판단에 이르는지를 감안하여 외국의 국제적 강행규정을 고려하도록 명문으로 규정하고 있다는 것이다.[39] 스위스 국제사법 제19조 제2항은 제3국법을 적용한 결과가 스위스 법관념에 따라 적절하지 않으면 법관이 이와 다른 효과를 인정할 수 있다는 의미이다. 그런데 우리 국제사법에는 스위스 국제사법 제19조 제2항과 같은 명문규정이 없으므로, 법원이 제3국의 국제적 강행규정이 정한 효과를 변경하여 인정할 수 있는 법적 근거가 없다. 따라서 저촉법적 고려 ② 유형(ⓓ)을 해석론으로 취하기 곤란하다.

그렇다면 우리 국제사법의 해석론으로, 제3국의 국제적 강행규정이 저촉법적 적용 또는 고려요건을 충족하였다는 전제 하에, 법관이 구체적인 제3국의 국제적 강행규정과 사안의 사실관계에 따라 저촉법적 적용(ⓑ)과 저촉법적 고려 ① 유형(ⓒ) 중 어느 하나를 적절히 채택할 수 있다고 본다. 예컨대 제3국의 국제적 강행규정이 사법적 청구권의 근거가 되거나 사법적 효력을 무효로 만드는 것이라면 법관이 이것을 저촉법적으로 적용하여 그에 따른 효과를 인정하는 것이 간명하다. 다만 제3국법이 그 적용효과를 명문으로 규정하고 있더라도 그것이 계약의 준거실질법이 알지 못하는 효과인 경우에는 적응의 법리로 법관이 그 적용효과를 변경하여 인정할 수 있다. 제3국의 국제적 강행규정이 공법적 성격을 띠는 금지규정에 해당하고 그 위반의 사법적 효력을 규정하고 있지 않으며 제3국법에 그 위반 시 사법적 효력에 관한 해석론도 정립되어 있지 않은 반면, 사안의 사실관계가 준거실질법의 일반조항으로 용이하게 포섭될 수 있는 경우에는 저촉법적 고려 ① 유형(ⓒ)에 따라 해결할 수 있다.

경우에 따라서는 저촉법적 적용 또는 고려요건을 충족하지 못하는 제3국의 국제적 강행규정을 실질법의 일반조항 하에서 고려해야 하는 경우가 있을 수 있다(ⓐ).[40] 제3국의 국제적 강행규정이 우리 법질서에 비추어 승인할 수 없는 것인 경우, 예컨대 동성애자의 전재산을 몰수하는 내용의 입법이 이루어진 결과 채무자의 계약 이행이 불능된 경우를 상정한다. 그와 같은 법규는 법정지법에

---

39) 제5장 제3절 III. 참조.
40) 다음 제3절 IV. 참조.

비추어 보호할 만한 가치가 없는 것으로서 저촉법적 적용 또는 고려의 요건을 충족하지 못하기 때문에 이를 저촉법적으로 적용하거나 고려할 수는 없으나 실질법의 차원에서 이행불능을 구성하는 사실로 고려해야 할 것이다.

다만 향후 우리 국제사법의 입법론으로는 저촉법적 적용(Ⓑ)을 포함하여 저촉법적 고려 ② 유형(위 표 Ⓓ)도 도입하는 것이 적절하다고 생각한다. 입법론은 현재 상태의 해석론보다는 다소 전향적이어도 되지 않을까 생각된다. 저촉법적 고려 ② 유형이 저촉법적 고려 ① 유형(Ⓒ)보다 국제사법의 관점에서 한 발 앞선 것이고, 스위스 국제사법 제19조 제2항과 같은 명문규정을 도입하면 저촉법적 고려 ② 유형을 취할 법적 근거도 생기기 때문이다. 저촉법적 고려 ② 유형은 제3국의 국제적 강행규정의 적용 또는 고려요건 단계에서 실질법의 개념에 의존하지 않고, 다만 그 적용효과에 있어 법관이 제3국법이 규정한 것과 다른 효과를 인정할 수 있다는 것이다. 저자가 이상적인 방법이라고 생각하는 저촉법적 적용(Ⓑ)을 취하더라도, 제3국법이 규정한 효과를 준거법이 알지 못하는 경우에는 국제사법의 적응의 법리로 제3국법이 규정한 것과 다른 효과를 인정할 수도 있다. 따라서 저촉법적 고려 ② 유형은 저촉법적 적용과 결과적으로 그리 차이가 크지 않을 수도 있다. 그리고 제3국의 국제적 강행규정이 이를테면 공법적 금지규정이어서 그 법률효과를 직접 규정하고 있지 않은 경우에 저촉법적 고려 ② 유형(Ⓓ)을 취하면, 저촉법적 적용과는 달리 법관이 제3국법에 따른 효과가 무엇인지를 조사하는 수고를 덜 수 있고, 국제사법상 적응의 법리라는 어려운 개념을 동원하지 않아도 되는 이점이 있다. 이와 같은 입법을 통해서 제3국의 국제적 강행규정 적용 또는 고려의 경험을 축적하면, 미래에는 저촉법적 적용만을 명시하는 입법을 할 수도 있을 것이다.

이러한 방법론적 관점에 기초하여, 이하에서는 제3국의 국제적 강행규정을 어떤 요건 하에 적용 또는 고려해야 하는지 살펴본다.

Ⅱ. 요건

국내에서 주장되는 특별연결이론은 독일에서와 마찬가지로 다음과 같은 요건 하에 제3국의 국제적 강행규정을 적용 또는 고려할 수 있다고 주장한다. 제3국의 국제적 강행규정이 ① 사안과 밀접한 관련이 있어야 하고, ② 문제되는 강행법규가 추구하는 목적이 우리 법상 보호가치가 있어야 한다[41]는 것이다. 이하에서는 국내의 선행연구가 제시하는 요건을 기초로 하되, 국내의 선행연구에서 충분히 다루어지지 않았던 다음 논점들을 검토한다. 첫째, 제3국의 국제적 강행규정의 맥락에서 사안과 밀접한 관련을 판단하는 기준이 무엇인지 밝힌다. 국제사법의 모든 준거법 연결원칙은 사안과 가장 밀접한 관련을 가지는 법을 지정하는 것이다.[42] 그러나 국내 선행연구에서 제3국의 국제적 강행규정의 적용 또는 고려요건이라는 특별한 맥락에서 밀접한 관련을 어떤 기준에 따라 판단하는지의 논의는 찾아보기 어려우므로 그 기준을 체계적으로 제시할 필요가 있다. 둘째, 제3국의 국제적 강행규정이 법정지인 우리 법의 관점에서 받아들일 수 있는 것인지를 판단하는 기준과 법관이 재량을 행사할 때 고려할 요소가 무엇인지를 내용통제와 결과통제의 단계로 나누어서 검토한다. 이에 따라 당사자의 이익, 법정지국의 이익, 제3국의 이익, 국제적 판단의 조화를 위한 이익을 균형 있게 반영할 수 있는 제3국의 국제적 강행규정의 적용 또는 고려요건을 제시한다.

1. 제3국과의 밀접한 관련

제5장의 비교법적 연구에서 살펴 본 바와 같이,[43] 사안과 밀접한 관련이 있는 제3국의 국제적 강행규정을 적용 또는 고려해야 한다는 입장(로마협약, 스위스 국제사법, 헤이그 대리협약 등)과 이행지의 국제적 강행규정만을 적용 또는 고려해야 한다는 입장(로마Ⅰ규정)이 대립한다. 그러나 이행지가 아니더라도 사안에 강한 규제이익을 갖는 국가가 있을 수 있고, 국제금융거래 등 국제거래의 유형에 따라 이행지를 결정하기 어려울 수도 있다. 따라서 밀접한 관련이 있는 제3국의 국제적 강행규정을 적용 또는 고려하는 것이 제3국의 이익을 충실하게 반영할

---

41) 김용진 (1998), 720; 석광현 (2020a), 382; 이필복 (2021), 151.
42) 석광현 [2013], 152.
43) 제5장 제3절 참조.

수 있다.

그런데 로마협약 하에서의 논의를 참고하면,[44] 제3국과 밀접한 관련이 있어야 하는 대상이 무엇인지 문제된다. 로마협약에서와 마찬가지로 전체로서의 계약과 제3국이 밀접한 관련이 있어야 한다는 견해와 분쟁에서 문제된 쟁점과 밀접한 관련이 있어야 한다는 견해가 대립될 수 있으나, 후자가 설득력이 있다. 특정한 쟁점과 관련이 없더라도 계약 자체와 밀접한 관련이 있다는 이유로 제3국의 국제적 강행규정을 적용 또는 고려해야 한다면 지나치게 많은 국가의 법을 검토해야 하고 실무상 큰 부담이 야기되기 때문이다. 따라서 매수인이 대금을 지급하지 않고 있는 경우 대금 지급을 금지하거나, 대금 지급의무를 전부 또는 무효로 만들거나 대금 지급의무를 변경하는 규정, 대금 미지급을 정당화할 수 있는 규정[45]이 이와 밀접한 관련이 있다고 볼 수 있다.

제3국과 분쟁의 쟁점과 밀접한 관련이 있는지는, 로마협약의 해석론[46]을 참고로, 다음과 같은 요소들을 종합적으로 고려하여 판단한다.

① 이행지 또는 이행의 준비행위가 이루어지는 장소

제3국의 범위를 이행지만으로 한정하는 것은 제5장 제3절에서 검토하였던 바와 같이 적절하지 않으나, 이행지도 밀접한 관련의 일종으로 포섭할 수 있다. 계약의 이행지법은 채무이행에 장애가 될 수 있기 때문에 무시할 수 없다. 이행지가 아니더라도 이행의 준비행위가 이루어지는 국가도 밀접한 관련이 있을 수 있다. 이는 외환규제법, 수출입규제법에서 의미가 있는 기준이다. 예를 들면 제3국이 특정 국가로의 수출을 금지하고 있는데, 물품매매계약의 당사자가 그 제3국으로부터 원료를 수입하여 그 금지된 국가로 수출을 예정하고 있다면 밀접한 관련이 인정될 수 있다.[47]

---

44) 로마협약 하에서의 논의는 제5장 제3절 Ⅱ. 1. 참조.
45) 이를테면 문화재의 매수인이, 문화재거래를 금지한 문화재보호법의 규정을 근거로 매매계약이 무효라고 주장하면서 대금 지급을 거절하는 경우를 상정할 수 있다.
46) 김인호 (2012), 580; MünchKomm/Martiny [2006], Cheshire/North/Fawcett [2017]; EGBGB Art 34, Rn 140–153; MünchKomm/Martiny [2021], Rom Ⅰ–VO Art 9, Rn 125–137; 683;
47) 그 예로 독일 법원의 *Borax* 판결, *Borsäure* 판결. 제5장 제2절 Ⅱ. 1. 가.와 나. 참조.

② 채무자의 상거소, 설립지

채무자가 자연인인 경우 그 상거소가 있는 국가, 회사와 법인의 경우 그 등록이 이루어진 국가의 주권에 복종한다. 따라서 이러한 제3국도 밀접한 관련이 인정될 수 있다.

③ 재산소재지

재산이 소재하는 국가 또는 그 재산이 처분되는 국가는 그 동산 또는 부동산에 대하여 국제적 강행규정의 적용을 관철할 수 있다. 토지와 주택의 소재지법으로서, 농업 또는 주거정책의 일환으로 토지 또는 건물 처분에 허가를 얻도록 하는 법규는 그 토지 또는 건물의 처분과 밀접한 관련이 있다고 볼 수 있다.

④ 근로관계에서 근로제공지, 기업의 영업소재지

근로관계에서 근로제공지나 고용주인 기업의 관련 영업지 국제적 강행규정도 밀접한 관련이 인정될 수 있다. 한국 회사가 해외건설공사를 수주하여 외국에서 공사를 수행하면서 그 외국에서 근로자를 근로하게 하였다면, 그 근로계약의 준거법이 한국법이더라도 근로가 제공되는 그 외국의 근로관계에 관한 국제적 강행규정이 밀접한 관련이 있는 국가의 법으로 고려될 수 있다.

⑤ 시장에 미치는 영향

이는 효과이론에 기초한 것으로 공정거래법과 자본시장법의 맥락에서는 그 위반행위가 어느 국가의 시장에 영향을 미치는지가 중요한 기준이 된다. 예컨대 외국에서 이루어진 부당공동행위와 기업결합이 다른 국가의 시장에 영향을 미칠 수 있기 때문이다.

⑥ 국적

어떤 규제가 국민 또는 외국인의 특정행위를 대상으로 이루어지는 경우 국적이 중요한 기준이 될 수 있다. 독일은 독일 국민에 대하여 무기를 다루는 것을 제한하는 국제적 강행규정을 두고 있는데,[48] 만약 독일 국민과 외국인

---

48) 독일 Außenwirtschaftsgesetz 제5조 제5항과 Kriegswaffenkontrollgesetz 제21조가 이에 해당한다.

사이에서 무기매매계약이 체결되었다면, 그 무기매매계약의 준거법이 외국법이더라도 독일의 위 국제적 강행규정이 밀접한 관련이 있는 국가의 법으로 고려될 수 있다. 근로자보호법에서 특정집단의 사람을 보호하려는 경우도 마찬가지이다.

2. 제3국의 국제적 강행규정이 법정지의 국제적 공서에 비추어 보호할 만한 가치가 있을 것

가. 법정지국의 이익에 부합하는 정도

제5장에서 수행한 비교법적 연구 결과, 저촉법적 해결방법을 취하는 로마협약, 스위스 국제사법, 로마 I 규정 모두 제3국의 국제적 강행규정을 적용 또는 고려할지 여부에 대하여 법관에게 재량을 부여하고 있고, 법관의 재량행사 과정에서 제3국법의 입법목적이 법정지의 관점에서 보호가치가 있는 것인지를 고려함[49]을 알 수 있다. 이것은 제3국의 국제적 강행규정의 적용 또는 고려에 있어서 형량하여야 할 네 가지 이익 중 법정지국의 이익을 반영한 요건이다. 제3국이 분쟁의 쟁점과 밀접한 관련이 있더라도 그 국제적 강행규정이 아무런 제한 없이 적용되어서는 안 되고, 법정지국의 이익에 부합하는지 확인해야 한다.[50] 그러기 위해서는 제3국의 국제적 강행규정의 적용 또는 고려요건에 법정지국의 이익을 반영할 수 있는 요건이 있어야 한다.

법정지국의 이익과 제3국의 국제적 강행규정의 입법목적이 법정지와 부합하는 정도에 관하여, 로마 I 규정 하에서 유력한 견해는 '법정지국의 이익에 부합하거나 배치되지 않을 것'을 요건으로 제3국법을 적용 또는 고려할 수 있다고 주장한다.[51] 한편, 스위스 국제사법 제19조의 해석론으로는 스위스법의 법관념에 부합하는 가치,[52] 국제법의 일반원칙 또는 법치국가의 기본적인 가치[53]에

---

49) 상세는 제5장 제3절 참조.

50) MünchKomm/Martiny [2006], EGBGB Art 34, Rn 158; MünchKomm/Martiny [2021], Rom I -VO Art 9, Rn 141.

51) 상세는 제5장 제3절 V. 1. 참조.

52) BGE 136 III 392, E. 2.3.3.1.

53) BasKomm/Mächler-Erne/Wolf-Mettier [2021], Art 19, Rn 19.

부합하는 가치를 추구할 것을 요구한다.

'법정지국의 이익에 부합하거나 배치되지 않을 것'이라는 기준과 스위스 국제사법의 해석론으로 요구되는 기준을 비교하면, 전자는 적극적인 기준과 소극적인 기준을 함께 규정하고 있는 반면 후자는 적극적인 기준만을 규정하고 있고, '법정지의 이익'이 '법치국가의 기본적인 가치'보다 범위가 넓은 것으로 보이므로, 후자가 더 엄격한 기준이라고 볼 수 있다. 저자는 다음과 같은 이유로 이에 대한 일종의 절충안으로 제3국의 국제적 강행규정이 '우리나라의 국제적 공서에 비추어 보호할 가치가 있는 경우'라는 기준을 제시한다.

국제적 공서는 우리나라의 본질적 법원칙, 기본적인 도덕적 신념 또는 근본적인 가치관념과 정의관념, 대한민국의 국내법 질서가 보호하려는 기본적인 도덕적 신념,[54] 대한민국 헌법의 핵심적 가치[55]를 포함한다. '국제적 공서에 비추어 보호할 가치가 있는 경우'라는 것은 제3국의 국제적 강행규정이 법정지인 우리나라의 국제적 공서에 부합하거나, 최소한 이에 배치되지 않아야 한다는 것을 의미한다. 법정지국의 입장에서는 법정지의 국제적 공서에 위반되지 않는 경우라면, 이를테면 법정지국의 국제적 공서에 아무런 영향을 미치지 않는다면 제3국의 국제적 강행규정의 적용 또는 고려를 막을 특별한 이유가 없을 것으로 생각된다. 그리고 국제적 강행규정과 국제적 공서의 관계에 관하여 국제적 공서가 국제적 강행규정보다 더 좁은 개념이라는 전제 하에,[56] 제3국의 국제적 강행규정이 법정지의 공서에 부합하는 경우에 한하여 적용 또는 고려될 수 있다고 본다면, 국제적 공서와 구분되는 국제적 강행규정의 기능이 무의미해질 수도 있을 것이다.

---

54) 대법원 1990. 4. 10. 선고 89다카20252 판결. 이는 외국 중재판정 승인의 맥락에서 그 승인거부사유로서 강학상 '국제적 공서'의 의미를 선언한 것이다. 외국판결 승인의 맥락에서 강제징용에 관한 대법원 2012. 5. 24. 선고 2009다22549 판결; 대법원 2012. 5. 24. 선고 2009다68620 판결도 이와 같은 기준을 제시한다.

55) 이는 강제징용에 관한 대법원 판결(대법원 2012. 5. 24. 선고 2009다22549 판결)을 참조한 것이다.

56) 제3장 제2절 IV. 3. 참조. 국제적 공서와 국제적 강행규정의 관계에 관한 논의는 동일한 법역의 것임을 전제한 것이기는 하나, 이 설명이 제3국의 국제적 강행규정과 법정지의 공서와의 관계에도 대체로 타당할 것으로 생각된다.

제5장의 비교법적 연구결과를 참고하면, '우리 법상 보호가치가 있을 것'에 관하여 다음과 같은 기준을 제시할 수 있다. 제3국의 국제적 강행규정이 보호하려는 이익이 ① 전세계적으로 승인되는 이익인지(이를테면 마약밀수금지, 테러방지, 부패방지, 인신매매금지, 자금세탁금지, 문화재보호),57) ② 이를 보호함으로써 간접적으로 한국의 이익을 보호하는지,58) ③ 법정지인 한국의 이익과 일치되거나 최소한 배치되지 않는지,59) ④ 법정지에 경제적, 사회적 장해(障害)를 야기하는지, ⑤ 다른 국가를 차별하거나 다른 국가들에게 해악을 가하려는 것인지. ①, ②, ③의 경우라면 제3국의 국제적 강행규정을 적용 또는 고려할 수 있고, ④, ⑤의 경우에는 그럴 수 없을 것이다.

나. 내용통제와 결과통제

한편, 제5장의 비교법적 연구결과에 의하면, 로마협약과 로마Ⅰ규정은 하나의 조문에서 법관이 제3국의 국제적 강행규정을 적용 또는 고려할지에 관한 재량을 행사할 때 '규범의 성질과 목적, 적용 또는 부적용의 결과'를 한꺼번에 고려하도록 하여 제3국의 국제적 강행규정의 내용에 대한 통제와 제3국의 국제적 강행규정을 적용한 결과에 대한 통제의 구분이 분명히 드러나지 않았다. 반면, 스위스 국제사법은 제19조 제1항과 제2항을 구분하여, 제1항에서 제3국의 국제적 강행규정이 스위스의 법관념에 따라 보호할 만한 가치가 있는지 살피도록 하고, 제2항에서 그 규정을 적용한 결과가 스위스 법관념에 따라 적절한 판단에 이르게 되는지를 살펴보도록 함으로써 이를 보다 명확히 구분하고 있다. 스위스 국제사법의 이러한 태도는 법정지국의 이익이 내용통제와 결과통제 단계에서 모두 고려되어야 함을 명확히 하였다는 점에서 바람직하다.

따라서 우리 국제사법의 해석으로도 제3국의 국제적 강행규정을 적용 또는 고려하는 것이 법정지국의 이익에 부합하는지를 이 두 가지 측면에서 심사할 필요가 있다. 첫째, 제3국의 국제적 강행규정이 그 자체로 적용 또는 고려될 만한

---

57) 독일 법원의 나이지리아 가면 판결. 제5장 제2절 Ⅱ. 참조.
58) 독일 법원의 *Borax, Borsäure* 판결. 제5장 제2절 Ⅱ. 참조.
59) 로마Ⅰ규정과 스위스 국제사법 제19조의 해석론.

가치가 있는지를 심사하는 추상적 내용통제이다. 둘째, 제3국의 국제적 강행규정이 적용 또는 고려될 만한 것이라면 구체적인 사안에 이를 적용하였을 때 법정지법의 관점에서 받아들일 수 없는 결과가 발생하지 않아야 한다는 구체적 결과통제의 단계이다. 내용통제에서 별다른 문제가 없는 규범이더라도 이를 적용한 결과가 부당할 수 있기 때문에 내용통제와 별도로 결과통제를 할 실익이 있다.

　내용통제 단계에서는 제3국법의 목적과 내용이 법정지법의 국제적 공서에 비추어 보호할 만한 가치가 있는 것인지를 심사한다. 이 단계에서 준거법의 예측가능성이라는 당사자의 이익, 법정지국의 이익을 모두 형량한다. 다만 스위스 국제사법이 내용통제 단계에서 채택한 '당사자 일방의 명백히 우월한 이익' 기준은 다음과 같은 이유로 우리 법의 해석론에 수용하기에 적절하지 않다고 생각한다.[60] 첫째, 스위스법의 독일어본과 프랑스본 텍스트의 차이를 고려하면 '당사자 일방의'라는 기준이 스위스법의 내용으로 정립된 것인지 불명확하다. 둘째, 스위스 국제사법 제19조가 적용된 스위스 연방대법원의 판결들에서도 이 기준이 그다지 중요한 역할을 하지 못한 것으로 보이고 스위스에서도 이 기준을 삭제하자는 개정론이 진행 중이기 때문이다.[61] 셋째, 스위스법에서 말하는 '당사자의 명백히 우월한 이익'은 저자가 분류한 준거법에 대한 당사자의 예측가능성이라는 측면의 당사자의 이익과는 달리, 구체적인 사안에 제3국법을 적용한 결과가 당사자에게 억압적인지를 고려하는 것인데, 이 요소는 아래에서 보는 바와 같이 결과통제에서 고려하는 것이 더 적절하다.

　결과통제 단계에서는 구체적인 사안에 제3국의 국제적 강행규정을 적용한 결과가 한국법의 국제적 공서에 부합하거나 배치되지 않는지 심사한다. 이것은 외국법의 적용결과가 국제적 공서에 위배되는 경우 그 적용을 배제하는 국제사법 제10조에서 법적 근거를 찾을 수 있다. 결과통제의 단계에서 제3국의 국제적 강행규정의 적용 결과 당사자에게 지나치게 억압적이거나 가혹한 결과가 초래되는지 심사한다. 그리고 결과통제의 단계에서 제3국의 국제적 강행규정을 적용

---

60) 상세는 제5장 제3절 Ⅲ. 참조.
61) BasKomm/Mächler-Erne/Wolf-Mettier [2021], Art 19, Rn 3.

한 결과가 국제적 판단의 조화와 일치에 기여하는지 고려할 수 있다.

스위스 국제사법 제19조 제2항은 결과통제의 단계에서 제3국의 국제적 강행규정의 목적을 고려하도록 한다. 그러나 제3국의 국제적 강행규정의 목적은 국제적 강행규정성 판단에서도 고려되고, 내용통제 단계에서 다시 한 번 고려되기 때문에 결과통제의 단계에서 다시 목적을 고려하는 것이 어떤 추가적인 효용이 있는지 의문이다.[62] 따라서 이 단계에서 제3국의 국제적 강행규정의 목적을 추가적으로 고려할 필요는 없을 것으로 생각한다.

한편, 이와 관련하여 제3국의 국제적 강행규정을 적용 내지 고려하기 위한 요건 중 하나로, "제3국의 국제적 강행규정을 적용 내지 고려한 결과가 국제사법적 정의 실현에 얼마나 유리한가"를 제시하는 견해[63]가 있다. 제3국의 국제적 강행규정에 대한 적용 내지 고려의 여부는, 그 결과가 우리 국제사법 연결원칙에 의해 정립된 준거법 체계에 영향을 미치는 정도와, 해당 사안과 그 국가 사이의 관련성 정도 및 강행규정에 의하여 보호하고자 하는 공익의 중요성 간의 상관관계에 의하여 결정된다는 것이다. 그러나 "우리 국제사법 연결원칙에 의해 정립된 준거법 체계에 영향을 미치는 정도"가 무엇을 의미하는지 불분명하다. 앞서 본 바와 같이 우리 국제사법은 제3국의 국제적 강행규정에 관하여는 의도적인 입법적 공백을 두었으므로 제3국의 국제적 강행규정을 적용하더라도 우리 국제사법의 준거법 체계에 부정적인 영향을 준다고 할 수 없다. 저자의 견해로는, 사안과 그 국가 사이의 관련성 정도는 밀접한 관련의 요건 단계에서 판단하면 되고, 제3국의 국제적 강행규정을 적용한 결과는 법관의 결과통제 단계에서 '법정지법의 기본적인 가치에 따라 보호가치가 있는지'를 기준으로 판단하는 것이 체계상 더 적절하다고 생각한다.

III. 효과

제3국의 국제적 강행규정을 저촉법적으로 적용(ⓑ)하는 경우에는 제3국의

---

62) 상세는 제5장 제3절 III. 참조.
63) 이필복 (2021), 153, 각주 111 참조.

국제적 강행규정이 정한 법률효과가 발생하나(이를테면 계약의 무효), 그 후속효과(이를테면 계약 무효로 인한 부당이득 반환)로서 계약의 나머지 점은 계약의 준거실질법에 따라 판단한다.[64] 만약 공법적 성격을 띠는 금지규범인 제3국의 국제적 강행규정이 그 적용결과 사법적 법률관계에 대한 효력을 직접 규정하고 있는 경우에는 그에 따르면 되고, 그런 규정이 없는 경우 또는 효과를 규정하고 있지만 준거법이 이를 알지 못하는 경우에는 적응의 법리로 그 효과를 수정한다.[65] 제3국의 국제적 강행규정이 사법적 청구권의 발생근거가 된다면 이에 따라 사법적 청구권을 인정한다.

제3국의 국제적 강행규정을 저촉법적 고려 ① 유형에 따라 고려(ⓒ)하면, 준거실질법이 정한 효과가 인정된다. 스위스 국제사법 제19조 제2항과 같은 명문규정이 없는 상태에서 국제사법상 적응의 법리가 필요한 상황을 제외하고는, 우리 법의 해석론으로 법관이 제3국의 국제적 강행규정을 고려한 결과 제3국법이 정한 것과 다른 효과를 인정(저촉법적 고려 ② 유형)할 수 있다고 보기는 어렵다.

Ⅳ. 적용 또는 고려요건을 충족하지 못하는 제3국의 국제적 강행규정의 실질법적 고려 가부

제3국의 국제적 강행규정 중 우리 국제사법의 해석상 적용 또는 고려 요건을 충족하지 못하는 강행규정(즉 Ⓑ, ⓒ의 적용 또는 고려요건을 충족하지 못하는 경우)을 계약의 준거실질법 하에서 사실로서 고려할 수 있는지(Ⓐ) 문제된다. 유럽사법재판소는 *Nikiforidis* 판결에서 로마Ⅰ규정이 계약상 의무에 관한 저촉법의 조화를 추구하는 원칙이고 계약법의 실질법의 통일을 추구하지 않는다는 이유로, 회원국 법원이 제9조 제3항의 요건을 충족하지 못하는 국제적 강행규정을 준거실질법이 허용하는 경우 사실로서 고려하는 것을 배제하지 않는다고 판단하였다.[66] [67]

---

64) 위 제2절 Ⅰ. 참조.
65) 위 제2절 Ⅰ. [표 3] 참조.

로마 I 규정 하에서 내려진 위 판결을 우리 국제사법의 해석론에 그대로 채용하기는 어렵다. 로마 I 규정의 맥락에서는 로마 I 규정이 유럽연합 공동체의 저촉법원칙의 통일을 위한 것임에 착안하여 회원국이 그 실질법에 있어서도 로마 I 규정의 구속을 받는지가 문제되었으나, 현재 제3국의 국제적 강행규정의 적용요건과 효과에 관하여 아무런 규정을 두고 있지 않은 우리 국제사법에서는 제3국의 국제적 강행규정을 실질법의 개념 하에서 고려하는 것이 원칙적으로 가능하기 때문이다. 다만 가능한 것과 바람직한 것을 구별해야 한다는 측면에서 이를 검토할 필요가 있고, 추후 국제사법에 특별연결이론에 기초한 제3국의 국제적 강행규정에 관한 명문규정이 도입되는 경우에 대비하여 이 문제를 논할 실익은 있다.

제3국의 국제적 강행규정을 저촉법적으로 적용 또는 고려하는 것과 실질법적으로 고려하는 방법 중 전자가 더 나은 해결방법이라는 것은 앞서 검토한 바와 같다. 그러나 경우에 따라서는 제3국의 국제적 강행규정의 적용 또는 고려요건을 충족하지 못하는 규정의 사실상 효과를 실질법 하에서 고려할 수밖에 없는 때가 있을 수 있다. 예를 들면, 제3국의 국제적 강행규정 중 법정지인 한국의 국제적 공서에 비추어 보호할 만한 가치가 있다고 볼 수 없는 법규로 인하여 채무자의 이행이 사실상 불가능하게 되는 경우를 들 수 있다. 구체적으로, 다른 국가를 차별하기 위한 입법(이를테면 쿠웨이트의 이스라엘 보이콧에 따른 쿠웨이트 항공의 이스라엘인 탑승거부)이나 동성애자인 채무자의 전재산을 몰수하는 제3국의 입법 등을 들 수 있다. 이런 경우에는 제3국의 국제적 강행규정의 내용이 법정지의 법관념에 비추어 승인될 수 없어서 원칙적으로 적용 또는 고려할 수 없지만, 그에 따른 사실상 효과를 우리 민법상 채무불이행, 위험부담 등 일반조항 하에서 고려할 수밖에 없다. 이와 달리 보는 경우 채무자에게 부당한 결과가 될 것이다.

---

66) Case C−135/15 *Republik Griechenland v Grigorios Nikiforidis* ECLI:EU:C:2016774 paras 43−49.

67) 반면, 이런 경우에는 준거실질법 하의 사실로서도 고려될 수 없다는 견해로 Hauser [2012], 115−116.

제 4 절 입법안

　　현재 국제사법의 해석론으로도 저자의 주장과 같은 제3국의 국제적 강행규정의 적용 또는 고려요건을 정립하는 것이 가능하기는 하나, 향후 입법으로 그 요건과 효과, 재량행사 시 고려요소를 명확하게 할 필요가 있다. 이로써 국제거래 당사자의 예측가능성 및 법적 확실성을 보장하고 국제적인 판단의 조화에도 기여할 수 있을 것이다.

　　지금까지의 논의를 기초로 국제사법 제7조의2[68]에 다음과 같은 규정을 둘 것을 제안한다.

> **국제사법 제7조의2**
> ① 법원은 그 입법목적에 비추어 준거법에 관계없이 해당 법률관계에 적용되어야 하는 제3국의 강행규정이 사안의 쟁점과 밀접한 관련이 있고, 대한민국의 선량한 풍속 그 밖의 사회질서에 비추어 보호할 만한 가치가 있는 경우 그에 효력을 부여할 수 있다.
> ② 법원이 제1항에 따라 제3국의 강행규정에 효력을 부여할 때, 사안의 사실관계에 비추어 제3국법에 규정된 효과와 다른 효과를 인정할 수 있다.

　　입법안 제1항은 제3국의 국제적 강행규정의 내용통제를 규정한 것이다. '그 입법목적에 비추어 준거법에 관계없이 적용되어야 하는 제3국의 강행규정'은 제3국의 국제적 강행규정을 의미하는 것으로 현행 국제사법 제7조에서 법정지의 국제적 강행규정을 지칭하는 문언인 '그 입법목적에 비추어 준거법에 관계없이 해당 법률관계에 적용되어야 하는 대한민국의 강행규정'에 대응하는 것이다.[69]

---

68) 2022. 1. 4. 법률 제18670호로 전부개정된 국제사법이 2022. 7. 5.부터 시행되면 법정지의 국제적 강행규정에 관한 현행 국제사법 제7조는 제20조로 배치된다. 그렇게 되면 제3국의 국제적 강행규정에 관한 이 개정안의 위치도 20조의2에 배치하여야 할 것이다.

69) 이 입법안은 법정지의 국제적 강행규정에 관한 현행 국제사법 제7조가 존치됨을 전제로 한 것이다. 국제사법 제7조의 '입법목적에 비추어 해당 법률관계에 적용되어야 하는 대한민국의 강행규정'의 해석에 관하여는 제3장 제2절 Ⅱ. 참조. 그러나 향후 국제사법에 제3국의 국제적 강

이 부분을 국제사법 제7조와 동일한 문언으로 규정함으로써 제3국의 법규가 국제적 강행규정인지 판단하는 기준이 법정지의 국제적 강행규정에 관한 국제사법 제7조[70]와 동일하다는 점을 명확히 하였다. 문제된 제3국법의 법규가 역외적용의 대상이 되는 경우에도 우리 국제사법 하에서 국제적 강행규정인지 여부를 판단하는 것과 같이 판단하면 되므로, 역외적용되는 법규에 대한 특별한 규정은 삽입하지 아니하였다.

'분쟁의 쟁점'은 분쟁의 대상이 되는 쟁점을 의미한다. 로마협약 제7조 제1항이 '사안'이라는 문언을 채택한 결과 전체로서의 계약과 밀접한 관련이 있어야 하는지, 분쟁의 대상이 된 쟁점과 밀접한 관련이 있어야 하는지 견해가 대립되었던 것을 감안하여, 불확실성을 제거하기 위하여 이 문언을 채택한 것이다. 스위스법은 이와 달리 '사실관계'로 표현하는데, 스위스법이 로마협약과 다른 의미를 의도한 것인지는 분명하지 않으나 '사실관계'로 규정하는 경우에도 위와 같은 견해 대립이 발생할 수 있어서 채택하지 않았다.

'대한민국의 선량한 풍속 그 밖의 사회질서'는 국제사법 제10조의 공서와 같은 문언으로, 국제적 공서를 의미한다. 우리나라의 본질적 법원칙, 기본적인 도덕적 신념 또는 근본적인 가치관념과 정의관념, 대한민국의 국내법 질서가 보호하려는 기본적인 도덕적 신념,[71] 대한민국 헌법의 핵심적 가치[72]를 포함한다. 이것은 외국중재판정 승인거부사유와 외국판결 승인거부사유의 맥락에서 '국제적 공서'에 관한 대법원의 판시를 참고한 것이다. 대법원 판결에서 문제된 외국

행규정의 취급에 관한 규정이 신설된다면, 그 기회에 국제적 강행규정의 정의규정을 함께 도입하는 것이 체계상 바람직할 것으로 생각한다. 저자와 같이 국제적 강행규정은 공적 이익을 보호하기 위한 것이고, 이른바 특별사법은 사익 조정을 뛰어넘는 공익, 중요한 헌법적 가치를 보호하고 있는 경우에 한하여 국제적 강행규정에 해당할 수 있다는 입장을 취한다면 국제사법에 국제적 강행규정의 정의규정을 도입할 때 로마 I 규정 제9조 제1항이 좋은 모델이 될 것이다.

70) 상세는 제2장, 제4장 참조.

71) 대법원 1990. 4. 10. 선고 89다카20252 판결. 이는 외국 중재판정 승인의 맥락에서 그 승인거부사유로서 강학상 '국제적 공서'의 의미를 선언한 것이다. 외국판결 승인의 맥락에서 강제징용에 관한 대법원 2012. 5. 24. 선고 2009다22549 판결; 대법원 2012. 5. 24. 선고 2009다68620 판결도 이와 같은 기준을 제시한다.

72) 이는 강제징용에 관한 대법원 판결(대법원 2012. 5. 24. 선고 2009다22549 판결)을 참조한 것이다.

중재판정과 외국판결 승인거부사유는 확정판결 내지 중재판정을 승인하는 것이 "대한민국의 선량한 풍속이나 그 밖의 사회질서"에 반하는 경우73)인데, 이는 국제사법 제10조의 "대한민국의 선량한 풍속이나 그 밖의 사회질서"와 같은 문언이다. 다만 외국중재판정 승인, 외국판결 승인 및 국제사법 제10조의 문언과 이 입법안 제1항이 다른 부분은 제3국법을 적용한 '결과'가 아니라 제3국법 '자체'가 대한민국의 선량한 풍속 기타 사회질서에 위반되지 않을 것을 요한다는 것이다. 외국중재판정과 외국판결의 승인의 맥락에서 이른바 국제적 공서와 국제사법 제10조의 국제적 공서는 외국중재판정과 외국판결의 내용 자체나 외국법인 준거법의 내용 자체를 심사하는 기준이 아니라, 승인의 결과 또는 준거법 적용의 결과를 심사하는 기준이고, 내국관련성의 정도에 따라 판단이 달라질 수 있다. 그러나 제3국법이 대한민국법의 기본적인 가치에 따라 보호할 가치가 있는 것인지를 심사하는 것은 제3국법을 구체적인 사안에 적용한 결과가 아니라 그 내용을 추상적으로 통제를 하는 것이고, 내국관련성이 문제될 여지가 없다. 그래서 입법안 제1항에서 제3국의 국제적 강행규정을 적용한 "결과를 언급하지 않고, 제3국의 국제적 강행규정이 … 보호할 만한 가치가 있고"라는 표현을 사용하였다.

'대한민국의 선량한 풍속 그 밖의 사회질서에 비추어 보호할 만한 가치가 있는'은 제3국의 국제적 강행규정이 보호하는 이익이 국제적 공서에 부합하거나 최소한 배치되지 않음을 의미한다. 이는 제3국의 국제적 강행규정에 대한 추상적 내용통제의 요건이다. 스위스법의 '명백히 우월한 당사자 일방의 이익' 기준은 채택하지 않았다. '명백히 우월한 당사자의 이익'이라는 기준을 도입하지 않더라도 제3국의 국제적 강행규정이 적용됨에 따라 구체적인 사안에서 제3국의 국제적 강행규정이 적용됨으로써 당사자에게 초래되는 억압적이거나 가혹한 결과를 결과통제 단계에서 고려할 수 있고, 이것은 결과통제에서 고려하는 것이 체계상 더 적절하다.

적용 또는 고려의 방법과 관련하여, 저자는 앞서 제시한 해석론에서 채택하

---

73) 중재법 제39조, 민사소송법 제217조 제3호.

였던 저촉법적 적용(⑧)과 저촉법적 고려 ① 유형(ⓒ)에 더하여 저촉법적 고려
② 유형(⑩)을 추가적으로 제안한다. 입법안 제1항의 '효력을 부여할 수 있다'는
제1항의 요건을 충족하는 제3국의 국제적 강행규정을 법으로서 직접 적용할 수
있을 뿐만 아니라(⑧) 준거실질법의 일반조항 하에서 고려할 수 있으며(ⓒ), 법
정지 법관이 제3국법이 인정하는 효과와 다른 효과를 인정하는(⑩) 것도 포섭할
수 있다.[74] ⑩가 포함된다는 점을 더 명확하게 하기 위해서 입법안 제2항에 법
관이 구체적인 타당성을 위하여 제3국법이 인정하는 효과와 다른 효과를 인정
할 수 있다는 취지를 명시하였다. 스위스 국제사법 제19조 제2항이 스위스 법관
념에 따라 적절한 판단을 위하여 제3국의 국제적 강행규정의 적용의 결과를 고
려하도록 한 것은 제3국이 국제적 강행규정을 적용한 결과를 통제하기 위한 것
뿐만 아니라, 법관이 제3국법이 정한 효과와 다른 효과를 인정할 수 있도록 한
것이다. 그런데 스위스 국제사법 제19조 제2항과 같은 문언은 우리 법에 익숙하
지 않아서 그 문언이 의도한 바가 정확하게 전달되지 않을 우려가 있기 때문에
스위스 국제사법 제19조 제2항과 동일한 문언을 채택하지 않고 입법안 제2항에
서 그러한 취지를 구체적으로 설명하였다.

이를 저촉법적 적용(⑧)과 비교하면, 법관이 제3국법을 적용 또는 고려할지
여부뿐만 아니라 제3국법을 적용한 효과에 대하여도 재량을 갖게 되므로 국제
거래의 당사자들의 예측가능성이 저해될 수 있다. 그럼에도 저자가 저촉법적 적
용(앞 [표 3] ⑧), 저촉법적 고려 ① 유형(앞 [표 3] ⓒ)과 함께 저촉법적 고려 ②
유형(앞 [표 3] ⑩)을 입법론으로 제시하는 이유는 두 가지이다.

첫째, 제3국법을 저촉법적으로 적용하더라도 경우에 따라 그 적용효과를
국제사법상 적응의 법리로 변경해야 할 경우가 있을 수 있다. 이런 경우에는 저
촉법적 고려 ② 유형(⑩)에 따라 제3국법이 정한 효과와 다른 효과를 인정하는
것과 별다른 차이가 없을 수도 있다. 둘째, 제3국의 국제적 강행규정의 취급에

---

[74] 이것은 제3국의 국제적 강행규정을 적용한 효과를 제3국법에 따라 판단해야 한다는 기초에 선
것이다. 이와 달리 제3국의 국제적 강행규정을 적용한 효과를 계약의 준거법에 따라 판단해야
한다는 견해도 가능하다. 제3국의 국제적 강행규정을 적용한 효과를 어느 법에 따라 판단해야
하는지의 논의는 제6장 제3절 Ⅲ. 참조.

관한 학설과 판례가 정립되지 않은 우리나라의 현실에서 이것이 실무상 덜 부담스럽고, 탄력적이고 유연한 방법이 될 수 있다. 예컨대 제3국법이 그 적용효과를 규정하지 않은 공법적 성격의 금지규범일 경우 그 규정을 저촉법적으로 적용하려면 법정지 법관이 제3국법의 법리를 조사하여 그 규정을 적용한 결과 사법적 법률관계에 어떤 영향을 미치는지 밝혀야 한다. 그리하여 제3국법에 따른 적용효과를 밝혀내더라도 그 효과를 준거법이 알지 못한다면 법관이 국제사법상 적응의 법리를 통하여 그 적용효과를 변경하여야 한다. 이런 것을 국제사법의 전문가가 아닐 수도 있는 법관에게 요구하는 것은 현재로서 무리라고 생각된다. 저촉법적 고려 ② 유형(ⓓ)을 취하면 이런 과정을 거치지 않고 법관이 바로 구체적인 사안에서 적절한 적용효과를 인정할 수 있으므로 저촉법적 적용보다 수월할 것이다.

　　스위스 국제사법 제19조 제2항과는 달리 입법안에는 결과통제에 관한 규정을 두지 않았다. 스위스 국제사법 제19조 제2항은 "그러한 규정이 고려되어야 하는지 여부의 판단을 위해, 그 적용이 스위스의 법관념에 따라 적절한 결정을 내리도록 그 규정의 … 적용결과를 고려하여야 한다"라고 규정하여, 제3국의 제19조 제1항의 내용통제와 별도로 결과통제를 규정한다. 그러나 제3국의 국제적 강행규정의 목적은 입법안 제1항의 내용통제에서 심사되고, 결과통제에서 특별히 더 할 역할이 없으므로 결과통제 단계에서 목적을 고려한다고 규정할 필요가 크지 않다. 우리 국제사법상 제3국의 국제적 강행규정을 저촉법적으로 적용하든 아니면 저촉법적으로 고려하든, 그 적용 또는 고려결과에 대한 통제는 현행 국제사법 제10조에 따라 국제적 공서에 위반되는지 여부를 심사하는 것으로 충분히 달성될 수 있다. 따라서 입법안에서는 스위스 국제사법 제19조 제2항과 같이 결과통제 단계에서 제3국의 국제적 강행규정의 목적을 고려한다는 규정을 두지 않았다.

　　제3국의 국제적 강행규정을 적용한 결과를 국제사법 제10조의 국제적 공서에 따라 판단할 때, 적용 또는 고려결과가 한국법의 기본적인 가치에 부합하는지 뿐만 아니라 제3국법을 적용한 결과 당사자에게 지나치게 억압적이거나 가혹한 것인지 고려하여야 한다. 이때 사안의 사실관계에 따른 내국관련성에 따라

판단이 달라질 수 있다.[75]

입법안 제1항, 제2항은 로마협약과 로마Ⅰ규정과 달리 법관이 제3국의 국제적 강행규정에 효력을 부여할지에 관한 재량을 행사할 때 고려할 요소로 규정의 '성질'과 '부적용의 결과'를 명시하지 않았다. 규정의 '성질'은 그 문언이 의도하는 바가 불분명하고 어떤 법규가 공법적 성격인지 사법적 성격인지가 국제적 강행규정의 판단에도 유의미한 기준이 될 수 없어 채택하지 않았다.[76] 부적용의 결과는 적용의 결과와 동전의 양면과 같은 관계인데, 적용의 결과가 국제사법 제10조의 국제적 공서에 따른 심사에서 고려되므로 이 역시 따로 언급하지 않았다.

이 입법안이 당사자의 이익, 법정지국의 이익, 제3국의 이익, 국제적 판단의 조화의 이익을 어떻게 반영하고 있는지 살펴본다. 당사자의 이익은 당사자의 해당 법률관계의 준거규범에 대한 당사자의 예측가능성을 말한다. 입법안 제1항은 국제사법에 제3국의 국제적 강행규정을 적용 또는 고려하는 요건을 구체적으로 명시함으로써 당사자의 준거규범에 대한 예측가능성을 보장한다. 이것은 국제사법 차원에서 제3국의 국제적 강행규정에 대한 고려요건을 명시하지 못하는 실질법적 고려(Ⓐ)보다 당사자의 이익을 더 잘 반영한다.

제3국의 이익은 자국의 긴요한 정책을 실현하기 위하여 자국법을 적용하는 데 가지는 이익이다. 입법안 제1항은 분쟁의 쟁점과 밀접한 관련이 있는 제3국의 국제적 강행규정을 적용 또는 고려대상으로 함으로써 제3국의 이익을 고려한다. 이것은 이행지법만을 적용 또는 고려대상으로 하는 로마Ⅰ규정 제9조 제3항보다 제3국의 이익을 더 잘 반영한다.

법정지국의 이익은 법정지가 보호하고자 하는 가치, 제3국의 국제적 강행규정을 적용 또는 고려함으로써 침해될 수 있는 법정지의 가치를 말한다. 입법안 제1항은 그 내용과 목적이 법정지의 국제적 공서에 비추어 보호할 만한 가치가 있는 제3국의 국제적 강행규정을 적용 또는 고려하도록 함으로써 법정지국의 이익을 보호한다. 이것은 제3국의 국제적 강행규정이 법정지의 가치에 부합

---

75) 석광현 [2013], 176.
76) 로마Ⅰ규정 하에서의 같은 내용의 논의는 제5장 제3절 Ⅴ. 1. 참조.

할 것을 명시적인 요건으로 규정하지 않고 재량행사 요소의 해석으로써만 이러한 요건을 요구하였던 로마협약 제7조 제2항이나 로마 I 규정 제9조 제3항보다 법정지국의 이익을 더 잘 반영한다.

　　국제적 판단의 조화의 이익은 같은 사안에 대하여 다른 법역에서 판단하더라도 유사한 결과에 이를 수 있는 이익을 말한다. 만약 제3국의 법원에서 같은 사안에 대하여 판단한다면 제3국법이 법정지의 국제적 강행규정으로 적용될 것이다. 입법안 제1항은 밀접한 관련이 있는 제3국법을 적용 또는 고려하도록 함으로써 국제적 판단의 조화에 기여한다.

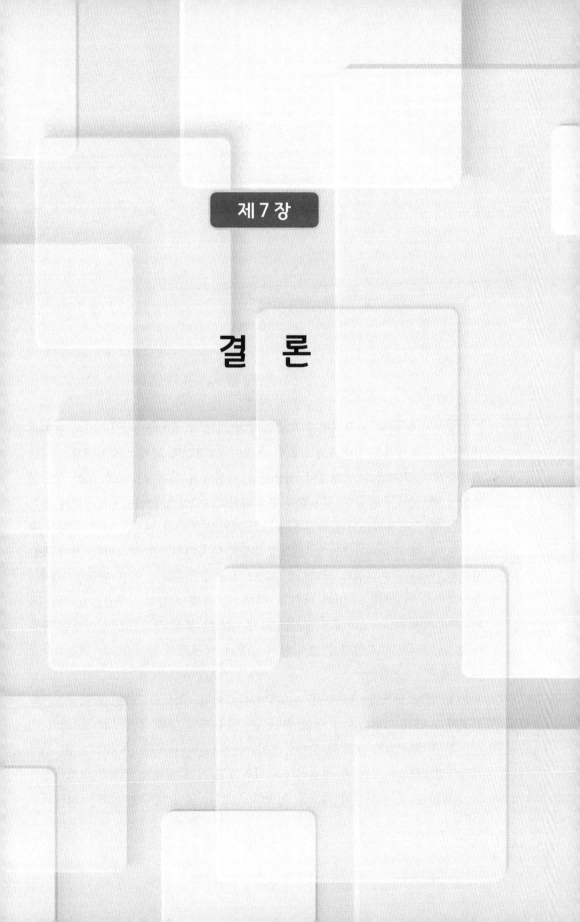

제 7 장

결　론

제 7 장

결 론

　　당사자가 계약의 준거법을 자유롭게 선택할 수 있다는 당사자자치의 원칙은 현대 국제사법을 지탱하는 중요한 기둥이다. 그런데 국제적 강행규정은 해당 법률관계의 준거법에 관계없이 적용된다는 점에서 당사자자치에 대한 중대한 제한에 해당한다. 각국의 실질법이 통일되지 않은 상태에서는 국제계약에 어느 나라의 법이 적용되는지에 따라 당사자의 계약상 권리와 의무가 크게 달라질 수 있으므로, 계약의 준거규범에 대한 당사자의 예측가능성을 보장하는 것이 중요하다. 그러나 첫째, 우리 국제사법 제7조의 규정만으로는 어떤 법규가 국제적 강행규정에 해당하는지 알기 어렵고, 둘째, 제3국의 국제적 강행규정을 어떤 요건 하에 적용 또는 고려해야 할 것인가에 대하여 우리 국제사법에 아무런 규정이 없고 해석론도 정립되어 있지 않기 때문에 국제거래 당사자들의 예측가능성이 저해되고 있다.

　　첫 번째 문제와 관련하여, 이 책에서는 어떤 법규를 국제적 강행규정으로 인정하기 위한 입법목적이 어떤 것이어야 하는지에 관한 국제사법 제7조의 해석론을 전개하였다. 국제적 강행규정이라는 개념이 태동한 역사적 배경, 우리 국제사법 제7조의 문언과 입법연혁을 감안하면 어떤 법규를 국제적 강행규정으로 인정하는 데는 신중한 태도를 취하여야 한다. 어떤 법규를 국제적 강행규정으로 보려면 그 법규의 입법목적이 국가의 긴요한 정치적·경제적·사회적 이익을 보호하는 것이어야 하고, 그 법규의 등가성과 대체성이 인정되지 않는 것이어야 한다. 그런 점에서 공익과 사익을 동시에 보호하는 규정은 그 규정이 사익 조정을 뛰어넘는 공익을 보호하고 있는 경우에만 국제적 강행규정에 해당할 수 있다. 어떤 규정이 사익을 조정하는 것처럼 보이더라도 단순히 개개의 법률관계에 개입하여 당사자 간 유형적 지위의 불균형을 시정하는 것이 아니라 거래질서에 고착화된 불공정을 시정하거나, 경제정의나 남녀평등 실현 등 중요한 헌법적 가치를 실현하기 위한 목적을 갖고 있다면 국제적 강행규정에 해당할 수 있다.

국제적 강행규정인지 여부를 판단할 때, 여러 고려요소들 중 쉽게 식별할 수 있는 요소부터 살펴보는 것이 방법론적으로 합리적이다. 따라서 먼저 해당 법규가 준거법에 관계없이 해당 법률관계에 적용되어야 한다는 명문규정을 두고 있는지, 아니면 역외적용규정이나 국제적, 장소적 적용범위를 규정하고 있는지 살핀 후 그 요소들이 존재한다면 특별한 입법목적이 있는지 살펴보는 것이 수월하다. 위와 같은 요소들이 존재하지 않는다면 문제된 규정에 특별한 입법목적이 인정되는지, 그 입법목적을 해석함으로써 내국관련성을 기초로 해당 법규의 국제적·장소적 적용범위를 한정할 수 있는지 살펴보아야 한다. 이 책은 어떤 법규가 국제적 강행규정인지를 판단할 때 고려해야 할 요소를 식별하기 쉬운 순서대로 종합적·체계적으로 제시함으로써 일관된 기준에 따라 국제적 강행규정인지 여부를 판단할 수 있도록 하였다는 점에서 의미가 있다.

이를 적용하여 이 책에서 선정한 한국법의 규정들이 국제적 강행규정에 해당하는지 여부를 검토하면, 공정거래법 5조, 제9조, 제11조, 제40조, 제45조, 제109조, 외국환거래법 제6조, 제15조 내지 제18조는 역외적용규정이나 그 국제적·장소적 적용범위에 관한 규정에 따라 그 적용범위에 속하는 한 해당 법률관계의 준거법에 관계없이 적용된다는 점이 분명하게 드러나고 특별한 입법목적이 인정되므로 국제적 강행규정에 해당한다. 대외무역법 제19조 제2항, 제2항과 직업안정법 제33조 제1항, 국가계약법 제5조의2는 국제적·장소적 적용범위에 관한 규정으로 인하여 그 적용범위에 포섭되는 한 해당 법률관계의 준거법에 관계없이 적용된다는 점이 분명하게 드러나고, 특별한 입법목적이 인정되므로 국제적 강행규정에 해당한다. 하도급법 제3조의4, 가맹사업법 제12조, 남녀고용평등법 제8조, 제11조는 역외적용되지 않고 국제적, 장소적 적용범위를 명시적으로 규정하고 있지 않으나 특별한 입법목적이 인정되고 내국관련성으로 그 국제적·장소적 적용범위를 한정하고, 그 적용범위에 속하는 한 준거법에 관계없이 적용된다는 점을 도출할 수 있으므로 국제적 강행규정에 해당한다. 반면 약관규제법 제3조 제3항, 상법 제799조, 상법 제92조의2는 특별한 입법목적이 인정되지 않고 내국관련성으로 그 국제적, 장소적 적용범위를 특정할 수도 없으므로 국제적 강행규정에 해당하지 않는다.

향후 이 책에서 검토한 대상법규들 외에도 국제적 강행규정인지 여부가 문제되는 법규들을 추후 검토할 필요가 있다. 역외적용규정을 두고 있는 전자상거래법, 정보통신망법, 전기통신사업법이 그 예이다. 저자와 같이 공정거래법의 역외적용규정을 국제사법의 준거법결정원칙에 대한 특칙으로 파악하는 데 따른 문제들도 더 깊이 연구하여야 한다. 이를테면 역외적용규정을 어떻게 해석해야 정치한 연결원칙으로 운용할 수 있을 것인지, 공정거래법에서 본 바와 같은 공법적 규정과 사법적 규정의 국제적 적용범위의 확정과 상호작용 문제, 그리고 여러 국가의 규정이 중첩적으로 역외적용되는 경우 어떤 원칙에 따라 역외적용을 제한할 것인지 더 연구할 필요가 있다. 이 책에서는 다루지 않았으나, 국제사법에서 특별한 취급을 받는 소비자계약과 근로계약과 관련하여, 소비자와 근로자를 보호하는 규정 중 어떤 것이 국제적 강행규정에 해당하는지의 기준을 정립할 필요도 있다.

이 책에서 다루는 두 번째 문제와 관련하여, 제3국의 국제적 강행규정을 어떤 요건 하에서 적용 또는 고려할 것인지는 그와 관련하여 충돌하는 당사자의 이익(당사자의 준거법에 대한 예측가능성), 제3국의 이익(정책목적을 관철하기 위한 이익), 법정지국의 이익(법정지의 가치를 보호하기 위한 이익), 국제적인 판단의 조화를 위한 이익[1]을 형량함으로써 해결하여야 한다. 따라서 그 적용 또는 고려요건은 이러한 이익을 조화롭게 반영할 수 있어야 한다. 제3국의 국제적 강행규정을

---

1) Bonomi (1999), 235 – 242.

고려하는 방법 중 하나인 실질법적 해결방법은 위 네 가지 이익을 모두 제대로 반영하지 못한다.

반면, 저촉법적 해결방법은 실질법적 해결방법보다 이 네 가지 이익을 더 균형 있게 반영할 수 있다. 당사자의 이익의 측면에서, 저촉법적 해결방법은 저촉법적 차원에서 제3국의 국제적 강행규정의 적용 또는 고려요건을 규정할 수 있으므로 당사자의 준거법에 대한 예측가능성을 보장할 수 있다. 저촉법적 해결방법은 일관된 요건에 따라 제3국법을 적용 또는 고려하므로 제3국의 이익과 국제적 판단의 조화를 위한 이익에도 부합한다. 또한 제3국법에 대한 내용통제와 결과통제를 통하여 법정지국의 이익을 반영할 수 있다. 따라서 저촉법적 해결방법에 따라 제3국법을 적용 또는 고려하는 것이 타당하다. 이때, 적용 또는 고려 대상인 제3국의 범위를 이행지로 한정하는 것은 제3국의 이익을 충분히 반영하지 못하므로 사안의 쟁점과 밀접한 관련이 있는 국가의 국제적 강행규정을 적용 또는 고려하되, 그 적용 또는 고려요건으로 제3국법의 추상적인 내용과 이를 적용한 구체적인 결과가 법정지인 한국의 국제적 공서에 비추어 보호할 만한 가치가 있을 것이 요구된다.

이와 관련하여 향후의 연구과제로, 다양한 유형과 내용의 제3국의 국제적 강행규정에 대응하여 저촉법적 적용과 고려 중 어떤 방법을 취할 것인지, 특히 저촉법적 고려 ② 유형(ⓓ)을 취하는 경우에 어떤 상황에서 제3국법과 다른 어떤 효과를 인정할 것인지에 관한 보다 상세한 기준이 정립될 필요가 있다. 이를 위하여 국제적으로 다양한 형태로 입법되고 있는 국제적 강행규정에 관한 연구가 전제되어야 함은 물론이다.

결국 저자가 이 책에서 다룬 두 가지 문제에 대한 국제사법의 이론과 입법의 발전을 이루기 위해서는, 제3국의 국제적 강행규정을 비롯하여 국제적 강행규정이 전반에 대한 관심과 더 체계적인 연구가 필요하다. 저자가 제시한 해석론과 입법론을 계기로 우리 학계와 실무계에서 국제적 강행규정에 관한 보다 활발한 논의가 이루어지기를 기대한다.

참 고 문 헌

※ 참고문헌 뒤에 약어를 기재하였고, 본문에서 문헌을 인용할 때에는 이 약어를 사용하였다.

◘ 국내문헌 ◘

[단행본]

김승현, 국제건설계약의 법리와 실무 제2판, 박영사, 2019. = 김승현 [2019]

박귀천(집필대표), 온주 남녀고용평등과일·가정양립지원에관한법률, 2019. = 온주 남녀
　　고용평등법/집필자 [2019]

박익수(집필대표), 온주 독점규제 및 공정거래에 관한 법률, 2015. = 온주 공정거래법/집
　　필자 [2015]

서헌제/박찬호, 도난·불법반출 문화재에 관한 법리적 연구－1970년 UNESCO 협약, 1995
　　년 UNIDROIT 협약 및 주요체약국의 이행법을 중심으로, 한국법제연구원, 2007. =
　　서헌제/박찬호 [2007]

석광현, 국제사법과 국제소송 제1권, 박영사, 2001. = 석광현 [2001]

석광현, 국제상사중재법연구 제1권, 박영사, 2007. = 석광현 [2007]

석광현, 국제사법과 국제소송 제5권, 박영사, 2012. = 석광현 [2012]

석광현, 국제사법 해설, 박영사, 2013. = 석광현 [2013]

송상현/김현, 해상법 원론 제4판, 박영사, 2008. = 송상현/김현 [2008]

신창선/윤남순, 신국제사법 제2판, 피데스, 2016. ＝신창선/윤남순 [2016]

신창섭, 국제사법 제4판, 세창출판사, 2018. = 신창섭 [2018]

안춘수, 국제사법, 법문사, 2017. = 안춘수 [2017]

이준길(집필대표), 온주 하도급거래공정화에관한법률, 2016 ＝ 온주 하도급법/집필자
　　[2016]

이호정, 국제사법, 경문사, 1985. = 이호정 [1985]

정동윤(편집대표), 주석 상법 제4판, 한국사법행정학회, 2013. (제92조의2 부분) = 주석
　　상법/집필자 [2013]

정동윤(편집대표), 주석 상법 제2판, 한국사법행정학회, 2015. (제799조 부분) = 주석 상

법/집필자 [2015]

정원(집필대표), 온주 국가를 당사자로 하는 계약에 관한 법률, 2016. = 온주 국가계약법/
집필자 [2016]

최영홍(집필대표), 온주 가맹사업거래의 공정화에 관한 법률, 2020. = 온주 가맹사업법/
집필자 [2020]

최흥섭, 한국 국제사법 Ⅰ - 법적용법을 중심으로, 한국학술정보, 2019. = 최흥섭 [2019]

[논문]

강민우, "외국환거래법상 외환건전성 규제체계의 검토", 증권법연구 제17권 제2호(통권 제
39호, 2016. 8.), 한국증권법학회. = 강민우 (2016)

강선희, "직업안정법상 근로자공급사업과 공급근로자의 산업안전의 문제점 및 보호방안",
노동법포럼 제12호(2014. 4.), 노동법이론실무학회. = 강선희 (2014)

고영한, "독점규제법의 역외적용", 경제법의 제문제, 재판자료 제87집 (2000). = 고영한
(2000)

권영준, "계약법의 사상적 기초와 그 시사점 - 자율과 후견의 관점에서", 저스티스 통권 제
124호 (2011. 6.), 한국법학원. = 권영준 (2011)

권오승, "한국 독점규제법의 역외적용 - 항공화물 국제 cartel 사건을 중심으로", 경쟁법연
구 제24호 (2011. 11.), 한국경쟁법학회. = 권오승 (2011)

김민경, "국제상사중재와 국제적 강행규정", 법학논총 제38집 제3호 (2021. 9.), 한양대학
교 법학연구소. = 김민경 (2021)

김수정, "효력규정과 단속규정의 구별기준에 관한 체계화 모색", 민사법학 제85호 (2018.
12.), 한국민사법학회. = 김수정 (2018)

김용담, "국제계약의 준거법과 강행법규", 재판자료 제33집 (1986), 법원도서관. = 김용담
(1986)

김인현, "2007년 개정 상법 해상편의 개정 내용과 의의", 한국해법학회지 제31권제1호
(2009. 4.), 한국해법학회. = 김인현 (2009)

김인현, "영국준거법하의 담보특약에 대한 약관규제법 적용여부 - 서울고법 2012. 10. 25.
선고 2012나7207 판결", 한국해법학회지 제35권 제2호 (2013. 11), 한국해법학회. =
김인현 (2013)

김인호, "국제계약에서 강행규정에 의한 당사자자치의 제한", 선진상사법률연구 통권 제60
호 (2012. 10.), 법무부. = 김인호 (2012)

김인호, "로마규정에 기초한 객관적 연결에 의한 국제계약의 준거법 결정에 관한 입법적

검토”, 국제사법연구 제19권 제1호 (2013. 6.), 한국국제사법학회. = 김인호 (2013)

김인호, “가맹사업계약에 포함된 부당하게 불리한 중재합의의 유효성”, 비교사법 제27권 제2호 (2020. 5.), 한국비교사법학회. = 김인호(2020)

김용진, “강행법규의 대외적 효력”, 국제사법연구 제3권 (1998. 5.), 한국국제사법학회. = 김용진 (1998)

김용진, “국제 카르텔 행위에 대한 사적 집행제도의 발전 현황과 대응 방안”, 비교사법 제21권 제1호 (통권 제64호) (2014. 2.). = 김용진 (2014)

김용진, “국제카르텔 분쟁사건의 준거법”, 법제연구 제44호 (2013. 6.). = 김용진 (2013)

김재형, “법률에 위반한 법률행위 − 이른바 강행법규의 판단기준을 중심으로”, 민사판례연구 제26권 (2004), 박영사. = 김재형 (2004)

명훤, “강행법규의 판단기준에 관한 연구”, 서울대학교 대학원 법학석사학위논문 (2019) = 명훤 (2019)

박광배, “하도급제도의 최신 경향과 선진화방안: 건설업을 중심으로”, 지방계약연구 제5권 제2호, 한국지방계약학회 (2014. 8.) = 박광배 (2014)

박선욱, “미국 독점금지법의 역외적용 기준: 해외에서의 부품가격 담합행위에 대한 미국 연방대법원의 RJR Nabisco 판결 분석을 중심으로”, 국제거래와 법 제30호 (2020), 동아대학교 법학연구소. = 박선욱(2020)

박언경/서철원, “전략물자수출관리법제 입법평가와 개선방안 − 대외무역법을 중심으로”, 국제경제법연구 제16권 제1호 (2018. 3.), 한국국제경제법학회. = 박언경/서철원 (2018)

박언경/왕상한, “무궁화 3호 인공위성 불법수출 사건의 법적 검토”, 경희법학 제52권 제2호 (2017. 6.). 경희법학연구소. = 박언경/왕상한 (2017)

박언경/왕상한, “국제수출통제규범의 국내이행”, 경희법학 제53권 제2호 (2018. 6.), 경희법학연구소 = 박언경/왕상한 (2018)

박언경/왕상한, “전략물자수출통제 제도에 관한 소고 − 대외무역법상의 경유·환적제도를 중심으로, 법과 기업연구 제10권 제3호(통권 제27호, 2020. 12.), 서강대학교 법학연구소. = 박언경/왕상한 (2020)

서헌제, “공정거래법의 역외적용 − 실체법규의 역외적용을 중심으로 − ”, 통상법률 통권 제23호 (1998. 10.), 법무부. = 서헌제 (1998)

석광현, “외환허가를 받지 아니한 국제보증과 관련한 국제사법상의 문제점, 서울고등법원 1994. 3. 4. 선고 92나61623 판결에 대한 평석을 겸하여 − ”, 법조 통권 429호 (1994. 12.), 법조협회. = 석광현 (1994)

석광현, "국제계약법", 국제사법연구 제4권 (1999), 한국국제사법학회. = 석광현 (1999)

석광현, "개정 국제사법의 총론적 문제", 법조 통권 제536호 (2001. 5.). = 석광현 (2001a)

석광현, "국제근로계약과 근로자보호-개정 국제사법을 중심으로", 노동법학 제13권 (2001. 12.), 한국노동법학회. = 석광현 (2001b)

석광현, "섭외사법 개정법률안의 검토-총칙과 법인", 국제사법연구 제6권 (2001), 한국국제사법학회. = 석광현 (2001c)

석광현, "2004년 국제사법 분야 대법원판례: 정리 및 해설", 국제사법연구 제10권 (2004), 한국국제사법학회. = 석광현 (2004a)

석광현, "2006년 국제사법 분야 대법원판례-정리 및 해설", 국제사법연구 제12호 (2006), 한국국제사법학회. = 석광현 (2006a)

석광현, "국제거래에서의 대리상의 보호-상법 제92조의2의 적용범위와 관련하여-", 법조 제55권 제1호 (2006. 1.), 법조협회. = 석광현 (2006b)

석광현, "UNIDROIT 문화재환수협약 가입절차와 유의점", 국제사법연구 제15권 (2009), 한국국제사법학회. = 석광현 (2009a)

석광현, "해사국제사법의 몇 가지 문제점-준거법을 중심으로", 한국해법학회지 제31권 제2호 (2009. 11.), 한국해법학회. = 석광현 (2009b)

석광현, "클라우드 컴퓨팅의 규제 및 관할권과 준거법", Law & Technology 제7권 제5호 (2011. 9.), 서울대학교 기술과 법센터. = 석광현 (2011a)

석광현, "FIDIC 조건을 사용하는 국제건설계약의 준거법 결정과 그 실익", 사법 제29호 (2014. 9.), 사법발전재단 = 석광현 (2014)

석광현, "국제적 불법거래로부터 문화재를 보호하기 위한 우리 국제사법과 문화재보호법의 역할 및 개선방안", 서울대학교 법학 제56권 제3호(2015. 9.), 서울대학교 법학연구소. = 석광현 (2015a)

석광현, "영국법이 준거법인 한국 회사들 간의 선박보험계약과 약관규제법의 적용여부-대상판결: 대판 2015. 3. 20. 2012다118846(본소), 2012다118853(반소)", 저스티스 통권 제149호(2015. 8.) 한국법학원. = 석광현 (2015b)

석광현, "헤이그국제상사계약 준거법원칙", 진무 서헌제 선생 정년기념집(2015. 2.), 중앙대학교 출판부. = 석광현 (2015c)

석광현, "대마도에서 훔쳐 온 고려 불상의 서산 부석사 반환을 명한 제1심판결의 평석-국제문화재법의 제문제", 국제사법연구 제23권 제1호(2017. 6.), 한국국제사법학회. = 석광현 (2017)

석광현, "국제적 기업인수계약의 준거법을 다룬 하급심 판결에 대한 평석 – 주주총회의 특별결의를 요구하는 상법 규정은 국제적 강행규정인가 –", 경희법학 제53권 제2호 (2018. 6.), 경희대학교 법학연구소. = 석광현 (2018)

석광현, "스위스의 개정국제사법전", 자유주의자 이호정의 삶과 학문(2019), 홍문사. = 석광현 (2019)

석광현, "국제금융거래에서 제3국의 외국환거래법과 국제적 강행규정의 적용", 국제사법연구 제26권 1호 (2020. 6.), 한국국제사법학회. = 석광현 (2020a)

석광현, "문화재의 국제적 불법거래 방지를 위한 한국의 노력과 역할: 문화재·문화유산의 개념 논의를 포함하여", 국제사법연구 제26권 제2호(2020. 12.), 한국국제사법학회. = 석광현 (2020b)

석광현, "스위스의 국제사법 재론", 국제사법연구 제26권 제1호 (2020. 6.), 한국국제사법학회. = 석광현 (2020c)

석광현, "독일 개정 국제사법", 국제사법연구 제27권 제1호 (2021. 6.), 한국국제사법학회. = 석광현 (2021b)

석광현, "외국인에 대한 사회보장법의 적용: 외인법에서 저촉법인 국제사회보장법으로", 국제사법연구 제27권 제2호 (2021. 12.), 한국국제사법학회. = 석광현 (2021c)

손경한, "문화재환수협약의 개요와 한국의 대응방안", 국제사법연구 제15권 (2009), 한국국제사법학회. = 손경한 (2009)

손경한, "중재자치와 중재의 준거법", 국제사법연구 제17호 (2011), 한국국제사법학회. = 손경한 (2011)

손경한, "분쟁해결합의에 관한 일반적 고찰", 법조 통권 제675호 (2012. 12), 법조협회. = 손경한 (2012)

손경한, "계약적 채무의 준거법에 관한 한국 판례의 최근 동향", 국제사법연구 제22권 제2호 (2016. 12.), 한국국제사법학회. = 손경한 (2016)

손승우/김성원/유한우, "기술의 수출통제에 관한 법적 고찰 – 국가핵심기술과 전략기술을 중심으로", 한국산업보안연구 제6권 제1호 (2016. 6.), 한국산업보안연구학회. = 손승우/김성원/유한우 (2016)

송덕수, "사정 변경의 원칙 <대한민국에서의 모습>", 민사법학 제85호 (2018. 12.), 한국민사법학회. = 송덕수 (2018)

송호영, "해외로 불법반출된 문화재의 민사법상 반환청구법리에 관한 연구", 비교사법 제11권 제4호(상) 통권 제27호 (2004), 한국비교사법학회. = 송호영 (2004)

송호영, "문화재반환사건에 있어서 민법 및 국제사법상 몇 가지 쟁점 – 1995년 UNIDROIT

문화재환수협약의 관련규정을 고려하여-", 국제사법연구 제15권 (2009), 한국국제사법학회. = 송호영 (2009)

송호영, "국제사법상 문화재의 기원국법주의(lex originis)에 관한 연구", 재산법연구 제30권 제1호 (2013. 5.), 한국재산법학회. = 송호영 (2013)

송호영, "누가 '고려불상'을 소유하는가". 법학논총 제36집 제1호 (2019. 3.), 한양대학교 법학연구소. = 송호영 (2019)

신영수, "공정거래법상 징벌적 손해배상제도 도입의 쟁점과 전망", 저스티스 통권 제163호 (2017. 12.), 한국법학원. = 신영수 (2017)

신창선, "국제사법의 목적과 이념-국제사법상 정의와 실질사적 정의와의 관계를 중심으로-", 국제사법연구 제5권 (2000), 한국국제사법학회. = 신창선 (2000)

안춘수, "섭외사법 개정법률안의 검토-총칙과 법인", 국제사법연구 제6호 (2001), 한국국제사법학회. = 안춘수 (2001)

안춘수, "국제사법상 절대적 강행규정의 처리", 법학논총 제23권 제2호 (2011. 2.), 국민대학교 법학연구소. = 안춘수 (2011)

위평량, "하도급거래에 있어서 불공정한 지위남용행위에 관한 실증연구 Ⅲ", 경제개혁리포트 2010-1 (2010. 1.), 경제개혁연구소 = 위평량 (2010)

유성재, "불법파견 외국인 항공기 조종사의 퇴직금청구권", 월간노동법률 (2004. 8.) = 유성재 (2004)

윤남순, "국제거래와 대리상의 보호", 경영법률 제17권 제1호 (2006), 한국경영법률학회. = 윤남순 (2006)

이근관, "유니드로와협약 가입을 위한 국내법 개정방향 연구 최종결과보고서 (2007. 12)", 문화재청. = 이근관 (2007)

이동은, "일방적 경제제재 조치의 국제법적 타당성 및 대북제재 관련 시사점-미국의 2차 제재를 중심으로-", 국제법학회논총 제65권 제2호 (2020. 6.), 대한국제법학회. = 이동은 (2020)

이동진, "하도급법상 직접청구권에 관한 연구", 법조 제58권 제3호 (2009. 3.), 법조협회. = 이동진 (2009)

이봉의, "공정거래법상 국제적 M&A에 대한 역외적 관할권-비교법적 고찰을 포함하여", 경쟁법연구 제33호 (2016. 5.), 한국경쟁법학회. = 이봉의 (2016)

이영준, "사정변경의 원칙", 민사법학 제82호 (2018. 2.), 한국민사법학회. = (이영준, 2018).

이정원, "히말라야약관(Himalaya clause)과 상법 제799조의 관계", 법학연구 제51권 제4

호 (2010. 11.), 부산대학교 법학연구소. = 이정원 (2010)

이정원, "영국법 준거약관과 보험자의 설명의무 – 대판 2010. 9. 9, 2009다105383의 평석을 중심으로", 저스티스 통권 제122호 (2011. 2.), 한국법학원. = 이정원 (2011)

이정원, "국제사법상 당사자자치의 원칙과 지상약관 – 대법원 2018. 3. 29. 선고 2014다 41469 판결의 평석을 중심으로 – ", 법학연구 제60권 제4호 (2019. 11.), 부산대학교 법학연구소. = 이정원 (2019)

이종혁, "스위스의 문화재양도법(LTBC) – 주요내용과 국제사법적 함의를 중심으로 – ", 국제사법연구 제23권 제1호 (2017. 6.), 한국국제사법학회. = 이종혁 (2017)

이종혁, "국제적 증권공모발행에서 투자설명서 부실표시책임의 연구 – 준거법 결정원칙을 중심으로", 서울대학교 대학원 법학박사학위논문, (2019). = 이종혁 (2019)

이종혁, "1970년 유네스코협약 이행입법과 관련한 국제사법 쟁점", 국제사법연구 제26권 제2호 (2020. 12.), 한국국제사법학회. = 이종혁 (2020)

이필복, "국제적인 문화재 거래와 국제적 강행규정 – 기원국의 국제적 강행규정을 중심으로", 국제사법연구 제27권 제1호 (2021. 6.), 한국국제사법학회. = 이필복 (2021)

이헌묵, "국제적 강행규정의 판단기준", 인권과 정의 제442호 (2014), 대한변호사협회. = 이헌묵 (2014)

이호정, "Savigny의 국제사법이론", 서울대학교 법학 제22권 3호 (1981. 9.), 서울대학교 = 이호정 (1981)

정병덕, "공정거래법상의 3배 배상제도에 관한 연구", 법학논총 제43권 제4호 (2019. 12.), 단국대학교 법학연구소. = 정병덕 (2019)

장준혁, "브레이너드 커리의 통치이익 분석론에 관한 연구", 서울대학교 법학석사 학위논문 (1994). = 장준혁 (1994)

장준혁, "국제적 강행법규의 연결원칙에 관한 연구", 개정 국제사법 제7조와 그 모법인 유럽계약협약 제7조 및 스위스 신국제사법 제18조, 제19조의 비교연구, 통상법률 제75호 (2007. 6.), 법무부 국제법무과 = 장준혁 (2007a)

장준혁, "국제적 강행법규 개념의 요소로서의 저촉법적 강행성", 성균관법학 제19권 제2호 (2007. 8.), 성균관대학교 비교사법연구소. = 장준혁 (2007b)

전민철, "경쟁법의 역외적용에 관한 고찰 – 미국, EU의 관련 입법과 사례를 중심으로," 연세법학 29권 (2017. 6.), 연세법학회. = 전민철 (2017)

정병석, "해상법 분야에서 국제사법적 쟁점 – 관할 및 책임제한제도 중심 – ", 국제사법연구 제16호 (2010), 한국국제사법학회. = 정병석 (2010)

정승우, "점유이탈 예술품의 국제거래에 관한 법적 연구", 예술경영연구 제51집 (2019),

한국예술경영학회. = 정승우 (2019)

정홍식, "국제중재에서 국제적 강행법규의 적용가능성", 중재연구 제23권 제4호 (2013. 12.) = 정홍식 (2013)

정홍식, "헤이그 국제상사계약 준거법 원칙", 통상법률 제125권 (2015. 10.), 법무부 국제법무과. = 정홍식 (2015)

조부근, "문화재의 국제적 불법거래에 관한 고찰", 한국과학기술정보연구원 제37권 (2004) = 조부근 (2004)

조인영, "장래의 사정에 대한 쌍방 공통의 동기 착오와 사정변경의 원칙 − 대법원 2020. 12. 10. 선고 2020다254846 판결을 계기로 −", 민사법학 제96호 (2021. 9.), 한국민사법학회. = 조인영 (2021)

주진열, "불공정하도급거래 규제의 법적 쟁점에 대한 고찰", 법학논고(2009. 6.), 경북대학교 법학연구원. = 주진열 (2009)

천창민, "금융소비자보호법의 적용범위와 진입규제에 관한 고찰", 은행법연구 제14권 제1호 (2021. 5.). = 천창민 (2021)

최공웅, "역외관할권과 국제사법", 국제거래법연구 제3권 (1994), 국제거래법학회. = 최공웅 (1994)

최동준, "기술의 유출·침해행위에 대한 법적 보호제도−관련법의 기술 개념, 침해유형 및 법적 보호수단을 중심으로", 법학논고 제72집 (2021. 1.), 경북대학교 법학연구원. = 최동준 (2021)

최봉경, "민법 제626조의 강행규정화 제안에 관한 소고", 저스티스 통권 제128호 (2012. 2.), 한국법학원 = 최봉경 (2012)

최승재, "2018년도 경제법 중요판례평석", 인권과 정의 통권 제481호 (2019), 대한변호사협회. = 최승재 (2019)

최종현, "개정 해상법 하에서의 해상운송인의 지위 −해상운송인의 손해배상책임제도를 중심으로−", 한국해법학회지 제30권 제1호 (2008. 1.), 한국해법학회지. = 최종현 (2008)

최지현, "공정거래법 역외적용의 기준과 범위−항공화물담합 판결을 중심으로", 경제법연구 제15권 제1호 (2016. 4), 한국경제법학회. = 최지현 (2016)

한승수, "국제프랜차이즈계약에서의 국내 가맹점사업자 보호와 소송상 준거법", 서울대법학 제58권 제3호 (통권 제184호, 2017. 9.). = 한승수 (2017)

한찬식, "섭외사법 개정작업 추진과정 및 개정 주요골자", 법조 제50권 제2호 (2001. 2.), 법조협회. = 한찬식 (2001)

허선, "국제카르텔에 대한 공정거래법 역외적용의 경험과 논리 ─ 흑연전극봉 국제카르텔 사건을 중심으로", 경쟁법연구 제9호 (2003), 한국경쟁법학회.

홍대식, "불공정거래행위와 공서양속", 비교사법 제14권 제1호 (2007). = 홍대식 (2007)

홍대식, "사법적 관점에서 본 불공정거래행위", 경쟁법연구 제18권 (2008) = 홍대식 (2008)

홍대식, "공정거래법상 불공정거래행위의 위법성 판단기준에 대한 재검토 ─ 경쟁질서와의 관련성을 중심으로 ─", 경쟁법연구 제37권 (2018) = 홍대식 (2018)

홍명수, "불공정거래행위의 유형에 따른 위법성 판단 ─ 불공정성을 중심으로 ─", 경희법학, 제50권 제3호 (2015) = 홍명수 (2015)

황성현, "해외건설공사에 대한 하도급법의 적용가능성 및 FIDIC 표준계약조건의 하도급법 위반가능성", 통상법률 통권 제151호 (2021), 법무부. = 황성현 (2021)

[기타]

석광현, "약관규제법은 국제적 강행규정인가", 법률신문 제3920호 (2011. 3. 21.), 13. = 석광현 (2011b)

석광현, "전자상거래법의 역외적용과 국제사법상 소비자의 보호", 법률신문 (2021. 7. 5.). = 석광현 (2021a)

유정화, "대한민국이 체결한 백신구매계약과 UN통일매매법(CISG)", 법률신문(2021. 8. 26.). = 유정화 (2021)

제19대 국회 제340회 국회(임시회), 국회 정무위원장 2016. 3. 2. 제안, 의안번호 18638, 독점규제 및 공정거래에 관한 법률 일부개정법률안(의안원문)

최민지, "헐값 매각 '무궁화 3호' 국제소송 종결 … KT 최종 패소", 디지털 데일리 기사 (2020. 3. 12.)

최은진, "하도급거래의 개선을 위한 「부당특약 심사지침」의 제정 현황과 향후 과제", 이슈와 논점 제1682호(2020. 3. 26.), 국회입법조사처. = 최은진 (2020)

통계청, 국가발전지표 중 수출입비율(GDP 대비)자료 (2021. 6. 9.) (https://www.index. go.kr/unify/idx─info.do?idxCd=4207&clasCd=7에서 접근 가능, 2022. 1. 19. 최종 방문).

한국무역협회, "한국무역통계" 중 상대국별 수출자료 (https://www.index.go.kr/uni─ fy/idx─info.do?pop=1&idxCd=5010에서 접근 가능. 2022. 1. 19. 최종방문).

◘ 외국문헌 ◘

[단행본]

Beale, Hugh (ed), *Chitty on Contracts*, 33rd ed., Sweet & Maxwell, 2020. = Beale/집필자 [2020]

Briggs, Adrian, *Private International Law in English Courts*, Oxford University Press, 2014. = Briggs [2014]

Calliess, Gralf‒Peter (ed.), *Rome Regulations: Commentary, Wolters Kulwer*, 2011 = Calliess/집필자 [2011]

Calliess, Gralf‒Peter (ed.), *Rome Regulations: Commentary.* 2nd ed., Alphen aan den Rijn: Kluwer Law International, 2015 = Calliess/집필자 [2015]

Grolimund, Pascal (hrsg), Basler Kommentar Interntionales Privatrecht, 4. Auflage, Helbnig Lichtenhan Verlag, 2021. = BasKomm/Mächler‒Erne/Wolf‒Mettier/집필자 [2021]

Torremans, Paul (eds.), *Cheshire, North & Fawcett: Private International Law*, 15th ed., Oxford University Press, 2017. = Cheshire/North/Fawcett [2017]

Collins, Lawrence (ed.), *Dicey, Morris & Collins: The Conflict of Laws*, vol. 1, 15th edition, Sweet & Maxwell, 2012. = Dicey/Morris/Collins [2012], vol. 1

Collins, Lawrence (ed.), Dicey, Morris & Collins: *The Conflict of Laws*, vol. 2, 15th edition, Sweet & Maxwell, 2012. = Dicey/Morris/Collins [2012], vol. 2

Fazilatfar, Hossein., *Overriding mandatory rules in international commercial ar‒bitration*, Northampton: Edward Elgar Publishing 2019 = Fazilatfar [2019]

Girsberger, Dainel./Graziano, Thomas Kadner/Neels, Jan(eds), *Choice of law in in‒ternational commercial contracts*, Oxford University Press, 2021 = Girsberger/집필자 [2021]

Günther, Lisa, *Die Anwendbargkeit ausländischer Eingriffnormen im Lichter der Rom* Ⅰ‒ *und Rom* Ⅱ *Verordnungen*, Verlag Alma Mater, Saarbrücken, 2011. = Günther [2011]

Hauser, Paul, *Eingriffsnormen in der Rom‒*Ⅰ *Verordnung*, Mohr Siebeck, 2012. = Hauser [2012]

Hay, Peter/Borchers, Patrick/Symeonides, Symeon, C., *Conflict of Laws*, 5th ed., West, 2010 = Hay, P./Borchers, P./Symeonides [2010]

Hayward, Benjamin, *Conflict of Laws and Arbitral Discretion – The Closest test*, Oxford University Press, 2017. = Hayward [2017]

Hill, Jonathan./Chong, Adeline, *International Commercial Disputes*, 4th ed., Hart Publishing, 2010. = Hill/Chong [2010]

Kaye, Peter, *The new private international law of contract of the European Community*, Dartmouth, 1993. = Kaye [1993]

Kunda, Ivana, *Internationally mandatory rules of a third country in the European contracts conflict of laws – the Rome Convention and the Proposed Rome 1 Regulation*, Rijeka, 2015. = Kunda [2015]

Kegel, Gerhard/Schurig, Klaus, *Internationales Privatrecht*, 9. Auflage, Verlag C.H.Beck, 2004. = Kegel/Schurig [2004]

Magnus, Ulrich/Mankowski, Peter (eds.), *Commentary: Rome I Regulation, European Commentaries on Private International Law*, vol. 2, Verlag Dr Otto Schmidt, 2017. = Magnus/Mankowski/집필자 [2017]

Müller–Chen, Markus (hrsg.), *Zürcher Kommentar zum IPRG*, Bd I – 1, 3. Auflage, Schulthess, 2018. = ZürchKomm/집필자 [2018]

Plender, Richard, *The European Contracts Convention - The Rome Convention on the Choice of Law for Contracts*, Sweet & Maxwell, 1991 = Plender [1991]

Plender, Richard/Wilderspin, Michael, *The European Contracts Convention – The Rome Convention on the Choice of Law for Contracts*, Sweet & Maxwell, 2001. = Plender/Wilderspin [2001]

Proctor, Charles, *Mann on the Legal Aspect of Money*, 7th ed, Oxford University Press, 2012. = Proctor [2012]

Rebmann, Kurt (hrsg.), *Münchener Kommentar zum BGB*, 4. Auflage, Verlag Beck München, 2006. = MünchKomm/집필자 [2006]

von Savigny, Friedrich Karl, *System des heutigen römischen Rechts*, Band 8, Veit, 1849. = Savigny [1849]

Säcker, Franz Jürgen (hrsg.), *Münchener Kommentar zum BGB*, 8. Auflage, Verlag Beck München, 2021. = MünchKomm/집필자 [2021]

Schäfer, Kerstin Ann–Susann, *Application of Mandatory Rules in the Private International Law of Contracts*, Peter Lang, 2010. = Schäfer [2010]

Staudinger, J. Von, und Habermann, Norbert, *J. Von Staudingers Kommentar Zum*

Bürgerlichen Gesetzbuch Mit Einführungsgesetz Und Nebengesetzen: Einführungsgesetz zum Bürgerlichen Gesetzbuche/IPR, Sellier − De Gruyter, 2002 . = StauKomm/ 집필자 [2002]

Stone, Peter, *EU Private International Law*, Edward Elgar Publishing, 2006. = Stone [2006]

[논문]

Blessing, Marc, "Mandatory Rules versus Party Autonomy in International Arbitration", Journal of International Arbitration Vol. 14 Issue 4 (1997). = Blessing (1997)

Bonomi, Andrea, "Mandatory Rules in Private International Law - The Quest for Uniformity of Decisions in a Global Environment", Yearbook of Private International Law Vol. 1 (1999), Kluwer Law International. = Bonomi (1999)

Bonomi, Andrea, "Overriding mandatory provisions in the Rome 1 Regulation on the Law applicable to Contracts", *Year Book of Private International Law*, vol. 10 (2008), Sellier. = Bonomi (2008)

Briggs, Adrian, "The principle of comity in private international law", *Recueil des Cours* vol. 354 (2012). = Briggs (2012)

Buxbaum, Hannah, "RICO's Extraterritorial Application: Rebutting the Presumption?", Global Private International Law(H. Watt et al, eds), Edward Elgar Publishing (2019). = Buxbaum (2019)

Calavros, Constantin, "The application of substantive mandatory rules in International Commercial Arbitration from the perspective of an EU UNCITRAL Model Law jurisdiction", Arbitration International, vol. 34(2) (2018. 6.), Oxford University Press. = Calavros (2018)

Chong, Adeline, "The Public Policy and Mandatory Rules of Third Countries in International Contracts", *Journal of Private International Law*, vol. 2, no. 1 (2006). = Chong (2006)

Currie, Brainerd, "Married Women's Contracts: A Study in Conflict−of−Law Method, *University of Chicago Law Review*, vol. 25 no. 2 (1958). = Currie (1958)

d'Aspremont, Jean, "The Implausibility of Coordinating Transborder Legal Effects of Domestic Statutes and Courts' Decisions by International Law", *Global Private International Law* (H. Watt et al, eds), Edward Elgar Publishing (2019). =

d'Aspremont (2019)

Day, William, "Contracts, illegality and comity: Ralli Bros revisited", *Cambridge Law Journal* vol. 79 no. 1, Cambridge University Press (2020). = Day (2020)

Day, William, "Isn't Brexit frustrating?", *Cambridge Law Journal*, vol. 78 No. 2, Cambridge University Press (2019). = Day (2019)

Dickinson, Andrew, "Third Country Mandatory Rules in the Law Applicable to Contractual Obligations: So Long, Farewell, Auf Wiedersehen Adieu?", *Journal of Private International Law*, vol. 3. no. 1, (2007. 4.) = Dickinson (2007)

Freitag, Robert, "Die kollisionsrechtliche Behandlung ausländischer Eingriffsnormen nach Art. 9 Abs. 3 Rom I−VO", Praxis des Internationalen Privat− und Verfahrensrechts, vol. 29, no 2 (2009) = Freitag (2009)

Greenwalt, Alexander K. A., "Does International Arbitration need a Mandatory Rules Method?", Berman, George A./Mistelis, Loukas A. (eds.). *Mandatory Rules in International Arbitration*), Juris (2011). = Greenwalt (2011)

Hartley, Trevor, "Mandatory rules in international contracts: the common law ap−proach", *Recueil des Cours*, vol. 266 (1997). = Hartley (1997)

Hellner, Michael, "Third Country Overriding Mandatory Rules in the Rome I Regulation: Old Wine in New Bottles?", *Journal of Private International Law* vol. 5 no. 3 (2009. 12.)

Kleinheisterkamp, Jan, "The Impact of Internationally Mandatory Rules on the Enforceability of Arbitration Agreements", *World Arbitration & Mediation Review* vol. 3, no. 2. (2009) = Kleinheisterkamp (2009)

Kleinheisterkamp, Jan., "Overriding mandatory laws in international arbitration", *International & Comparative Law Quarterly*, 67(4) (2018). = Kleinheisterkamp(2018)

Lehmann, Matthias, "New challenges of extraterritoriality: superposing laws", Ferrari, Franco/Arroyo, D. P. Fernández (eds.), *Private International Law−Contemporary Challenges and Continuing Relevance*, Elgar (2019) = Lehmann (2019)

Mann, Frederick Alexander, "Conflict of laws and public law", *Recueil des Cours*, vol. 132, 1971. = Mann (1971)

Michaels, Ralf, "Towards a private international law for regulatory conflicts?", *Japanese Yearbook of International Law* vol. 59 (2016). = Michaels (2016)

Rau, Alan Scott, "The Arbitrator and the "Mandatory Rules of Law", Berman, George A./Mistelis, Loukas A. (eds.). *Mandatory Rules in International Arbitration*, Juris (2011). = Rau (2011)

Riles, Annelise, "Managing Regulatory Arbitrage: A Conflict of Laws Approach", *Cornell International Law Journal* vol. 47 (2014). = Riles (2014)

Samuel, Adam, "The New Swiss Private International Law Act", *The International and Comparative Law Quarterly*, vol. 37. no. 3 (1988. 7.). = Samuel (1988)

Sheppard, Audley, "Mandatory Rules in International Commercial Arbitration: An English Law Perspective", Berman, George A./Mistelis, Loukas A. (eds.). *Mandatory Rules in International Arbitration*), Juris (2011). = Sheppard (2011)

Shore, Laurence, "Applying mandatory rules of law in international commercial ar-bitration", Berman, George A./Mistelis, Loukas A. (eds.). *Mandatory Rules in International Arbitration*), Juris (2011). = Shore (2011)

Symeonides, Symeon C., "Party Autonomy in Rome Ⅰ and Ⅱ From a Comparative Perspective", Boele-Woelki, Katarina (eds.), *Convergence and Divergence in Private International Law — Liber Amicorum Kurt Siehr*, Shulthess (2010). = Symeonides (2010)

Vischer, Frank, "General course on private international law", *Recueil des Cours*, vol. 232, 1992. = Vischer (1992)

Waincymer, Jan., "International Commercial Arbitration and the Application of Mandatory Rules of Law", *Asian International Arbitration Journal* vol. 5 issue 1, Kluwer Law International (2009) = Waincymer (2009)

Weller, Marc-Philippe, "Vom Staat zum Menschen: Die Methodentrias des Internationalen Privatrechts unserer Zeit", *Rabels Zeischrift für ausländisches und internationales Privatrecht*, Band 81 (2017) = Weller (2017)

Wilderspin, Michael, "Overriding Mandatory Provisions", *Encyclopedia of Private International Law*, Elgar Publishing (2017). = Wilderspin (2017)

藤川信夫,「國際取引における域外適用ルール統一化ならびに秩序形成に向けて」, 日本法學 第79巻 第1号 (2013). = 藤川信夫 (2013)

[자료]

Guilano, M./Lagarde, P., Report on the Convention on the law applicable to con−
tractual obligations, Official Journal C 282, 31/10/1980. = Guiliano/Lagarde
[1980]

HCCH, Commentary on the Principles on Choice of Law in international commercial
contracts, 2015. = HCCH [2015]

Ministry of Justice, Rome Ⅰ−should we opt in? Consultation Paper CP05/08 (2009.
1.) = MOJ [2009]

Schweizerische Bundesrat, Botschaft Botschaft zum Bundesgesetz über das inter−
nationale Privatrecht (IPR−Gesetz) vom 10 November 1982 (1983), 82.072 =
Botschaft [1982]

제4장 관련 법령[1]

1-1. 공정거래법(2020. 12. 29. 법률 제17799호로 전부개정된 것, 발췌)

제3조(국외에서의 행위에 대한 적용)

국외에서 이루어진 행위라도 그 행위가 국내 시장에 영향을 미치는 경우에는 이 법을 적용한다.

제5조(시장지배적지위의 남용금지)

① 시장지배적사업자는 다음 각 호의 어느 하나에 해당하는 행위(이하 "남용행위"라 한다)를 해서는 아니 된다.

　1. 상품의 가격이나 용역의 대가(이하 "가격"이라 한다)를 부당하게 결정·유지 또는 변경하는 행위

　2. 상품의 판매 또는 용역의 제공을 부당하게 조절하는 행위

　3. 다른 사업자의 사업활동을 부당하게 방해하는 행위

　4. 새로운 경쟁사업자의 참가를 부당하게 방해하는 행위

　5. 부당하게 경쟁사업자를 배제하기 위하여 거래하거나 소비자의 이익을 현

---

1) 독자의 편의를 위하여 제4장에서 국제적 강행규정 여부를 검토한 조문과 관련조문을 발췌·축약하여 수록한다.

저히 해칠 우려가 있는 행위

제9조(기업결합의 제한)

① 누구든지 직접 또는 대통령령으로 정하는 특수한 관계에 있는 자(이하 "특수관계인"이라 한다)를 통하여 다음 각 호의 어느 하나에 해당하는 행위(이하 "기업결합"이라 한다)로서 일정한 거래분야에서 경쟁을 실질적으로 제한하는 행위를 하여서는 아니 된다. 다만, 자산총액 또는 매출액의 규모가 대통령령으로 정하는 규모에 해당하는 회사(이하 "대규모회사"라 한다) 외의 자가 제2호에 해당하는 행위를 하는 경우에는 그러하지 아니하다.

1. 다른 회사 주식의 취득 또는 소유
2. 임원 또는 종업원에 의한 다른 회사의 임원 지위의 겸임(이하 "임원겸임"이라 한다)
3. 다른 회사와의 합병
4. 다른 회사의 영업의 전부 또는 주요 부분의 양수·임차 또는 경영의 수임이나 다른 회사의 영업용 고정자산의 전부 또는 주요 부분의 양수(이하 "영업양수"라 한다)
5. 새로운 회사설립에의 참여. 다만, 다음 각 목의 어느 하나에 해당하는 경우는 제외한다. (이하 생략)

제40조(부당한 공동행위의 금지)

① 사업자는 계약·협정·결의 또는 그 밖의 어떠한 방법으로도 다른 사업자와 공동으로 부당하게 경쟁을 제한하는 다음 각 호의 어느 하나에 해당하는 행위를 할 것을 합의(이하 "부당한 공동행위"라 한다)하거나 다른 사업자로 하여금 이를 하도록 하여서는 아니 된다.

1. 가격을 결정·유지 또는 변경하는 행위
2. 상품 또는 용역의 거래조건이나, 그 대금 또는 대가의 지급조건을 정하는 행위
3. 상품의 생산·출고·수송 또는 거래의 제한이나 용역의 거래를 제한하는 행위

4. 거래지역 또는 거래상대방을 제한하는 행위

5. 생산 또는 용역의 거래를 위한 설비의 신설 또는 증설이나 장비의 도입을 방해하거나 제한하는 행위

6. 상품 또는 용역의 생산·거래 시에 그 상품 또는 용역의 종류·규격을 제한하는 행위

7. 영업의 주요 부문을 공동으로 수행·관리하거나 수행·관리하기 위한 회사 등을 설립하는 행위

8. 입찰 또는 경매를 할 때 낙찰자, 경락자, 입찰가격, 낙찰가격 또는 경락가격, 그 밖에 대통령령으로 정하는 사항을 결정하는 행위

9. 그 밖의 행위로서 다른 사업자(그 행위를 한 사업자를 포함한다)의 사업활동 또는 사업내용을 방해·제한하거나 가격, 생산량, 그 밖에 대통령령으로 정하는 정보를 주고받음으로써 일정한 거래분야에서 경쟁을 실질적으로 제한하는 행위

제45조(불공정거래행위의 금지)

① 사업자는 다음 각 호의 어느 하나에 해당하는 행위로서 공정한 거래를 해칠 우려가 있는 행위(이하 "불공정거래행위"라 한다)를 하거나, 계열회사 또는 다른 사업자로 하여금 이를 하도록 하여서는 아니 된다.

1. 부당하게 거래를 거절하는 행위

2. 부당하게 거래의 상대방을 차별하여 취급하는 행위

3. 부당하게 경쟁자를 배제하는 행위

4. 부당하게 경쟁자의 고객을 자기와 거래하도록 유인하는 행위

5. 부당하게 경쟁자의 고객을 자기와 거래하도록 강제하는 행위

6. 자기의 거래상의 지위를 부당하게 이용하여 상대방과 거래하는 행위

7. 거래의 상대방의 사업활동을 부당하게 구속하는 조건으로 거래하는 행위

8. 부당하게 다른 사업자의 사업활동을 방해하는 행위

9. 부당하게 다음 각 목의 어느 하나에 해당하는 행위를 통하여 특수관계인 또는 다른 회사를 지원하는 행위 (각 목 생략)

10. 그 밖의 행위로서 공정한 거래를 해칠 우려가 있는 행위

제109조(손해배상책임)

① 사업자 또는 사업자단체는 이 법을 위반함으로써 피해를 입은 자가 있는 경우에는 해당 피해자에 대하여 손해배상의 책임을 진다. 다만, 사업자 또는 사업자단체가 고의 또는 과실이 없음을 입증한 경우에는 그러하지 아니하다.

② 제1항에도 불구하고 사업자 또는 사업자단체는 제40조, 제48조 또는 제51조 제1항 제1호를 위반함으로써 손해를 입은 자가 있는 경우에는 그 자에게 발생한 손해의 3배를 넘지 아니하는 범위에서 손해배상의 책임을 진다. 다만, 사업자 또는 사업자단체가 고의 또는 과실이 없음을 입증한 경우에는 손해배상의 책임을 지지 아니하고, 사업자가 제44조제1항 각 호의 어느 하나에 해당하는 경우 그 배상액은 해당 사업자가 제40조를 위반하여 손해를 입은 자에게 발생한 손해를 초과해서는 아니 된다.

1-2. 구 독점규제 및 공정거래에 관한 법률(2016. 3. 29. 법률 제14137호로 개정되기 전의 것, 발췌)

제32조(부당한 국제계약의 체결제한)

① 사업자 또는 사업자단체는 부당한 공동행위, 불공정거래행위 및 재판매가격유지행위에 해당하는 사항을 내용으로 하는 것으로서 대통령령이 정하는 국제적 협정이나 계약(이하 "국제계약"이라 한다)을 체결하여서는 아니된다. 다만, 해당 국제계약의 내용이 일정한 거래분야에 있어서 경쟁에 미치는 영향이 경미하거나 기타 부득이한 사유가 있다고 공정거래위원회가 인정하는 경우에는 그러하지 아니하다.

제34조(시정조치)

공정거래위원회는 제32조(부당한 국제계약의 체결제한) 제1항의 규정에 위반하거나 위반할 우려가 있는 국제계약이 있는 때에는 해당사업자 또는 사업자단체에 대하여 계약의 취소, 계약내용의 수정·변경 기타 시정을 위한 필요한 조치를

명할 수 있다.

1-3. 독점규제 및 공정거래에 관한 법률 시행령(2021. 12. 28. 대통령령 제32274호로 전부개정된 것) [별표 2] 불공정거래행위의 유형 또는 기준(제52조 관련)[2]

1. 거래거절

   가. 공동의 거래거절

   나. 그 밖의 거래거절

2. 차별적 취급

   가. 가격차별

   나. 거래조건차별

   다. 계열회사를 위한 차별

   라. 집단적 차별

3. 경쟁사업자 배제

   가. 부당염매

   나. 부당고가매입

4. 부당한 고객유인

   가. 부당한 이익에 의한 고객유인

   나. 위계에 의한 고객유인

   다. 그 밖의 부당한 고객유인

5. 거래강제

   가. 끼워팔기

   나. 사원판매

   다. 그 밖의 거래강제

---

2) 거래유형만 축약하여 표시한다.

6. **거래상 지위의 남용**

　가. 구입강제

　나. 이익제공강요

　다. 판매목표강제

　라. 불이익제공

　마. 경영간섭

7. **구속조건부거래**

　가. 배타조건부거래

　나. 거래지역 또는 거래상대방의 제한

8. **사업활동 방해**

　가. 기술의 부당이용

　나. 인력의 부당유인·채용

　다. 거래처 이전 방해

　라. 그 밖의 사업활동방해

9. **부당한 지원행위**

　가. 부당한 자금지원

　나. 부당한 자산·상품 등 지원

　다. 부당한 인력지원

　라. 부당한 거래단계 추가 등

2. 외국환거래법(발췌)

제6조(외국환거래의 정지 등)

① 기획재정부장관은 천재지변, 전시·사변, 국내외 경제사정의 중대하고도 급격한 변동, 그 밖에 이에 준하는 사태가 발생하여 부득이하다고 인정되는 경우에는 대통령령으로 정하는 바에 따라 다음 각 호의 어느 하나에 해당하는 조치를 할 수 있다.

　1. 이 법을 적용받는 지급 또는 수령, 거래의 전부 또는 일부에 대한 일시 정지

2. 지급수단 또는 귀금속을 한국은행·정부기관·외국환평형기금·금융회사 등에 보관·예치 또는 매각하도록 하는 의무의 부과

3. 비거주자에 대한 채권을 보유하고 있는 거주자로 하여금 그 채권을 추심하여 국내로 회수하도록 하는 의무의 부과

② 기획재정부장관은 다음 각 호의 어느 하나에 해당된다고 인정되는 경우에는 대통령령으로 정하는 바에 따라 자본거래를 하려는 자에게 허가를 받도록 하는 의무를 부과하거나, 자본거래를 하는 자에게 그 거래와 관련하여 취득하는 지급수단의 일부를 한국은행·외국환평형기금 또는 금융회사 등에 예치하도록 하는 의무를 부과하는 조치를 할 수 있다.

1. 국제수지 및 국제금융상 심각한 어려움에 처하거나 처할 우려가 있는 경우

2. 대한민국과 외국 간의 자본 이동으로 통화정책, 환율정책, 그 밖의 거시경제정책을 수행하는 데에 심각한 지장을 주거나 줄 우려가 있는 경우

제15조(지급절차 등)

① 기획재정부장관은 이 법을 적용받는 지급 또는 수령과 관련하여 환전절차, 송금절차, 재산반출절차 등 필요한 사항을 정할 수 있다.

② 기획재정부장관은 다음 각 호의 어느 하나에 해당한다고 인정되는 경우에는 국내로부터 외국에 지급하려는 거주자·비거주자, 비거주자에게 지급하거나 비거주자로부터 수령하려는 거주자에게 그 지급 또는 수령을 할 때 대통령령으로 정하는 바에 따라 허가를 받도록 할 수 있다.

1. 우리나라가 체결한 조약 및 일반적으로 승인된 국제법규를 성실하게 이행하기 위하여 불가피한 경우

2. 국제 평화 및 안전을 유지하기 위한 국제적 노력에 특히 기여할 필요가 있는 경우

제16조(지급 또는 수령의 방법의 신고)

거주자 간, 거주자와 비거주자 간 또는 비거주자 상호 간의 거래나 행위에 따른 채권·채무를 결제할 때 거주자가 다음 각 호의 어느 하나에 해당하면(제18조에 따라 신고를 한 자가 그 신고된 방법으로 지급 또는 수령을 하는 경우는 제외한

다) 대통령령으로 정하는 바에 따라 그 지급 또는 수령의 방법을 기획재정부장관에게 미리 신고하여야 한다. 다만, 외국환수급 안정과 대외거래 원활화를 위하여 대통령령으로 정하는 거래의 경우에는 사후에 보고하거나 신고하지 아니할 수 있다.

1. 상계 등의 방법으로 채권·채무를 소멸시키거나 상쇄시키는 방법으로 결제하는 경우
2. 기획재정부장관이 정하는 기간을 넘겨 결제하는 경우
3. 거주자가 해당 거래의 당사자가 아닌 자와 지급 또는 수령을 하거나 해당 거래의 당사자가 아닌 거주자가 그 거래의 당사자인 비거주자와 지급 또는 수령을 하는 경우
4. 외국환업무취급기관등을 통하지 아니하고 지급 또는 수령을 하는 경우

제17조(지급수단 등의 수출입 신고)

기획재정부장관은 이 법의 실효성을 확보하기 위하여 필요하다고 인정되어 대통령령으로 정하는 경우에는 지급수단 또는 증권을 수출 또는 수입하려는 거주자나 비거주자로 하여금 그 지급수단 또는 증권을 수출 또는 수입할 때 대통령령으로 정하는 바에 따라 신고하게 할 수 있다.

제18조(자본거래의 신고 등)

① 자본거래를 하려는 자는 대통령령으로 정하는 바에 따라 기획재정부장관에게 신고하여야 한다. 다만, 외국환수급 안정과 대외거래 원활화를 위하여 대통령령으로 정하는 자본거래는 사후에 보고하거나 신고하지 아니할 수 있다.

3. 대외무역법(발췌)

제19조(전략물자의 고시 및 수출허가 등)

① 산업통상자원부장관은 관계 행정기관의 장과 협의하여 대통령령으로 정하는 국제수출통제체제(이하 "국제수출통제체제"라 한다)의 원칙에 따라 국제평

화 및 안전유지와 국가안보를 위하여 수출허가 등 제한이 필요한 물품등(대통령령으로 정하는 기술을 포함한다. 이하 이 절에서 같다)을 지정하여 고시하여야 한다.

② 제1항에 따라 지정·고시된 물품등(이하 "전략물자"라 한다)을 수출(제1항에 따른 기술이 다음 각 호의 어느 하나에 해당되는 경우로서 대통령령으로 정하는 경우를 포함한다. 이하 제19조 제3항부터 제5항까지, 제20조, 제23조, 제24조, 제24조의2, 제24조의3, 제25조, 제28조, 제29조, 제31조, 제47조부터 제49조까지, 제53조제1항 및 제53조 제2항 제2호부터 제4호까지에서 같다)하려는 자는 대통령령으로 정하는 바에 따라 산업통상자원부장관이나 관계 행정기관의 장의 허가(이하 "수출허가"라 한다)를 받아야 한다. 다만, 「방위사업법」 제57조제2항에 따라 허가를 받은 방위산업물자 및 국방과학기술이 전략물자에 해당하는 경우에는 그러하지 아니하다.

1. 국내에서 국외로의 이전

2. 국내 또는 국외에서 대한민국 국민(국내법에 따라 설립된 법인을 포함한다)으로부터 외국인(외국의 법률에 따라 설립된 법인을 포함한다)에게로의 이전

③ 전략물자에는 해당되지 아니하나 대량파괴무기와 그 운반수단인 미사일 및 재래식무기(이하 "대량파괴무기 등"이라 한다)의 제조·개발·사용 또는 보관 등의 용도로 전용될 가능성이 높은 물품등을 수출하려는 자는 그 물품등의 수입자나 최종 사용자가 그 물품등을 대량파괴무기등의 제조·개발·사용 또는 보관 등의 용도로 전용할 의도가 있음을 알았거나 그 수출이 다음 각 호의 어느 하나에 해당되어 그러한 의도가 있다고 의심되면 대통령령으로 정하는 바에 따라 산업통상자원부장관이나 관계 행정기관의 장의 허가(이하 "상황허가"라 한다)를 받아야 한다.

1. 수입자가 해당 물품등의 최종 용도에 관하여 필요한 정보 제공을 기피하는 경우

2. 수출하려는 물품등이 최종 사용자의 사업 분야에 해당되지 아니하는 경우

3. 수출하려는 물품등이 수입국가의 기술수준과 현저한 격차가 있는 경우

4. 최종 사용자가 해당 물품등이 활용될 분야의 사업경력이 없는 경우

5. 최종 사용자가 해당 물품등에 대한 전문적 지식이 없으면서도 그 물품등의 수출을 요구하는 경우

6. 최종 사용자가 해당 물품등에 대한 설치·보수 또는 교육훈련 서비스를 거부하는 경우

7. 해당 물품등의 최종 수하인(受荷人)이 운송업자인 경우

8. 해당 물품등에 대한 가격 조건이나 지불 조건이 통상적인 범위를 벗어나는 경우

9. 특별한 이유 없이 해당 물품등의 납기일이 통상적인 기간을 벗어난 경우

10. 해당 물품등의 수송경로가 통상적인 경로를 벗어난 경우

11. 해당 물품등의 수입국 내 사용 또는 재수출 여부가 명백하지 아니한 경우

12. 해당 물품 등에 대한 정보나 목적지 등에 대하여 통상적인 범위를 벗어나는 보안을 요구하는 경우

13. 그 밖에 국제정세의 변화 또는 국가안전보장을 해치는 사유의 발생 등으로 산업통상자원부장관이나 관계 행정기관의 장이 상황허가를 받도록 정하여 고시하는 경우

4. 직업안정법(발췌)

제33조(근로자공급사업)

③ 근로자공급사업은 공급대상이 되는 근로자가 취업하려는 장소를 기준으로 국내 근로자공급사업과 국외 근로자공급사업으로 구분하며, 각각의 사업의 허가를 받을 수 있는 자의 범위는 다음 각 호와 같다.

1. 국내 근로자공급사업의 경우는 「노동조합 및 노동관계조정법」에 따른 노동조합

2. 국외 근로자공급사업의 경우는 국내에서 제조업·건설업·용역업, 그 밖의 서비스업을 하고 있는 자. 다만, 연예인을 대상으로 하는 국외 근로자공급사업의 허가를 받을 수 있는 자는 「민법」 제32조에 따른 비영리법인으로

한다.

5. 국가를 당사자로 하는 계약에 관한 법률

제5조의2(청렴계약)

① 각 중앙관서의 장 또는 계약담당공무원은 국가를 당사자로 하는 계약에서 투명성 및 공정성을 높이기 위하여 입찰자 또는 계약상대자로 하여금 입찰·낙찰, 계약 체결 또는 계약이행 등의 과정(준공·납품 이후를 포함한다)에서 직접적·간접적으로 금품·향응 등을 주거나 받지 아니할 것을 약정하게 하고 이를 지키지 아니한 경우에는 해당 입찰·낙찰을 취소하거나 계약을 해제·해지할 수 있다는 조건의 계약(이하 "청렴계약"이라 한다)을 체결하여야 한다.

6-1. 하도급거래 공정화에 관한 법률(발췌)

제3조의4(부당한 특약의 금지)

① 원사업자는 수급사업자의 이익을 부당하게 침해하거나 제한하는 계약조건 (이하 "부당한 특약"이라 한다)을 설정하여서는 아니 된다.

② 다음 각 호의 어느 하나에 해당하는 약정은 부당한 특약으로 본다.

1. 원사업자가 제3조 제1항의 서면에 기재되지 아니한 사항을 요구에 따라 발생된 비용을 수급사업자에게 부담시키는 약정

2. 원사업자가 부담하여야 할 민원처리, 산업재해 등과 관련된 비용을 수급사업자에게 부담시키는 약정

3. 원사업자가 입찰내역에 없는 사항을 요구함에 따라 발생된 비용을 수급사업자에게 부담시키는 약정

4. 그 밖에 이 법에서 보호하는 수급사업자의 이익을 제한하거나 원사업자에게 부과된 의무를 수급사업자에게 전가하는 등 대통령령으로 정하는 약정

6-2. 하도급법 시행령

[별표 2] 불공정거래행위의 유형 또는 기준(제13조 제1항 관련)[3]

1. 거래거절

법 제12조 제1항 제1호에 해당하는 행위의 유형 및 기준은 다음 각 목의 어느 하나와 같다. 다만, 가맹점사업자의 계약위반 등 가맹점사업자의 귀책사유로 가맹사업의거래관계를 지속하기 어려운 사정이 발생하는 경우에는 그러하지 아니하다.

가. 영업지원 등의 거절

나. 부당한 계약갱신의 거절

다. 부당한 계약해지

2. 구속조건부 거래

법 제12조 제1항 제2호에 해당하는 행위의 유형 및 기준은 다음 각 목의 어느 하나와 같다.

가. 가격의 구속

나. 거래상대방의 구속

다. 가맹점사업자의 상품 또는 용역의 판매제한

라. 영업지역의 준수강제

마. 그 밖에 가맹점사업자의 영업활동의 제한

3. 거래상 지위의 남용

법 제12조 제1항 제3호에 해당하는 행위의 유형 및 기준은 다음 각 목의 어느 하나와 같다. 다만, 다음 각 목의 어느 하나에 해당하는 행위를 허용하지 아니하는 경우 가맹본부의 상표권을 보호하고 상품 또는 용역의 동일성을 유지하기 어렵다는 사실이 객관적으로 인정되는 경우로서 해당 사실에 관하여 가맹본부가 미리 정보공개서를 통하여 가맹점사업자에게 알리고 가맹점사업자와 계약을 체결하는 경우에는 그러하지 아니하다.

---

[3] 소제목만 표시하기로 한다.

가. 구입강제 : 가맹점사업자에게 가맹사업의 경영과 무관하거나 그 경영에
    필요한 양을 넘는 시설·설비·상품·용역·원재료 또는 부재료 등을 구
    입 또는 임차하도록 강제하는 행위

나. 부당한 강요 : 부당하게 경제적 이익을 제공하도록 강요하거나 가맹점사
    업자에게 비용을 부담하도록 강요하는 행위

다. 부당한 계약조항의 설정 또는 변경 : 가맹점사업자가 이행하기 곤란하거
    나 가맹점사업자에게 불리한 계약조항을 설정 또는 변경하거나 계약갱신
    과정에서 종전의 거래조건 또는 다른 가맹점사업자의 거래조건보다 뚜렷
    하게 불리한 조건으로 계약조건을 설정 또는 변경하는 행위

라. 경영의 간섭 : 정당한 이유없이 특정인과 가맹점을 같이 운영하도록 강
    요하는 행위

마. 판매목표 강제 : 부당하게 판매 목표를 설정하고 가맹점사업자로 하여금
    이를 달성하도록 강제하는 행위

바. 불이익제공 : 가목부터 마목까지의 행위에 준하는 경우로서 가맹점사업
    자에게 부당하게 불이익을 주는 행위

4. 부당한 손해배상의무 부과행위

법 제12조 제1항 제5호에 해당하는 행위의 유형 및 기준은 다음 각 목의 어
느 하나와 같다.

가. 과중한 위약금 설정·부과행위

    1) 계약 중도해지 시 과중한 위약금 설정·부과 행위

    2) 과중한 지연손해금 설정·부과행위

나. 소비자 피해에 대한 손해배상의무 전가행위

다. 부당한 영업위약금 부과행위

라. 그 밖의 부당한 손해배상의무 부과행위

7. 가맹사업거래 공정화에 관한 법률(발췌)

제12조(불공정거래행위의 금지)

① 가맹본부는 다음 각 호의 어느 하나에 해당하는 행위로서 가맹사업의 공정한 거래를 저해할 우려가 있는 행위를 하거나 다른 사업자로 하여금 이를 행하도록 하여서는 아니된다.

  1. 가맹점사업자에 대하여 상품이나 용역의 공급 또는 영업의 지원 등을 부당하게 중단 또는 거절하거나 그 내용을 현저히 제한하는 행위
  2. 가맹점사업자가 취급하는 상품 또는 용역의 가격, 거래상대방, 거래지역이나 가맹점사업자의 사업활동을 부당하게 구속하거나 제한하는 행위
  3. 거래상의 지위를 이용하여 부당하게 가맹점사업자에게 불이익을 주는 행위
  4. 삭제
  5. 계약의 목적과 내용, 발생할 손해 등 대통령령으로 정하는 기준에 비하여 과중한 위약금을 부과하는 등 가맹점사업자에게 부당하게 손해배상 의무를 부담시키는 행위
  6. 제1호부터 제3호까지 및 제5호 외의 행위로서 부당하게 경쟁가맹본부의 가맹점사업자를 자기와 거래하도록 유인하는 행위 등 가맹사업의 공정한 거래를 저해할 우려가 있는 행위

8. 남녀고용평등과 일·가정 양립지원에 관한 법률

제8조(임금)

① 사업주는 동일한 사업 내의 동일 가치 노동에 대하여는 동일한 임금을 지급하여야 한다.

제11조(정년·퇴직 및 해고)

① 사업주는 근로자의 정년·퇴직 및 해고에서 남녀를 차별하여서는 아니 된다.
② 사업주는 여성 근로자의 혼인, 임신 또는 출산을 퇴직 사유로 예정하는 근로

계약을 체결하여서는 아니 된다.

9. 문화재보호법(발췌)

제39조(수출 등의 금지)

① 국보, 보물, 천연기념물 또는 국가민속문화재는 국외로 수출하거나 반출할 수 없다. 다만, 문화재의 국외 전시 등 국제적 문화교류를 목적으로 반출하되, 그 반출한 날부터 2년 이내에 다시 반입할 것을 조건으로 문화재청장의 허가를 받으면 그러하지 아니하다.

제59조(준용 규정)

② 국가등록문화재 소유자관리의 원칙, 국가등록문화재관리단체에 의한 관리, 국가등록문화재의 허가취소 및 수출 등의 금지, 국가등록문화재에 관한 기록의 작성과 보존, 정기조사, 직권에 의한 국가등록문화재 현상 등의 조사, 정기조사로 인한 손실의 보상, 국가등록문화재의 관람료 징수, 국가에 의한 보조금의 지원, 지방자치단체의 경비 부담, 소유자 변경 시 권리·의무의 승계에 관하여는 제33조, 제34조제2항부터 제7항까지, 제37조, 제39조, 제43조부터 제45조까지, 제46조 제1항 제3호, 같은 조 제2항, 제49조, 제51조 제1항 제1호·제3호 및 제2항·제3항, 제52조 및 제81조를 준용한다. 이 경우 "국가지정문화재"는 "국가등록문화재"로, "관리단체"는 "국가등록문화재관리단체"로 본다.

제60조(일반동산문화재 수출 등의 금지)

① 이 법에 따라 지정 또는 등록되지 아니한 문화재 중 동산에 속하는 문화재(이하 "일반동산문화재"라 한다)에 관하여는 제39조 제1항과 제3항을 준용한다. 다만, 일반동산문화재의 국외전시 등 국제적 문화교류를 목적으로 다음 각 호의 어느 하나에 해당하는 사항으로서 문화재청장의 허가를 받은 경우에는 그러하지 아니하다.

1. 「박물관 및 미술관 진흥법」에 따라 설립된 박물관 등이 외국의 박물관 등

에 일반동산문화재를 반출한 날부터 10년 이내에 다시 반입하는 경우

2. 외국 정부가 인증하는 박물관이나 문화재 관련 단체가 자국의 박물관 등에서 전시할 목적으로 국내에서 일반동산문화재를 구입 또는 기증받아 반출하는 경우

제66조(양도 및 사권설정의 금지)

국유문화재(그 부지를 포함한다)는 이 법에 특별한 규정이 없으면 이를 양도하거나 사권(사권)을 설정할 수 없다. 다만, 그 관리·보호에 지장이 없다고 인정되면 공공용, 공용 또는 공익사업에 필요한 경우에 한정하여 일정한 조건을 붙여 그 사용을 허가할 수 있다.

제74조(준용규정)

① 시·도지정문화재, 문화재자료 및 시·도등록문화재의 수출 또는 반출에 관하여는 제39조 제1항부터 제5항까지를 준용한다.

제87조(다른 법률과의 관계)

⑤ 다음 각 호의 어느 하나에 해당하는 문화재의 매매 등 거래행위에 관하여는 「민법」 제249조의 선의취득에 관한 규정을 적용하지 아니한다. 다만, 양수인이 경매나 문화재매매업자 등으로부터 선의로 이를 매수한 경우에는 피해자 또는 유실자는 양수인이 지급한 대가를 변상하고 반환을 청구할 수 있다.

1. 문화재청장이나 시·도지사가 지정한 문화재
2. 도난물품 또는 유실물(유실물)인 사실이 공고된 문화재
3. 그 출처를 알 수 있는 중요한 부분이나 기록을 인위적으로 훼손한 문화재

10. 약관의 규제에 관한 법률(발췌)

제3조(약관의 작성 및 설명의무 등)

③ 사업자는 약관에 정하여져 있는 중요한 내용을 고객이 이해할 수 있도록 설명하여야 한다. 다만, 계약의 성질상 설명하는 것이 현저하게 곤란한 경우에

는 그러하지 아니하다.

④ 사업자가 제2항 및 제3항을 위반하여 계약을 체결한 경우에는 해당 약관을 계약의 내용으로 주장할 수 없다.

제15조(적용의 제한)

국제적으로 통용되는 약관이나 그 밖에 특별한 사정이 있는 약관으로서 대통령령으로 정하는 경우에는 제7조부터 제14조까지의 규정을 적용하는 것을 조항별·업종별로 제한할 수 있다.

11. 상법(발췌)

제92조의2(대리상의 보상청구권)

① 대리상의 활동으로 본인이 새로운 고객을 획득하거나 영업상의 거래가 현저하게 증가하고 이로 인하여 계약의 종료 후에도 본인이 이익을 얻고 있는 경우에는 대리상은 본인에 대하여 상당한 보상을 청구할 수 있다. 다만, 계약의 종료가 대리상의 책임 있는 사유로 인한 경우에는 그러하지 아니하다.

제799조(운송인의 책임경감금지)

① 제794조부터 제798조까지의 규정에 반하여 운송인의 의무 또는 책임을 경감 또는 면제하는 당사자 사이의 특약은 효력이 없다. 운송물에 관한 보험의 이익을 운송인에게 양도하는 약정 또는 이와 유사한 약정도 또한 같다.

국제사법 신·구조문 대비표

구 국제사법((2022. 1. 4. 법률 제18670호로 전부개정되기 전의 것)	신 국제사법(2022. 1. 4. 법률 제18670호로 전부개정된 것)
제6조(준거법의 범위) 이 법에 의하여 준거법으로 지정되는 외국법의 규정은 공법적 성격이 있다는 이유만으로 그 적용이 배제되지 아니한다.	**제19조(준거법의 범위)** 이 법에 따라 준거법으로 지정되는 외국법의 규정은 공법적 성격이 있다는 이유만으로 적용이 배제되지 아니한다.
제7조(대한민국 법의 강행적 적용) 입법목적에 비추어 준거법에 관계없이 해당 법률관계에 적용되어야 하는 대한민국의 강행규정은 이 법에 의하여 외국법이 준거법으로 지정되는 경우에도 이를 적용한다.	**제20조(대한민국 법의 강행적 적용)** 입법목적에 비추어 준거법에 관계없이 해당 법률관계에 적용되어야 하는 대한민국의 강행규정은 이 법에 따라 외국법이 준거법으로 지정되는 경우에도 적용한다.
제10조(사회질서에 반하는 외국법의 규정) 외국법에 의하여야 하는 경우에 그 규정의 적용이 대한민국의 선량한 풍속 그 밖의 사회질서에 명백히 위반되는 때에는 이를 적용하지 아니한다.	**제23조(사회질서에 반하는 외국법의 규정)** 외국법에 따라야 하는 경우에 그 규정의 적용이 대한민국의 선량한 풍속이나 그 밖의 사회질서에 명백히 위반될 때에는 그 규정을 적용하지 아니한다.

찾아보기

저자 약력

김민경

[학력]
서울대학교 경영학과 졸업(2007)
서울대학교 법과대학원 석사과정 졸업(법학석사, 2014)
영국 University of Cambridge LL.M 졸업(2018)
서울대학교 법과대학원 박사과정 졸업(법학박사, 2022)

[경력]
제48회 사법시험 합격(2006)
제39기 사법연수원 수료(2010)
서울중앙지방법원 국제거래전담재판부 판사(2010. 2.~2012. 2.)
서울북부지방법원 판사(2012. 2.~2014. 2.)
대전지방법원 판사(2014. 2.~ 현재)

[논문, 저서]
• 중재판정의 취소에 관한 연구 – 영국 중재법과 우리 중재법을 중심으로
• 사법작용에 관한 투자자 – 국가 분쟁사례 분석
• 중재 재판실무편람(공저)
• 온주 부동산등기법 주석서(공저)
• 선박건조계약에 영국법을 적용한 대법원 판결(2017. 5. 30. 선고 2014다233176, 233183 판결)에 대한 평석 – 영국법상 이행기 전 이행거절, 계약 해제의 효과와 법원의 외국법 조사의무
• 이행거절에 관한 비교법적 연구 – 영국법, 국제물품매매계약에 관한 국제연합협약(CISG), 우리 민법의 이동 및 시사점
• 공유경제와 법률(역서, 공동번역)
• 영국 해상보험법의 역사: 상인과 그 실무, 법원과 법(번역)
• 전속적 국제재판관할합의 위반으로 인한 소송금지가처분(Anti – suit Injunction)과 손해배상청구
• 국제상사중재와 국제적 강행규정 외 다수

국제계약과 국제적 강행규정

초판발행	2022년 3월 20일
지은이	김민경
펴낸이	안종만 · 안상준
편 집	우석진
기획/마케팅	김한유
표지디자인	이현지
제 작	고철민 · 조영환
펴낸곳	(주) **박영사**
	서울특별시 금천구 가산디지털2로 53, 210호(가산동, 한라시그마밸리)
	등록 1959. 3. 11. 제300-1959-1호(倫)
전 화	02)733-6771
f a x	02)736-4818
e-mail	pys@pybook.co.kr
homepage	www.pybook.co.kr
ISBN	979-11-303-4174-3 93360

copyright©김민경, 2022, Printed in Korea

정 가   18,000원